Couverture:
Église San Pedro, détail des tourelles de l'abside, Teruel.

Les guides thématiques *Museum With No Frontiers (MWNF)*

L'ART ISLAMIQUE EN MÉDITERRANÉE | ESPAGNE

L'art mudéjar
L'esthétique islamique dans l'art chrétien

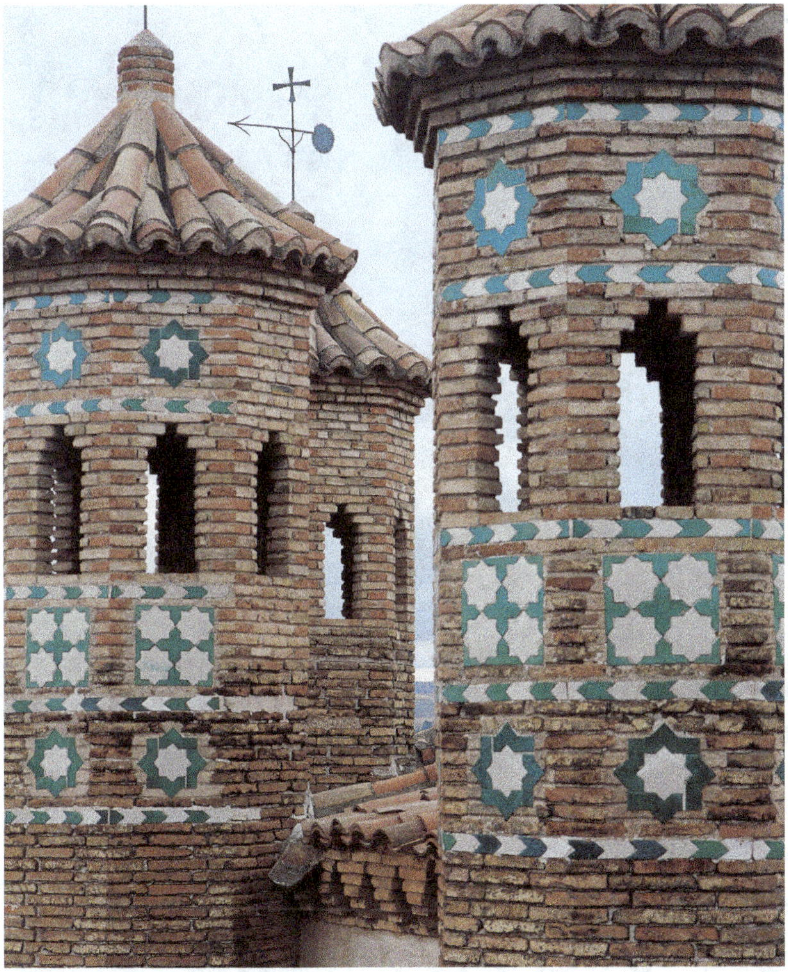

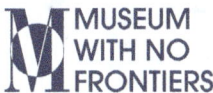

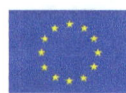

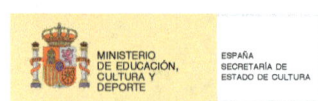

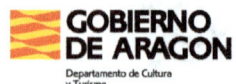

L'Itinéraire-Exposition *L'ART MUDÉJAR. L'esthétique islamique dans l'art chrétien*, fait partie du cycle international *L'Art islamique en Méditerranée*. Réalisé dans les Communautés Autonomes d'Andalousie et Estrémadure dans le cadre du projet *Une entrée en Méditerranée*, il a été cofinancé par l'Union Européenne à travers l'Action Pilote de Coopération Espagne-Portugal-Maroc, art. 10 FEDER.

Il a également reçu le concours financier des Directions Générales des Beaux-Arts et Biens Culturels et de la Coopération et de la Communication Culturelle du Ministère de l'Éducation, de la Culture et des Sports.

Il a reçu le soutien du Musée Archéologique National (Madrid).

Ont collaboré à ce projet :

Députation générale d'Aragon	Municipalité de Guadalupe
Assemblée d'Andalousie	Municipalité de Guadix
Assemblée de Castille-la Manche	Municipalité de Jerez del Marquesado
Assemblée de Castille-León	Municipalité de La Calahorra
Assemblée d'Estrémadure	Municipalité de Lantéira
Cortes de Aragón	Municipalité de Llerena
Députation de Grenade	Municipalité de Madrigal de las Altas Torres
Députation de Séville	Municipalité de Maluenda
Députation de Teruel	Municipalité de Mayorga de Campos
Députation de Saragosse	Municipalité de Medina del Campo
Municipalité de Alagón	Municipalité de Morata de Jiloca
Municipalité de Alcalá de Henares	Municipalité de Olmedo
Municipalité de Amusco	Municipalité de Palencia
Municipalité de Aniñón	Municipalité de Sahagún
Municipalité de Arévalo	Municipalité de San Pedro de las Dueñas
Municipalité de Astudillo	Municipalité de Sanlúcar la Mayor
Municipalité de Aznalcázar	Municipalité de Santervás de Campos
Municipalité de Aznalcóllar	Municipalité de Santoyo
Municipalité de Becerril de Campos	Municipalité de Séville
Municipalité de Belmonte de Gracián	Municipalité de Támara de Campos
Municipalité de Benacazón	Municipalité de Teruel
Municipalité de Calatayud	Municipalité de Tobed
Municipalité de Calera de León	Municipalité de Tolède
Municipalité de Carrión de los Condes	Municipalité de Tordesillas
Municipalité de Cervera de la Cañada	Municipalité de Toro
Municipalité de Cisneros	Municipalité de Torralba de Ribota
Municipalité de Coca	Municipalité de Utebo
Municipalité de Daroca	Municipalité de Villalón de Campos
Municipalité de Fuentes de Nava	Municipalité de Villalpando
Municipalité de Gerena	Municipalité de Villamuera de la Cueza
Municipalité de Grenade	Municipalité de Zafra
Municipalité de Guadalajara	Municipalité de Saragosse

Première édition
© 2000 Musée Sans Frontières Espagne & Musée Sans Frontières | Museum With No Frontiers (textes et illustrations).
© 2000 Electa (Grijalbo Mondadori, S. A.) & Musée Sans Frontières | Museum With No Frontiers.
© 2000 Éditions Édisud, Aix-en-Provence, France.

Deuxième édition
© 2010 Museum Ohne Grenzen | Museum With No Frontiers (textes et illustrations).
© 2010 Museum Ohne Grenzen | Museum With No Frontiers (MWNF) (eBook).
© 2017 Museum Ohne Grenzen | Museum With No Frontiers (MWNF) (livre de poche).

ISBN 978-3-902782-37-3 (eBook)
      978-3-902782-36-6 (livre de poche)
Tous droits réservés.

Informations: **www.museumwnf.org**

Museum Ohne Grenzen | Museum With No Frontiers (MWNF) s'efforce d'assurer au mieux la précision et l'exactitude des informations contenues dans ses publications. Pour autant, n'étant lié par aucune charte de garantie, d'engagement ou de représentation, MWNF ne saurait être tenu pour responsable d'éventuelles erreurs, omissions ou approximations. Et décline toute responsabilité en cas d'accident, de quelque nature que ce soit, qui pourrait survenir au cours des visites proposées.

Dans ce contexte nous signalons que toutes les informations pratiques datent du moment de la préparation du livre (1998-2001). Il est donc recommandé de vérifier par soi-même avant de programmer une visite.

Les opinions exprimées dans le présent ouvrage ne reflètent pas nécessairement la position de l'Union Européenne ou de ses États membres.

Musée Sans Frontières
Idée et conception générale
Eva Schubert

Direction du projet
María Ángeles Gutierrez Fraile
María Rosa García Brage
Consuelo Luca de Tena

Comité scientifique
Gonzalo M. Borrás Gualís, Saragosse
Pedro Lavado Paradinas, Madrid
Rafael López Guzmán, Grenade
María Pilar Mogollón Cano-Cortés, Badajoz
Alfredo Morales Martínez, Séville
María Teresa Pérez Higuera, Madrid

Catalogue

Introduction à l'exposition
Gonzalo M. Borrás Gualís

Présentation des circuits
Comité scientifique

avec la collaboration de
Alfonso Pleguezuelo Hernández, Séville
Miguel Angel Sorroche Cuerva, Grenade

Textes techniques
Sandra Stuyck Fernández-Arche, Madrid

Introduction générale
L'Art islamique en Méditerranée

Textes
Jamila Binous, Tunis
Mahmoud Hawari, Jérusalem-Est
Manuela Marín, Madrid
Gönül Öney, Izmir

Traduction
Anne-Marie Lapillonne, Marseille

Révision des textes
Gilles Plaisant, Paris

Photographies
Guillermo Maestro Casado, Madrid
Miguel Rodríguez Moreno, Grenade

Carte générale
José Antonio Dávila Buitrón, Madrid

Schémas
Sergio Viguera, Madrid

Plans des monuments
Şakir Çakmak
Ertan Daş
Yekta Demiralp

Maquette et design
Agustina Fernández,
Electa España, Madrid
Christian Eckart,
Museum With No Frontiers, Vienna
(2ème édition)

Coordination technique

Directrice de production
Sandra Stuyck Fernández-Arche

Assistante de production
Mónica González, Madrid

Coordination internationale

Coordination générale
Eva Schubert

Coordination comités scientifiques, traductions, révision des textes et production des catalogues
Sakina Missoum, Madrid

Archives photographiques
María Jesús Rubio, Madrid

Remerciements

Musée Sans Frontières remercie les propriétaires et les responsables de tous les monuments présentés dans l'exposition, ainsi que toutes les institutions publiques et privées qui ont facilité la mise en œuvre de ce projet.

Archevêché de Grenade
Archevêché de Séville
Archevêché de Tolède
Assemblée d'Andalousie.
   Office de la Culture
Assemblée de Castille-León.
Assemblée d'Estrémadure.
   Office de la Culture et du Patrimoine
Association de développement rural:
   Itinéraire du Mudéjar, Olmedo
Chapitre Métropolitain de Saragosse
Chapitre de la Cathédrale de Gérone
Cortes de Aragón
Couvent Santa Clara, Astudillo
Couvent Santa Clara,
   Carrión de los Condes
Couvent Santa Clara, Zafra
Curé de San Felix, Torralba de Ribota
Curé de Santervás
Curé de Santiago Apóstol, Guadalajara

Curés de San Miguel, Villalón
Évêché de Guadix – Baza
Évêché de Palencia
Évêché de Tarazona
Évêché de Teruel et Albarracín
Évêché de Zamora
Fondation Euroarabe, Grenade
Fondation Nuestra Señora del Pilar,
   Grenade
Fondation Casa Ducal de Medinaceli,
   Séville
Hôtel Palais de Santa Inés, Grenade
Institut des Éstudes Turoliennes
Institut de Valencia de Don Juan,
   Madrid
Monastère des Mères bénédictines,
   San Pedro de Dueñas
Monastère royal de Nuestra Señora
   de Guadalupe
Monastère Santa Isabel la Real, Grenade

Municipalité de Alagón
Municipalité de Alcalá de Henares
Municipalité de Daroca
Municipalité de Guadix
Municipalité de Llerena
Municipalité de Olmedo
Municipalité de Zafra
Musée Archéologique National
Musée de la Sainte-Croix, Tolède
Musée Séfarade de Tolède, Ministère
   de l'Éducation, de la Culture
   et des Sports.
Paradores (Grands Hôtels)
   de Tourisme
Patrimoine National
Patronage de l'Alcazar Royal, Séville
Plan de Dynamisation de Zafra
Sénat
Université de Alcalá de Henares
Université de Grenade

Ainsi que les personnes suivantes, dont la contribution a été déterminante pour la réalisation de cette première exposition Musée Sans Frontières en Espagne:
Abigail Pereta, chargée de mission pour les musées, Saragosse
Clara Gómez, géographe, Madrid
Cristina Julard, médiéviste, Madrid
Manuela Marín, Dpt des Études Arabes, CSIC, Madrid
Mercedes García Arenal, Dpt des Études Arabes, CSIC, Madrid

Musée Sans Frontières remercie également
le Ministère des Affaires Extérieures espagnol pour avoir manifesté son soutien au projet *L'Art islamique en Méditerranée* dès ses débuts, à travers l'Agence Espagnole pour la Coopération Internationale (AECI) et les Ambassades d'Espagne dans les pays méditerranéens participants, ainsi que le Gouvernement de la Région du Tyrol (Autriche) – où a été mis en place le projet pilote Musée Sans Frontières – pour avoir contribué à la formation des directeurs de production chargés de la coordination technique des expositions dans les pays participant au cycle *L'Art islamique en Méditerranée*.

Références photographiques

Voir page 5 ainsi que
Bibliothèque Nationale, page 76 (Monumentos Arquitectónicos de España, 1881).
© Chapitre de la Cathédrale de Gérone, page 99 ("Trésor de la Cathédrale de Gérone").
© Patrimoine National, pages 152 et 155 (Palais de Tordesillas).
Archives Photographiques du Musée Archéologique National, page 172 (Pierre Ier).
Patrimoine Historico-Artistique du Sénat, page 237 (reproduction d'Oronoz).
Torcuato Fandila, page 285 (Église San Miguel, Guadix).

Introduction générale "L'Art islamique en Méditerranée"
Ann & Peter Jousiffe (Londres), page 20 (Citadelle d'Alep).
Archives "Oronoz Photographes" (Madrid), page 23 (Alhambra, Grenade).

Références des plans

Franco, L., Penan M., y Estudio Camaleón, page 88 (Palais de la Aljafería, Saragosse).
García Guereta, R., page 105 (Tour du Salvador, Teruel).
Borrás, G., (*Arte Mudéjar Aragonés*, 1985), page 122 (Église de la Vierge, Tobed).
Lampérez, V., page 145 (Château de Coca, Ségovie), page 147 (Chapelle de la Mejorada, Olmedo), page 156 (Bains du palais du roi Pedro I, Tordesillas).
Monumentos Arquitectónicos de España, 1879, pages 208 y 209 (Église de Santiago del Arrabal, Tolède).
Mogollón, M.ª P., (*Mudéjar en Extremadura*, 1987), page 216 (Monastère Royal de Nuestra Señora de Guadalupe).
Gómez Ramos, R., (*Colección Arte Hispalense*, 1993), page 241 (Église de Santa Marina, Séville).
Duclos Bautista G. (*Carpintería de lo blanco*, 1993), page 242 (Église de Santa Marina, Séville), page 248 (Église de Santa Catalina, Séville).
M.ª Luisa Marín Martín, pages 267 et 268 (Ermite de Castilleja de Talhara, Benacazón), página 271 (Ermite de Gelo, Benacazón).
Moreno Felipe J., page 269 (Église de San Pablo, Aznalcazar)
José Luis Ramos Arcas y Juan Ramón Altozano Pérez, page 282 (Église de Jerez del Marquesado, Grenade).

Introduction générale "L'Art islamique en Méditerranée"
Ettinghaussen R. y Grabar O. (*Arte y Arquitectura del Islam 650-1250*, 1987), page 26 (Mosquée de Damas).
Sönmez Z. (*Başlangıcından 16. Yüzyıla Kadar Anadolu-Türk İslam Mimarisinde Sanatçılar*, 1995), page 27 (Mosquées de Divriği et Istanbul) y page 28 (Mosquée de Sivas)
Viguera S. (Madrid), page 28 (Typologie de minarets)
Ettinghaussen R. y Grabar O. (*Arte y Arquitectura del Islam 1250-1800*, 1987), page 29 (Mosquée et madrasa Sultan Hassan)
Ettinghaussen R. y Grabar O. (*Arte y Arquitectura del Islam 650-1250*, 1987), page 30 (Qasr al-Khayr oriental)
Kuran A. (*Mimar Sinan*, 1986), page 31 (Khan Sultan Aksaray)

Avertissement

Translittération de l'arabe

Nous avons conservé l'orthographe usuelle des mots arabes passés dans l'usage et introduits dans le dictionnaire tels que fondouk, oued, souk, beylik, diwan, hammam… Les mots (arabes ou berbères) qui apparaissent en italique, comme *mihrab, qibla, timchent, sabbat, wast al-dar, balata, ahellil, taguerrabt* … sont soit accompagnés de leur traduction immédiate (entre parenthèses ou dans le corps du texte), soit repris dans le glossaire où ils sont définis. Pour tous les autres mots, nous avons utilisé un système de transcription simplifié pour lequel nous avons choisi de ne pas transcrire la *hamza* initiale et de ne pas faire de différence entre les voyelles brèves et longues qui sont transcrites en *a, i, ou/u*. Nous avons décidé de ne pas respecter la règle pour certains noms de lieu, comme el-Ateuf, el-Biar, el-Kantara, el-Khemis … et de lui préférer la transcription en usage en Algérie.

ء	ʼ	ح	h	ز	z	ط	t	ق	q	ه	h
ب	b	خ	kh	س	s	ظ	z	ك	k	و	u/w
ت	t	د	d	ش	sh	ع	ʻ	ل	l	ي	y/i
ث	th	ذ	dh	ص	s	غ	gh	م	m		
ج	j	ر	r	ض	d	ف	f	ن	n		

Les mots qui apparaissent en italique dans le texte, sauf s'ils sont accompagnés de leur traduction entre parenthèses, sont repris dans le glossaire et suivis d'une brève définition.

Ère musulmane

Les dates antérieures à l'ère musulmane (Préhistoire, Antiquité et Antiquité tardive) ne sont données que selon le calendrier chrétien, de même que celles qui sont postérieures à l'établissement du colonialisme en 1830.

Cette émigration est fixée au 1er jour du mois de *Muharram* de l'an 1 de l'Hégire qui correspond au 16 juillet 622 de l'ère chrétienne. L'année musulmane est composée de douze mois lunaires, chaque mois de 29 ou 30 jours. Trente années constituent un cycle dans lequel les 2e, 5e, 7e, 10e, 13e, 16e, 18e, 21e, 24e, 26e, et 29e années sont des années bissextiles de 355 jours; les autres sont des années communes de 354 jours. L'année lunaire musulmane est de dix ou onze jours plus courte que l'année solaire chrétienne. Chaque jour commence, non pas juste après minuit, mais immédiatement après le coucher du soleil, au crépuscule. La majorité des pays musulmans utilisent le calendrier hégirien (qui marque toutes les fêtes religieuses) en parallèle avec le calendrier chrétien.

Mention des dates

Les dates antérieures à l'ère musulmane (Préhistoire, Antiquité et Antiquité tardive) ne sont données que selon le calendrier chrétien, de même que celles qui sont postérieures à l'établissement de la colonisation en 1830.

Abréviations:
début = d.; moitié = m.; première moitié = p. m.; deuxième moitié = d. m.; fin = f.

Indications pratiques

L'Itinéraire-Exposition *L'ART MUDÉJAR. L'esthétique islamique dans l'art chrétien* est composée de treize circuits indépendants répartis sur le territoire de six Communautés Autonomes. Le visiteur peut les suivre dans l'ordre de son choix.

Tout au long de l'Itinéraire-Exposition, les monuments sont signalés pour faciliter leur identification, mais il est recommandé de se munir de cartes routières et de plans de villes.

Les textes relatifs à chaque monument sont précédés de renseignements pratiques –comment arriver, horaires, conditions d'accès, etc.– en vigueur au moment de la rédaction du catalogue. Il est donc recommandé de vérifier par soi-même avant de programmer une visite. Le chemin proposé n'est pas toujours le plus court, mais le plus simple. Les paragraphes encadrés sur fond grisé proposent des choix de paysages sélectionnés pour leur beauté et leur intérêt culturel.

La visite des églises ne peut se faire pendant les messes; pendant les horaires de culte, il convient d'adopter une attitude discrète et respectueuse.

Les mots qui figurent en italiques dans le texte, à l'exception de ceux qui sont suivis d'une brève explication, renvoient au glossaire. L'orthographe des noms des maîtres d'œuvre mudéjars a été déterminée par les auteurs et répond à celle de l'époque.

Museum With No Frontiers | Museum Ohne Grenzen décline toute responsabilité quant aux incidents qui pourraient se produire au cours de la visite de l'exposition.

Pour plus d'information, nous vous prions de bien vouloir consulter notre portail www.museumwnf.org ou le site *www.mwnftravels.net*.

Sandra Stuyck
Directrice de Production

Note de la traductrice:
"Andalousien": ce mot est employé comme l'équivalent de l'arabe *andalusi / andalusiya*, qu'on ne peut traduire par anoulou/andsalouse. Cette terminologie (andalousien/andalousienne) a été suggérée par le chercheur Jean Pièrre Molenat pour éviter la confusion entre Al-Andalus et Andalousie.

Sommaire

15 **L'art islamique en Méditerranée**
Jamila Bimous, Mahmoud Hawari,
Manuela Marín, Gönül Öney

35 **Introduction historique et artistique**
Gonzalo M. Borrás Gualís

63 **Circuit I** (une demi-journée)
Vie quotidienne et liturgique:
maison, cuisine et chœur
   La céramique mudéjare
Pedro Lavado Paradinas

75 **Circuit II** (une demi-journée)
Le style Cisneros
   La menuiserie mudéjare
Pedro Lavado Paradinas

85 **Circuit III**
Couronnement des rois d'Aragon
   Pierre IV
Gonzalo M. Borrás Gualís

101 **Circuit IV**
Villes mudéjares: de l'islam au christianisme
   La *morería* de Teruel
Gonzalo M. Borrás Gualís

119 **Circuit V**
Les églises-forteresses sur la frontière
avec la Castille
   Mahoma Rami, maître d'œuvre
Gonzalo M. Borrás Gualís

137 **Circuit VI**
Châteaux et villes fortifiées
Pedro Lavado Paradinas

151 **Circuit VII** (deux jours)
Filles de rois et de nobles:
à travers les couvents de clarisses
   Pierre Ier de Castille
Pedro Lavado Paradinas

175 **Circuit VIII**
Conséquences de la naissance des cathédrales
gothiques: les ouvrages de brique
   Foires et marchés
Pedro Lavado Paradinas

195 **Circuit IX**
L'empreinte du passé: églises, synagogues
et palais
   Les stucs ouvragés du mudéjar tolédan
María Teresa Pérez Higuera

213 **Circuit X** (deux jours)
Mécénat nobiliaire et monastique
   Ordres militaires
María Pilar Mogollón Cano-Cortés

239 **Circuit XI**
Temples et palais sévillans
Alfredo J. Morales, Alfonso Pleguezuelo
   Nature et architecture
Alfonso Pleguezuelo

259 **Circuit XII**
L'Aljarafe sévillan
   Chapelles funéraires et presbyteriums
   de tradition
Alfredo J. Morales

275 **Circuit XIII** (deux jours)
Rodrigo de Mendoza: Marquis de Zenete –
du château de La Calahorra à l'Albaicin
   Enseignement et connaissance scientifique
Rafael López Guzman, Miguel Ángel Sorroche Cuerva

301 **Glossaire**

307 **Personnages historiques**

309 **Orientation bibliographique**

311 **Auteurs**

LES DYNASTIES ISLAMIQUES EN MÉDITERRANÉE

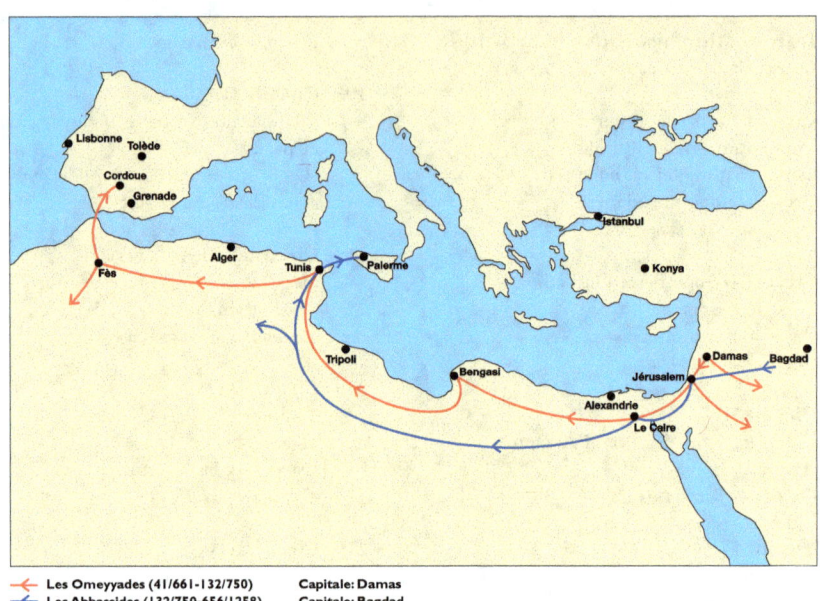

← Les Omeyyades (41/661-132/750)   Capitale: Damas
← Les Abbassides (132/750-656/1258)   Capitale: Bagdad

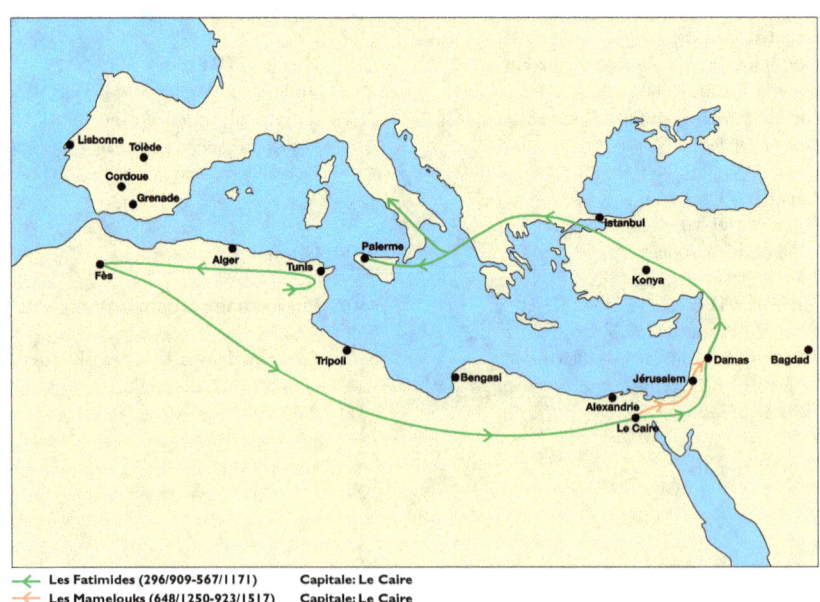

← Les Fatimides (296/909-567/1171)   Capitale: Le Caire
← Les Mamelouks (648/1250-923/1517)   Capitale: Le Caire

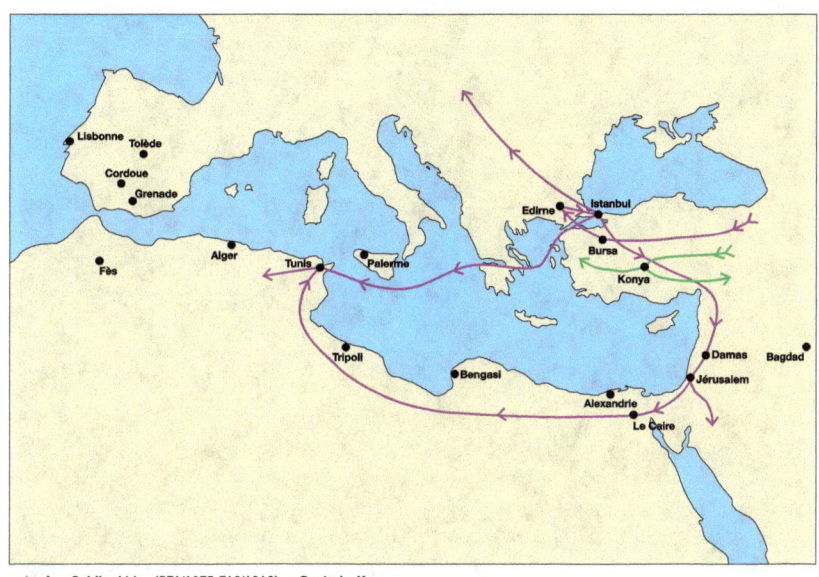

← **Les Seldjoukides (571/1075-718/1318)** Capitale: Konya
← **Les Ottomans (699/1299-1340/1922)** Capitale: Istanbul

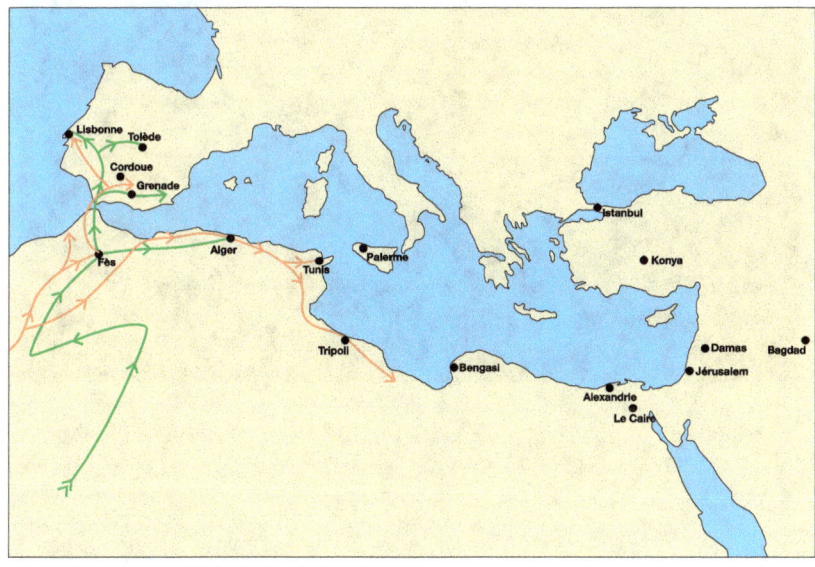

← **Les Almoravides (427/1036-541/1147)** Capitale: Marrakech
← **Les Almohades (515/1121-667/1269)** Capitale: Marrakech

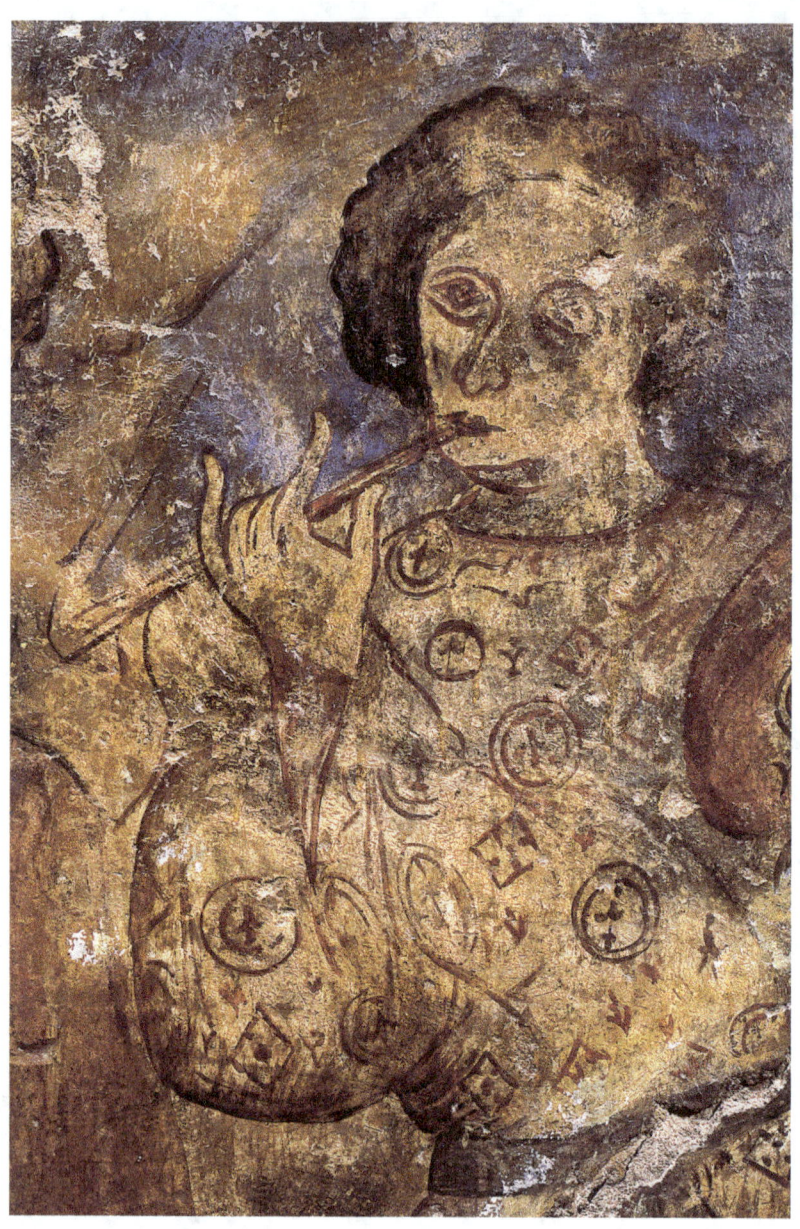

Qusayr 'Amra,
peinture murale de la
Salle d'Audiences,
Badiya de Jordanie.

L'ART ISLAMIQUE EN MÉDITERRANÉE

Jamila Binous
Mahmoud Hawari
Manuela Marín
Gönül Öney

Le patrimoine islamique en Méditerranée

Depuis la première moitié du Ier/VIIe siècle, l'histoire du bassin méditerranéen se partage, de façon étonnamment équitable, entre deux cultures, la culture islamique d'une part et la culture chrétienne occidentale d'autre part. Cette très longue histoire de conflits et de contacts a contribué à créer un mythe largement répandu dans l'imaginaire collectif, fondé sur l'image de l'autre comme étant l'ennemi irréductible, étranger et inconnu et, par là même, incompréhensible. Il est vrai que ces siècles sont ponctués de batailles, depuis les temps où les musulmans s'étendent à partir de la péninsule Arabique et prennent possession du Croissant Fertile, de l'Égypte et, plus tard, de l'Afrique du Nord, de la Sicile et de la péninsule Ibérique – et pénètrent en Europe occidentale jusqu'au sud de la France. Au début du IIe/VIIIe siècle, la Méditerranée est sous contrôle islamique.

Cette énergie à se déployer, d'une intensité rarement égalée dans l'histoire de l'humanité, ne peut se développer qu'au nom d'une religion qui se considère comme l'héritière des deux religions qui la précèdent, le judaïsme et le christianisme. Mais ce serait extrêmement réducteur d'expliquer le développement de l'islam en termes de religion uniquement. L'une des images très répandues en Occident présente l'islam comme une religion de simples dogmes, adaptée aux besoins du petit peuple, disséminée par de vulgaires guerriers sortis du désert, le Coran gravé sur la lame de leurs épées. Cette image grossière est très éloignée de la complexité intellectuelle d'un message religieux qui transforme le monde dès son commencement. Elle identifie ce message à une menace militaire et justifie par conséquent une réaction dans les mêmes termes. En fait, elle réduit l'ensemble d'une culture à l'une de ses composantes uniquement – la religion – et la dépossède ainsi de son potentiel à évoluer et à changer.

Les pays méditerranéens qui sont progressivement intégrés dans le monde musulman commencent leur parcours à des points de départ très différents. Les formes de vie islamique qui commencent à se développer dans chacun de ces pays sont par conséquent distinctes malgré l'unité qui résulte de leur adhésion commune au nouveau dogme religieux. La capacité à assimiler les éléments de cultures antérieures (hellénistique, romaine, etc.) constitue précisément l'une des caractéristiques qui définissent les sociétés islamiques. Lorsque les observations se limitent à la zone géographique de la Méditerranée, qui est extrêmement diversifiée au plan culturel à l'époque de l'émergence de l'islam, on remarque rapidement que ce moment initial ne présente aucune rupture avec le passé et on en vient à réaliser qu'il n'est pas concevable d'imaginer un monde islamique monolithique et immuable, suivant aveuglément un message religieux inaltérable.

S'il convient de choisir un *leitmotiv* définissant tout le bassin méditerranéen, c'est bien la diversité d'expression mêlée à l'harmonie de sentiment, sentiment plus culturel que religieux. Dans la péninsule Ibérique – pour commencer par le périmètre occidental de la Méditerranée –, la présence de l'islam, imposée initialement par les conquêtes militaires, génère une société qui se différencie clairement de la société chrétienne, tout en étant continuellement en contact avec elle. L'importance de l'expression culturelle de cette société islamique se ressent encore même après qu'elle a cessé d'exister en tant que telle et donne naissance à ce qui constitue probablement l'un des éléments les plus originaux de la culture hispanique, l'art mudéjar. Au Maroc et en Tunisie, l'héritage d'al-Andalus (l'Espagne musulmane) est assimilé dans les formes artistiques locales et continue d'exister de nos jours. La Méditerranée occidentale produit des formes d'expression originales qui reflètent son évolution historique conflictuelle et plurielle.

Insérée entre l'Orient et l'Occident, la mer Méditerranée est dotée d'enclaves terrestres, lieux historiques majeurs témoins des siècles passés, notamment la Sicile. Conquise par les Arabes établis en Tunisie, la Sicile continue de perpétuer la mémoire culturelle et historique de l'islam, longtemps après que la présence politique des musulmans sur l'île eut disparu. La présence de formes esthétiques siculo-normandes que révèlent les monuments architecturaux démontre clairement que l'histoire de ces régions ne peut s'expliquer sans la compréhension de la diversité des expériences sociales, économiques et culturelles qui s'épanouissent sur ces terres.

Tout à fait à l'opposé, donc, de l'image immuable et constante à laquelle il est fait allusion plus haut, l'histoire de l'islam en Méditerranée se caractérise par une surprenante diversité, née de la fusion entre peuples et ethnies, déserts et terres fertiles. S'il apparaît clairement que la religion adoptée par la majorité est l'islam depuis le Moyen Âge, il est également vrai que les minorités religieuses maintiennent historiquement leur présence. La langue du Coran, l'arabe classique, coexiste avec d'autres langues de même qu'avec d'autres dialectes arabes. Dans ce cadre d'indéniable unité (religion musulmane, langue et culture arabes), chaque société évolue et relève les défis de l'histoire à sa façon propre.

L'émergence et le développement de l'art islamique

Sur l'ensemble des territoires de civilisations aussi anciennes que diverses, un nouvel art apparaît, mêlé aux images de la foi islamique qui émerge à la fin du

IIe/VIIIe siècle et qui, en moins d'un siècle, s'impose avec succès. À sa façon, cet art donne naissance à des créations et à des innovations qui reposent sur des formules et des procédés architecturaux et décoratifs d'unification régionale. Il s'inspire simultanément des traditions artistiques qui le précèdent : traditions gréco-romaine et byzantine, sassanide, wisigothique, berbère ou encore d'Asie centrale.

L'objectif initial de l'art islamique consiste à répondre aux besoins de la religion et aux divers aspects de la vie socio-économique. De nouveaux édifices religieux voient le jour, notamment les mosquées et les sanctuaires. L'architecture joue ainsi un rôle central dans l'art islamique, puisque de nombreux arts s'y rattachent. Cependant, hormis l'architecture, un ensemble d'arts mineurs apparaît et trouve son expression artistique dans une variété de matériaux, notamment le bois, la poterie, les métaux, le verre, etc. En poterie, une grande variété de techniques de vernissage est employée, notamment, parmi les groupes les plus utilisés, les céramiques peintes polychromes. Du verre d'une grande beauté est produit, atteignant le sommet de l'art avec le verre orné de couleurs dorées et vives vernissées. Le bronze incrusté d'argent ou de cuivre constitue la méthode la plus sophistiquée du travail du métal. Des textiles et des tapis d'excellente qualité, à motifs géométriques, animaliers ou humains, sont confectionnés. Des manuscrits enluminés de miniatures représentent l'aboutissement spectaculaire de l'art du livre. Ces différentes formes d'art mineur témoignent de l'éclat remarquable de l'art islamique.

Toutefois, l'art figuratif est exclu du domaine liturgique islamique, ce qui signifie qu'il est banni du cœur de la civilisation islamique et qu'il n'est toléré qu'à sa périphérie. Les reliefs sont rares dans la décoration des monuments et les sculptures sont pratiquement planes. Mais l'extrême richesse des ornementations des panneaux de stuc somptueusement ciselés, des panneaux de bois sculptés, des faïences murales et des mosaïques vernissées de même que des frises à stalactites, ou *mouqarnas*, compensent cette absence. Les éléments décoratifs empruntés à la nature – feuilles, fleurs, branches – sont généralement stylisés à l'extrême et sont si complexes qu'ils font rarement penser à leur source d'origine. L'entrelacement et la combinaison de motifs géométriques, notamment les losanges et les polygones étoilés, forment des réseaux entrelacés qui recouvrent entièrement les surfaces, créant des formes qui prennent souvent le nom d'arabesques. L'introduction d'éléments épigraphiques dans l'ornementation des monuments, des meubles et de divers objets représente une innovation du répertoire décoratif. Les artisans musulmans savent utiliser la beauté de la calligraphie arabe, la langue du Livre sacré, le Coran, non seulement pour transcrire des versets coraniques mais dans toutes ses variantes, comme simple motif de décoration de l'ornementation des panneaux de stuc et des encadrements de panneaux.

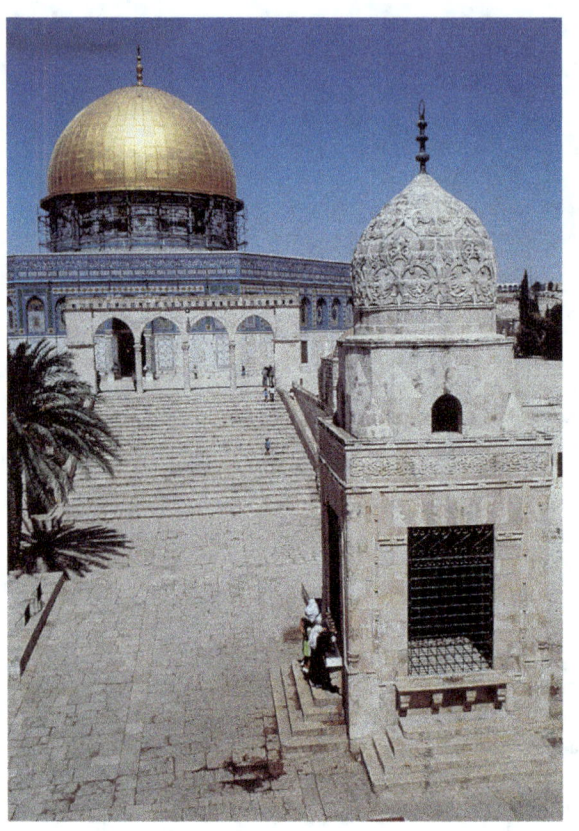

Dôme du Rocher, Jérusalem.

L'art se met également au service des souverains. Les architectes construisent, pour leurs mécènes, des palais, des mosquées, des écoles, des hôpitaux, des bains publics, des caravansérails et des mausolées qui portent parfois leur nom. L'art islamique est, avant tout, un art dynastique. Chaque tendance y contribue en apportant un renouvellement partiel ou complet des formes artistiques, en fonction du cadre historique, de la prospérité dont jouissent les États et des traditions de chaque peuple. L'art islamique, malgré son unité relative, permet la diversité, donnant naissance à différents styles, chacun étant assimilé à une dynastie.

La dynastie omeyyade (41/661-132/750), qui transfère la capitale du califat à Damas, représente un aboutissement singulier de l'histoire de l'islam. Elle absorbe et intègre l'héritage hellénistique et byzantin de façon à refondre la tradition classique méditerranéenne en un nouveau moule innovateur. L'art islamique naît donc en Syrie et l'architecture, nettement islamique du fait de la personnalité de ses fondateurs, continue également à offrir cette relation à l'art hellénistique et byzantin. Le Dôme du Rocher à Jérusalem, premier sanctuaire islamique monumental, la Grande Mosquée de Damas, qui sert de modèle aux mosquées ultérieures, et les palais du désert de Syrie, de Jordanie et de Palestine en constituent les monuments les plus importants.

Lorsque le califat abbasside (132/750-656/1258) succède à la dynastie omeyyade, le centre politique de l'islam se déplace de la Méditerranée vers Bagdad, en Mésopotamie. Ce facteur contribue à influencer le développement de la civilisation islamique et tous les aspects culturels et artistiques portent les stigmates de ce changement. L'art et l'architecture abbassides subissent l'influence de trois traditions majeures : sassanide, asiatique et seldjoukide.

L'influence de l'Asie centrale est déjà présente dans l'architecture sassanide, mais à Samarra, cette influence se retrouve dans le style du stuc avec ses ornementations en arabesques qui se répandent rapidement dans le monde islamique. L'influence des monuments abbassides se ressent dans les édifices construits au cours de cette période dans les autres provinces de l'Empire, tout particulièrement en Égypte et en Ifriqiya. Au Caire, la mosquée Ibn Touloun (262/876-265/879) est un véritable chef-d'œuvre, admirable pour son plan et son unité de conception. La Grande Mosquée abbasside de Samarra lui sert de modèle, tout particulièrement son minaret hélicoïdal. À Kairouan, capitale de l'Ifriqiya, les vassaux des califes abbassides, les Aghlabides (184/800-296/909), embellissent la Grande Mosquée, l'une des plus exemplaires du Maghreb dont le *mihrab* est recouvert de faïences de Mésopotamie.

Les Fatimides (296/909-567/1171) règnent sur une période remarquable de l'histoire des pays méditerranéens islamiques, l'Afrique du Nord, la Sicile, l'Égypte et la Syrie. Seuls restent quelques exemples de ces constructions architecturales, témoins de leur gloire passée : dans le Maghreb central, la Qal'a des Beni Hammad et la mosquée de Mahdia ; en Sicile, la Cuba (*Koubba*) et la Zisa (*al-'Aziza*) à Palerme, construites par les artistes fatimides sous le règne du roi normand Guillaume II ; au Caire, la mos-

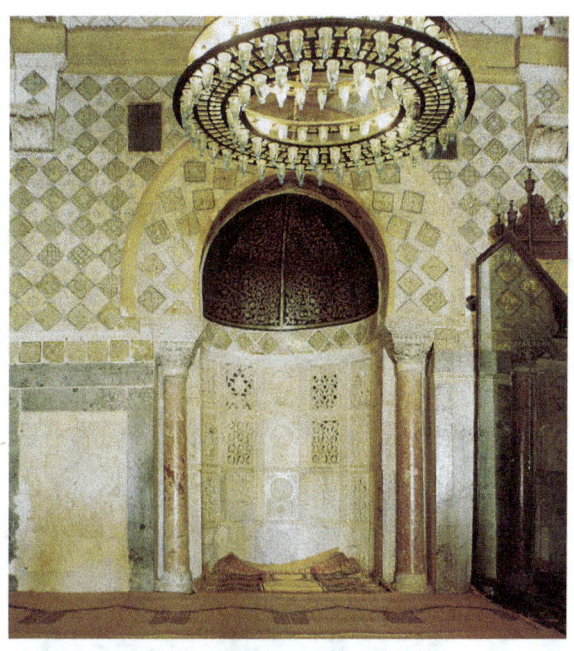

Mosquée de Kairouan, mihrab, Tunisie.

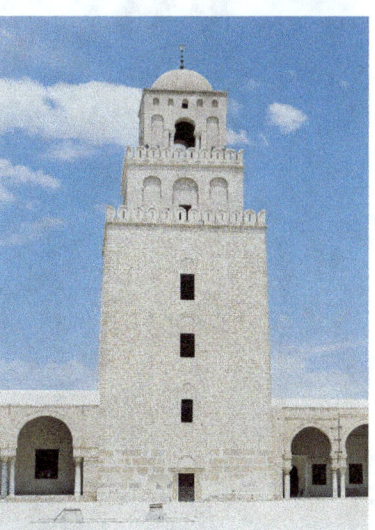

Mosquée de Kairouan, minaret, Tunisie.

L'art islamique en Méditerranée

Citadelle d'Alep, vue de l'entrée, Syrie.

Complexe Qalawun, Le Caire, Égypte.

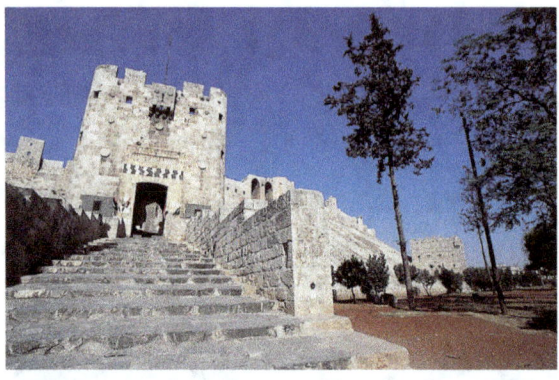

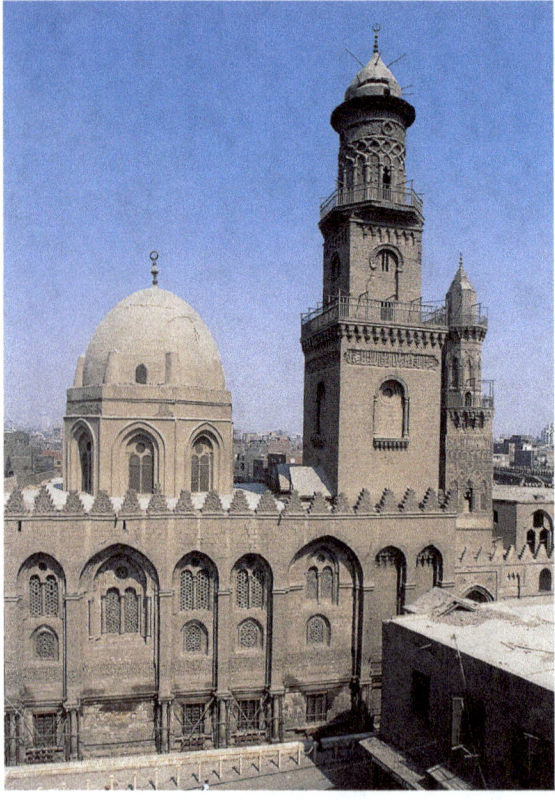

quée al-Azhar constitue l'exemple le plus remarquable de l'architecture fatimide en Égypte.

Les Ayyoubides (567/1171-648/1250), qui renversent la dynastie fatimide au Caire, sont des mécènes importants dans le domaine de l'architecture. Ils fondent des institutions religieuses (*madrasas, khanqas*) afin de propager l'islam sunnite, des mausolées et des établissements de bienfaisance sociale, de même que des fortifications imposantes en vue de faire front aux conflits militaires avec les Croisés. La Citadelle d'Alep en Syrie constitue un magnifique exemple de leur architecture militaire.

Les Mamelouks (648/1250-922/1517), successeurs des Ayyoubides, résistent vaillamment aux Croisés et aux Mongols, parviennent à obtenir l'unité de la Syrie et de l'Égypte et fondent un puissant empire. La richesse et le luxe de la cour du sultan mamelouk au Caire poussent les artistes et les architectes à atteindre un style d'architecture extraordinairement élégant. Pour le monde islamique, la période mamelouke marque un essor et une renaissance. L'enthousiasme à créer des édifices religieux et à reconstruire les édifices existants place les Mamelouks parmi les plus grands mécènes dans les domaines de l'art et de l'architecture dans l'histoire de l'islam. La mosquée de Hassan (757/1356), mosquée funéraire construite selon un plan cruciforme, les branches de la croix étant formées de quatre *iwan*s autour d'une cour centrale, est typique de cette époque.

L'Anatolie est le berceau de deux grandes dynasties islamiques : les Seldjoukides (571/1075-718/1318), qui introduisent l'islam dans la région, et les Ottomans (699/1299-1340/1922), qui entraînent la fin de l'Empire byzantin avec la prise de Constantinople et assoient leur hégémonie dans la région.

Un style distinctif de l'art et de l'architecture seldjoukides s'épanouit avec des influences d'Asie centrale, d'Iran, de Mésopotamie et de Syrie qui s'entremêlent à des éléments du patrimoine de l'Anatolie chrétienne et de l'Antiquité. Konya, la nouvelle capitale de l'Anatolie centrale, ainsi que d'autres villes, s'enrichissent d'édifices dans le nouveau style seldjoukide. De nombreuses mosquées, *madrasas*, turbés et *caravansérails*, richement décorés de stuc et de faïence aux diverses représentations figuratives, survivent encore.

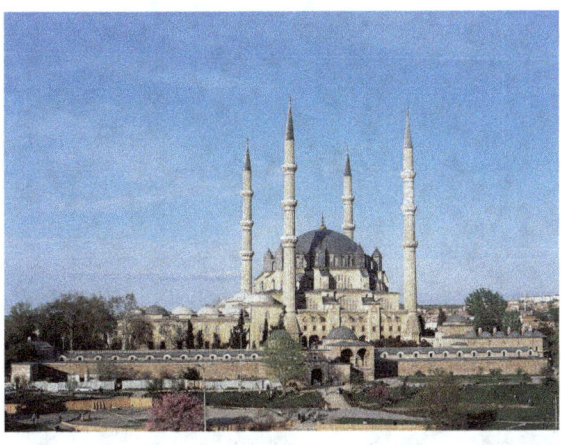

Mosquée Selimiye, vue générale, Edirne, Turquie.

Avec la désintégration des Émirats seldjoukides et le déclin de Byzance, les Ottomans peuvent étendre leur territoire et transfèrent rapidement leur capitale d'Iznik à Bursa puis à Edirne. La conquête de Constantinople en 858/1453 par le sultan Mehmet II donne l'élan nécessaire à la transition entre un État émergeant et un grand empire. Une superpuissance qui étend ses frontières jusqu'à Vienne, y compris les Balkans à l'ouest et l'Iran à l'est, de même qu'en Afrique du Nord, de l'Égypte à l'Algérie, transforment la Méditerranée orientale en mer ottomane. La course en vue de surpasser la grandeur des églises byzantines héritées, dont la Sainte-Sophie constitue l'exemple le plus frappant, culmine avec la construction de grandes mosquées à Istanbul. La mosquée Süleymaniye, construite au Xe/XVIe siècle par le célèbre architecte ottoman Sinan, en est l'exemple le plus significatif et incarne le point culminant de l'harmonie architecturale des édifices à coupoles. La plupart des grandes mosquées ottomanes font

Céramique du palais Kubadabad, Musée Karatay, Konya, Turquie.

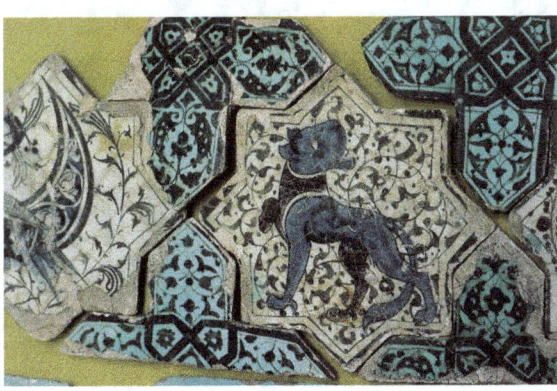

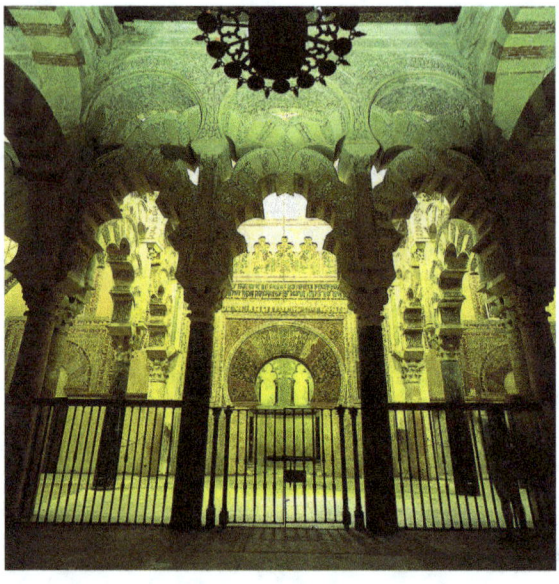

Grande Mosquée de Cordoue, mihrab, Espagne.

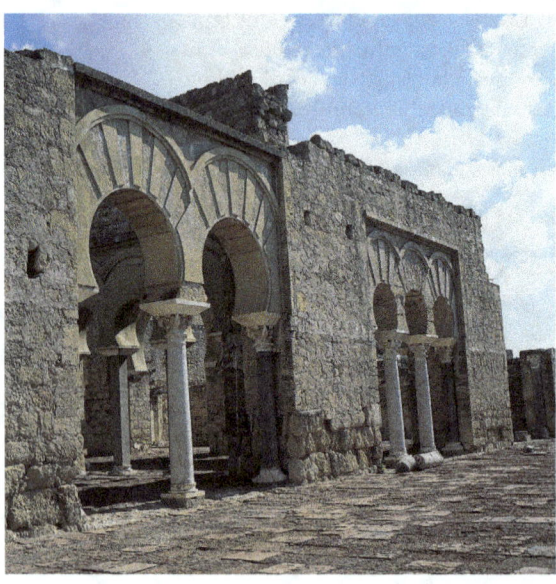

Dar al-Jund, Madinat al-Zahra', Espagne.

partie d'un grand ensemble d'édifices, *külliye,* comprenant des *madrasa*s, une école coranique, une bibliothèque, un hôpital (*darüssifa*), une auberge (*tabkhane*), une cuisine publique, un *caravansérail* et des mausolées (*turbé*s). À partir du début du XIIe/XVIIIe siècle, au cours de la "Période des Tulipes", l'architecture et le style décoratif ottomans reflètent l'influence du style baroque et rococo français, annonçant la période d'occidentalisation de l'art et de l'architecture.

Al-Andalus, dans la partie occidentale du monde islamique, devient le berceau d'une expression artistique et culturelle brillante. Abd al-Rahman Ier y fonde un califat ommeyade indépendant (138/750-422/1031) avec Cordoue pour capitale. La Grande Mosquée de cette ville ouvre la voie aux tendances artistiques innovatrices, notamment avec les doubles arcs bicolores superposés et les panneaux à ornementation végétale, qui sont passées dans le répertoire des formes artistiques andalousiennes.

Au cours du Ve/XIe siècle, le califat de Cordoue se divise en de multiples principautés qui ne sont pas en mesure d'éviter l'avancée progressive de la reconquête initiée par les États chrétiens au nord-ouest de la péninsule Ibérique. Ces roitelets ou rois de Taïfa font appel aux Almoravides en 479/1086 et aux Almohades en 540/1145 en vue de repousser l'arrivée des chrétiens et de rétablir l'unité partielle d'al-Andalus.

Par leur intervention dans la péninsule Ibérique, les Almoravides (427/1036-541/1147) entrent en contact avec une nouvelle civilisation et tombent rapidement sous le charme du raffinement de l'art andalousien, comme le reflète leur capitale, Marrakech, où ils construisent une grande mosquée et des palais. L'influence de l'architecture de Cordoue et d'autres capitales, notamment Séville, se ressent dans tous les monuments almoravides de Tlemcen, Alger ou Fès.

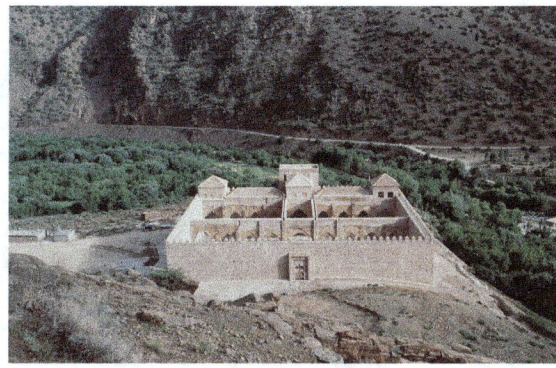

Mosquée de Tinmel, vue aérienne, Maroc.

L'art islamique occidental atteint son apogée sous le règne des Almohades (515/1121-667/1269), qui étendent leur hégémonie jusqu'en Tunisie. Au cours de cette période, la créativité artistique favorisée par les souverains almoravides se renouvelle et des chefs-d'œuvre de l'art islamique font leur apparition. La Grande Mosquée de Séville avec son minaret la Giralda, la Koutoubiya à Marrakech, la mosquée Hassan à Rabat et la mosquée de Tinmal érigée au sommet des montagnes de l'Atlas au Maroc en sont les exemples les plus remarquables.

Avec la dissolution de l'Empire almohade, la dynastie nasride (629/1232-897/1492) s'installe à Grenade et vit une période de splendeur au cours du VIIIe/XIVe siècle. La civilisation de Grenade devient un modèle culturel pour les siècles à venir en Espagne (l'art mudéjar) et, particulièrement, au Maroc, où cette tradition artistique a bénéficié d'une grande popularité et est préservée jusqu'à nos jours dans les domaines de l'architecture, de la décoration, de la musique et de la gastronomie. Les célèbres palais et forts de *al-Hamra'* (l'Alhambra) à Grenade marquent l'aboutissement suprême de l'art andalousien, avec toutes les caractéristiques de son répertoire artistique.

Tour des Dames et jardins, l'Alhambra, Grenade, Espagne.

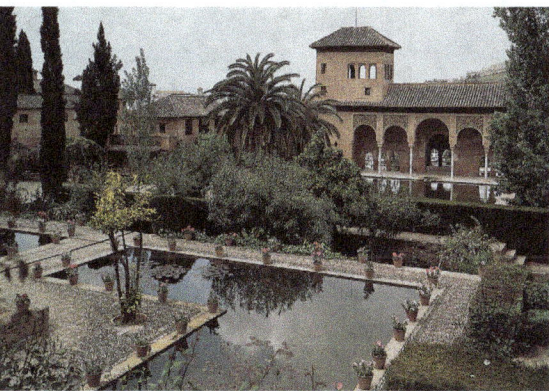

Parallèlement, au Maroc, les Mérinides (641/1243-876/1471) succèdent aux Almohades, alors qu'en Algérie règnent les Abd al-Wadids (633/1235-922/1516) et en Tunisie

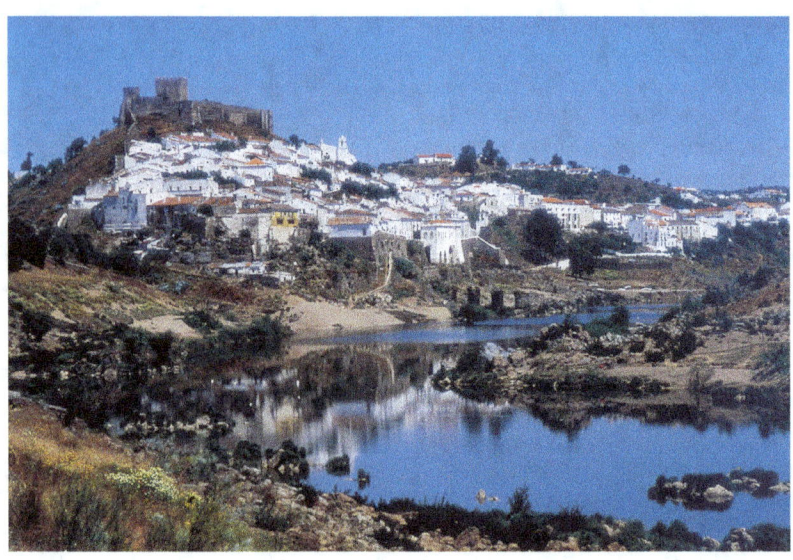

Mértola, vue générale, Portugal.

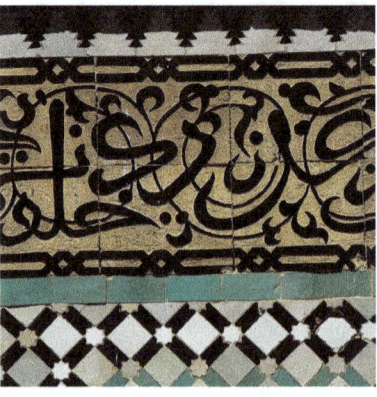

Frise épigraphique en caractères cursifs sur carreaux de faïence, Madrasa Bouinaniya, Meknès, Maroc.

les Hafsides (625/1228-941/1534). Les Mérinides perpétuent l'art andalousien, l'enrichissant de nouveaux éléments. Ils embellissent leur capitale Fès par une abondance de mosquées, palais et *madrasa*s, considérés comme étant, avec leurs mosaïques de céramique et leurs revêtements de *zellige* dans les décorations murales, les œuvres les plus parfaites de l'art islamique. Les dynasties marocaines suivantes, les Saadiens (933/1527-1070/1659) et les Alaouites (1070/1659 à nos jours), perpétuent la tradition artistique des Andalous exilés de leur terre natale en 897/1492. Ils continuent de construire et de décorer leurs monuments en utilisant les mêmes formules et les mêmes thèmes décoratifs que les dynasties précédentes, ajoutant des touches innovatrices caractéristiques de leur génie créatif. Au début du XIe/XVIIe siècle, les immigrés d'al-Andalus (les Morisques), qui s'établissent dans les villes du nord du Maroc, introduisent de nombreuses

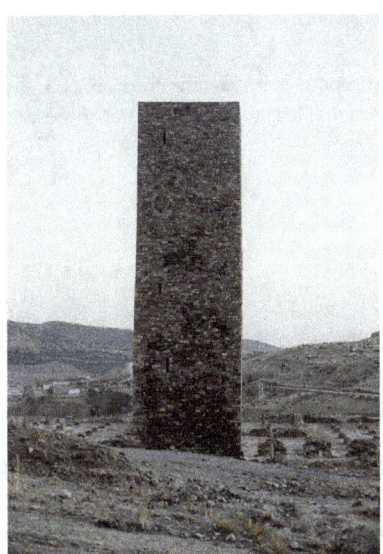 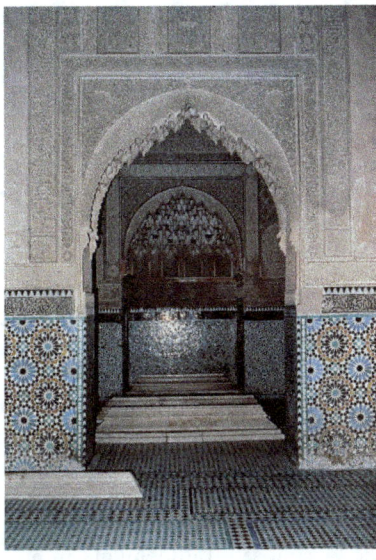

Qal'a des Beni Hammad, minaret, Algérie.

Tombeau des Saadiens, Marrakech, Maroc.

caractéristiques de l'art andalousien. Aujourd'hui, le Maroc est l'un des rares pays à perpétuer les traditions andalousiennes dans son architecture et son ameublement, modernisées par l'introduction de techniques et de styles architecturaux du XXe siècle.

L'ARCHITECTURE ISLAMIQUE

De façon générale, l'architecture islamique peut être classée en deux catégories : religieuse, avec notamment les mosquées, les *madrasa*s, les mausolées, et séculaire, tout particulièrement avec les palais, les *caravansérails*, les fortifications, etc.

Architecture religieuse

Les mosquées

Pour des raisons évidentes, la mosquée se trouve au cœur de l'architecture islamique. Elle représente le clair symbole de la foi qu'elle sert. Très tôt, les musulmans comprennent ce rôle symbolique qui constitue un facteur important dans la création d'indices visuels appropriés dans le domaine de la construction : les minarets, coupoles, *mihrab*s, *minbar*s, etc.
La cour de la maison du Prophète à Médine représente la première mosquée de l'islam, sans raffinements architecturaux. Les premières mosquées construites par les musulmans au fur et à mesure de l'expansion de leur empire sont simples. À partir de ces édifices se développe la mosquée du vendredi (*jami'*), dont les traits essentiels n'ont pas changé depuis 1400 ans. Son plan général consiste en une grande cour entourée d'arcades, avec un nombre de rangées plus élevé sur le côté orienté vers La Mecque (*qibla*) que sur les autres côtés. La Grande Mosquée omeyyade de Damas, dont le plan s'inspire de celui de la mosquée du Prophète, sert de modèle aux nombreuses mosquées construites dans les différentes provinces du monde islamique.

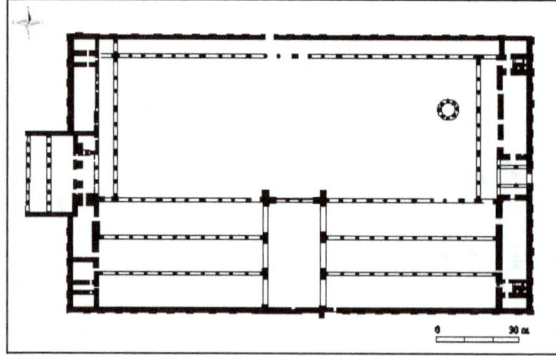

Mosquée omeyyade de Damas, Syrie.

Deux autres types de mosquées se développent en Anatolie et, plus tard, sur les territoires ottomans : les mosquées basilicales et les mosquées à coupoles. Le premier type consiste en une simple salle à piliers ou basilique, style influencé par la tradition romaine tardive et par la tradition byzantine de Syrie, introduite avec quelques modifications au Ve/XIe siècle.
Le deuxième type de mosquées, qui se développe au cours de la période ottomane, organise l'espace intérieur

sous un dôme unique. Les architectes ottomans créent dans les grandes mosquées impériales un nouveau style de construction à coupoles qui réunit la tradition de la mosquée islamique et la construction des édifices à coupoles en Anatolie. Le dôme principal repose sur une structure hexagonale et les baies latérales sont couronnées de coupoles plus petites. L'importance d'un espace intérieur dominé par un dôme unique devient le point de départ d'un style diffusé au Xe/XVIe siècle. Au cours de cette période, les mosquées deviennent des complexes multifonctionnels à caractère social, composés d'une *zaouïa*, d'une *madrasa*, d'une cuisine publique, de bains, d'un *caravansérail* et du mausolée du fondateur. La mosquée Süleymaniye à Istanbul, construite en 965/1557 par le grand architecte Sinan, constitue l'exemple suprême de ce style.

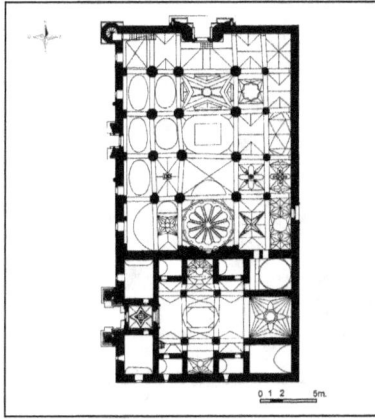

Grande Mosquée de Divriği, Turquie.

Le minaret du haut duquel le *muezzin* appelle les fidèles à la prière constitue l'indice le plus saillant de la mosquée. En Syrie, le minaret traditionnel consiste en une tour carrée construite en pierre. Dans l'Égypte mamelouke, les minarets sont divisés en trois zones distinctes : une section carrée à la base, une section médiane octogonale et une section cylindrique au sommet, surplombée d'une petite coupole. Les fûts sont richement décorés et la transition entre deux sections se fait au moyen d'un bandeau de *mouqarnas*. Les minarets d'Afrique du Nord et d'Espagne, qui partagent leur tour carrée avec la Syrie, sont décorés de panneaux à motifs autour de fenêtres jumelées. Pendant l'époque ottomane, les minarets octogonaux ou cylindriques remplacent la tour carrée. Il s'agit souvent de hauts minarets effilés, et bien que les mosquées ne possèdent généralement qu'un seul minaret, dans les grandes villes, elles peuvent avoir deux, quatre, voire six minarets.

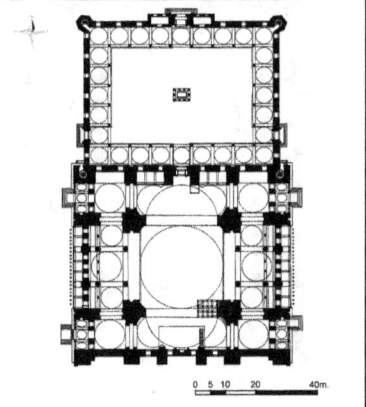

Mosquée Süleymaniye, Istanbul, Turquie.

Typologie de minarets.

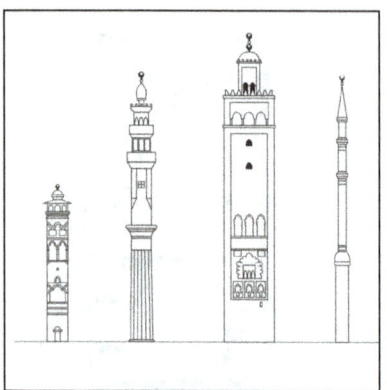

Les madrasas

Il est probable que les Seldjoukides ont construit leurs premières *madrasas* en Perse au début du Ve/XIe siècle. Il ne s'agit encore que de petites structures dotées d'une cour surmontée d'un dôme et de deux *iwans* latéraux. Un autre type de *madrasas* se développe ultérieurement avec une cour ouverte et un *iwan* central entouré d'arcades. Au cours du VIe/XIIe siècle en Anatolie, la *madrasa* devient multifonctionnelle et sert d'école de médecine, d'hôpital psychiatrique, d'hospice équipé d'une cuisine publique (*imaret*) et d'un mausolée.

Le développement de l'islam sunnite orthodoxe atteint un nouvel apogée en Syrie et en Égypte avec les Zengides et les Ayyoubides (VIe/XIIe-début VIIe/XIIIe siècles). Cette époque voit l'introduction de la *madrasa* fondée par un dirigeant civique ou politique, dans le but de développer la jurisprudence islamique. Ce type d'établissement est financé par des biens de mainmorte (*waqf*), généralement les revenus de terres ou de propriétés, comme les vergers, les échoppes dans un marché (*souk*) ou les bains publics (*hammam*). La *madrasa*

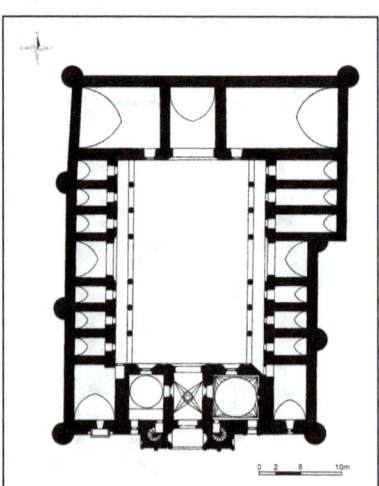

Madrasa de Sivas Gök, Turquie.

suit généralement un plan cruciforme avec une cour centrale entourée de quatre *iwans*. Très vite, la *madrasa* devient une forme architecturale dominante avec des mosquées adoptant leur plan à quatre *iwans*. La *madrasa* perd progressivement son seul rôle religieux et de fonction politique comme instrument de propagande et tend à avoir une fonction civique plus large, servant de mosquée du prêche et de mausolée pour le bienfaiteur.

La construction de *madrasas* en Égypte, et tout particulièrement au Caire, apporte un nouveau souffle avec l'arrivée des Mamelouks. La *madrasa* cairote typique de cette époque est une structure multifonctionnelle à quatre *iwan*s avec un portail à stalactites (*mouqarnas*) et de splendides façades. Avec l'arrivée des Ottomans au début du X⁰/XVI⁰ siècle, la double fondation – généralement une mosquée-*madrasa* – devient un grand centre très répandu qui jouit de la protection impériale. L'*iwan* disparaît progressivement, remplacé par une salle à coupole dominante. L'augmentation considérable du nombre de cellules pour étudiants surmontées de coupoles constitue l'un des éléments qui caractérisent les *madrasa*s ottomanes.

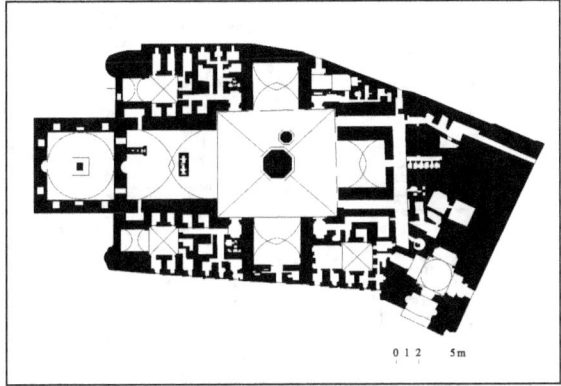

Mosquée et Madrasa Sultan Hassan, Le Caire, Égypte.

La *khanqa* constitue l'un des types d'édifices qui, du fait de sa fonction et de sa forme, peut être associé à la *madrasa*. Ce terme indique une institution plutôt qu'un type particulier d'édifice, qui abrite les membres d'un ordre mystique musulman. Il existe de nombreux autres termes synonymes de *khanqa*, utilisés par les historiens musulmans : au Maghreb, *zaouïa* ; dans les territoires ottomans, *tekke* et, le terme le plus généralement utilisé, *ribat*. Le soufisme domine constamment la *khanqa*, en provenance de Perse orientale au cours du IV⁰/X⁰ siècle. Dans sa forme la plus simple, une *khanqa* est une maison rassemblant un groupe d'étudiants autour d'un maître (*cheikh*). Celle-ci est dotée de salles de réunion, de prière et communautaires. La création de *khanqa*s se développe sous les Seldjoukides au cours des V⁰/XI⁰ et VI⁰/XII⁰ siècles et bénéficie de l'étroite association entre le soufisme et le *madhhab* (doctrine) shafiite favorisés par l'élite au pouvoir.

Les mausolées

Dans les sources islamiques, la terminologie servant à désigner le type de construction des mausolées est très riche. Le terme descriptif usuel *turbé* se réfère à la fonction d'inhumation de l'édifice. Un autre terme, la *koubba*, se réfère à son élément le plus identifiable, la coupole, et s'applique souvent à une construction qui commémore les prophètes bibliques, les compagnons du Prophète Muhammad et des notables religieux ou militaires. La fonction des mausolées ne se limite pas simplement à un lieu d'inhumation et de commé-

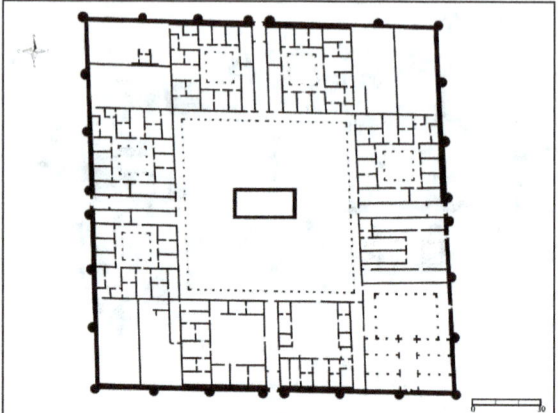

Qasr al-Khayr oriental, Syrie.

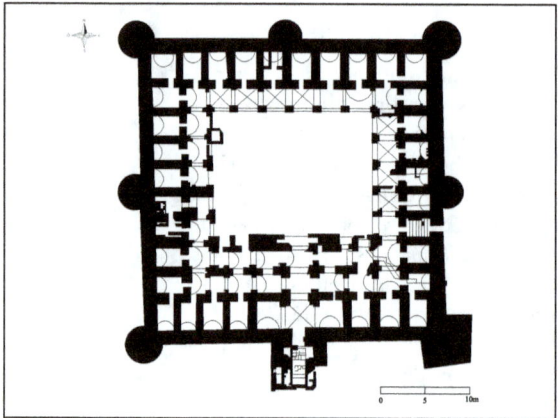

Ribat de Sousse, Tunisie.

moration, mais joue également un rôle important dans la religion "populaire". Ils sont vénérés comme des tombeaux de saints locaux et sont devenus des lieux de pèlerinage. Très souvent, la structure du mausolée est embellie par des citations du Coran et est dotée d'un *mihrab*, afin d'en faire un lieu propice à la prière. Dans certains cas, le mausolée fait partie d'une institution commune. Les formes des mausolées islamiques de l'époque médiévale sont variées mais la forme traditionnelle consiste en un quadrilatère recouvert d'une coupole.

Architecture séculaire

Les palais

La période omeyyade se caractérise par des palais et des bains publics somptueux dans les lointaines régions désertiques. Leur plan de base découle des modèles de campements militaires romains. Malgré leur décoration éclectique, ils constituent les meilleurs exemples du style décoratif islamique naissant. Les mosaïques, les peintures murales, les sculptures en stuc ou en pierre sont les moyens utilisés pour cette remarquable variété de décorations et de thèmes. Les palais abbassides en Irak, notamment ceux de Samarra et d'Ukhaidir, suivent le même plan que leurs prédécesseurs omeyyades mais se caractérisent par des dimensions plus imposantes, par l'utilisation de grands *iwans*, de coupoles et de cours, et par l'utilisation intensive de décorations en stuc. Les palais de la fin de la période islamique élaborent un nouveau style distinctif, plus décoratif et moins monumental. L'Alhambra constitue probablement l'exemple le plus remarquable de palais royaux ou princiers. La grande superficie du palais est fragmentée en une série d'unités indépendantes : jardins, pavillons et cours.

Cependant, l'élément le plus singulier de l'Alhambra est la décoration qui produit un effet extraordinaire à l'intérieur de l'édifice.

Les caravansérails

Un *caravansérail* se réfère généralement à une grande structure qui offre le gîte aux voyageurs et aux commerçants. Il s'agit normalement d'un espace carré ou rectangulaire, avec une entrée monumentale en saillie et des tours qui flanquent l'enceinte extérieure. Une cour centrale est entourée de portiques et de pièces réservées à l'hébergement des voyageurs et au stockage des marchandises, et qui abritent également des écuries pour les animaux.

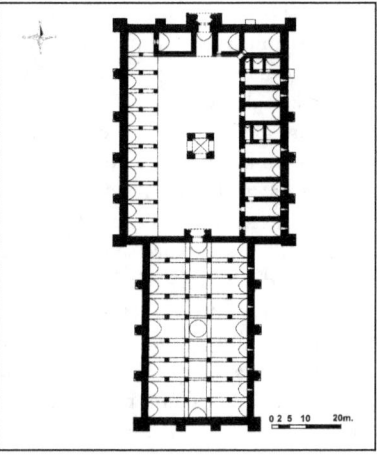

Han Sultan Aksaray, Turquie.

Cette typologie d'édifice répond à une grande variété de fonctions, comme le démontrent ses différentes dénominations : *khan, han, fondouk, ribat*. Ces termes ne sont que le reflet de différences linguistiques régionales et ne désignent pas véritablement des fonctions ou des types distinctifs. Les sources architecturales des différents types de *caravansérails* ne sont pas aisément identifiables. Certaines découlent probablement du *castrum* ou campement militaire romain, dont les palais omeyyades du désert se rapprochent. D'autres types d'édifices qui existent en Mésopotamie et en Perse sont associés à l'architecture domestique.

Organisation urbaine

À partir du IIIe/Xe siècle, chaque ville, quelle que soit son importance, se dote d'enceintes fortifiées et de tours, de grandes portes élaborées et d'une puissante citadelle (*qal'a* ou *casbah*), symbole du pouvoir établi. Celles-ci sont des constructions massives réalisées avec des matériaux typiques de la région où elles sont édifiées : pierre de taille en Syrie, Palestine et Égypte ou brique, pierre de taille et terre battue dans la péninsule Ibérique et en Afrique du Nord. Le *ribat* constitue un exemple unique d'architecture militaire. Techniquement, il s'agit d'un palais fortifié conçu pour les guerriers de l'islam engagés, temporairement ou de façon permanente, à défendre les frontières. Le *ribat* de Sousse en Tunisie comporte des similitudes avec les premiers palais islamiques, mais présente des différences dans l'organisation intérieure pour ce qui est de la grande salle, de la mosquée et du minaret.

La division de la plupart des villes islamiques en quartiers est basée sur l'affinité ethnique et religieuse et constitue, par ailleurs, un système d'organisation urbaine qui facilite l'administration de la population. La mosquée est toujours présente dans le quartier. Un bain public, une fontaine, un four et un ensemble de magasins se trouvent soit à l'intérieur du périmètre du quartier, soit à proximité. Sa structure se compose d'un réseau de rues et d'impasses, et d'un ensemble de maisons. En fonction de la région et de l'époque, les maisons présentent différentes caractéristiques régies par les traditions historiques et culturelles, le climat et les matériaux de construction disponibles.

Le marché (*souk*), qui fonctionne comme le centre névralgique du commerce local, constitue l'élément le plus caractéristique des villes islamiques. Sa distance par rapport à la mosquée détermine l'organisation spatiale par corps de métiers. Par exemple, les professions considérées comme propres et honorables (libraires, parfumeurs, tailleurs) se trouvent à proximité immédiate de la mosquée, tandis que les métiers bruyants et nauséabonds (forgerons, tanneurs, teinturiers) s'en éloignent progressivement. Cette distribution géographique répond à des impératifs qui s'appuient sur des critères purement techniques.

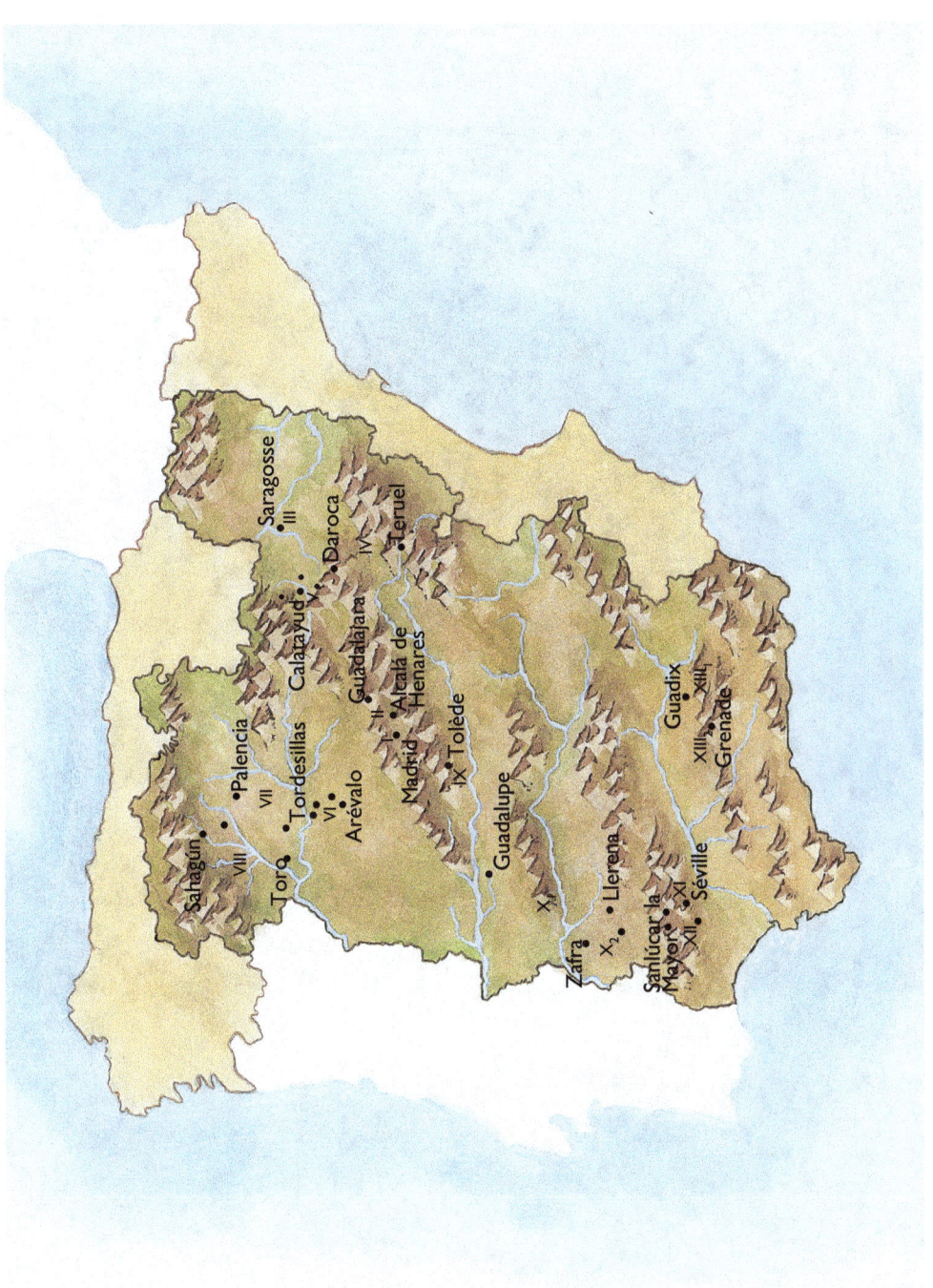

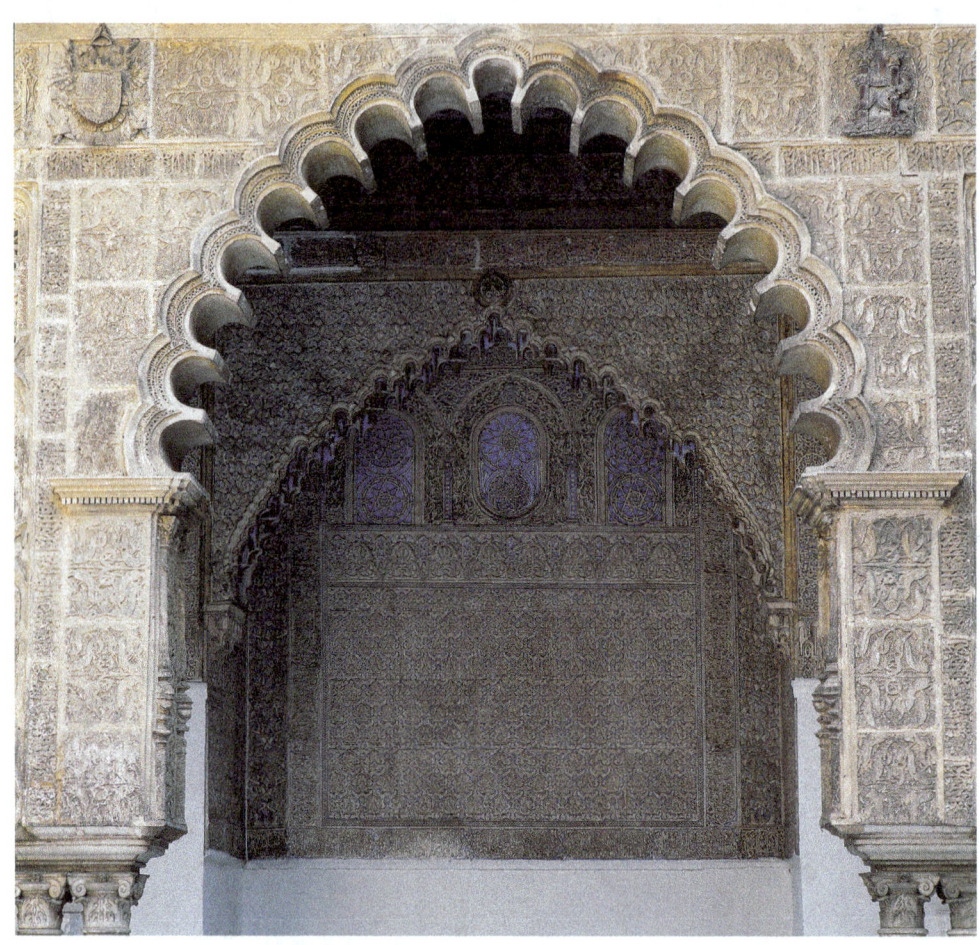

*Alcazar royal,
détail du patio des
Demoiselles, Séville.*

INTRODUCTION HISTORIQUE ET ARTISTIQUE

Gonzalo M. Borrás Gualís

Dans le cadre général du cycle international **L'art islamique en Méditerranée**, l'une des raisons de sélectionner *L'Art mudéjar* parmi toutes les riches manifestations de l'art islamique réside dans son caractère singulier et unique, une manifestation artistique sans équivalent dans le reste de la culture islamique. Dans la mesure où il est né dans des circonstances historiques très spéciales, celles de l'Espagne du Moyen Âge —circonstances que l'on ne retrouve sur aucun autre territoire dominé par l'islam—, il est indispensable de s'attarder un instant sur l'explication historique de la situation pour comprendre l'art mudéjar.

Brève histoire de l'islam en Espagne

La présence de l'islam sur le sol espagnol s'étend sur huit siècles, de 711 –date de l'invasion musulmane de la péninsule ibérique par les troupes de Tariq et Moussa, émissaires du calife omeyyade de Damas– à 1492, date de la prise de Grenade par les Rois Catholiques et, par conséquent, de la chute du dernier sultanat nasride.
Ces huit siècles de domination islamique ont laissé une empreinte si profonde dans la culture espagnole que l'historien Ramón Menéndez Pidal a pu définir le rôle de l'Espagne comme celui de "chaînon de liaison entre la chrétienté et l'islam".
Plus récemment, l'écrivain Juan Goytisolo a souligné que "la culture espagnole se distingue des autres cultures de l'Europe communautaire par son occidentalité panachée"; ce panachage, ce métissage espagnol trouve ses racines dans une série de composantes et de traits qui découlent directement de la présence de l'islam dans son histoire.
L'histoire elle-même d'al-Andalus, nom donné par les chroniqueurs arabes aux terres de la péninsule ibérique dominées par l'islam, prend un cours particulier en 756, date à laquelle l'Omeyyade Abd al-Rahman Ier, qui avait échappé aux massacres des Abbassides, s'installa dans la ville de Cordoue et se proclama émir indépendant du califat oriental de Bagdad. Le désir de faire de Cordoue un nouveau Damas en Occident imprima à la culture andalousienne ses traits caractéristiques. Pendant trois siècles, du VIIIe au Xe siècle, Cordoue fut la capitale des Omeyyades d'Occident, en même temps qu'un foyer de création et de diffusion de l'art. Sa période de plus grande splendeur coïncide avec la proclamation d'Abd al-Rahman III comme calife en 929. La grande mosquée de Cordoue (786-990) et les vestiges archéologiques de Medina al-Zahra (936-976), la cité califale d'Abd al-Rahman III et d'al-Hakam II, sont les monuments les plus représentatifs de la période cordouane.

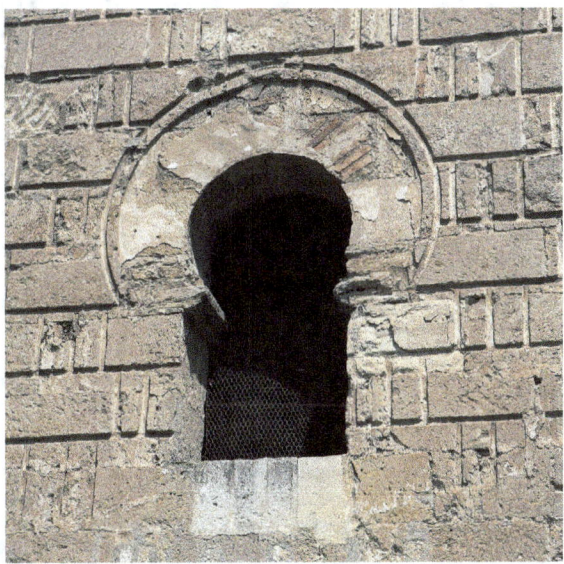

Église San José, fenêtre de la tour-minaret à arc outrepassé, Grenade.

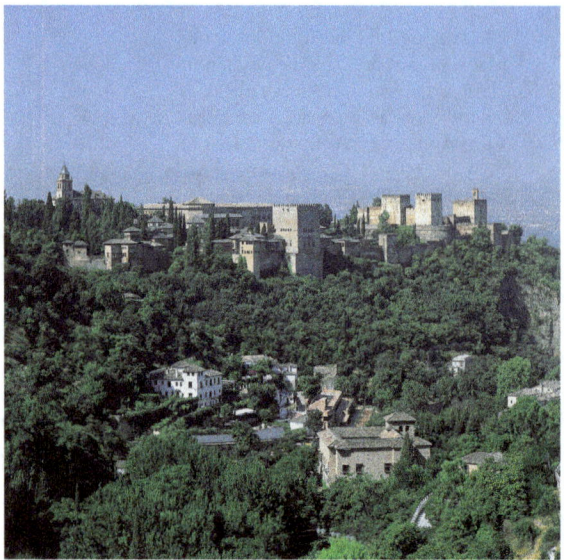

*L'Alhambra,
vue du Sacromonte,
Grenade.*

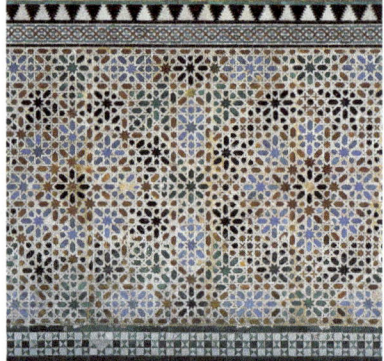

*Alcazar royal,
lambris de carreaux de
faïence du socle du
patio des Demoiselles,
Séville.*

Le rôle intégrateur qu'a joué la dynastie omeyyade de Cordoue en al-Andalus disparut avec l'effondrement du califat qui fit suite aux guerres civiles du début du XIe siècle et ouvrit la porte à une période de fragmentation politique connue sous le nom de royaumes de Taifas. Emergèrent alors quelques dynasties locales comme les Hudides à Saragosse, les Du-l Nunides à Tolède, les Abbadides à Séville et les Zirides à Grenade. Toutes conjuguèrent faiblesse politique et splendeur culturelle et artistique, dont l'un des meilleurs témoignages est le palais hudide de la Aljafería à Saragosse.

Le XIe siècle se termine sur un déséquilibre de la balance politique en faveur des royaumes chrétiens du Nord. Le bouleversement majeur intervient en 1085 lorsque la ville de Tolède, ancienne capitale du royaume wisigoth et future capitale islamique de la Moyenne Marche et de la Taifa Du-l Nunide, passe aux mains d'Alphonse VI de Castille. La capitulation de Tolède marque un tournant décisif dans l'histoire de l'Espagne médiévale, aussi bien pour les musulmans que pour les chrétiens.

Conscients de leur faiblesse politique, les royaumes de Taifas en appelèrent à la puissance almoravide de Yusuf Ibn Tachufin, lequel arriva aussitôt dans la Péninsule (1086), mit les chrétiens en déroute à la bataille de Zallaqa et, bien que ce ne fût pas le but initial, finit par unifier sous sa domination, à partir de 1090, l'ensemble du territoire d'al-Andalus.

C'est ainsi que débuta la période des puissances berbères, l'empire almoravide et l'empire almohade, établies sur les deux rives du détroit de Gibraltar, en al-Andalus aussi bien qu'au Maghreb.

Sous la domination almoravide, la tradition artistique andalousienne s'étendit au nord de l'Afrique, où elle s'enrichit de nouveaux apports orientaux. Ces caractéristiques mêlées peuvent s'apprécier dans la grande mosquée de Tlemcen ou dans la mosquée des Kairouanais à Fès.

La période almohade laissa dans la ville de Séville, résidence du calife à partir de 1171, une mosquée du prêche dont ont

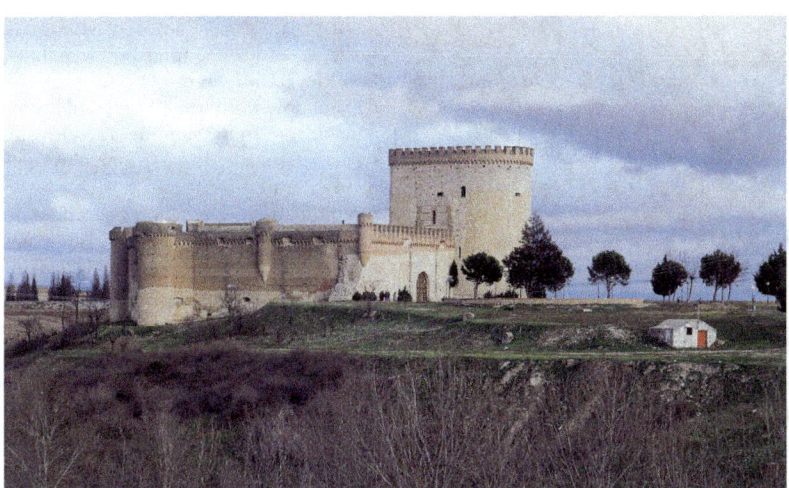

Château, vue générale, Arévalo.

été conservés, avec quelques modifications, le patio des Orangers et le minaret, l'actuelle Giralda. De cette période datent également d'autres palais urbains de première importance que l'on peut encore admirer à la Buhayra et dans l'alcazar royal.

La domination d'al-Andalus par les pouvoirs almoravide et almohade ne parvint cependant pas à contenir l'avancée territoriale des chrétiens. En 1118, le roi d'Aragon, Alphonse Ier le Batailleur, conquiert la ville de Saragosse, capitale de la Marche supérieure. À cette conquête font suite celles de Tolède et de Tarazona en 1119, et celles de Calatayud et de Daroca en 1120. Une autre avancée chrétienne déterminante fut l'occupation de toute la vallée de l'Èbre moyen.

La domination almohade dut céder, elle aussi, devant l'avancée chrétienne, surtout après la bataille de Las Navas de Tolosa en 1212. La chute du pouvoir almohade facilita la reconquête des terres levantines par Jacques Ier le Conquérant, avec la prise de Valence en 1238 et celle de la vallée du Guadalquivir par Ferdinand III, qui mena à bien les conquêtes de Cordoue en 1236 et de Séville en 1248.

Pendant les huit siècles de son existence, l'histoire d'al-Andalus fut une succession de périodes de concentration du pouvoir politique —les périodes cordouane, almoravide et almohade déjà citées—, suivies d'autant d'étapes de morcellement, celles des royaumes de Taifas.

Après le dernier effondrement du pouvoir almohade, seule put survivre —grâce aux pactes avec le roi de Castille— la dynastie des Nasrides (1232-1492), qui choisit Grenade pour capitale en 1237. Les Nasrides édifièrent une nouvelle ville palatine à l'Alhambra, sur la colline de la Sabika qui domine les terres de la haute Andalousie. L'art andalousien atteignit alors, avec les ensembles monumentaux de l'Alhambra et du Généralife, sa plus haute expression. Avec Grenade culmine et se clôt l'histoire d'al-Andalus et de l'art islamique en Espagne.

Ainsi, pendant huit siècles, l'Espagne médiévale fut divisée de manière inégale et

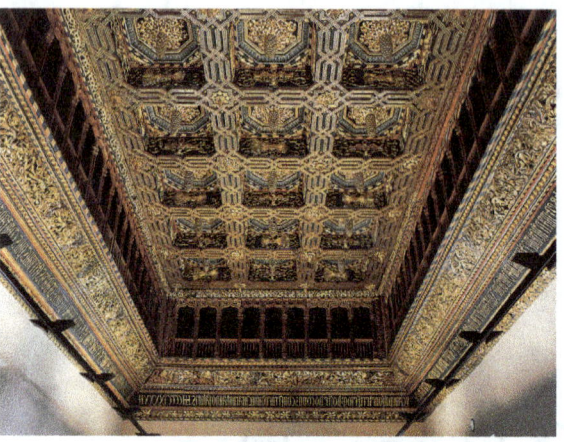

La Aljafería, plafond du palais des Rois Catholiques, Saragosse.

fluctuante entre chrétienté et islam, deux cultures opposées tant au plan politique que religieux. Mais l'histoire des faits militaires a trop souvent occulté une autre histoire, bien plus riche d'enseignements, celle des contacts culturels entre chrétiens et musulmans. L'art mudéjar est l'une des conséquences culturelles de ces contacts.

L'art mudéjar, entre islam et chrétienté

Dans ce contexte d'échanges culturels, la capitulation de Tolède devant Alphonse VI de Castille en 1085 et la prise de Saragosse en 1118 par Alphonse Ier le Batailleur eurent de bien plus amples conséquences qu'une simple inflexion dans la domination du territoire péninsulaire par les chrétiens et les musulmans: elles constituent des faits historiques d'une importance culturelle primordiale.

En effet, la reconquête de Tolède et de Saragosse porte en elle les prémices d'une situation nouvelle pour les chrétiens: l'occupation de grands centres urbains et de leurs territoires respectifs, alors qu'ils ne disposaient pas du potentiel humain susceptible de repeupler ces domaines. Dès lors se met en œuvre une pratique de repeuplement qui s'avérera décisive dans la configuration de la nouvelle structure sociale de l'Espagne chrétienne médiévale.

Les difficultés des royaumes chrétiens du nord de la Péninsule à repeupler les vastes territoires nouvellement conquis conduisirent à une décision politique dont les conséquences allaient s'avérer durables pour la culture médiévale espagnole: l'autorisation accordée à la population musulmane vaincue de rester sous domination chrétienne dans les territoires récupérés tout en conservant la religion musulmane, la langue arabe et une organisation juridique propre. C'est ainsi que firent leur apparition sur la scène sociale ceux qu'on appelle les Mudéjars, en d'autres termes les musulmans autorisés à rester en Espagne chrétienne moyennant le paiement d'un tribut.

Pendant toute la durée de la domination musulmane de la péninsule ibérique, aussi bien les communautés de chrétiens —les Mozarabes— que les juifs avaient vécu en tant que tributaires sous la domination islamique. Quand la balance pencha en faveur des chrétiens, entre le XIe et le XIIe siècle, à partir de la capitulation de Tolède et de Saragosse, ce furent les musulmans vaincus, les Mudéjars, qui, avec les juifs, devinrent tributaires des rois chrétiens.

À partir de ce moment crucial de l'Espagne médiévale, les musulmans ne se trouvèrent plus seulement, en al-Andalus, de l'autre côté de la frontière politique, mais aussi en territoire chrétien. Et pendant que les Mudéjars —les musulmans vaincus— s'intégraient au nouvel ordre socioculturel, les chrétiens éprouvaient une fascination manifeste devant les monuments islamiques des villes conquises. Bientôt, les

Introduction historique et artistique

alcazars musulmans furent transformés en palais pour les rois chrétiens et les mosquées du prêche furent purifiées et consacrées comme cathédrales et églises.
Parallèlement, les royaumes chrétiens maintinrent d'étroites relations culturelles avec les territoires d'al-Andalus non encore conquis, et plus spécialement avec le royaume nasride.
Tous ces facteurs permettent d'expliquer la création et les voies de développement de l'art mudéjar dans l'Espagne chrétienne.
Ces circonstances sociales favorisèrent la naissance de l'art mudéjar, que l'on peut définir comme le résultat de la rencontre de deux traditions artistiques: la tradition islamique et la tradition chrétienne. Cette rencontre donna lieu à une expression artistique nouvelle et différente de chacun des éléments qui la composent.
D'un point de vue culturel, l'art mudéjar peut être perçu comme une enclave entre l'art islamique et l'art chrétien. C'est pourquoi le mudéjar constitue la manifestation artistique la plus originale de l'Espagne chrétienne médiévale, creuset de trois cultures, et l'authentique expression plastique de la pensée d'une société dans laquelle coexistaient chrétiens, mudéjars et juifs. C'est pourquoi il ne faut pas prendre pour simple exaltation le juste éloge que fit Marcelino Menéndez Pelayo de l'art mudéjar en affirmant que "c'est le seul type de construction typiquement espagnole dont nous puissions nous enorgueillir". Car c'est bien là ce qui justifie que ce style artistique ait été sélectionné pour le cycle international.

L'Art islamique en Méditerranée

Cependant, et peut-être à cause de son caractère singulier, le mudéjar est, parmi toutes les manifestations de l'art espagnol, celui qui a été interprété de la façon la plus contradictoire, avec des positions très contrastées selon l'évaluation particulière que fait chaque historien de ce phénomène artistique, et selon les proportions respectives des différents éléments islamiques et chrétiens qui le composent.
D'un côté, on trouve les auteurs qui, sur un plan culturel, n'ont vu dans le mudéjar qu'un brillant épilogue de l'histoire de l'art hispano-musulman ou andalousien, un chapitre final qui traiterait de la survivance de l'art islamique en territoire chrétien. Mais cette attitude historiographique néglige une circonstance historique majeure: ce n'est pas sous domination politique musulmane que l'art mudéjar s'est épanoui. La frontière entre l'art musulman et l'art mudéjar est définie par le fait historique de la reconquête chrétienne. Dans l'art mudéjar, réalisé sous souveraineté chrétienne, ce qui fondait le support culturel de l'art musulman —sa soumission à l'emprise politique de l'islam— a précisément disparu. Au sens

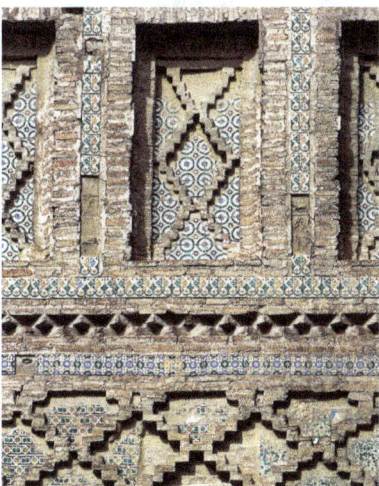

Église paroissiale, détail de la tour, Utebo.

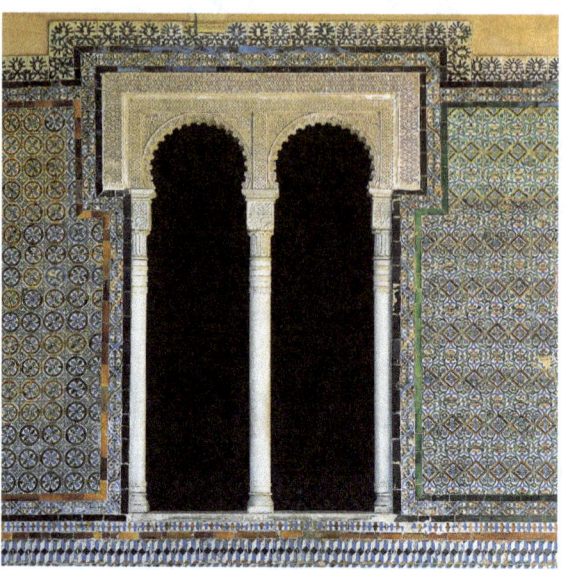

Casa de Pilatos, fenêtre du patio principal, Séville.

strict, l'art mudéjar n'appartient donc pas à l'art musulman.

D'autres auteurs ont interprété le mudéjar comme une ramification de l'art occidental chrétien, et ont voulu n'y voir qu'un simple appendice ornemental de tradition islamique aux styles occidentaux roman ou gothique. Pour ce second groupe d'historiens, les monuments mudéjars appartiennent clairement à l'art occidental européen, avec quelques traits ou influences de l'art islamique. De cette appréciation dérive l'utilisation de termes comme "romano-mudéjar" ou "gothico-mudéjar" pour désigner certaines manifestations artistiques dans lesquelles le principal —le structurel— est toujours lié à l'art occidental, tandis que l'apport musulman reste limité à des éléments ornementaux et secondaires. Cette historiographie courante, comme on le verra plus loin, a surévalué l'apport chrétien et a minimisé le rôle des éléments islamiques en œuvre dans l'art mudéjar: ceux-ci sont loin d'être seulement ornementaux, et la dimension ornementale ne joue pas dans l'art mudéjar la même fonction que dans l'art occidental européen.

Par conséquent, le style mudéjar ne correspond au sens strict ni à l'histoire de l'art musulman, ni à l'histoire de l'art occidental chrétien, puisqu'il est le chaînon de liaison entre les deux cultures. C'est un phénomène singulier de l'histoire de l'art espagnol. L'analyse détaillée des éléments artistiques musulmans et chrétiens qui participent du mudéjar et leur évaluation différenciée ont conduit à ces attitudes divergentes, et pareillement éloignées de ce que fut probablement la réalité culturelle et sociale qui en avait favorisé l'éclosion. Fernando Chueca a dénoncé il y a des années déjà, avec une belle clairvoyance, le fait que ces analyses fragmentaires du mudéjar "ne font que souligner le problème, car avec toutes les composantes que l'on veut, nous nous trouvons devant la réalité d'un peuple s'exprimant d'une manière très précise et avec une grande unanimité".

En définitive, ces attitudes extrêmes dans l'interprétation du mudéjar ont occulté l'essentiel: l'art est avant tout l'expression d'une société. Le mudéjar n'est pas autre chose que l'expression artistique de la société médiévale espagnole, dans laquelle coexistaient chrétiens, musulmans et juifs. Cette société fut le résultat du pragmatisme politique et de la tolérance religieuse du repeuplement. En stricte orthodoxie, les chrétiens n'auraient pas autorisé des musulmans à rester, et ceux-ci n'auraient pas dû rester. Sans doute s'agit-il d'une anomalie culturelle. Mais le mudéjar est aussi, dans une certaine mesure, une anomalie culturelle.

Il faut donc insister sur le fait que le mudéjar est une expression artistique neuve, différente des éléments musulmans et chrétiens qui la composent. En réalité, il appartient "pro indiviso" à la culture islamique et à la culture chrétienne, tout comme une bonne partie de l'histoire médiévale espagnole.

Caractérisation artistique du style mudéjar

Toutes les manifestations artistiques utilisent un langage formel, qui se doit d'être défini avec précision avant de pouvoir attribuer quelque œuvre que ce soit à une époque et à un style déterminés. Mais dans le cas du mudéjar, les désaccords sur l'analyse et sur l'évaluation des éléments formels qui le composent, les uns issus de la tradition islamique, les autres de la tradition occidentale, ont rendu sa caractérisation artistique difficile, ce qui a provoqué une vive controverse sur le caractère mudéjar d'un certain nombre de monuments.

S'agissant des contenus de l'art mudéjar, on a procédé autant par excès que par défaut. Par excès, car on a qualifié de mudéjares certaines œuvres chrétiennes dans lesquelles n'apparaissent que de façon isolée et sporadique quelques traits formels ou quelques influences islamiques. À force de vouloir reconnaître du mudéjar partout, on a causé d'importants dommages à la précision des contenus de l'art mudéjar. Par défaut, parce que certains ont pu nier toute identité mudéjare à des monuments qui, pourtant, le sont. Ce refus s'est basé dans certains cas sur le fait que ces bâtiments semblaient présenter une islamisation excessive, si bien que l'on a classé comme islamiques certains édifices réalisés dans l'Espagne chrétienne.

Comme exemple de ce contresens historique, on peut citer la synagogue de Santa María la Blanca à Tolède, que Torres Balbás attribuait à l'art almohade.
Dans d'autres cas, le refus de reconnaître le caractère mudéjar de tel ou tel bâtiment vient au contraire de ce que l'on n'y repère pas une islamisation suffisante; sans doute le cas le plus fréquent et le plus connu est-il le foyer mudéjar léonais et castillan, qui remonte aux XIIe et XIIIe siècles, dont certains chercheurs préfèrent qualifier les édifices simplement d'"art roman de brique" ou d'"architecture de brique".
En réalité, le mudéjar doit être caractérisé du point de vue formel par la conjonction d'éléments artistiques chrétiens et islamiques. Déjà les propos fondateurs d'Amador de los Ríos en 1859 le définissaient en ces termes, avec des expressions aussi éloquentes que "mariage de l'architecture chrétienne et de l'architecture arabe", "association unique", "prodigieuse fusion entre l'art d'Orient et l'art d'Occident", et bien d'autres de même teneur. Mais depuis Amador de los Ríos, les spécialistes se sont consacrés à une véritable dissection de laboratoire destinée à quantifier et à évaluer isolé-

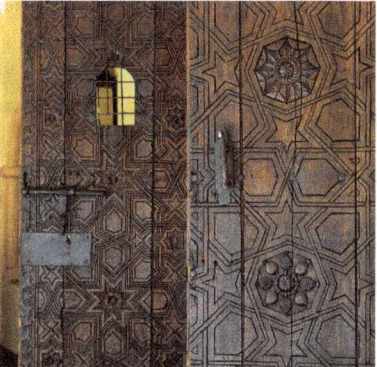

Granja de Mirabel, vantaux de la porte de la chapelle de la Magdalena, Guadalupe.

Synagogue Santa María la Blanca, détail d'un chapiteau, Tolède.

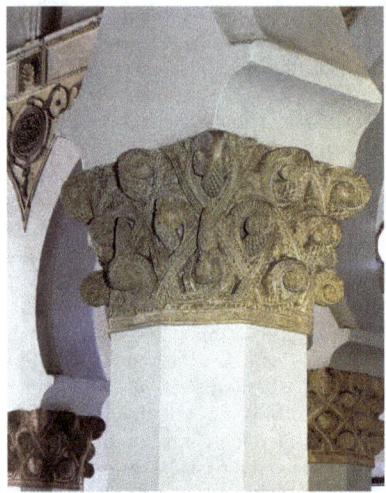

Église San Miguel, détail d'un pilier de brique, Villalón de Campos.

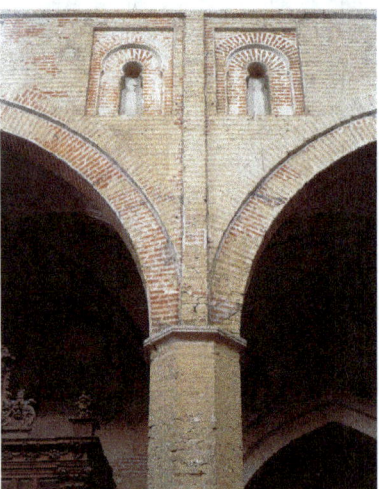

de analytique et sectorielle a profondément obéré la compréhension de l'art mudéjar. Que l'historien se dispense donc de séparer ce que l'art a uni.

L'analyse des éléments formels de toute manifestation artistique peut s'avérer fastidieuse, et nous nous en dispenserions volontiers ici si une lecture erronée du texte d'Amador de los Ríos n'avait pas complètement faussé cette analyse, conduisant à une surévaluation des éléments formels. D'après Amador de los Ríos, l'art mudéjar utilise parfois "comme formes principales celles de l'art ogival dans sa période de plein épanouissement, et comme formes ornementales celles de l'art mahométan"; mais il ajoute immédiatement que parfois aussi, il suit "en tout le système inverse", c'est-à-dire qu'il obéit au processus contraire.

Il est de la responsabilité de Vicente Lampérez, suivi sans trop d'états d'âme par une grande partie des historiens postérieurs, d'avoir presque complètement occulté le "système inverse" d'Amador de los Ríos, en affirmant que d'une manière générale, le mudéjar utilise toujours les structures chrétiennes et l'ornementation islamique. Il s'agit là d'une distorsion essentielle qui, de plus, sous-tend le préjugé esthétique occidental qui consiste à considérer le structurel comme l'élément principal et l'ornemental comme l'élément secondaire. C'est ce postulat de Lampérez qui a engendré le malentendu interprétatif sur l'art mudéjar.

C'est pourquoi toute analyse actuelle des éléments formels de l'art mudéjar doit insister sur deux observations. La première consiste à poser que l'ornementation ne constitue pas un élément secondaire, mais bien primordial, de l'art mudéjar, puisqu'elle fonctionne de la même façon que dans l'art islamique. La seconde doit considérer que l'art islamique a aussi

ment lesdits éléments artistiques – au lieu d'insister sur le caractère synthétique de ces éléments formels chrétiens et musulmans, caractère qui engendre une expression artistique nouvelle et différente des éléments qui la composent. Cette attitu-

apporté à la formation et au développement de l'art mudéjar des éléments structurels parfaitement identifiables.
S'agissant de l'ornementation, il semble inutile de rappeler qu'elle est le principe essentiel de toutes les manifestations artistiques de l'islam; aussi bien l'architecture que les objets islamiques les plus divers sont décorés à profusion, à quelque échelle que ce soit, et quel que soit le matériau employé. C'est pour cette raison que l'art mudéjar a maintenu la dimension la plus essentielle de l'art islamique: l'art décoratif.
Mais dans l'analyse de l'ornementation mudéjare, il faut se garder de s'attacher aux seuls motifs formels de tradition islamique tels les éléments végétaux stylisés, l'*ataurique*, les éléments géométriques, les entrelacs et les étoiles, et les éléments épigraphiques arabes coufiques ou naskhis. Il faut accorder une importance au moins aussi grande aux principes de composition de l'ornementation islamique: les rythmes répétitifs, la tendance au remplissage complet des superficies ou le décor utilisant des modèles sans délimitations spatiales.
C'est précisément la grande mobilité et la forte capacité d'assimilation formelle de l'art mudéjar, attitudes créatives transmises par l'art islamique, qui ont permis d'incorporer au répertoire ornemental mudéjar une riche variété de motifs issus de l'art chrétien, telle par exemple toute la flore naturaliste gothique. Ces motifs ornementaux de tradition chrétienne reçoivent dans l'expression artistique mudéjare une composition et un traitement différents, qui s'harmonise avec le système rythmique de la tradition islamique.
L'influence de l'ornementation mudéjare ne se réduit pas au répertoire ornemental, mais affecte aussi la composition, quels que soient les motifs utilisés. De même, l'apport islamique à l'art mudéjar ne saurait être réduit au seul registre ornemental, puisqu'il affecte considérablement les éléments structurels, ce qui nous renvoie à ce qu'Amador de los Ríos appelait le "système inverse".

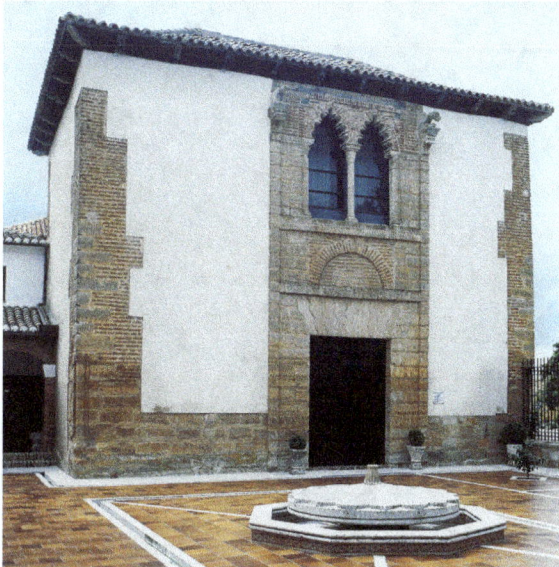

Palais de Pierre Ier, façade, Astudillo.

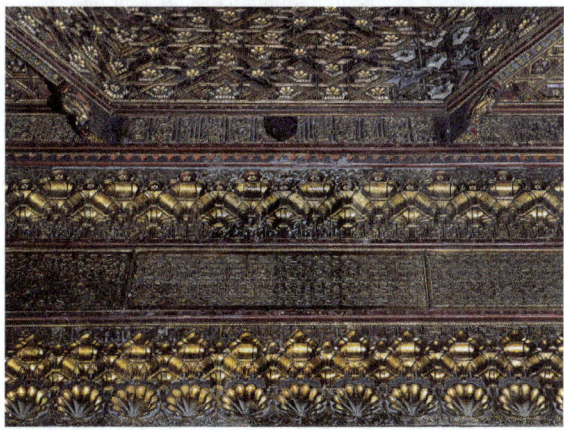

La Seo ou cathédrale San Salvador, détail du plafond de la Parroquieta, Saragosse.

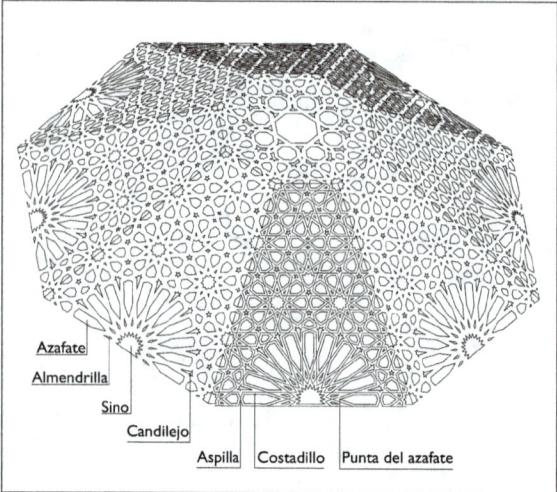

Exemple d'entrelacs mixtes de dix et vingt.

Nous nous contenterons ici de citer deux exemples essentiels de structures architecturales mudéjares relevant de la tradition musulmane.

En premier lieu, nous nous arrêterons sur la structure de nombreuses tours-clochers, composées d'un corps de minaret auquel on a superposé un corps de cloches dans la partie supérieure; aucun autre élément de l'architecture mudéjare ne reflète de façon aussi limpide la structure de l'époque qui l'a créée. De ce point de vue se distingue particulièrement le foyer mudéjar aragonais, dont les tours-clochers, celles à plan carré comme celles à plan octogonal, sont composées de deux tours, l'une enveloppant l'autre, avec la cage d'escaliers entre les deux, et la tour intérieure divisée en niveaux superposés —structure que l'on retrouve à la Giralda de Séville— jusqu'à ce que l'on accède, dans la partie haute, au corps de cloches, déjà de typologie chrétienne.

Autre élément structurel d'origine islamique, fondamental dans le système de l'architecture mudéjare: les *armaduras* de bois pour les couvrements, aussi bien celles à *par y nudillo* que celles à *limas*. Les toitures de ce type sont moins lourdes; si elles présentent de plus grands risques d'incendie, elles répartissent également la charge sur les murs, ce qui permet une construction murale plus indifférente à la structure et bien moins articulée que dans l'architecture gothique de l'époque. Fernando Chueca a bien montré comment les *armaduras* de bois constituent une des trouvailles structurelles les plus heureuses de l'art mudéjar; elles sont très nombreuses dans tous les centres mudéjars et perdurent à l'âge moderne, dans l'architecture hispanique autant que dans l'architecture hispano-américaine.

En ce qui concerne les éléments chrétiens de l'art mudéjar, souvent trop valorisés dans l'historiographie traditionnelle, il faut garder à l'esprit que les commanditaires de l'art mudéjar sont en grande partie des chrétiens, et que les fonctions architecturales autant que les typologies qui en découlent le sont également. Il existe par conséquent une suprématie de l'architecture religieuse chrétienne dans l'art mudéjar, à l'exception notoire et déjà évoquée des synagogues et des mosquées mudéjares. Si, au cours de l'histoire, l'art islamique s'est caractérisé par son étonnante faculté d'assimilation des formes artistiques des peuples dominés, ce qui a permis à l'architecture islamique d'intégrer nombre de typologies et de formes artistiques issues d'autres cultures, il n'est pas étonnant que, sous domination politique chrétienne, sa capacité d'adaptation se soit, au besoin, encore renforcée. Désormais en effet, il ne s'agit plus d'adapter des typologies architecturales d'autres cultures aux fonctions architecturales de l'islam, mais simplement de mettre un système de travail islamique au service de certaines nécessités et de certains commanditaires chrétiens.

Le résultat de ce travail n'est donc pas un art occidental chrétien, mais un art mudéjar, car c'est bien une nouvelle expression artistique qui prend forme, une véritable synthèse des éléments artistiques musulmans et chrétiens, une unité esthétique nouvelle, comme l'a soutenu Guillermo Guastavino. Ce n'est qu'en gardant ce contexte global à l'esprit que l'on peut accepter une analyse différentielle des éléments artistiques d'origine islamique ou chrétienne dans l'art mudéjar.

Le système de travail mudéjar

La démarche la plus pertinente pour caractériser l'art mudéjar consiste à apprécier conjointement les matériaux utilisés, les techniques de travail et les formes artistiques auxquelles concourt l'ensemble. L'art mudéjar se définit par une unité de techniques, de formes artistiques et de matériaux qui, bien que théoriquement analysables et évaluables séparément, sont étroitement imbriqués dans la réalité esthétique mudéjare, sans possibilité de séparation. C'est pourquoi les matériaux de base, comme la brique, le stuc, le bois et la céramique, de même que les techniques de travail mudéjar, n'ont pas à être étudiés en dehors du résultat esthétique, structurel autant qu'ornemental, qui leur confère leur dimension artistique et les transforme en œuvre d'art.

Aussi bien dans l'art islamique que dans l'art mudéjar, c'est le mariage intime des matériaux, des techniques et des formes artistiques qui fonde la perfection de l'ouvrage achevé, et nous disposons de nombreux témoignages montrant bien que, sur un plan esthétique, on les a effectivement traités comme un ensemble indisso-

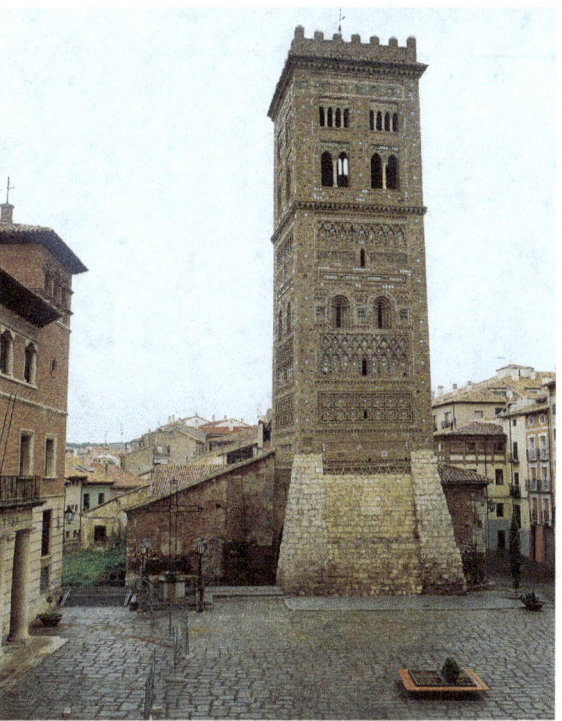

Tour San Martín, Teruel.

Alcazar, voûte de la chapelle du presbyterium, Zafra.

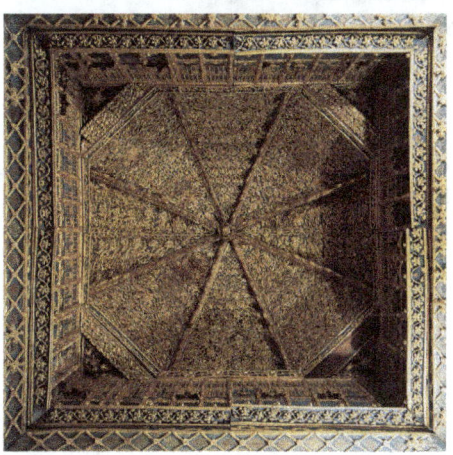

Introduction historique et artistique

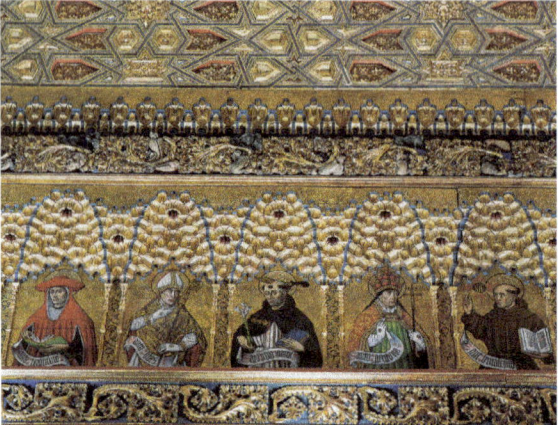

Palais de Pierre Ier, détail de la frise du plafond du maître-autel, Tordesillas.

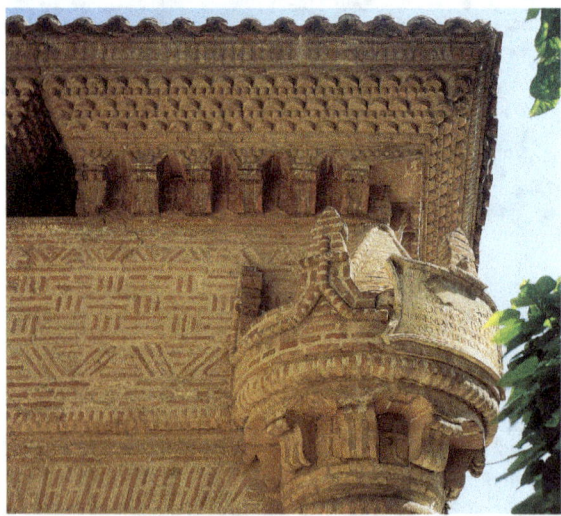

Détail de la chapelle de Luis de Lucena, Guadalajara.

dite de la Captive, dans l'enceinte fortifiée de l'Alhambra. Transcrit et étudié par María Jesús Rubiera, il dit:

> "C'est un palais dans lequel la splendeur se répartit entre le toit, le sol et les quatre murs; parmi le stuc et les *azulejos* il y a des merveilles, mais les boiseries ouvragées de son toit sont plus extraordinaires."

On ne saurait trouver expression plus concise et plus heureuse de l'esthétique islamique, tant en ce qui concerne le concept spatial et sa délimitation par les surfaces ornementales qu'en ce qui concerne la conception unitaire et globale de tous les matériaux employés, ici le stuc, le bois et la céramique décorée. En effet, les matériaux forment une unité artistique parfaite, agissant comme support formel de la splendeur et des merveilles artistiques que des techniques bien précises vont façonner sur eux. Ces matériaux qui, à l'origine, par leur nature propre et par les techniques de travail qui leur ont été appliquées, avaient conditionné le dessin formel islamique, sont devenus, après un lent processus d'intégration dans le système, le support idéal pour que les éléments formels s'y multiplient à l'infini. Les matériaux constituent un support à l'ornementation, qui peut varier d'un matériau à un autre, ou qui peut changer d'échelle. Tout est conçu comme une symbiose destinée à parachever un résultat esthétique, un système de représentation.

ciable. On se contentera de mentionner un exemple pour chaque manifestation artistique.

Pour l'art islamique, nous est parvenu fort opportunément un poème d'Ibn al-Yayyab qui décore les murs de la tour

Preuve de l'unité de conception qui présidait au traitement des matériaux, on trouve dans la littérature le terme de *manobra*, par lequel il est fait allusion à tout ce qui est nécessaire à la réalisation d'une œuvre mudéjare. Ainsi, au XVe siècle, le maître mudéjar Muça Domalich obtint le contrat de construction d'une salle capitulaire pour le cloître du couvent de San Pedro Mártir de Calatayud. Au cahier des charges est précisé que "ledit maître Muça aura à employer toutes lesdites choses qui seront nécessaires, telles le bois, les clous, le plâtre, la peinture et n'importe quel autre matériau qui serait nécessaire à l'accomplissement de l'ouvrage, quelle que soit la dépense à engager". Ainsi, le terme *manobra* désigne non seulement l'ensemble des matériaux qu'on allait utiliser dans un ouvrage, et que l'on considérait comme un tout dans les contrats, mais plus généralement tout ce qui est nécessaire à la mise en œuvre d'un chantier, aussi bien les matériaux que le traitement qu'on allait leur appliquer.

Ce n'est qu'en considérant globalement les matériaux employés, les techniques et les formes artistiques, c'est-à-dire le système de travail mudéjar, que l'on est à même d'éviter les identifications erronées. On ne peut confondre architecture de brique et architecture mudéjare, pas plus qu'on ne peut le faire du reste des matériaux employés. L'utilisation d'une technique, d'une forme artistique ou d'un matériau déterminé, prise séparément, ne constitue pas en soi un critère valide pour caractériser l'art mudéjar. Il faut ne jamais perdre de vue qu'il s'agit d'un système.

Facteurs sociaux et économiques de l'art mudéjar

De très nombreuses raisons ont été évoquées pour expliquer le triomphe de l'art mudéjar, qui atteint une considérable expansion au cours des siècles bas-médiévaux, parsemant d'une profusion de monuments la quasi-totalité du territoire espagnol. On a parlé de conditionnement

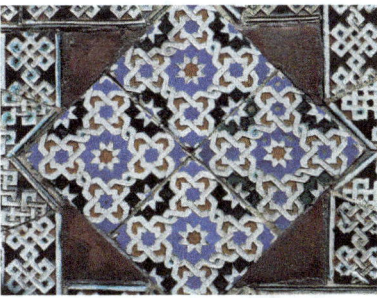

Université, azulejo du sol du Paranymphe, Alcalá de Henares.

géographique pour expliquer la distribution de l'architecture romane et gothique, dont le matériau privilégié était la pierre de taille, difficile à obtenir en de nombreux endroits du territoire hispanique. On a aussi parlé de crise et de récession économiques pour expliquer la diffusion d'un système de construction supposé moins onéreux. Enfin, on a évoqué l'existence

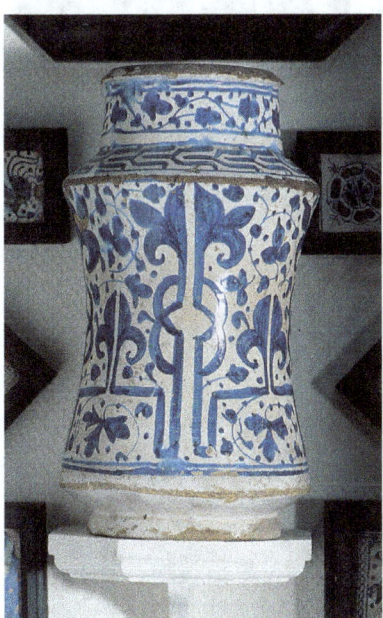

Pot d'apothicaire en céramique de Paterne ou de Manisès, Institut Valencia de Don Juan (1425), Madrid.

Alcazar royal, intérieur du pavillon de Charles Quint, Séville.

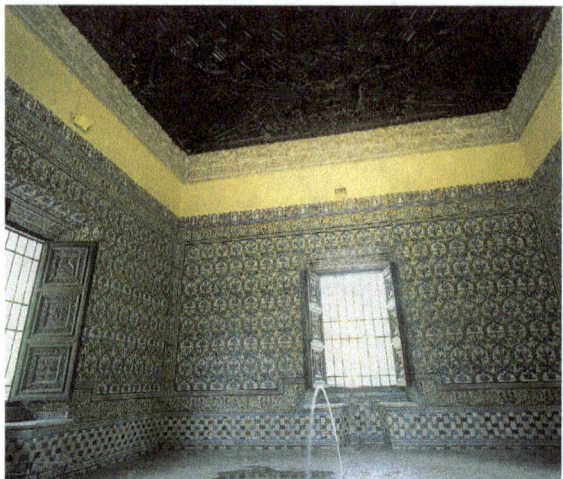

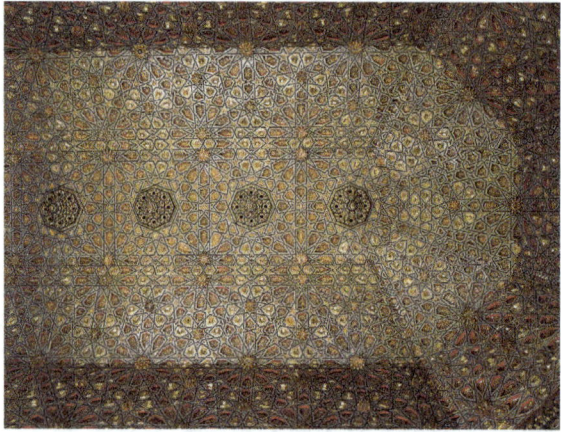

Palais de Pierre Ier, plafond du maître-autel, Tordesillas.

d'une main-d'œuvre —les Mudéjars— considérée dans l'ensemble comme abondante, bon marché, rapide et efficace.

D'autres hypothèses plus culturalistes ont évoqué le déclin de l'influence française dans l'architecture espagnole pour expliquer le succès du mudéjar. Cette influence avait été patente, tout au long des XIe, XIIe et XIIIe siècles, dans les monuments romans, les monastères cisterciens et les cathédrales gothiques castillanes de la période classique mais, à partir du XIIIe siècle, elle commença à reculer devant l'inexorable expansion de l'architecture mudéjare dans toute sa splendeur.

Ce qui est certain, c'est que la recherche actuelle n'a que très mollement remis en cause toutes ces explications à caractère socioéconomique, peut-être faute de sources documentaires suffisantes pour une évaluation correcte. Déjà Manuel Gómez Moreno avait milité en son temps en faveur d'une concurrence entre deux systèmes de travail: celui de la pierre de taille chère à l'architecture romane et gothique, avec des techniques et une main-d'œuvre fortement influencées par la traduction constructive française, et le système mudéjar, avec des matériaux, des techniques et une main-d'œuvre fortement liées à la tradition constructive islamique. Ovidio Cuella a collecté un important corpus de livres de comptes relatifs aux travaux réalisés dans l'église mudéjare aujourd'hui disparue de San Pedro Mártir de Calatayud (Saragosse) entre les années 1411 et 1414, et sa collecte s'avère extrêmement éclairante pour apprécier à sa juste valeur la compétitivité du système mudéjar face au système de la pierre de taille et qui, dans les grandes lignes, révise assez précisément quelques-uns des topiques mentionnés plus haut. Grâce aux sources documentaires aragonaises, nous sommes en mesure d'affirmer que le système de travail mudéjar témoigne au début du XVe siècle d'une forte spécialisation du processus constructif, qui impliquait le déplacement des équipes recrutées pour chacune des étapes fondamentales de l'œuvre mudéjare: fondations, gros-œuvre de brique, revêtement de stuc. La réelle spécialisation et la qualification professionnelle de la main-d'œuvre mudé-jare sont à l'origine d'un certain nombre de standards de production valables, non seulement rentables à l'intérieur même du système de travail mudéjar, mais aussi compétitifs par rapport au système de la pierre de taille.

D'autre part, ce riche éventail de qualifications professionnelles se traduisait par une large diversification salariale de la main-d'œuvre, depuis le maître-d'œuvre Mahoma Casi, dans le cas que nous évoquons, qui touchait 5 sous par jour plus 2 pour l'hébergement, jusqu'au sou quotidien que percevait un apprenti, en passant par une large fourchette de salaires où s'échelonnait toute la panoplie des autres maîtres et ouvriers. La main-d'œuvre était presque exclusivement mudéjare. La participation de la main-d'œuvre chrétienne et juive n'est pas significative, mais les sources nous apprennent aujourd'hui que les différences de rétributions n'étaient pas motivées par une forme de discrimination sociale, mais bien par la qualification professionnelle.

Bien que la documentation disponible ne nous permette pas de comparer précisément les coûts globaux des deux systèmes, nous savons que les coûts du système de travail mudéjar variaient considérablement selon les modalités retenues: administration, contrat ou adjudication au mieux offrant. Sans doute ces conditions jouaient-elle aussi sur la qualité de l'ouvrage achevé.

D'une manière générale, au vu des réalisations menées à bien en une seule campagne annuelle —entre le printemps et l'automne—, on peut affirmer que ce système de travail apparaît remarquablement efficace. Selon les standards de production du système de travail mudéjar, on a pu calculer que chacune des tours mudéjares des églises de Teruel pouvait être réalisée en une seule campagne annuelle. Mais on ne peut en dire de même de l'abondance de la main-d'œuvre mudéjare, ni de la modicité des salaires. La documentation provenant de la chancellerie royale aragonaise atteste de façon fiable la précarité de la main-d'œuvre mudéjare, par ailleurs très appréciée, ainsi que l'insistance déployée par les rois envers leurs administrateurs pour qu'ils recrutent cette même main-d'œuvre. Malgré cette rareté, il ne faut pas oublier le rôle éminent que joua la main-d'œuvre mudéjare, pour laquelle nous disposons, en ce qui concerne les maîtres aragonais, d'abondantes listes d'employés, avec leurs traitements, pour les XIVe, XVe et XVIe siècles. Quant aux coûts, on a déjà souligné que les différences de salaires n'étaient pas imputables à une quelconque discrimination sociale.

Un autre point très intéressant: la répartition des commandes artistiques entre les deux systèmes de travail, pierre de taille et mudéjar —que l'on a les moyens d'éva-

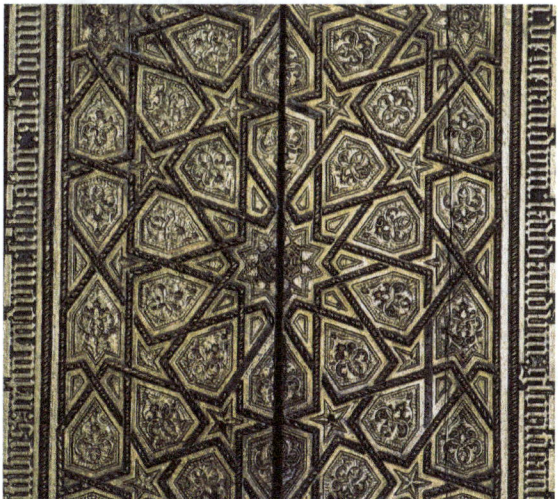

Porte de Sagrario de Jaén, Musée Archéologique National (57833), Madrid.

Introduction historique et artistique

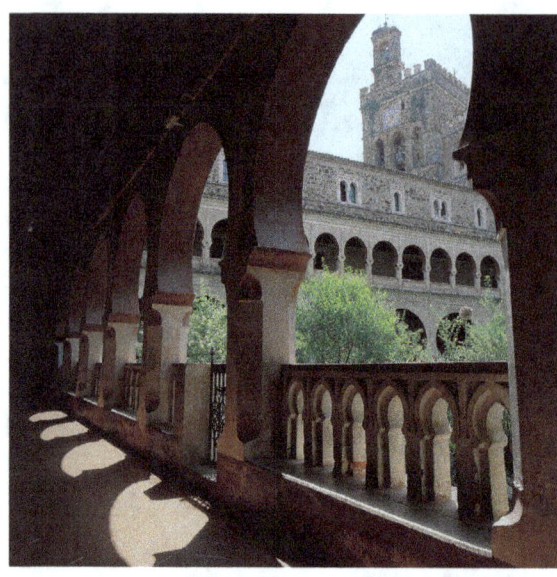

Monastère de Nuestra Señora de Guadalupe, cloître mudéjar ou "des Miracles", Guadalupe.

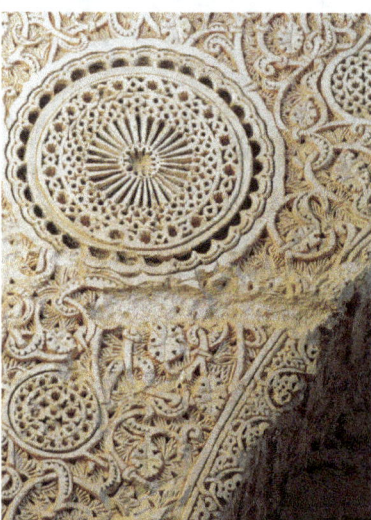

Église de la Peregrina, détail du décor sur stuc, Sahagún.

luer pour le XVe siècle— répond davantage à la typologie et à la fonctionnalité de l'ouvrage à réaliser qu'à d'éventuels facteurs économiques. Toutes ces considérations, bien que précisément documentées pour le seul XVe siècle, peuvent vraisemblablement être extrapolées aux siècles précédents.

Sur les conditionnements géographiques entendus comme frein au système de la pierre de taille et moteur de la réussite de l'art mudéjar, on ne se prononcera qu'avec une extrême prudence, pour éviter les thèses radicales et déterministes sur les relations entre milieu géographique et création artistique. La volonté artistique a très souvent transcendé les contraintes du milieu géographique, et l'art espagnol en fournit maints exemples; mais si le système de la pierre de taille est souvent très lié au milieu géographique, on comprend bien que l'art mudéjar, étant donné le caractère très rudimentaire des matériaux qu'il utilisait, ait pu facilement déborder ce que l'on pourrait appeler son espace naturel. Par conséquent, l'interprétation de tout phénomène artistique doit toujours en appeler à la raison historique. Comme l'a très justement écrit José María Azcárate à propos de l'art mudéjar, les facteurs économiques "contribuent à son installation et à sa diffusion, mais ne justifient pas en soi la création d'un style".

Facteurs historiques de l'art mudéjar

Si nous acceptons l'idée que l'approche la plus judicieuse d'une expression artistique consiste à cerner la pensée et la structure de la société qui l'a créée, nous aurons l'avantage de constater que cette approche, que nous appelons historique, procure des résultats particulièrement féconds dans le cas de l'art mudéjar. Appréhender l'art mudéjar dans son propre processus historique de formation et de développement permet effectivement de déchiffrer au mieux ce phénomène singulier de l'art espagnol.

Le premier facteur qui ait présidé à la naissance de l'art mudéjar fut la fascination éprouvée dès l'abord par la société chrétienne devant les créations artistiques de l'islam. Nombre d'objets riches et précieux, pots et coffrets de marbre, coffres d'argent, aiguières de bronze, tissus de soie, objets de verre taillé ou de cristal de roche, vinrent enrichir les trésors des monastères et des cathédrales des royaumes chrétiens. Ce qui souvent avait été butin de guerre ou tribut non numéraire acquit de nouvelles fonctions, et des usages religieux. Nombre d'objets somptuaires de l'art andalousien ont été conservés grâce à cette fascination chrétienne. Un phénomène semblable s'est produit dans l'Europe médiévale chrétienne, dont les monastères et les cathédrales ont aussi accumulé des objets somptuaires islamiques à titre de butin des différentes croisades.

La reconquête progressive du territoire andalousien a enrichi le domaine chrétien d'un considérable patrimoine monumental islamique. Les éléments les plus marquants sont les alcazars et les mosquées, qui allaient bientôt être transformés en palais pour les rois chrétiens et en cathédrales. Ainsi, non seulement la population s'est-elle "mudéjarisée", mais les monuments islamiques aussi: ils se sont soumis à l'emprise chrétienne.

L'acceptation sociale de la persistance de l'art islamique dans l'Espagne chrétienne constitua un premier pas vers la naissance de l'art mudéjar. Si de nos jours, tant de siècles après la reconquête, le legs monumental de l'islam dans un certain nombre de villes espagnoles reste considérable

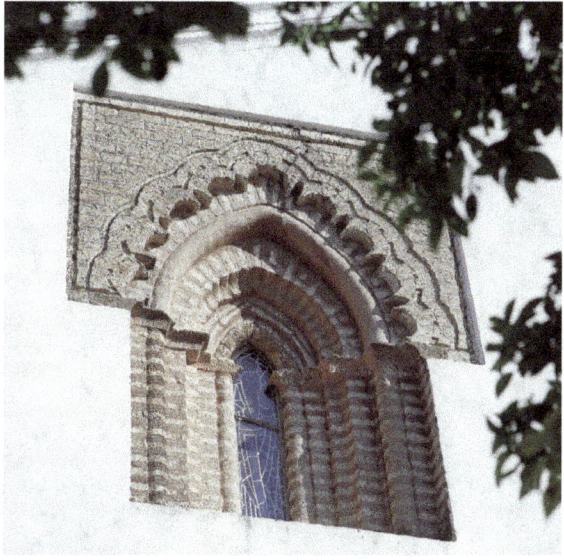

Église Santa María, fenêtre de la façade, Sanlúcar la Mayor.

(rappelons, à titre d'exemple, les cas les plus emblématiques de Saragosse, Tolède, Cordoue, Séville ou Grenade), il faut faire un effort pour imaginer ce que dut être, pendant des siècles, le patrimoine monumental islamique dans un grand nombre de villes espagnoles reconquises.

Mais sans doute le facteur le plus déterminant de la formation de l'art mudéjar fut-il le processus historique de la reconquête. Nous avons dit que, pour la naissance de l'art mudéjar, la condition préalable a été la reconquête chrétienne du territoire. Pour des raisons très complexes, celle-ci s'est effectuée de façon progressive mais irrégulière entre le XIe et le XVe siècle.

La reconquête chrétienne a interrompu l'avancée de l'art islamique à des moments différents selon les régions concernées. Aussi, avant la reconquête, les monuments islamiques n'étaient-ils pas les mêmes dans les différents foyers régionaux. En in-

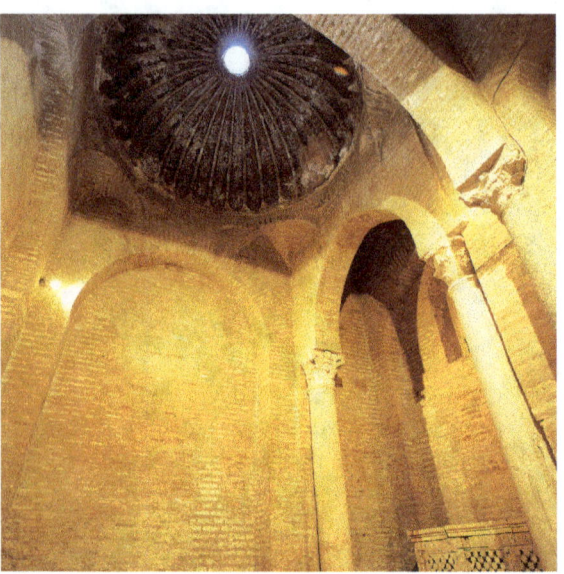

Église Santa Marina, arcs et voûte de la Chapelle sacramentelle, Séville.

fluençant de manière décisive les caractéristiques formelles des toutes premières manifestations mudéjares de chaque zone, ils leur ont conféré une forte personnalité et ont introduit un important facteur de diversité dans le vaste panorama géographique du mudéjar hispanique. La chronologie de la reconquête, les circonstances du repeuplement et la tradition monumentale islamique de chaque région sont des facteurs majeurs dont il faut tenir compte dans la formation de l'art mudéjar en général et de chaque foyer régional mudéjar en particulier.

Cependant, l'apparition de l'art mudéjar dans chaque foyer régional n'a pas immédiatement suivi la reconquête. Entre la reconquête et l'apparition des premiers monuments mudéjars de chaque région, un certain laps de temps s'est écoulé. Ce laps de temps correspond non seulement aux difficultés concrètes rencontrées par chaque cas de repeuplement, mais aussi au désir des vainqueurs chrétiens de laisser des témoignages des styles occidentaux sur les terres nouvellement occupées. Seul un complexe concours de circonstances, dans lequel entrent en jeu les contraintes géographiques, sociales et économiques, permet d'expliquer le succès de la naissance et du développement de l'art mudéjar.

Dans son étude sur l'architecture mudéjare sévillane, Diego Angulo avait déjà attiré l'attention sur un processus de mudéjarisation progressive, que l'on peut étendre à d'autres foyers régionaux: "à mesure que se développe l'art des musulmans soumis, il s'éloigne de plus en plus des chrétiens et adapte des formes et une ornementation plus typiquement musulmanes".

Les facteurs historiques de l'art mudéjar ne se résument pas à ces considérations. Il faut aussi tenir compte du fait que l'art mudéjar constitue un phénomène de longue durée, bien plus étendu dans le temps que les autres styles de l'art occidental qui lui sont contemporains (roman, gothique, renaissant), et bien plus étendu aussi que les différentes étapes historiques de l'art hispano-musulman (taifas, almoravide, almohade, nasride) auxquelles il a survécu après la conquête de Grenade.

C'est pourquoi les formes artistiques de chaque foyer mudéjar régional non seulement se sont alimentées aux précédents islamiques locaux, mais se sont aussi constamment enrichies, dans le devenir historique, de nouveaux emprunts à al-Andalus et à d'autres foyers mudéjars.

De ce point de vue, les foyers mudéjars de Tolède et de Teruel s'avèrent exemplaires.

Dans le cas du mudéjar tolédan, en dépit d'une capitulation précoce de la ville (1085) et de précédents islamiques locaux très anciens, on relève très tôt, avant même la conquête de Séville en 1248, des influences formelles des arts almoravide et almohade. Ce phénomène de précocité formelle du mudéjar tolédan a été expliqué, d'après la *Chronique latine* d'Alphonse VI, par le retour à Tolède d'une colonie de Mozarabes après la destruction de Marrakech par les Almohades en 1147. Les précédents aragonais, qui témoignent d'une grande ancienneté, ne justifient pas non plus la précocité formelle du mudéjar de Teruel: c'est la spécificité de sa *morería* ouverte —la ville compte une majorité d'immigrés musulmans du Levante (le Levant espagnol)— qui permet de l'expliquer.

Il ne faut pas oublier que la mobilité de la main-d'œuvre mudéjare, particulièrement pour les commandes royales, a grandement facilité la libre circulation des formes artistiques non seulement entre les différents foyers chrétiens régionaux, mais aussi entre ceux-ci et le territoire islamique et réciproquement. C'est le cas, bien connu, des équipes de musulmans tolédans, sévillans et grenadins qui travaillèrent pour Pierre Ier de Castille dans l'alcazar royal de Séville, et pour Mohamed V dans la cour des Lions de l'Alhambra, utilisant les mêmes éléments formels de chaque côté de la frontière politique entre chrétienté et islam. C'est de cette façon que furent introduits les facteurs d'unité dans l'art mudéjar.

Des considérations historiques de même nature peuvent êtres utilisées pour analyser et évaluer dans l'art mudéjar l'évolution des typologies architecturales et des formes artistiques originaires de l'art occidental chrétien.

Les foyers mudéjars de la péninsule ibérique

Bien que les éléments d'unité de l'art mudéjar soient incontestables et facilement perceptibles pour un visiteur occidental, les différents foyers mudéjars régionaux d'Espagne présentent une très riche diversité, conséquence des différents facteurs historiques qui s'exercèrent sur chaque territoire. Cette diversité accroît le côté séduisant de l'exposition et oblige à préciser quelques caractéristiques formelles spécifiques des principaux foyers mudéjars aragonais, léonais, vieux-castillan, tolédan, d'Estrémadure et sévillan, avant de justifier les circuits qui ont été retenus dans chaque cas.

L'une des caractéristiques notoires de l'art mudéjar d'Aragon réside dans le rôle majeur joué par la brique dans l'architecture. Elle constitue le matériau de base dans la construction de l'ouvrage tout entier, et fonctionne en même temps comme élément ornemental de premier ordre, surtout sur les façades. C'est avec la brique qu'ont pris forme les motifs ornementaux que l'on désirait faire res-

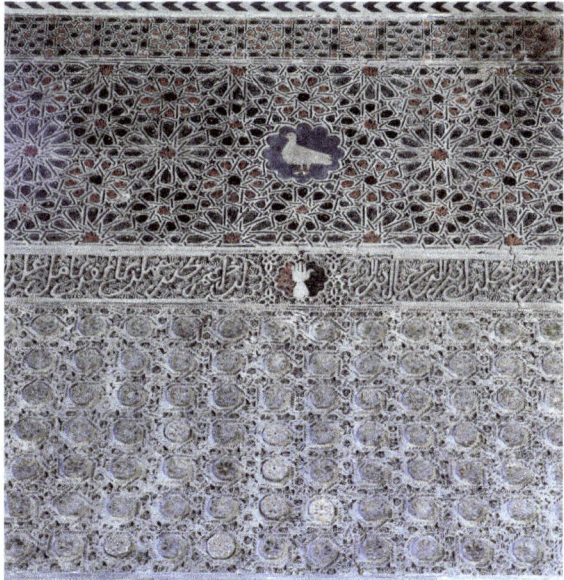

Taller del Moro, détail du décor sur stuc, Tolède.

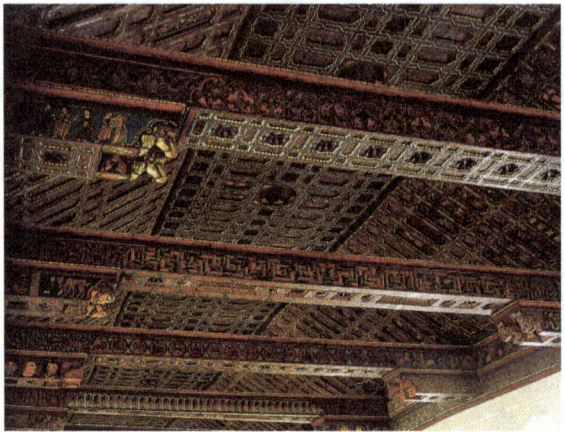

Cathédrale Santa María, détail du plafond, Teruel.

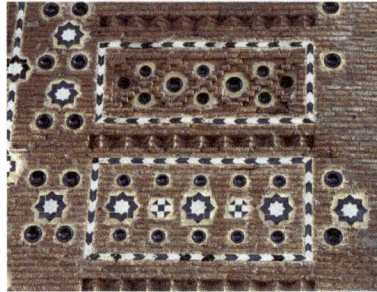

Église San Martín, détail du portail, Morata de Jiloca.

sortir du fond et qui se concentrèrent dans quelques parties des édifices religieux comme les absides, les tours-clochers et les *cimborrios*, les tours-lanternes.

Autre aspect remarquable: l'abondante application de céramique décorée sur les façades des architectures, facilitée par l'existence d'importants ateliers de potiers mudéjars tels ceux de Teruel ou de Muel. La décoration mudéjare aragonaise est caractérisée par la simplicité des entrelacs et des étoiles utilisés, à six ou huit branches, ainsi que par l'arc mixtiligne, seul ou entrecroisé. Les précédents locaux sont à rechercher dans le palais hudide de la Aljafería, dont le tracé formel, d'un grand archaïsme, témoigne d'un relatif isolement par rapport à la pratique en vigueur dans les royaumes de la couronne de Castille.

Parmi les éléments structurels d'origine islamique dans le foyer mudéjar aragonais se détache la typologie du minaret, que l'on rencontre dans la plupart des tours-clochers, aussi bien dans celles à plan carré que dans celles à plan octogonal. La toiture à *par y nudillo* de la cathédrale de Teruel constitue une œuvre unique dans le mudéjar espagnol par sa décoration figurative. Un autre élément représentatif du mudéjar aragonais, cette fois-ci d'origine chrétienne, est l'église-forteresse, analysée en détail au circuit V de l'exposition.

Bien que les foyers mudéjars de León et de Vieille Castille d'un côté, et de Tolède de l'autre, aient été étudiés séparément depuis la systématisation par foyers géographiques proposée par Vicente Lampérez au début du XXe siècle, les facteurs d'unité sont cependant aussi nombreux, voire plus nombreux, que les facteurs de diversité; ce qui explique qu'aujourd'hui les deux ensembles soient de plus en plus souvent considérés comme un tout. De nombreux chercheurs ont débattu sur l'antériorité chronologique entre ces deux foyers mudéjars. Ils sont plus nombreux à s'être prononcés pour une plus grande ancienneté du foyer mudéjar de Tolède, puisque la capitulation de la ville devant Alphonse VI de Castille en 1085 constitue le point de départ de tout l'art mudéjar hispanique. Mais Manuel Valdés a plaidé pour l'antériorité du foyer mudéjar léonais, dont certains monuments dans la ville de Sahagún sont datables, avec une fiabilité documentaire, en plein XIIe siècle.

Toutefois, il semble bien que la priorité d'un foyer sur un autre ne doive pas tant se fonder sur telle datation précise pour le monument le plus ancien de chaque foyer, que sur le fait de savoir où se trouvaient réunies les circonstances historiques les plus favorables à une première formation et à un premier développement de l'art mudéjar. En ce sens, tout désigne Tolède, parce que la Meseta Nord n'avait pas connu de passé urbain islamique ni, du même coup, de reconquête chrétienne de villes déjà peuplées de Mudéjars. Claudio Sánchez Albornoz avait établi en son temps la théorie du désert humain créé dans la vallée du Duero pendant le haut Moyen Âge, un vaste espace vide, faisant fonction de frontière entre al-Andalus et les petits royaumes chrétiens du nord de la Péninsule.

C'est pourquoi le passé monumental islamique de la ville de Tolède sert non seulement de référence et de précédent formel au foyer mudéjar auquel il donne son nom, mais aussi au foyer mudéjar du León et de la Vieille Castille, dépourvu de précédents urbains islamiques. C'est également ce qui se passe avec la population mudéjare qui s'est progressivement établie dans la Meseta Nord et qui s'est accrue avec l'immigration de Mudéjars tolédans, comme a pu l'attester Miguel Angel Ladero. Il faut reconnaître que le foyer mudéjar du León et de la Vieille Castille, dépourvus de précédents monumentaux urbains islamiques et de population mudéjare autochtone, était plutôt un satellite du foyer tolédan.

On a déjà montré que la ville de Tolède, une fois sous domination chrétienne, est restée, à partir de la fin du XIe siècle, le premier foyer de réception des nouvelles influences artistiques andalousiennes. Il en va de même pour les influences almoravides et almohades, avant la conquête de Séville en 1248, et avec les influences nasrides, avant la conquête de Grenade en 1492. Le foyer tolédan fut le principal creuset de l'art

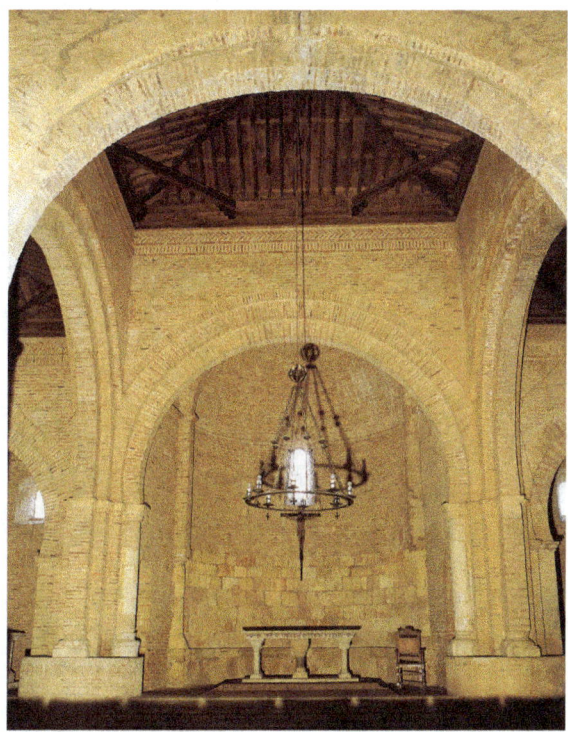

Église San Tirso, vue intérieure du chevet, Sahagún.

mudéjar en direction du nord, vers la vallée du Duero, et en direction du sud, vers la vallée du Guadalquivir après le tremblement de terre de Séville en 1356.

Cependant, le foyer mudéjar du León et de la Vieille Castille se caractérise par la formation et la diffusion d'une architecture à forte personnalité artistique, dont l'apogée remonte à une date très précoce, vers 1200, et qui s'épanouit pendant tout le XIIIe siècle et les premières décennies du XIVe, tout particulièrement dans les noyaux urbains tels Sahagún, Toro, Arévalo, Olmedo et Cullar.

Quelques historiens ont voulu nier le caractère mudéjar de ces manifestations

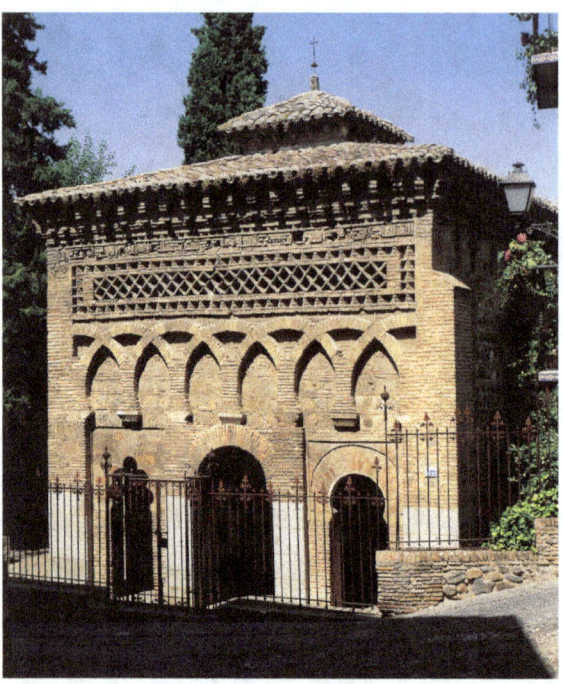

Mosquée Cristo de la Luz, vue générale, Tolède.

artistiques, qu'ils ont préféré appeler "architecture romane de brique" ou "architecture médiévale de brique" puisque, en effet, l'utilisation de ce matériau est omniprésente, même si elle n'atteint pas partout l'hypertrophie du foyer aragonais. Le circuit VIII s'attache d'ailleurs précisément à attirer l'attention sur la prédominance de la brique dans le foyer mudéjar du León et de la Vieille Castille. De toute façon, comme cela se produit dans tout l'art mudéjar, le matériau ne joue pas seulement un rôle constructif, mais ornemental, et de première importance. Bien que les éléments formels comme les arcs en plein cintre doublés, les panneaux et bordures de briques d'angle ou disposées de chant soient plus simples et ne fassent pas référence de manière décisive à telle tradition ornementale islamique, le résultat esthétique est cependant très différent et très éloigné de la tradition occidentale européenne.

La caractérisation formelle du foyer mudéjar tolédan, outre ce qui a déjà été dit, doit encore prendre en compte l'usage de certains matériaux et techniques, de même que de certains éléments formels et de certaines typologies architecturales. Parmi les matériaux, il faut noter la suprématie de ce qu'on appelle "l'appareil tolédan". Ce système de construction consiste à monter les murs des édifices au moyen de coffrages de maçonnerie avec bordures et assises horizontales de brique. Il était déjà utilisé dans la Tolède islamique et avait des précédents dans la région depuis l'époque tardo-romaine, comme l'ont démontré les fouilles archéologiques.

Cette construction du mur à partir de l'appareil tolédan permet de réserver l'usage de la brique à certaines parties bien précises de l'édifice, dans lesquelles elle joue aussi un rôle ornemental de tout premier plan. Il en va ainsi dans les absides des églises, facettées sur de multiples côtés et décorées de registres horizontaux à base d'arcs aveugles doublés, comme on peut le voir dans l'abside mudéjare du Cristo de la Luz ou encore dans la disposition formelle des différentes structures des tours des églises. Parmi les motifs ornementaux les plus emblématiques de l'architecture mudéjare tolédane, il faut signaler les arcs outrepassés doublés d'arcs lobés, motif également fréquent dans le mudéjar sévillan, en souvenir de la tradition almohade. Les stucs ciselés du mudéjar tolédan étonnent par leur richesse et leur diversité formelle depuis la fin du XIIe siècle, et témoignent d'une forte personnalité artistique. D'un côté, ils reçoivent et développent toute la tradition formelle andalousienne, almoravide et almohade autant que nasride; d'un autre côté, depuis le milieu du XIVe siècle, ils intègrent une thématique végétale naturaliste d'origine gothique. Ce dernier fait a permis d'identifier la présence d'ateliers de plâtriers tolédans dans le palais mudéjar de Pierre Ier dans l'alcazar royal de Séville (1364-1366) et dans la salle des Rois du palais des Lions à l'Alhambra de Grenade: encore une preuve de la mobilité de la main-d'œuvre mudéjare sur les chantiers royaux.

La charpenterie mudéjare tolédane a également développé sa propre personnalité; les *armaduras* de bois à *par y nudillo*, de tradition almohade, se sont généralisées dans l'architecture mudéjare tolédane au cours de la seconde moitié du XIIIe siècle. Quelques-uns des exemples les plus anciens en sont conservés, comme l'église de Santiago del Arrabal et la synagogue de Santa María la Blanca, toutes deux à Tolède.

Le mudéjar tolédan se distingue par des traits propres structurels et d'ordre typologique, et ses modèles se sont diffusés dans toute la Péninsule. Au milieu du XIIIe siècle, dans la nouvelle zone de diffusion de l'architecture gothique, l'ancienne typologie de l'église mudéjare tolédane peu élevée et faiblement éclairée, à plan basilical à trois nefs, séparées par des arcs en fer à cheval, était déjà obsolète. Dans l'église de Santiago del Arrabal de Tolède se crée une nouvelle typologie d'église mudéjare à trois nefs, d'une hauteur plus importante que la précédente, grâce à l'usage de l'arc brisé sur piliers, et les trois nefs se couvrent d'*armaduras* de bois à *par y nudillo*. Cette typologie fut diffusée par les chrétiens du repeuplement dans le nouveau foyer mudéjar sévillan.

En architecture civile, le mudéjar tolédan a non seulement ouvert la porte à toutes les typologies andalousiennes, certaines

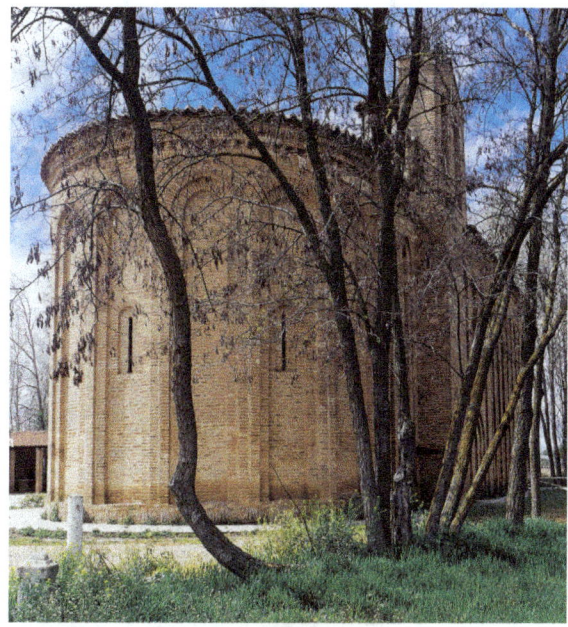

Église Santa María de la Vega, abside, Toro.

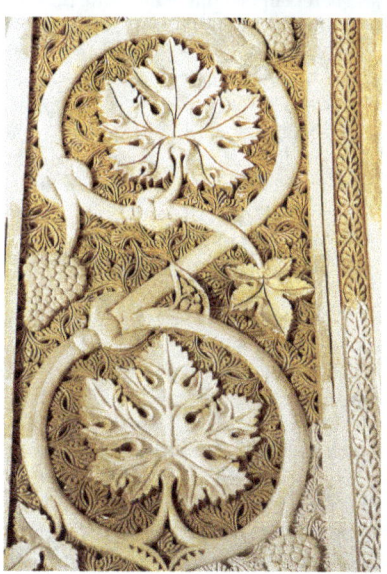

Couvent de la Concepción Franciscana, détail du décor sur stuc provenant du palais de Pierre Ier, Tolède.

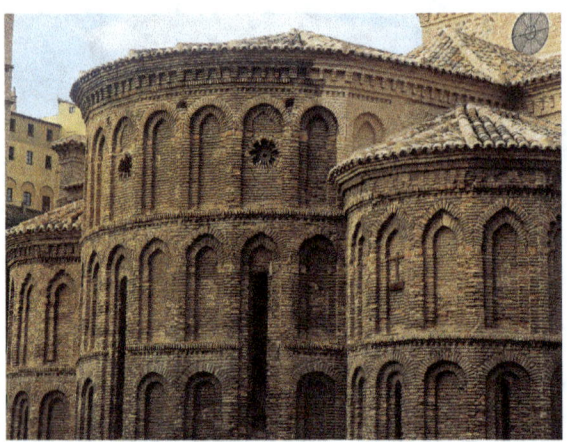

Église Santiago del Arrabal, chevet, Tolède.

encore conservées dans les clôtures de l'architecture conventuelle tolédane, mais a créé un type de palais tolédan à forte personnalité, surtout dans la composition des façades.

S'agissant du foyer mudéjar d'Estrémadure, les chercheurs lui ont dénié toute personnalité propre et ont divisé le territoire en zones d'influence des foyers mudéjars périphériques: léonais, tolédan et sévillan. Ceux-ci auraient pénétré les terres d'Estrémadure respectivement à partir du Nord, de l'Est et du Sud, chacun laissant son empreinte propre sur son aire d'influence. Les travaux les plus récents de M.P. Mogollón Cano-Cortés, comme on le verra au circuit X, ont approfondi la forte personnalité du mudéjar d'Estrémadure —matériaux robustes et sobriété formelle— où les précédents monumentaux de la domination almohade dans la région ont laissé une forte empreinte.

L'Andalousie est restée divisée, pour des raisons historiques, en deux grands foyers mudéjars: le foyer sévillan et le foyer grenadin. Le foyer mudéjar sévillan embrasse le territoire de la vallée du bas Guadalquivir, avec son centre de création et de diffusion dans la ville de Séville où s'observe une forte influence de la tradition islamique almohade. C'est à ce foyer que se consacrent les circuits XI et XII. Restent en marge du foyer mudéjar sévillan la ville de Cordoue et ses alentours, où l'importante tradition califale a conféré au mudéjar cordouan quelques caractéristiques propres, notamment la suprématie de la pierre de taille, plutôt rare dans le mudéjar.

Dans l'architecture mudéjare religieuse sévillane, il faut distinguer deux typologies, l'une autochtone, l'autre importée. La typologie autochtone reproduit la disposition et la forme des mosquées almohades, qui configurent des églises à trois nefs, séparées par des arcs outrepassés sur piliers. Ces nefs de faible hauteur sont couvertes d'*armaduras* de bois et sont dotées de tours-clochers qui constituent des versions à échelle réduite de la Giralda. L'exemple le plus singulier de cet archétype est l'église de San Marcos de Séville. Quant à l'architecture civile, la typologie la plus achevée est celle du palais de Pierre Ier dans l'alcazar royal de Séville (1364-1366), où les apports formels tolédans et nasrides sont évidents, et qui a servi de modèle aux palais de la noblesse sévillane jusqu'à une Renaissance bien avancée, malgré le changement de goût esthétique impulsé par l'empereur Charles Quint.

Par foyer mudéjar grenadin, qui fait l'objet du circuit XIII, il faut entendre non seulement le territoire de l'actuelle province de Grenade, mais tout le territoire qui englobait le dernier royaume nasride de Grenade, c'est-à-dire celui des actuelles provinces de Malaga, Grenade et Alméria, dans l'Andalousie pénibétique. Les études actuelles sur ce foyer mudéjar, qui sont consacrées séparément à chacune des provinces (mudéjar de Malaga, mudéjar de Grenade, mudéjar d'Almería), ont présenté une vision fragmentaire d'un foyer mudéjar auquel il serait juste de rendre son unité. En effet, l'ensemble de ce territoire grenadin se partage des données communes: une reconquête chrétienne très tardive, effectuée entre 1487 et 1492, la prédominance de précédents islamiques nasrides et la brièveté de la période de développement et de diffusion de l'art mudéjar.

Toutes ces constatations comportent suffisamment d'éléments communs pour qu'on puisse parler d'unité, et sont à privilégier, dans une vision plus générale, par rapports aux éléments différenciateurs, fondés sur les circonstances particulières du processus de repeuplement.

Enfin, certaines survivances mudéjares enrichissent le patrimoine monumental des Canaries ou de l'Amérique hispanique. Mais il faut préciser que dans ces territoires, on ne peut parler d'art mudéjar au sens strict, mais de survivances mudéjares ou, si l'on préfère, d'éléments formels mudéjars isolés, qui ne constituent pas un système mais qui s'intègrent à l'héritage de l'art espagnol. Parce que la formation, le développement et l'expansion de l'art mudéjar impliquent un territoire et un contexte historique, ceux de l'Espagne chrétienne médiévale, dont les frontières ne sont pas extensibles à loisir, sauf à vouloir dénaturer cette manifestation artistique.

Justification de l'exposition

Les treize circuits sélectionnés pour l'exposition **L'ART MUDÉJAR, L'esthétique islamique dans l'art chrétien** s'attachent à présenter le vaste panorama des manifestations artistiques mudéjares, présentes dans presque toute la Péninsule, et se répartissent de façon équilibrée entre les principaux foyers régionaux hispaniques: Aragon, León, Vieille Castille, Tolède, Estrémadure et Andalousie.

Bien qu'à première vue le nombre de circuits puisse sembler excessif, la riche variété et l'ample dispersion des monuments mudéjars, et le fait que, le plus souvent, il ne s'agisse pas de grands ensembles monumentaux, rendent une sélection réduite quasi impossible. Les treize circuits proposent une exposition suffisante et très représentative du mudéjar hispanique. Pour éviter tout risque de confusion, on visitera les seuls témoignages d'art mudéjar, en délaissant les grands monuments islamiques d'Espagne. Ces derniers, bien connus par ailleurs, ont constitué de véritables stimulants pour la création de l'art mudéjar dans des villes comme Saragosse, Tolède, Cordoue, Séville ou Grenade.

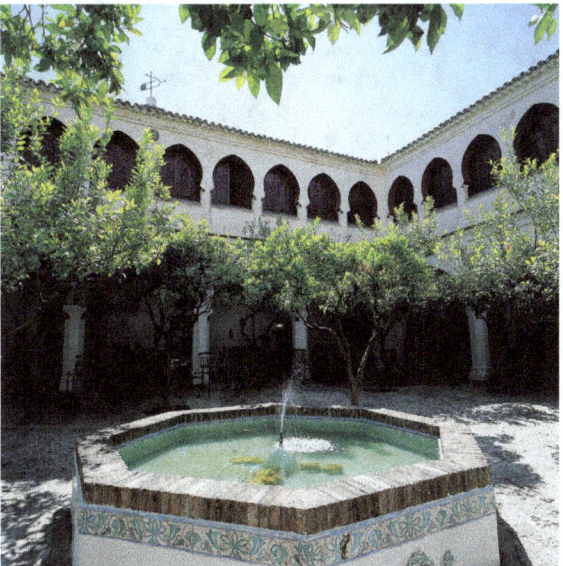

Collège d'Humanités, galerie du patio, Guadalupe.

Introduction historique et artistique

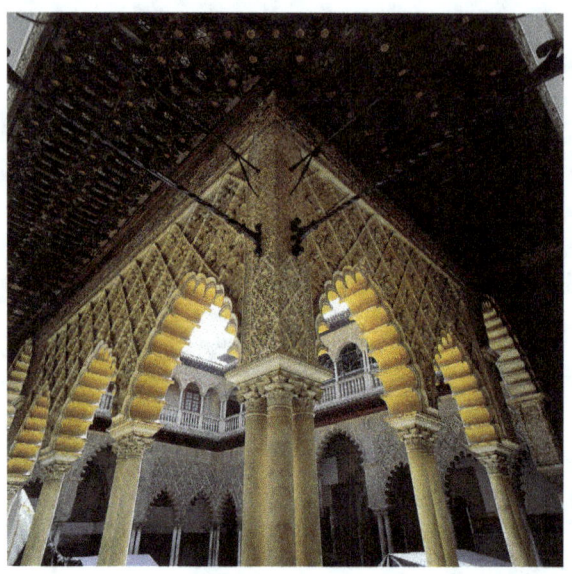

Alcazar royal, arcades du patio des Demoiselles, Séville.

Le circuit I, d'une demi-journée, nous familiarise avec la vie quotidienne et la liturgie monastique à travers deux musées de Madrid, le Musée archéologique national et le musée de Valencia de Don Juan, qui conservent une riche série, cependant peu connue, de collections de meubles, céramiques et tapis mudéjars.

Le circuit II, de Alcalá de Henares à Guadalajara, a pour "leitmotiv" particulier une splendide manifestation tardive de l'art mudéjar, le style appelé Cisneros, du nom de son célèbre mécène et promoteur.

Parmi les trois circuits, d'une journée chacun, consacrés au mudéjar aragonais, le premier (circuit III) s'effectue pour l'essentiel dans la ville de Saragosse. Suivant le parcours du couronnement des rois d'Aragon, il part des appartements mudéjars du palais royal de la Aljafería pour arriver à la Seo ou cathédrale San Salvador.

Le circuit IV nous conduit dans les deux villes mudéjares de Teruel et de Daroca, très différentes sur un plan historique: tandis que Teruel est de fondation chrétienne, Daroca est une ville islamique repeuplée. Ces circonstances différentes ont d'évidentes répercussions urbanistiques dans les deux cas.

Le circuit V nous conduit dans les vallées du Jalón et du Jiloca, sur les terres de l'ancienne communauté de Calatayud, et montre le caractère particulier d'une architecture polyvalente, mi-religieuse, mi-militaire, celle des églises-forteresses. Deux des exemples les plus notoires de ce type d'architecture sont les églises de Tobed et de Torralba de Ribota, construites pendant la guerre frontalière entre l'Aragon et la Castille.

L'art mudéjar léonais et vieux-castillan, par l'étendue et la varié du territoire où il s'exerce, mérite trois parcours.

Le circuit VI nous entraîne dans une autre contrée mudéjare par antonomase, celle de Moraña, dont le centre est à Arévalo. Cette fois-ci nous visiterons quelques ensembles urbains fortifiés, comme celui de Madrigal de Las Altas Torres, et des châteaux mudéjars, comme celui de Coca.

Le circuit VII, d'une durée de deux jours, parcourt Tierra de Campos, l'une des contrées mudéjares par excellence, et a pour fil conducteur les couvents de clarisses, dans lesquels ces religieuses dispensèrent leur enseignement aux filles de rois et de nobles. Celui de Santa Clara de Astudillo, bâti sur les fondations d'un palais mudéjar du roi Pierre Ier, en est un des plus remarquables.

Le circuit VIII nous permettra d'apprécier la suprématie de la brique comme matériau de construction dans l'architecture mudéjare. Nous visiterons quelques-uns de foyers mudéjars les plus singuliers, comme celui de Sahagún en terres léonaises, et de Toro dans la région de Zamora.

Le foyer mudéjar tolédan, qui correspond aux actuelles communautés autonomes de Madrid et de Castille-la Manche, se visite en trois circuits parmi lesquels le circuit madrilène et le circuit consacré au style Cisneros ne prennent qu'une demi-journée.

Le circuit IX se consacre de façon tout à fait monographique à la ville de Tolède, capitale d'un foyer mudéjar propre qui illustre parfaitement l'étroite interaction entre les trois cultures —chrétienne, juive et musulmane— qui ont coexisté ici. En suivant les vestiges mudéjars à travers des églises, des synagogues et des palais, nous verrons des monuments qui adoptent même disposition et même structure, indépendamment de ceux pour qui ils ont été construits.

Le circuit X, de deux journées, traverse les terres de Cáceres et Badajoz. Là se découvre la personnalité forte et sobre du foyer mudéjar d'Estrémadure, assez conditionné par les précédents almohades de la région. Le plat de résistance de la visite est le monastère de Guadalupe, Patrimoine de l'Humanité, à la fois haut lieu de pèlerinage, forteresse, palais et panthéon royal, et qui s'enorgueillit d'un splendide cloître mudéjar.

Les trois derniers circuits s'efforcent de présenter une synthèse opportune de la richesse et de la diversité du mudéjar andalou dans lequel, pour des raisons historiques, il faut clairement distinguer deux territoires: la Basse Andalousie et l'Andalousie pénibétique.

La Basse Andalousie, celle de la vallée du Guadalquivir, fut conquise à partir de 1248; son principal foyer mudéjar se trouve dans la ville de Séville et dans ses environs.

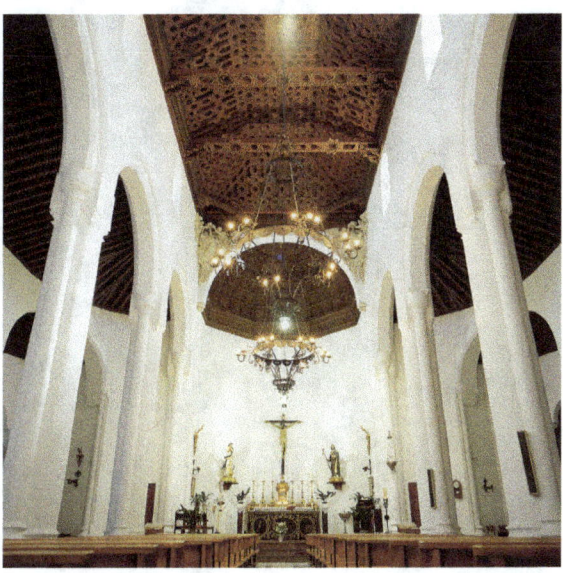

Église Santiago, intérieur, Guadix.

Le circuit XI parcourt les églises et palais mudéjars de la ville de Séville, parmi lesquels se distingue un monument de tout premier ordre: le palais du roi Pierre Ier dans l'alcazar royal.

Le circuit XII nous ramène à la campagne, dans une contrée qui respire tout le parfum de la tradition islamique almohade: l'Aljarafe, un territoire chrétien de la vallée du Guadalquivir, avec pour centre Sanlúcar la Mayor.

Le panorama de l'art mudéjar se termine avec les circuits consacrés à l'Andalousie pénibétique, montagneuse, dont font partie les actuelles provinces de Malaga, Grenade et Alméria, qui ne furent pas conquises par les chrétiens avant 1487 et 1492 et qui par conséquent présentent un mudéjar tardif.

Le circuit XIII qui parcourt ces régions est consacré aux toitures mudéjares des paroisses grenadines construites après la conquête chrétienne

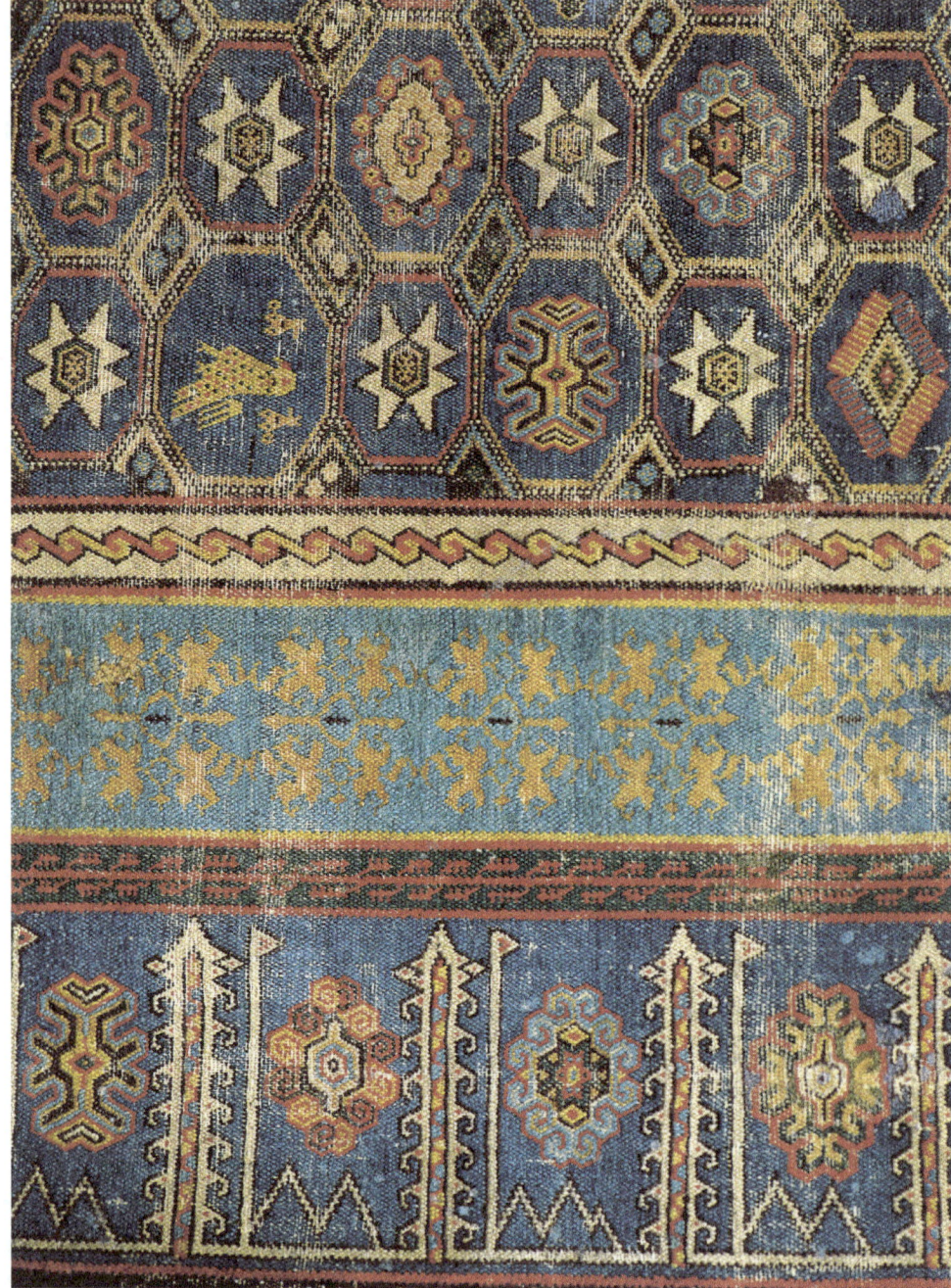

CIRCUIT I

Vie quotidienne et liturgique: maison, cuisine et chœur

Pedro Lavado Paradinas

Une demi-journée

I.1 MADRID
        I.1.a Musée archéologique national
        I.1.b Institut de Valencia de San Juan

La céramique mudéjare

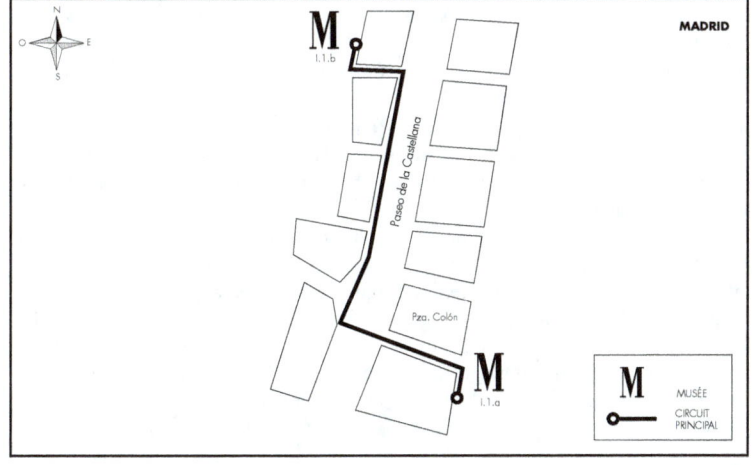

Détail du tapis de l'Almirante, Institut de Valencia de Don Juan (3859), Madrid.

CIRCUIT 1   *Vie quotidienne et liturgique: maison, cuisine et chœur*
Madrid

Détail de la stalle du chœur d'Astudillo, Musée Archéologique National (60542), Madrid.

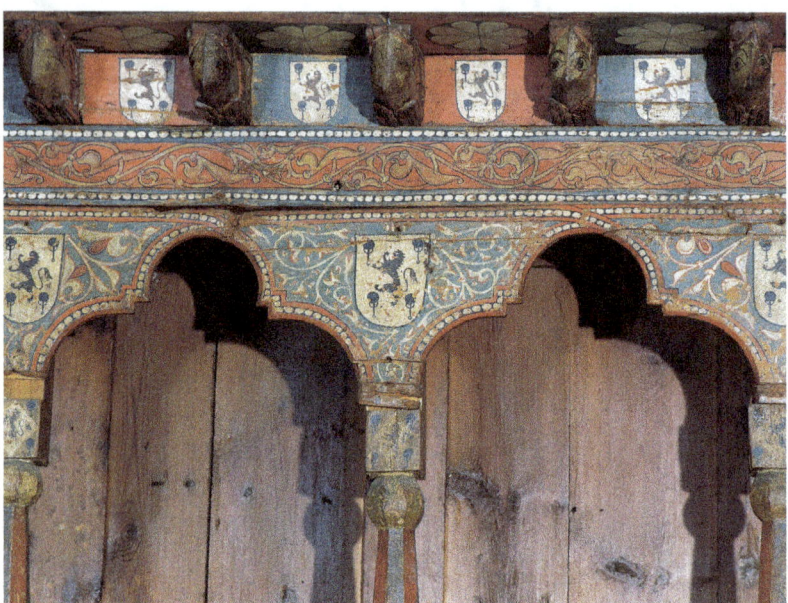

L'art mudéjar n'a pas été au service de la seule architecture religieuse, comme on pourrait l'imaginer devant l'abondance des édifices de ce type conservés en Espagne. Avec les mêmes matériaux simples – brique, torchis, bois, stuc – qui ont servi à ériger temples et couvents, on a construit aussi toutes sortes de bâtiments civils et militaires. On peut penser que le besoin d'économiser les matériaux et d'éviter les transports coûteux ou la main-d'œuvre spécialisée qu'exige la pierre de taille par exemple a puissamment contribué au développement de cette architecture utilitaire. Ici, on s'est contenté des matériaux disponibles sur place.

Cette même humilité de vocation explique que l'art mudéjar ait aussi servi à répondre aux besoins des couches les plus modestes de la population et ait laissé des traces dans les objets quotidiens de la période bas-médiévale et de la première Renaissance.

Essayons d'imaginer à quoi pouvait ressembler la vie quotidienne à cette époque. Maisons, palais et couvents étaient construits pour répondre aux nécessités vitales de leurs occupants. La vie de la femme s'écoulait entre les travaux ménagers, la cuisine, la couture, la garde des enfants, les malades, les domestiques – et des activités éminemment créatives et ludiques comme la lecture, le jeu ou la musique. La vie du couvent, pas très différente, se résumait aux horaires établis pour le service divin. Prière, grandes et petites heures, chant choral, méditation, promenade et repos dans le cloître, travaux des champs et entretien de l'intérieur du couvent et, naturellement, culte à l'église.

Vie quotidienne et liturgique: maison, cuisine et chœur
Madrid

La vie de la femme se déroulait dans la pièce de séjour, endroit isolé en bois ou chauffé par une gloria. Tapis, velours, coussins, coffres, tables et chaises côtoyaient les ustensiles de travail domestique: quenouilles, fuseaux, pelotes et autres objets destinés à la couture. Les miniatures des livres d'heures montrent les différents épisodes de la vie quotidienne, et nous permettent d'imaginer quelles étaient les activités les plus courantes des hommes et des femmes.

Les murs, nus, étaient décorés de tentures, *guadamecíes* et cordouanes. À la jonction avec la toiture courait un gros *arrocabe* ou frise de stuc polychrome, taillé au couteau ou réalisé au moule. Dans la partie inférieure se trouvaient des murs de soutènement ornés de céramiques et de mosaïques combinant motifs et entrelacs. Les sols étaient pavés de carreaux d'argile rouge cuite et d'*olambrillas* décorées de scènes de chasse et d'animaux.

La porte et les baies étaient encadrées de boiseries ouvragées, et fermées par des contrevents ornés de plissés de serviette ou de parchemin, ouvrages aux découpes en accolades auxquelles, peu à peu, allaient se superposer les nouveaux motifs renaissants. Cheminées de stuc ornées de blasons et de thèmes figuratifs. Salles et alcôves faiblement meublées, dotées d'espaces séparés pour dormir et pour manger. Matelas de paille et de laine, tapis et autres tissus servaient d'ornement dans la journée, et, la nuit, servaient de couverture aux corps fatigués de leurs propriétaires.

Dans les cuisines, une large panoplie d'objets en poterie et céramique était utilisée pour l'eau, pour l'éclairage et pour la cuisson. Objets métalliques, bassins, poêles, mortiers et lampes à huile. Toute une riche

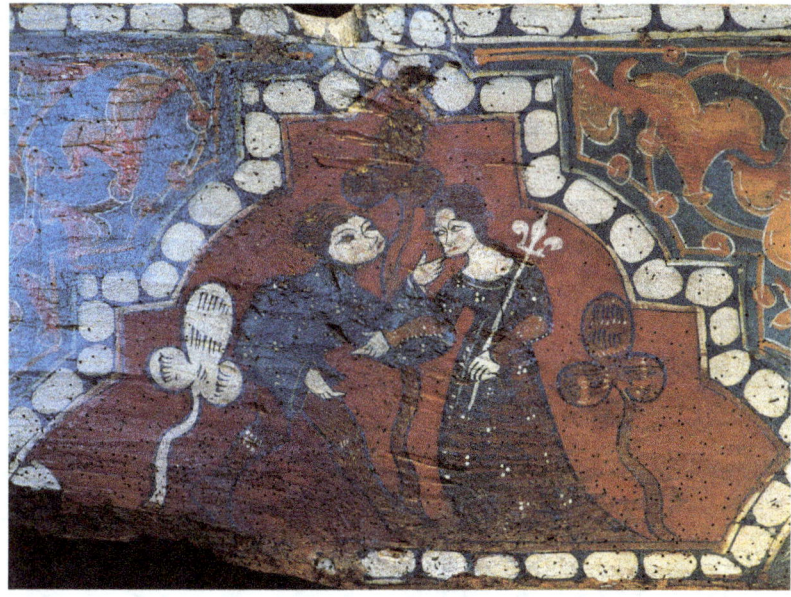

Détail d'une poutre de Curiel de los Ajos, Musée archéologique national (50742), Madrid.

CIRCUIT I   *Vie quotidienne et liturgique: maison, cuisine et chœur*
Madrid

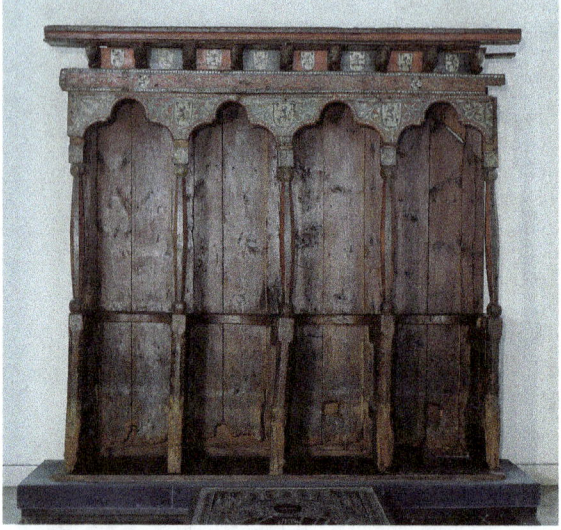

Astudillo, Musée archéologique national (60542), Madrid.

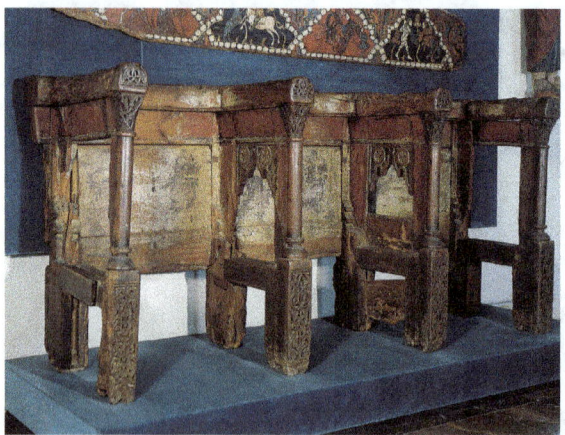

Stalle du chœur de Gradefes, Musée archéologique national (50548), Madrid.

La vie quotidienne était très semblable dans les maisons, les palais ou les couvents, et nous avons la chance que l'histoire de ces occupations quotidiennes nous soit aujourd'hui parfaitement restituée grâce à nombre d'objets conservés dans un certain nombre de cloîtres. Des palais et demeures nous sont surtout parvenus les dallages, les toits ou les cheminées; assez rarement, ils ont conservé les portails et les fenêtres ou autres ouvertures avec leurs ouvrages de stuc, et plus rarement encore les pièces d'ébénisterie qui les fermaient. Cependant, les couvents encore en activité ont accumulé un riche patrimoine d'objets, mais aussi de modes de vie et de coutumes, qui nous parviennent par-delà les siècles: pots d'apothicaire avec blason et nom des produits, cachets en pain, éléments du trousseau et de la vaisselle des différentes nonnes et abbesses, pots de chambre et cuvettes, étoffes, couvertures, tapis, plateaux, jeux, boîtes, coffres et écritoires. Tout un univers qui pérennise les formes et les motifs hispano-musulmans dans la digne simplicité des objets du quotidien.

I.I MADRID

Le circuit d'art mudéjar à Madrid impose deux visites obligatoires: le Musée archéologique national et l'Institut de Valencia de Don Juan. Dans chacun de ces musées, les objets de style mudéjar sont non seulement abondants, mais aussi de toute première qualité.
On peut aussi voir quelques pièces d'art mudéjar au Musée national des arts décoratifs (Montalbán, 12), notamment de la céramique, des cuirs et des meubles en bois, et dans certaines églises de la ville.

typologie de récipients de céramique pour cuire, faire chauffer, frire, griller, servir, trancher, laver et parer: marmites, pots, chaudrons, poêles à frire, terrines, écuelles, jarres, tasses, plats, pichets, tranchoirs, cuvettes, bassines, vases…

L'église San Nicolás de los Servitas (pl. San Nicolás, 1) conserve sa tour de brique, quelques stucs et sa toiture du XVIᵉ siècle. On peut voir d'autres importants vestiges de tours de brique dans les églises de San Pedro el Viejo (Costanilla de San Pedro, 1) et dans l'ermitage du cimetière de Carabanchel, ouvrages qui présentent des similitudes avec le mudéjar tolédan.

I.1.a **Musée archéologique national**

Serrano, 1. Entrée payante, excepté le samedi, à partir de 14 h 30, et le dimanche. Horaires: de 9 h 30 à 20 h 30; dimanches et fêtes de 9 h 30 à 14 h 30. Fermé le lundi.

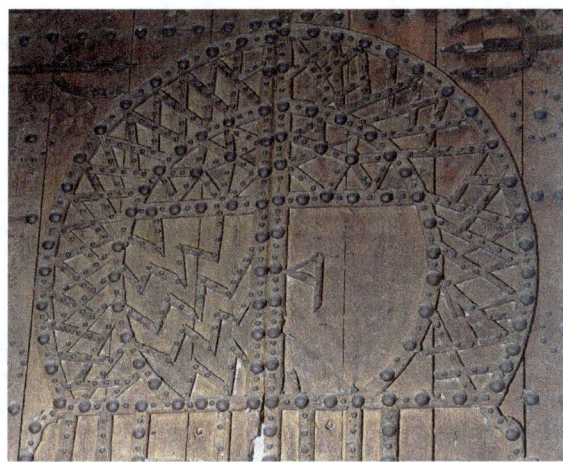

Porte de l'église San Pedro de Daroca, Musée archéologique national (50513), Madrid.

La collection d'art mudéjar du Musée archéologique national est en partie le fruit des collectes d'œuvres d'art effectuées par quelques conservateurs de ce musée à la fin du siècle dernier et qui ont été publiées dans les pages du *Museo Español de Antigüedades* (1872-1880). Quelques auteurs liés à cette publication, José et Rodrigo Amador de los Ríos, Manuel de Assas et Juan de Dios de la Rada y Delgado, entre autres, ont non seulement défini les constantes du style hispano-musulman, mais ont aussi étudié et daté, souvent pour la première fois, certaines des œuvres les plus représentatives du mudéjar espagnol.

Il se trouve que nombre de pièces présentées dans ce musée sont très semblables à d'autres, de même type et de même époque, conservées au Musée Valencia de Don Juan et au Musée archéologique provincial de Tolède. Ce qui donne l'impression que nombre de trouvailles et acquisitions ont été divisées en trois lots, un pour chacun de ces musées. C'est le cas de quelques pièces d'ébénisterie, comme les deux armoires de Santa Ursula de Tolède, conservées au Musée archéologique national et à l'Institut Valencia de Don Juan, ou d'une grande partie de la collection de poutres et modillons mudéjars présente dans les trois musées.

Stalles du chœur

Au Musée archéologique national sont exposés deux bons exemples de stalles de chœur: celles du monastère des clarisses d'Astudillo (Palencia), réalisées vers 1356, et celles du monastère cistercien de Santa María de Grafedes (León), une œuvre du XIIIᵉ siècle. Les premières portent les armes royales de Castille et León, entourées des petites pelles à feu qui sont l'emblème de la fondatrice, doña María de Padilla, femme ou maîtresse du roi Pierre Iᵉʳ de Castille. Les secondes sont aux armes du León, et tant la sculpture que la polychromie du bois attestent avec éloquence l'influence hispano-musulmane sur l'ébénisterie léonaise.

*Porte de Sagrario de Jaén,
Musée archéologique national (57833), Madrid.*

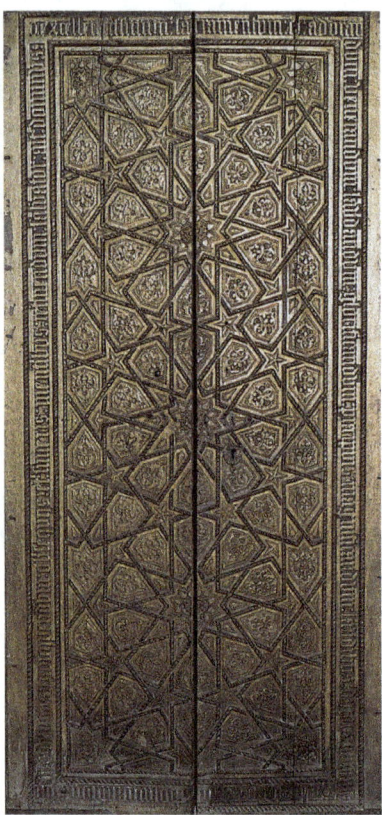

Les deux séries de stalles sont en bois de pin et peintes dans des tons de rouge, bleu, blanc et verdâtre. Les stalles d'Astudillo appartiennent à un chœur élevé surmonté de petits arcs lobés et qui se ferme par un auvent à corbeaux représentant des têtes d'animaux soutenant des cloisons ornées de blasons et de thèmes végétaux. Celles de Gradefes sont à sièges bas, les figures héraldiques sont apposées sur les dossiers, tandis que les croisillons et les montants finement travaillés relèvent d'une ébénisterie islamique soignée,

avec *ataurique* et colonnettes à motifs végétaux stylisées. Des arcs lobés en courtine de la plus pure influence almohade séparent les trois sièges.

Portes

Parmi les éléments de mobilier mudéjar les plus remarquables du Musée archéologique national, il faut signaler une énorme porte qui a appartenu à l'église San Pedro de Daroca (Saragosse). Les thèmes polychromes de fond et de bons ouvrages de métal maintiennent une partie de l'abstraction qui a toujours caractérisé l'art hispano-musulman, sans négliger pour autant les figures prophylactiques religieuses destinées à éviter le mauvais œil et à s'assurer la protection du Très Haut.

Trois autres portes sont aussi particulièrement dignes d'intérêt. Deux d'entre elles, associées à d'autres portes semblables conservées à Jaén, sont des portes de sanctuaire de style mudéjar. L'une provient de la cathédrale de Jaén et est entourée d'une inscription eucharistique de louange au Saint Sacrement; elle est semblable à celle de la chapelle de la Conception de l'église de San Andrés à Jaén. La seconde a appartenu au chartrier de la cathédrale de Jaén. Son inscription fait allusion à la Passion du Christ. Toutes deux correspondent au XVIe siècle et proviennent d'un atelier andalou qui laissa à cette même époque d'intéressants ouvrages —portes, toits et chaires— que l'on peut rencontrer dans tout Jaén. La troisième de ces portes provient du León et porte l'anagramme du Christ en latin et en grec, à côté d'autres thèmes gothiques qui permettent de la dater de la fin du XVe siècle.

I.1.b Institut de Valencia de Don Juan

Fortuny, 43. Visites sur rendez-vous (lundi, mercredi ou vendredi matin), tél.: 913 081848.

Outre des collections mettant en valeur des joyaux ibériques et celtiques, jais de Saint-Jacques de Compostelle, pendentifs et émaux médiévaux, et une remarquable collection de céramiques couvrant la totalité du monde islamique, le Musée de Valencia de Don Juan conserve une importante collection de pièces mudéjares qu'il faut impérativement visiter au cours d'un passage à Madrid.
L'Institut de Valencia de Don Juan fut fondé en 1916 par l'homme politique et collectionneur Guillermo Joaquín de Osma en mémoire de son épouse, Adela Crooke, vingt-troisième comtesse de Valencia de Don Juan. Le señor Osma et son épouse furent des chercheurs passionnés par les arts industriels en Espagne. De cette passion est née cette fabuleuse collection spécialisée dans les thèmes orientaux et hispano-musulmans. Le musée est situé dans la propriété du couple, rue de Fortuny, un intéressant édifice néo-nasride et néo-mudéjar par les façades, les élévations et les toitures. L'architecture a fait appel à des artisans andalousiens qui ont réalisé les sols de mosaïques, les céramiques et les *taraceas* ou les ouvrages de métal pour conjuguer habilement le contenu et le contenant.

Armoire de Santa Úrsula (N° inv. 49013)

Parmi les pièces mudéjares de l'Institut de Valencia de Don Juan, on prêtera une attention particulière à la superbe armoire de la sacristie du couvent de Santa Úrsula de Tolède, réplique de celle qui est au Musée archéologique national de Madrid. L'armoire, qui dépasse les 2,5 m de hauteur et les 1,5 m de largeur, comporte trois ouvertures horizontales fermées par des portillons; à l'intérieur, les étagères adoptent la forme d'une toiture avec une décoration peinte et épigraphique qui répète l'inscription "prospérité". Les verrous et boutons métalliques, tout comme les entrelacs, relèvent de la typologie islamique habituelle;

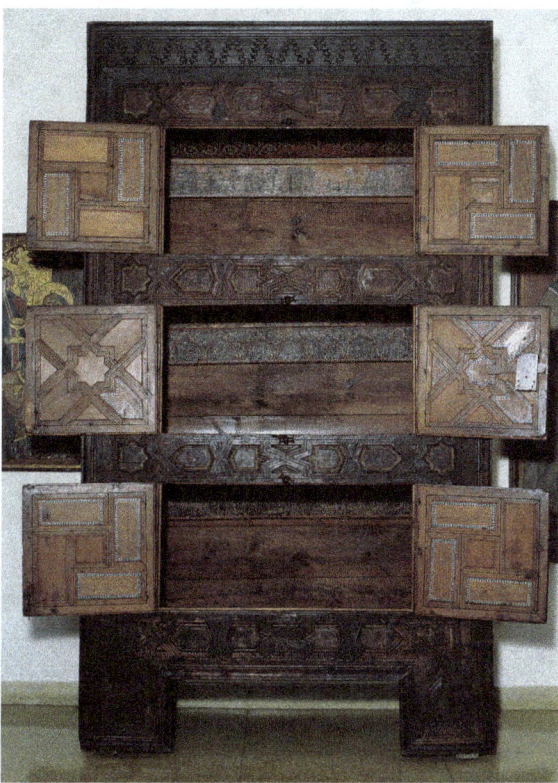

Armoire de Santa Úrsula, Institut de Valencia de Don Juan (49013), Madrid.

CIRCUIT I   *Vie quotidienne et liturgique: maison, cuisine et chœur*
Madrid

Tapis de l'Amiral, Institut de Valencia de Don Juan (3859), Madrid.

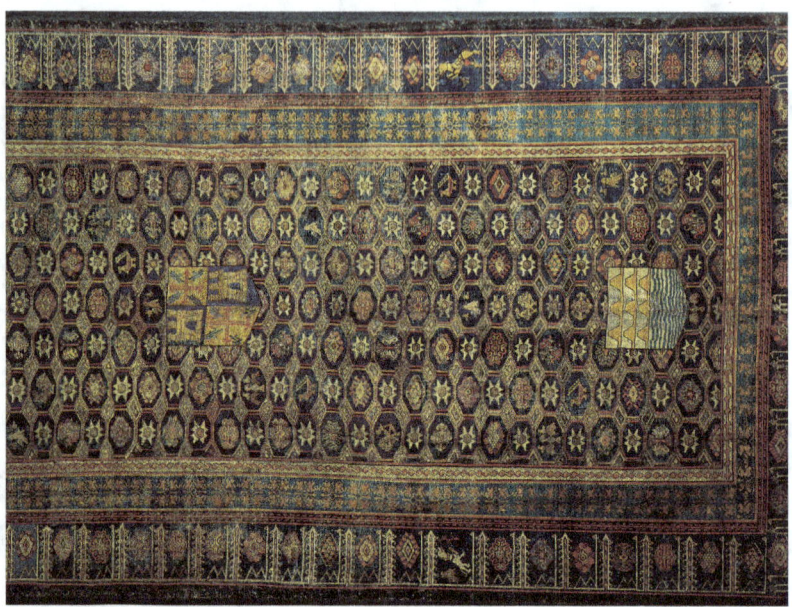

Assiette de la Albufera, Institut de Valencia de Don Juan (183), Madrid.

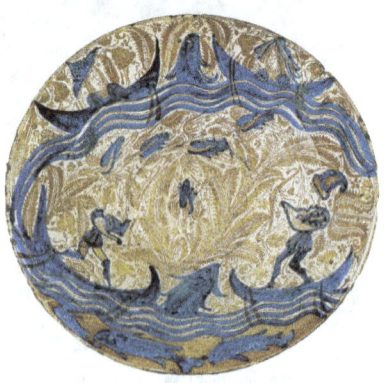

de la même façon, l'armoire présente des parallèles avec des répliques qu'on peut voir sur certaines miniatures des *Cantigas* d'Alphonse X le Sage (1221-1284).

Tapis de l'Amiral (N° inv. 3859)

Au Musée de Valencia de Don Juan est présentée l'une des meilleures collections de tissus hispano-musulmans du monde, et quelques pièces orientales de tout premier ordre. Parmi les premières, il faut noter l'un des tapis de la série de l'Amiral. Ce tapis est associé par l'héraldique à la famille Franco de Guzmán, à Villafuerte de Esgueva (Valladolid), puisque ses armoiries sont les mêmes que celles de la plaford de l'église de cette localité, conservée dans le bâtiment de la Députation provinciale de Valladolid.

À voir également des fragments de tissus nasrides réutilisés dans le monde chrétien, comme une chasuble très proche de celle, de même facture, présente dans la cathédrale de Burgos.

Céramique de Paterna et de Manisès

Les collections les plus remarquables du Musée de Valencia de Don Juan sont peut-être celles de céramiques mudéjares, parfaitement sélectionnées et cataloguées, et très abondantes tant en pièces qu'en typologies. Elles correspondent aux ateliers de Paterna, Manisès (tous deux à Valence), Teruel et Muel (Saragosse), et vont de la fin du XIIIe siècle jusqu'au XVIIe siècle, époque où la coloration des oxydes métalliques devient plus cuivrée et où la décoration évolue vers des thèmes naturalistes.

La collection de faïences hispano-musulmanes de Manisès, dans laquelle on remarquera un plat décoré d'une scène de chasse aux canards à la Albufera de Valence, est l'une des plus importantes. Sont aussi représentées dans ce musée les céramiques de *cuerda seca* et de *cuenca o arista*, estampées ou moulées, qui étaient fabriquées à Séville entre le XIIIe et le XVIe siècle. Une superbe collection de carreaux de faïence et de lambris d'*azulejos* occupe plusieurs pièces et fait partie des plus célèbres pour la richesse et la variété des thèmes et motifs.

LA CÉRAMIQUE MUDÉJARE

Pedro Lavado Paradinas

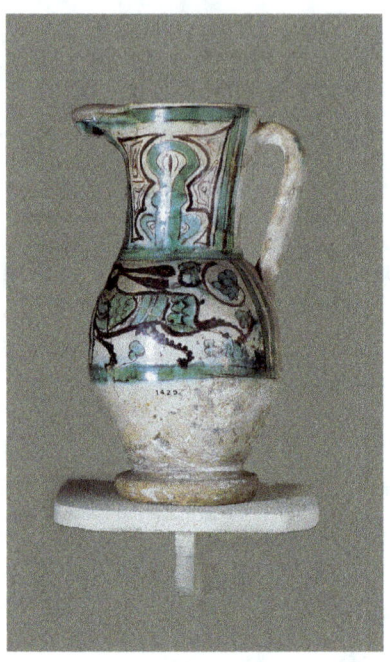

Broc à bec "pitxer" de céramique de Paterna, Institut de Valencia de Don Juan (1425), Madrid.

Héritières de la céramique hispano-musulmane, les œuvres de poterie et de céramique mudéjares se définissent par leur utilité et par leur valeur ornementale. Il est possible que ce soit le recours à des objets de métal noble si fréquent dans le monde perse et bysantin qui ait conduit la céramique hispano-musulmane à adopter rapidement l'utilisation du reflet métallique et des glaçures qui sont venus, sinon remplacer cette production, du moins en magnifier la beauté et la décoration.

Pendant le Moyen Âge, la céramique d'abord appelée de Malica, car on la pensait originaire de Malaga (Mallica ou Malica), inonda tous les marchés européens, et spécialement les marchés italiens, décorant avec des plats (appelés "bacini" en Italie) du Levante les tours romanes de nombreux édifices. Plus tard, avec l'arrivée des faïences italiennes Renaissance, la céramique espagnole perdit du terrain, et certains auteurs comme Felipe de Guevara (m. vers 1564) ne cachent pas le mépris qu'elle leur inspire.

La poterie mudéjare se signale par de nombreuses poteries estampées à fresque, dont la décoration inspirée de motifs musulmans fait aussi appel au répertoire épigraphique ou héraldique. Il s'agit généralement de pièces de grandes dimensions, travaillées sans tour et en plusieurs morceaux selon la technique des "parois montées". Elle s'applique à de grandes cruches, à des fonts baptismaux et des margelles de puits ou de citernes. Des centres de production existèrent à Tolède, Cordoue, Séville et Grenade. Parfois les pièces étaient recouvertes de glaçures en vert et blanc, avec des applications d'autres couleurs comme le noir ou le même vert pour les pleins et les contours. Les fonts baptismaux et margelles mudéjares apparaissent au XIVe siècle, de même que les grandes cruches. Peu à peu, les motifs ornementaux se mettent à inclure des thèmes chrétiens et des lettres grecques.

Bien que l'on ne sache pas grand-chose des fonts baptismaux mudéjars, ils se circonscrivent à Tolède. On peut supposer l'existence d'un atelier dans les environs de la capitale, grâce à la teinte des poteries. L'intégration de thèmes chrétiens, comme les croix, même fleurdelisées ou patriarcales, les abréviations du nom de Jésus Christ (JHS) ou simplement les thèmes floraux du gothique cohabitent dans certains cas avec des thèmes aussi intéressants que spécifiques du monde musulman: main de Fatima et œil destinés à conjurer le mauvais sort, et parfois le nom et la signature du potier: "Abrayn García, qui la mit en vente (pour 7 réaux) en 1508." Cette signature sur les fonts de Camarenilla à Tolède nous permet de faire la connaissance de l'un des meilleurs potiers de l'époque, auteur également de la vasque baptismale conservée à la Hispanic Society à New York. D'autres centres de production de fonts baptismaux ont sans doute également existé à Saragosse et à Séville, où ont aussi été conservées quelques pièces remarquables, mais d'une autre typologie.

La céramique en vert et violet (cuivre et manganèse), qui jouissait d'un certain prestige en al-Andalus, va désormais connaître, avec la période mudéjare, une plus grande diffusion. C'est de la céramique califale du XIe siècle que dérive la céramique de Paterna, qui atteint son plus haut degré de développement entre la fin du XIVe et le début du XVe siècle. En 1383, Francisco Eximenis cite Paterna et Cárcer comme les deux centres de fabrication de "obra comuna de terra", qualifiée de grossière face à la très riche céramique de Manisès.

La céramique de Paterna utilise des motifs figuratifs humains et animaliers qui recouvrent intégralement la pièce, dont le fond est revêtu de l'oxyde stannifère qui rend ce ton de blanc et sur lequel sont appliqués les dessins en vert de cuivre et noir de manganèse.

La typologie des récipients va de la cuisine à la table: jarres, assiettes, bassines, écuelles, terrines... La céramique de Teruel s'en tient aux mêmes lignes et aux mêmes coloris; ses ateliers fonctionnèrent dans les mêmes années (fin XIVe-début XVe), mais durent connaître un essor particulier dans le premier tiers du XVIe siècle, puisque l'historien Marineo Sículo (1460-1533) y fait souvent allusion.

Les poteries de Manisès sont documentées depuis le milieu du XIVe siècle. Les thèmes décoratifs aux reflets métalliques apparaissent avant ceux à dominante verte de Paterna et avant les bleus de Manisès. La réputation de Manisès fut telle qu'elle hérita de l'appellation d'origine "opere de Malica, sive de Valencia" (œuvres de Malaga, ou plus précisément de Valence). L'utilisation d'une base d'oxyde stannifère favorisa une incorporation plus nette des couleurs, et permit aux céramistes d'abandonner l'ancienne technique de l'*engobe*.

Les céramiques à reflets métalliques en vinrent à intégrer une troisième cuisson à la poterie, qui subissait ainsi une première cuisson destinée à éliminer l'humidité et à sécher la pièce, une deuxième cuisson à température élevée (ce que l'on appelait le "grand feu"), dépassant les deux mille degrés, qui donnait les tons bleutés ou verts, et une troisième cuisson au cours de laquelle on appliquait l'oxyde métallique, à une température plus douce et dans un four réducteur, opération destinée à fixer les tons métalliques.

Cette technique de cuisson et de peinture de la céramique à reflets métalliques nous est connue grâce à la description que nous en a laissée pour Muel (Saragosse), au XVIe siècle, l'archer Enrique Cock qui accompagnait le roi Philippe II en voyage. La faïence dorée de Manisès et la faïence bleu et blanc se sont maintenues jusqu'au début du XVIIe siècle. On les voit souvent représentées sur les peintures historiques et religieuses de l'époque, décorant les maisons ou les tables de quelque personnage biblique, ce qui constitue un anachronisme évident, mais qui témoigne bien du vrai prestige acquis par cette céramique.

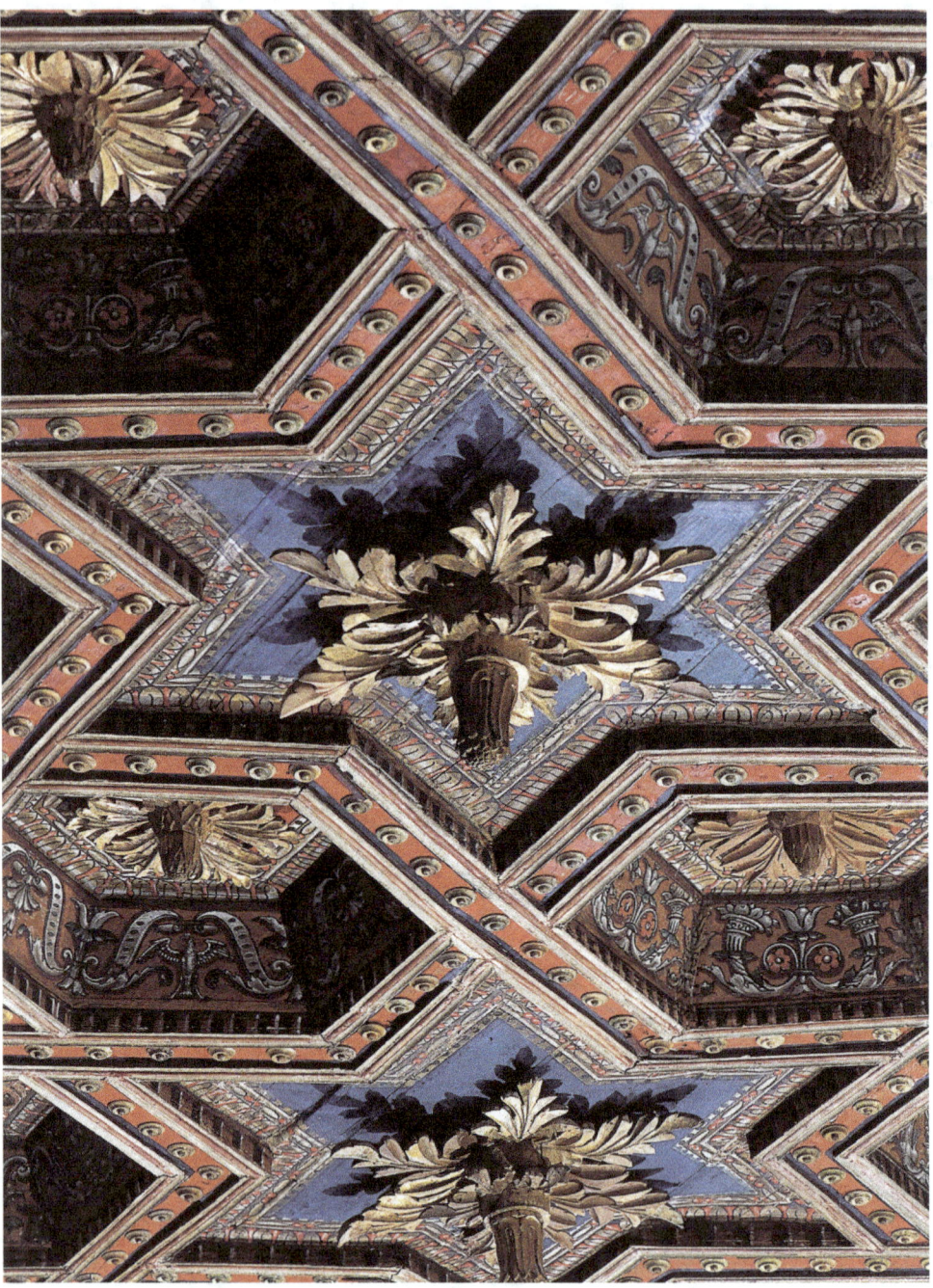

CIRCUIT II

Le style Cisneros

Pedro Lavado Paradinas

Une demi-journée

II.1 ALCALÁ DE HENARES
        II.1.a Université
        II.1.b Chapelle de l'Oidor (option)

II.2 GUADALAJARA
        II.2.a Église Santiago Apóstol
        II.2.b Concathédrale (option)
        II.2.c Chapelle Luis de Luvena (option)

La menuiserie mudéjare

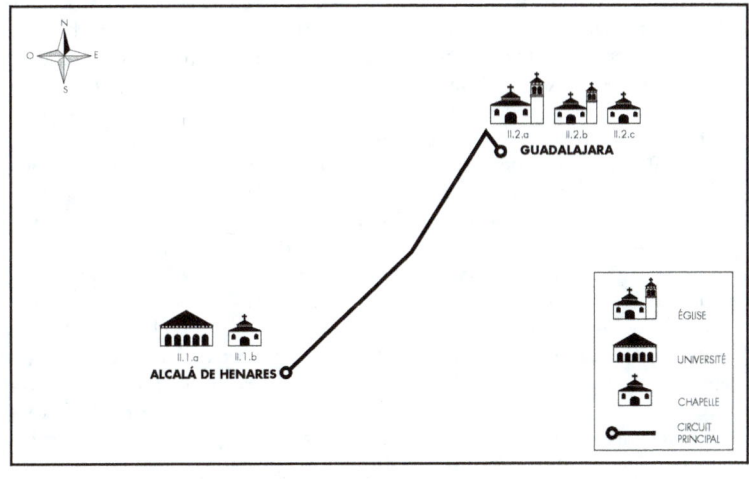

Université, détail du plafond du Paranymphe, Alcalá de Henares.

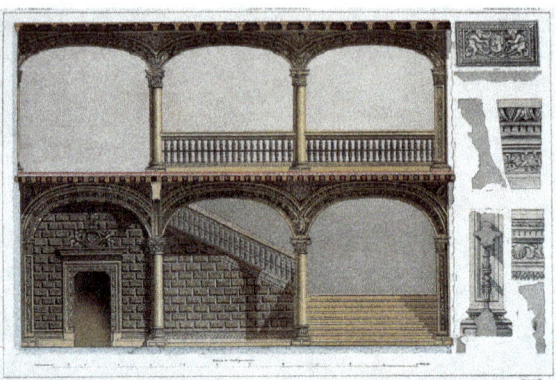

Palais archiépiscopal, escalier, Alcalá de Henares, "Monumentos Arquitectónicos de España", 1881, Bibliothèque nationale.

À la fin du XVᵉ et au début du XVIᵉ siècle, le style gothique, déjà dans ses derniers soubresauts, s'associe à l'art mudéjar pour créer un art courtisan. C'est l'époque des Rois Catholiques. La reconquête est terminée, Grenade est tombée aux mains de la Castille et de l'Aragon. Ces deux couronnes, réunies par les personnes de leurs souverains, s'ouvrent à un nouvel avenir, dont le projet politique ne tardera pas à déborder les frontières nationales.

De toutes parts arrivent des produits commerciaux. La politique matrimoniale d'Isabelle et Ferdinand avec les principaux États européens contribue efficacement à maintenir les échanges. Dans la péninsule ibérique s'installent des artistes et des architectes en provenance d'autres pays, conscients qu'il y a là des débouchés pour leurs savoirs et leurs talents. Ce qui va bientôt devenir l'Espagne connaît alors une des phases de croissance les plus remarquables de son histoire. Sur le plan artistique se produit un nouveau phénomène d'hybridation. Le mudéjar était né dans l'univers haut-médiéval espagnol du métissage des formes et les thèmes du roman et du gothique avec le savoir-faire des artisans musulmans, qui employaient des techniques et des matériaux nouveaux. Désormais, les formes architectoniques du gothique centre-européen et les variantes ornementales du flamboyant allaient se mêler à la décoration bariolée et géométrique du mudéjar. Tout de suite après, les formes venues de l'autre côté de la mer et de l'Italie allaient mettre en contact les géométries classiques et les nouveaux dessins vitruviens ou serliens avec la géométrie de l'islam.

Le résultat sera un véritable prodige formel de l'imagination. Les murs de pierre se perceront, les croisées d'ogives s'épanouiront en étoiles ouvertes, les auvents se peupleront de modillons, de tampons, de petits arcs, de *muqarnas* et autres artifices mudéjars, et les intérieurs se recouvriront entièrement de stucs, boiseries et céramiques faisant ressortir une ornementation géométrique, épigraphique et héraldique sur des fonds végétaux naturalistes. L'horreur du vide se manifeste à nouveau avec intensité sur toutes les surfaces.

L'architecture gothique des Rois Catholiques connut dans les dernières années du XVᵉ siècle un essor extraordinaire. Églises, chapelles, hôpitaux, palais et châteaux se laissèrent séduire par les formes "gothico-mudéjares" qui, entre les mains d'artistes comme Juan Guas, les Egas et les Colonia, combinaient structures gothiques et ornements hispano-musulmans. Cet art hybride fut appelé "style Isabelle" ou "isabellin", peut-être à cause de l'abondance de ses manifestations en terres castillanes.

L'intense activité architecturale de l'époque justifie amplement les mots que les *Coplas del Provincial* mettent dans la bouche du peuple, épuisé par l'impôt levé par son trésorier Chacón pour payer les aventures guerrières et américaines d'Isabelle, les églises, les cathédrales et les couvents que Fray Alonso de Cartagena, évêque de Burgos (Fray Mortero), ne cessait de construire: "Entre la reine, Chacón et Fray Motero, la cour nous fait tourner en bourrique."

D'autres ont préféré appeler gothico-mudéjar le style qui en résulta mais, avec le temps, et en fonction des changements de protecteurs –sous le cardinal Francisco Jiménez de Cisneros (1436-1517) par exemple, on finit par consacrer l'appellation de "style Cisneros"–, quelques modèles et dessins laissèrent place aux modes de la Renaissance italienne, et avec elles au style "morisque renaissant". Les héritiers de la tradition mudéjare, dans laquelle le stuc est le matériau prédominant, furent les Corral de Villalpando, qui laissèrent dans leurs œuvres de Valladolid, Palencia et Zamora un curieux répertoire de voûtes nervurées et de décorations qui annoncent la Renaissance.

L'activité déployée par Cisneros comme archevêque de Tolède et régent (1495-1517) revêtit une importance particulière dans tout l'archevêché, qui connut pendant ces années une singulière fièvre constructive. Sous la direction de Pedro Gumiel, architecte des œuvres du cardinal, l'archevêché contrôla et supervisa la totalité de ce qui s'est édifié au cours des premières décennies du XVIe siècle. Ceci explique nombre de ressemblances entre les productions de certains centres ou ateliers d'ébénistes et de plâtriers créés autour de Tolède, et sans doute à Guadalajara.

Tout au long du chemin qui relie le fief de l'archevêché aux principales localités en direction de Saragosse et jusqu'aux limites de l'évêché de Sigüenza, l'activité de ces ateliers et la thématique mudéjare sont manifestes dans les ouvrages d'ébénisterie, de briqueterie et de stuc. Tout cela dura jusqu'à la seconde moitié du XVIe siècle, quand les travaux de l'Escurial ouvrirent la porte à de nouveaux artistes et à des motifs provenant d'Italie, et qui s'imposèrent sans la moindre concurrence.

La période Cisneros connut un regain de mudéjarisme grâce aux nombreux artistes morisques émigrés en Castille après la chute de Grenade. De nouveaux types de décoration et de structure de toitures témoignent d'une grande proximité avec les toitures grenadines, ce qui permet de penser que ce sont bien des ouvriers et des artistes de cette origine qui ont apporté les formes nouvelles en Castille. La brique connut une ample diffusion à partir du noyau tolédan. Les techniques tolédanes de la construction en maçonnerie et de l'assise horizontale de briques sont fréquemment mises en œuvre dans les édifices de cette période.

De nombreux livres et objets des Morisques grenadins furent brûlés sans pitié en 1499, et Cisneros assista à la scène, non sans en

Chapelle de Luis de Lucena, vue générale, Guadalajara.

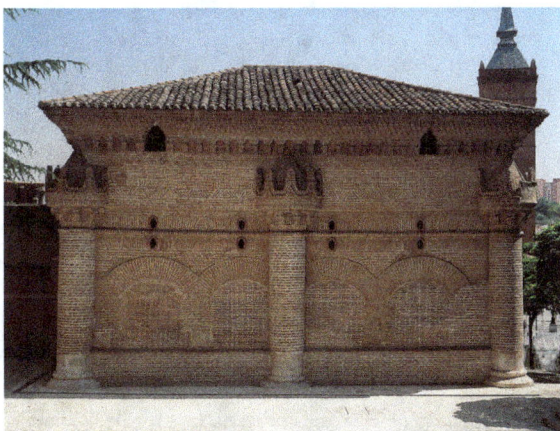

CIRCUIT II   *Le style Cisneros*
Alcalá de Henares

*Université,
chapelle San Ildefonso,
Alcalá de Henares.*

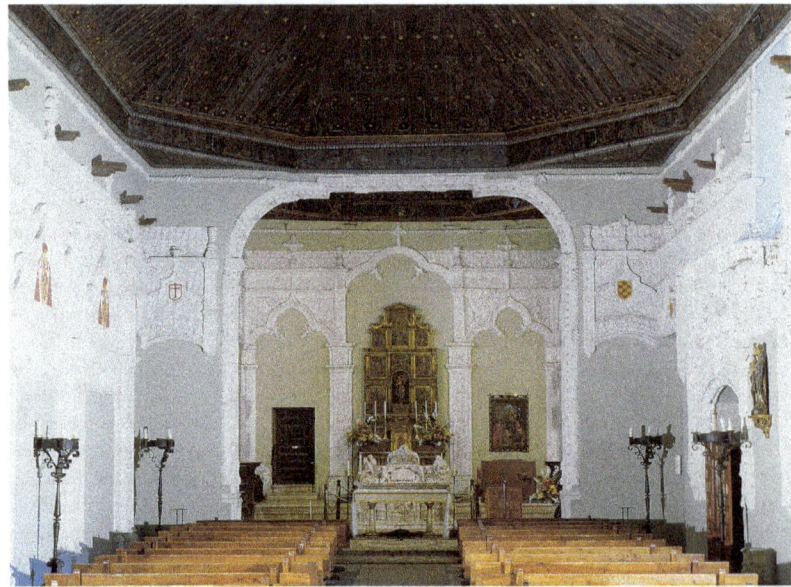

avoir sauvegardé les traités de médecine. Cependant, le cardinal s'est servi d'une canne en bois sculpté qui est conservée au couvent de San Juan de la Penitencia, à Alcalá de Henares, et qui dut appartenir à l'un des derniers gouverneurs de Grenade, peut-être un cadi ou un juge, si l'on en croit l'inscription qu'elle porte. Le couvre-lit qu'utilisa le cardinal, conservé au couvent San Antonio à Tolède, est un autre trésor de l'art musulman ou nasride. Si les livres étaient brûlés, mais non les objets d'art, c'est que le livre n'est que doctrine, tandis que les objets d'art valent de l'argent et peuvent servir.

II.1 ALCALÁ DE HENARES

L'enceinte de la Renaissance de Alcalá de Henares se circonscrit à la ville médiévale, fortifiée au XIVe siècle par don Pedro Tenorio, évêque de Tolède (1367-1399). Cette mesure entraîna l'abandon des vestiges de l'ancienne localité romaine dans la vallée de l'Henares. De nos jours, les vestiges de l'établissement médiéval sont à chercher sur une colline voisine, où les musulmans se sont réfugiés quand ils ont été expulsés de la ville en 1088 et où ils ont résisté jusqu'en 1118; un établissement préhistorique a également existé à cet endroit.

L'évêque Tenorio, que Pérez del Pulgar nous décrit comme "opiniâtre et rigoureux", érigea les murailles de la cité avec de puissants murs de maçonnerie appareillés à la tolédane, renforcés de tours carrées à l'extérieur. Il usa de la même solution pour fortifier aussi le chemin qui conduisait de Tolède à Alcalá en passant par Canales, Yepes et Santorcaz.

CIRCUIT II *Le style Cisneros*
Alcalá de Henares

C'est l'opiniâtre prélat qui commença les travaux du palais épiscopal. Nous en connaissons quelques images prises à la fin du siècle passé, et les dessins et gravures recueillis par *Monumentos Arquitectónicos de España* (Madrid, 1859-1880). Après la sécularisation de Mendizábal, le palais resta quasiment abandonné; il fut restauré à la fin du XIXe siècle par l'architecte Urquijo et le peintre Laredo. En 1939, pendant la guerre civile, il a été totalement détruit par un incendie. Quelques pièces, comme l'avant-salle des Conciles, étaient dotées d'admirables toitures octogonales à tirants; toutes les baies étaient entourées de stucs ciselés.

D'autres successeurs de Tenorio ont agrandi le bâtiment, tels Pedro de Luna (1404-1414), Sancho de Rojas (1415-1422) et Juan Martínez Contreras (1422-1434), sous le ministère de qui le pape Martin V a élevé Alcalá à la dignité de diocèse primatial. Les travaux ont été poursuivis par les évêques Alonso III de Fonseca (1475-1534) et Sandoval, dont les armes figurent en différents endroits. Quelques toitures, comme celles de l'escalier, sont de la période renaissante.

II.1.a Université

Il est recommandé de laisser la voiture sur la place de Cervantes ou dans une zone de stationnement sur le paseo de los Aguadores.
Entrée payante. Visites guidées à 11:30, 12:30, 13:30, 16:30, 17:30 (et aussi à 18:30 en été), samedis, dimanches et fêtes à 11:00, 11:45, 12:30, 13:15, 14:00, 16:00, 16:45, 17:30, 18:15, 19:00 (et aussi à 20:00 en été).

L'université de Alcalá de Henares, la principale fondation de Cisneros, a ouvert ses portes à l'enseignement le 25 juillet 1508. À un premier édifice de brique a succédé le bâtiment de pierre ("luteam olim, marmoream nunc"). À l'intérieur, deux espaces témoignent de la contribution de la main-d'œuvre mudéjare. L'un d'eux est le Paranymphe, destiné aux séances académiques. Il fut construit entre 1516 et 1520 par Pedro de Villarroel, Gutiérrez de Cárdenas et Andrés de Zamora; y ont travaillé les stucateurs Bartolomé Aguilar, Hernando de Sahagún et Pedro de Villarroel, et les peintres Diego López et Alonso Sánchez. Le plafond lambrissé à entrelacs de six, décoré dans des tons de rouge, bleu et or, repose sur une galerie de plâtre avec embrasures et panneaux d'arabesques. Les sols et les escaliers sont décorés de céramique.

L'autre espace dans lequel se perçoit la main-d'œuvre mudéjare est la chapelle San Ildefonso. Le temple est à une seule nef gothique avec toiture octogonale sur murs blanchis à la chaux et décorés de stucs à thèmes gothiques et plateresques. Le chevet est également surmonté d'une autre toiture de même type et décorée d'ataurique. Les deux bâtisses sont l'œuvre d'Alonso de Quevedo, un charpentier d'Álcala dont deux ouvrages sont documentés et validés au début du XVIe siècle.

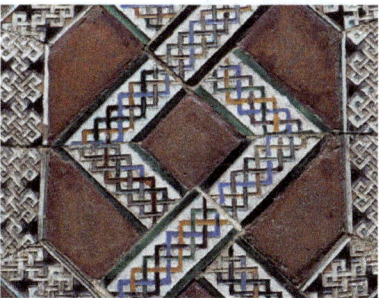

Université, azulejo du sol du Paranymphe, Alcalá de Henares.

CIRCUIT II   *Le style Cisneros*
Guadalajara

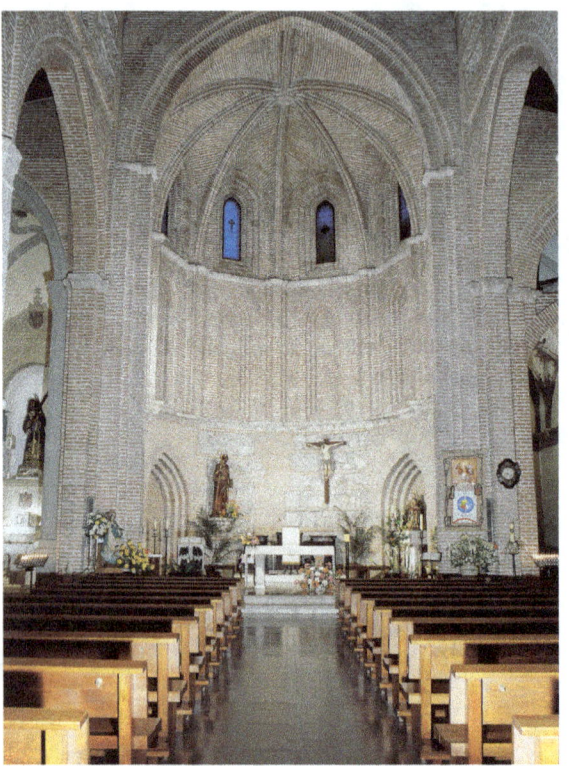

Église Santiago Apóstol (Apôtre), intérieur, Guadalajara.

II.1.b **Chapelle de l'Oidor (de l'Auditeur)** (option)

Depuis la place de San Diego, à la sortie de l'Université, par la rue Bustamante jusqu'à la place de Cervantes. Au fond se trouve la chapelle, adjacente à l'église. Elle abrite des expositions temporaires de la mairie.
Horaires: consulter l'Office du tourisme, tél.: 910 8892694.

La chapelle de l'Auditeur fut fondée par don Pedro Díaz de Tolède, évêque de Malaga (1487), pour accueillir sa sépulture et celles des membres de sa famille. Un arc en plein cintre surhaussé et contrelobé y donne accès depuis ce qui fut l'église Santa María, aujourd'hui détruite et presque totalement disparue. L'arc et la frise sont décorés de stucs et de claires-voies avec des inscriptions dans l'*arrocabe* et dans les arcatures aveugles, ils sont surmontés d'une toiture à *par y nudillo*.

D'autres œuvres mudéjares peuvent se trouver dans certains couvents édifiés au cours de ces premières années du XVIe siècle à Alcalá, par exemple Santa Úrsula et Santa Catalina. Les vestiges sont moins nombreux dans des demeures comme celles de Lizana ou Criado ou à l'hospice d'Antenzana, où l'on peut voir un auvent de la fin du XVe siècle.

II.2 GUADALAJARA

Il est recommandé de garer la voiture près du palais de l'Infante où se trouvent le Musée et l'Office du tourisme, et de continuer à pied.

II.2.a **Église Santiago Apóstol**

Prendre la rue Miguel Fluiters et sur la gauche la rue Teniente Figueroa. Ancien couvent Santa Clara.
Ouvert toute la journée.

Sans doute l'église Santa Clara ou, si l'on préfère utiliser l'ancien vocable, l'église Santiago est-elle l'une des plus intéressantes de Guadalajara au regard de ce qui y est conservé. Le couvent fut fondé par doña Berenguela, fille d'Alphonse X le Sage, puis rénové par l'infante Isabelle, fille de Sancho IV et par sa gouvernante doña María Fernández Coronel, qui acquit quelques maisons en 1299 et commença les travaux entre 1305 et 1309.

En 1339 la grande chapelle était déjà érigée pour l'enterrement de don Alonso Fernández Coronel, un bâtiment gothique à plan polygonal en brique, larges fenêtres et avant-toit à nacelle. La nef fut couverte au XVe siècle d'une toiture à *par y nudillo* de type tolédan et les murs décorés de stucs semblables à ceux de la synagogue du Transit à Tolède. Elle comporte trois nefs séparées par des piliers octogonaux en brique et deux chapelles: celle de l'épître pour la tombe de don Diedo García et celle de l'évangile pour la famille Zaglia. La première date de 1452, la seconde est postérieure.

II.2.b **Concathédrale** (option)

Située dans la rue Santiago. Par la rue Teniente Figueroa jusqu'en bas, on arrive à la concathédrale (la cathédrale de Guadalajara se trouve dans la Sigüenza) ou église Santa María la Mayor. Récemment restaurée. On peut visiter la tour-clocher et la structure sur voûtes qui conserve les lambris mudéjars.
Se renseigner à la paroisse.
Horaires: de 10:00 à 13:00 et de 18:30 à 20:15.

Tout près se trouve la concathédrale, connue sous le nom de Santa María la Mayor, Santa María la Blanca ou Santa María de la Fuente, édifice qui dut être achevé vers le XVe siècle et dont les portails en adobe, qui témoignent d'une influence grenadine par le découpage des briques, auront des répercussions dans les églises de la région, comme celles de Pozo de Guadalajara et Aldeanueva de Guadalajara. Il en reste le plafond sous la voûte de stuc; quelques autres ouvrages de stuc sont apparus récemment. Un portique fut ajouté au XVIe siècle.

II.2.c **Chapelle Luis de Lucena** (option)

En face, Cuesta de San Miguel.
Horaires: consulter l'Office du tourisme, tél.: 949 211629.

La chapelle Luis de Lucena est un des exemples les plus singuliers de bâtiment du début du XVe siècle. Elle permet d'apprécier les conceptions artistiques et iconographiques de l'un des humanistes espagnols les plus mal connus, Luis de Lucena. L'édifice était adossé au temple San Miguel del Monte, disparu au siècle passé. La nef unique est coiffée d'une voûte à lunettes où sont représentés différents thèmes iconographiques de la Renaissance réalisés par quelques-uns des peintres italiens qui travaillèrent au Palacio de l'Infantado. L'édifice est une construction de brique flanquée de sortes de tours dans les angles et au milieu des côtés, qui sont formés par des arcs de décharge et des murs massifs. La partie supérieure est décorée de briques taillées dans les auvents, de moulures et de croix. Une inscription de 1540 sur les baies et sur l'une des tours mentionne un psaume de David: "Je préfère mourir à la porte de la maison de mon Dieu que dans les palais des impies." L'étage supérieur peut se deviner de l'extérieur grâce à la rangée de fenêtres à faux arcs de brique en saillie. Ce niveau servait de bibliothèque, tandis que la partie inférieure était réservée à la chapelle et aux sépultures.

Une intéressante église mudéjare, Santa María Micaela, construite grâce au mécénat de la duchesse de Séville, mérite une visite. Si l'église est fermée, contacter la paroisse, tél.: 949 230433.

LA MENUISERIE MUDÉJARE

Pedro Lavado Paradinas

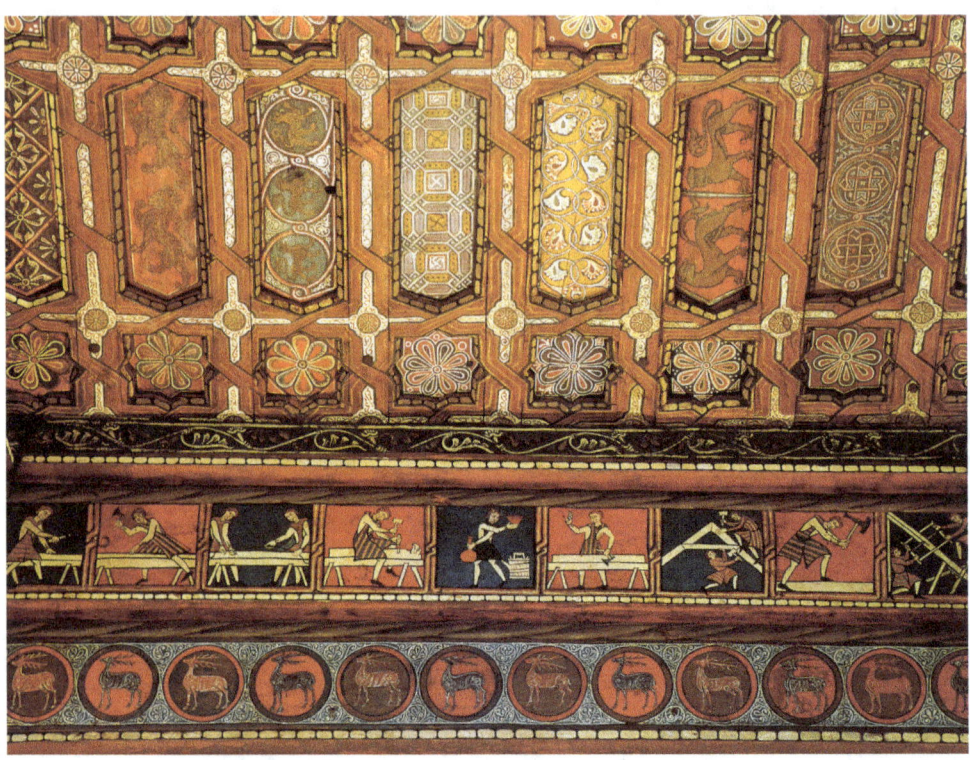

Cathédrale Santa María, détail du plafond, scène figurant des charpentiers en train de réaliser une armadura à par y nudillo, Teruel.

De nombreuses œuvres dues aux menuisiers qui travaillèrent au XVIe siècle pour l'archevêché de Tolède commencent à être connues grâce aux livres de construction ou, à défaut aux livres de visite. Les premiers consignent les charges assignées à ces chantiers et les règlements effectués. Les seconds, qui étaient rédigés par les contremaîtres ou les architectes que l'archevêché envoyait superviser les travaux, témoignent des vicissitudes et des incidents auxquels ils donnaient lieu.

On a cru jusqu'à récemment que la plupart de ces œuvres dépendaient de ces architectes, et nombre d'entre elles étaient attribuées à Pedro Gumiel. La lecture du "Libro de Fábrica" de l'église Notre-Dame de l'Assomption à Moratilla de Meleros (Guadalajara), de 1515 à 1517, révèle l'existence d'un charpentier du nom de Alonso de Quevedo, qu'il fallut immédiatement mettre en relation avec d'autres œuvres très similaires comme celle de la chapelle San Ildefonso à Alcalá de Henares, à laquelle Cisneros a accolé l'université. Plus tard, on a pu démontrer que ce qui était une simple appréciation stylistique n'était pas seulement documenté à Moratilla, mais aussi à Alcalá.

C'est ainsi qu'a été mis au jour l'un des noms les plus importants de l'ébénisterie d'Alcalá pour le début du XVIe siècle, auquel viendront s'adjoindre ceux de Pedro de los Nesperales et Joan de Ortega, habitants d'Alcalá et actifs dans les années 1564-1566. Un quatrième menuisier, Pedro de la Riba ou de Arriba, habitant d'El Molar, Madrid, travailla dans son village en 1534 à l'église San Bernabé de Valdenuño Fernández, Guadalajara, entre 1544 et 1548, et à San Miguel de Alovera, Guadalajara, en 1569.

Les comptes rendus de charpentiers se prolongent au cours du XVIe siècle et jusqu'au début du siècle suivant. Il est possible que certains aient été d'origine mudéjare. C'est le cas de Juan Pérez de Escobedo, qui a travaillé à la *armadura* de la nef de Santa María de la Almudena, à Talamanca de Jarame, en 1605, et au chœur de Casar de Talamanca, Guadalajara, entre 1600 et 1602, où il eut un second du nom de Andrés de la Hoz. Un livre de visite de 1596 mentionne les Morisques de cette localité. Andrés de la Hoz serait-il l'un d'eux ?

Musulmans ou chrétiens, tous utilisaient les techniques de la charpenterie mudéjare ; aussi, jusqu'à un certain point, les interrogations sur l'origine ethnique et religieuse de certains artisans n'ont-elles pas grande importance.

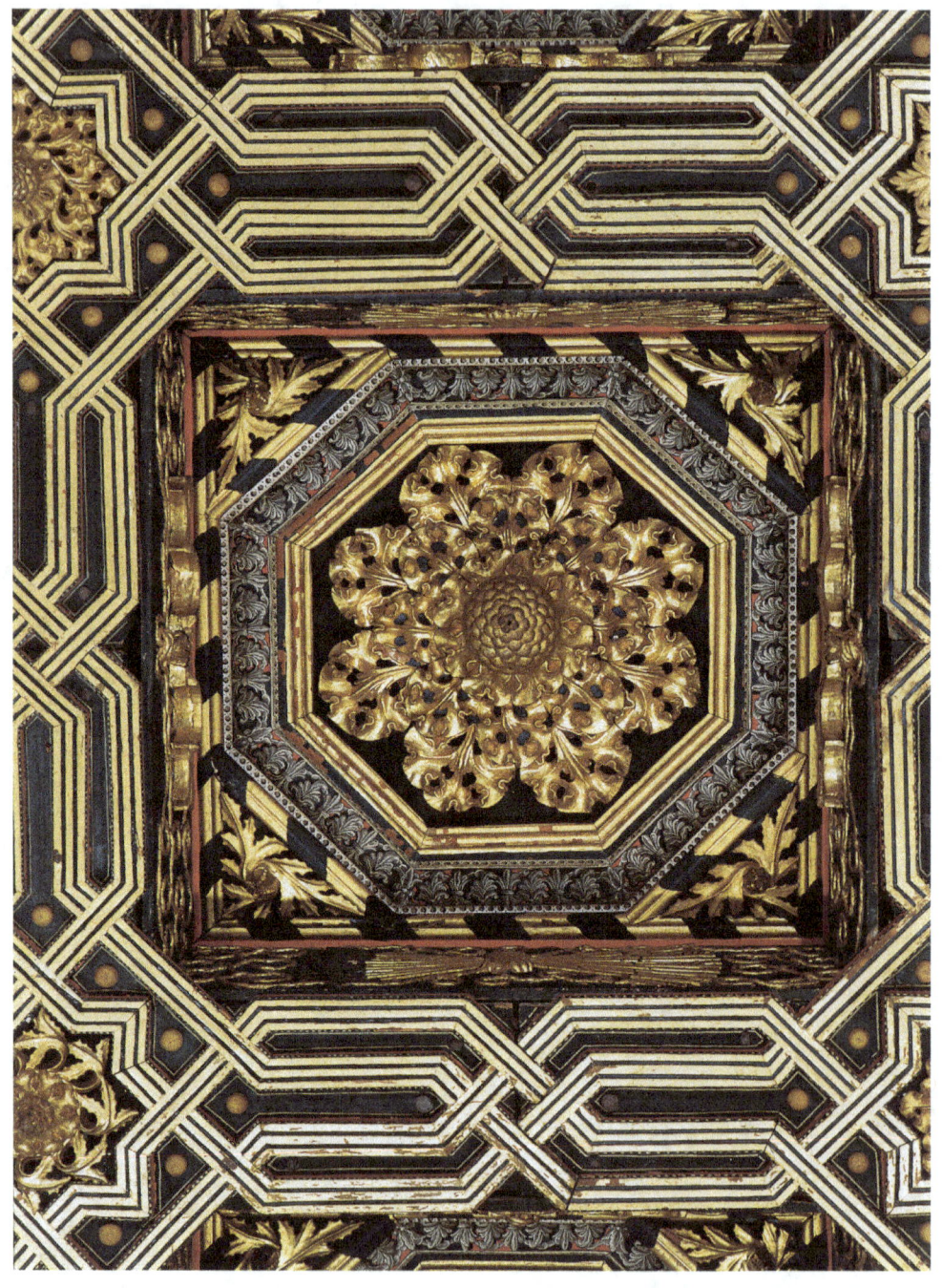

CIRCUIT III

Couronnement des rois d'Aragon

Gonzalo M. Borrás Gualís

III.1 SARAGOSSE
        III.1.a L'Aljafería
        III.1.b Église et tour-clocher de San Pablo
        III.1.c La Seo ou cathédrale San Salvador
        III.1.d Église et tour-clocher de Santa María Magdalena (option)
        III.1.e Église et tour-clocher de San Miguel de los Navarros (option)
        III.1.f Église et tour-clocher de San Gil (option)

III.2 UTEBO
        III.2.a Tour de l'église paroissiale

III.3 ALAGÓN
        III.3.a Église et tour-clocher de San Pedro

Pierre IV

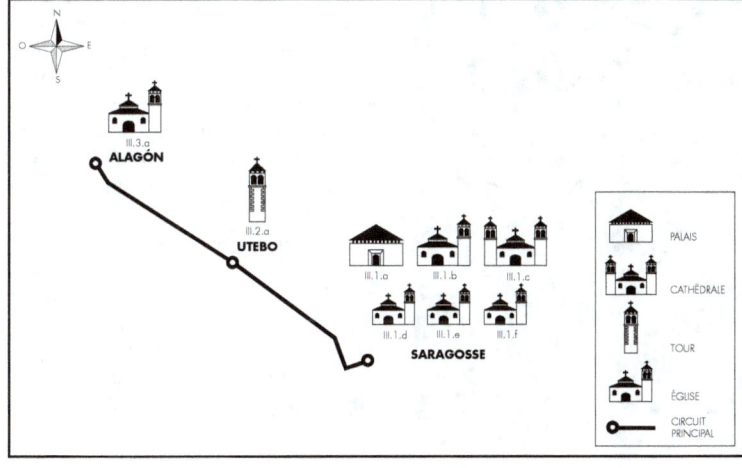

La Aljafería, Palais des Rois Catholiques, détail de l'artesonado de la salle du Trône, Saragosse.

La ville de Saragosse, où les rois d'Aragon furent couronnés à la Seo ou cathédrale San Salvador, fut le berceau de la création et de la diffusion de l'art mudéjar aragonais, grâce essentiellement au mécénat royal. Ce style particulier s'est d'abord développé dans la Aljafería, un palais islamique du XIe siècle qui, après la conquête de la ville par Alphonse Ier le Batailleur en 1118, fut transformé en palais royal pour les rois d'Aragon, qui y ajoutèrent des appartements mudéjars pour lesquels ils firent appel à des maîtres d'œuvre musulmans. Les rois d'Aragon, qui possédaient aussi des palais royaux à Barcelone, Majorque et Valence, éprouvèrent une authentique prédilection pour le palais de Saragosse, auquel ils font constamment référence, dans les documents envoyés par la chancellerie royale, en termes de "dilectissima Aliaferia". La fascination esthétique devant ce palais aux arcades entrecroisées en stuc ouvragé et aux élégants chapiteaux d'albâtre explique sans doute que le palais ait souvent été utilisé comme résidence royale, par exemple pour le couronnement d'un roi, au début de chaque nouveau règne, ou bien quand les Cortes, qui au Moyen Âge étaient itinérantes, se réunissaient dans la ville de Saragosse.

Le couronnement royal constituait à la fois un acte liturgique et étatique, qui donnait une grande solennité à l'accession d'un nouveau roi au trône d'Aragon et impliquait l'acceptation du monarque par les présents. À partir de Pierre II (couronné à Rome en 1205), la cérémonie, à laquelle assistaient des représentants de tous les territoires appartenant à la couronne d'Aragon, se déroula dans la Seo ou cathédrale San Salvador de Saragosse, puisque la ville était capitale du royaume et principal siège de la couronne. Avec Alphonse III (1285), le rite s'organisa autour d'un protocole très strict qui comportait l'onction et le couronnement du roi, son intronisation dans l'ordre de la chevalerie et la prestation de serment mutuel entre le roi et le royaume.

À la tombée du jour, la veille du couronnement, les festivités commençaient par le défilé d'un grand cortège qui partait de la Aljafería et parcourait les rues de Saragosse jusqu'à la Seo, entre illuminations et manifestations de liesse populaire. Y participaient les représentants de tous les "estamentos" des différents royaumes de la couronne, solennellement convoqués par le roi et placés selon le plus rigoureux ordre de préséance. Le roi chevauchait en dernière position, arborant ses plus beaux

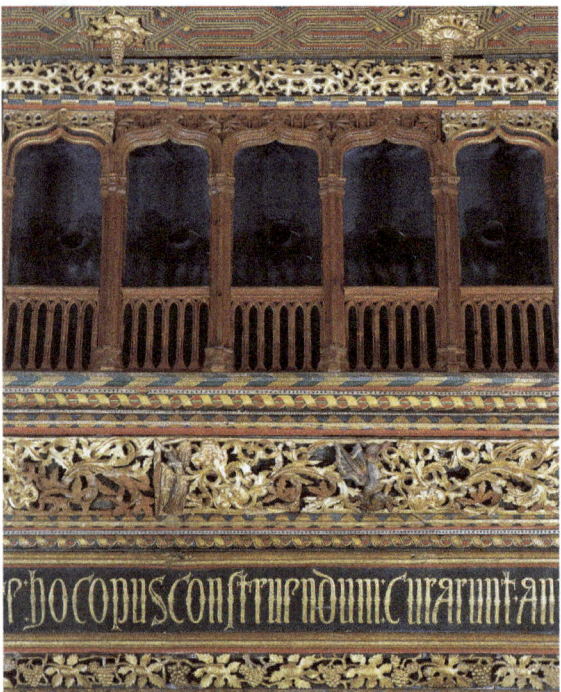

La Aljafería, Palais des Rois Catholiques, détail de l'artesonado de la salle du Trône, Saragosse.

atours, tandis que le peuple l'acclamait aux cris de: "Aragon, Aragon !"
Une fois arrivé à la Seo, le roi passait la nuit en veillée d'armes. Le lendemain matin, au cours de la messe solennelle, la principale cérémonie se déroulait au maître-autel de la cathédrale: le roi recevait l'oint des mains de l'archevêque qui disait la messe. Ensuite, le roi ajustait lui-même son épée et, à partir d'Alphonse VI (1327), il se ceignait de la couronne et se saisissait du sceptre sans le concours de l'archevêque, innovation qui réduisit considérablement le rôle de ce dernier.
Après la cérémonie religieuse, le cortège retournait dans le même ordre à la Aljafería, mais cette fois le roi défilait avec sa couronne sur la tête et le reste de ses insignes royaux à la main. Au palais était célébré un banquet politique, ainsi nommé parce qu'il était destiné à exalter l'institution monarchique devant les représentants de la couronne. Le roi occupait un lieu isolé et solitaire, plus élevé que celui assigné au reste des commensaux. Les chroniques évoquent l'installation de tribunes et de dais provisoires dans le patio Santa Isabel pour l'installation des convives; les nobles les plus importants de la cour réendossaient les anciens offices de la maison du roi: majordome, camerlingue, échanson, bouteiller... Plusieurs jours durant, le roi tenait table ouverte, et tout le peuple pouvait s'y inviter. Devant le palais de la Aljafería, sur un terrain clos, se donnaient des combats de taureaux "con mucha música y gente y monteros que alanceaban los toros".
Ce cérémonial complexe a été recueilli, sous le titre de "Couronnement des rois d'Aragon", dans un des livres les plus célèbres du chroniqueur aragonais Jerónimo de Blancas, écrit en 1583 et publié en 1641.

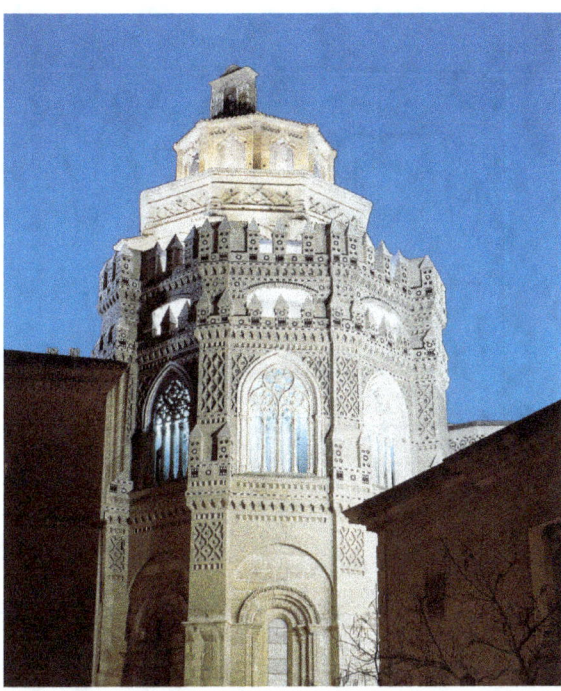

La Seo ou Cathédrale San Salvador, vue nocturne du cimborrio, Saragosse.

Notre parcours dans la partie mudéjare de la ville de Saragosse suit l'itinéraire même des cortèges de couronnement royal. Il commence par la visite des appartements mudéjars des Rois Catholiques dans l'ensemble palatial de la Aljafería, excellente illustration de ce que pouvait être le mécénat royal, se poursuit par le quartier populaire de San Pablo, avec son église et sa tour mudéjare, et se termine à la cathédrale San Salvador qui conserve de magnifiques témoignages du mécénat archiépiscopal et pontifical. On peut poursuivre par le secteur oriental de la ville et la visite des églises mudéjares populaires de la Magdalena, San Miguel de los Navarros et San Gil. Cette visite montre bien comment le système de travail mudéjar s'est adapté aussi

Saragosse

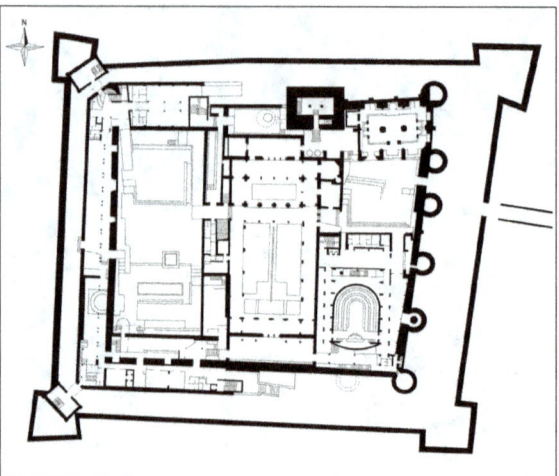

La Aljafería, palais mudéjar, plan, Saragosse.

bien aux besoins civils (palais et demeures) que religieux (cathédrales, chapelles et églises), et a transformé la capitale du royaume pendant le bas Moyen Âge en une ville mudéjare par excellence, et en modèle pour d'autres villes mudéjares d'Aragon comme Borja, Tarazona, Calatayud, Daroca ou Teruel. On étudiera la diffusion de ces modèles en milieu rural au cours de la visite des localités de Utebo et Alagón, au nord-ouest de la ville, puisque chacune d'entre elles possède un monument mudéjar réellement exceptionnel.

III.1 SARAGOSSE

III.1.a La Aljafería

Entrée par l'avenida de los Diputados, s/n. Une partie du complexe monumental constitue le siège actuel du Parlement (Cortes) d'Aragon. Entrée payante. Visite guidée.

Horaires: du 15 avril au 15 octobre, de 10:00 à 14:00 et de 16:30 à 20:00; le reste de l'année, de 10:00 à 14:00 et de 16:00 à 18:30 (sauf les jeudis et vendredis matin, réservés aux groupes). Dimanches et fêtes de 10:00 à 14:00.

Palais mudéjar

D'un point de vue artistique, il faut distinguer deux ensembles dans le palais de la Aljafería: tout d'abord, le palais islamique *hudide* du XIe siècle, qui remonte à la période des Taïfas, et qui constitue la structure principale et la plus ancienne du bâtiment. Le roi en prit possession le jour même de la conquête de Saragosse, le 18 décembre 1118, et le transforma en palais royal chrétien. Au cours des siècles suivants, les rois d'Aragon utilisèrent les appartements de l'ancien alcazar islamique et les modifièrent en partie. Ensuite, le palais mudéjar proprement dit, c'est-à-dire l'ensemble des nouvelles dépendances et dotations éditaires que firent construire les rois chrétiens, particulièrement sous le règne de Pierre IV (1336-1387).
Le lent processus de transformation du palais islamique d'un côté, et la construction de nouvelles dépendances mudéjares d'un autre côté, sont le fruit de l'amoureuse diligence qu'apportèrent les rois aragonais à la conservation de ce palais, comme le prouve la documentation qui nous est parvenue. À cette fin, ils nommèrent de nombreux maîtres d'œuvre, depuis les Bellito au XIIIe siècle jusqu'aux Gali à l'époque des Rois Catholiques. C'est ainsi que le palais islamique fut transformé pour le confort et les besoins des rois. De nouveaux systèmes d'ornementation furent introduits (voir par exemple les peintures murales

gothiques qui décorent le portique nord du palais islamique), tandis que le salon nord du palais islamique continua à être utilisé comme salle du trône et que l'alcôve occidentale allait devenir chambre royale.

Les nécessités royales ne tardèrent pas à exiger l'agrandissement des bâtiments existants. À partir de 1371, les trois premiers niveaux de la Torre del Trovador —mentionnée comme tour Majeure, tour Maîtresse ou tour d'Hommage dans les documents royaux chrétiens— furent surmontés de deux nouveaux étages. Si les trois premiers étages de cette tour à plan rectangulaire étaient d'époque islamique, préhudide et hudide, les deux nouveaux sont mudéjars.

Le règne de Pierre IV (1336-1387) est sans aucun doute le plus riche en nouvelles dotations, parmi lesquelles la chapelle mudéjare de San Martín, construite entre 1338 et 1339. Adossée à l'angle nord-est de la muraille islamique, cette chapelle à plan rectangulaire est composée de deux nefs à trois travées chacune. Ces travées sont couvertes de voûtes de croisées d'ogives et conservent des restes de la décoration originale mudéjare briquetée. Elle fut profondément modifiée en 1772, et entre 1947 et 1982, avant d'être transformée en bibliothèque des cours d'Aragon, elle fit l'objet d'une opération de récupération du tracé d'origine dirigée par l'architecte Francisco Iñiguez. Depuis le patio San Martín, on accède à la chapelle par un beau portail mudéjar que l'on peut dater du début du XVe siècle, par conséquent un peu plus tard que la chapelle. La porte se ferme en arc surbaissé, elle est dotée d'un tympan décoré d'arcs mixtilignes et d'un relief contemporain qui représente saint Martin partageant son manteau avec le pauvre, l'ensemble étant entouré d'un arc en brisé au sommet entouré d'un *alfiz* (pl. *alfices*), avec des ornementations mudéjares et les armes des rois d'Aragon dans les *albanegas* (les écoinçons) des deux côtés.

Une autre chapelle, la chapelle dite de San Jorge, également édifiée par Pierre IV entre 1358 et 1361, située dans le salon sud du palais hudide, fut démolie en 1866. Les fragments d'une rosace mudéjare sont conservés au Musée archéologique national de Madrid.

Mais les œuvres les plus ambitieuses et les plus achevées du palais mudéjar sont celles qui ont été commencées par Pier-

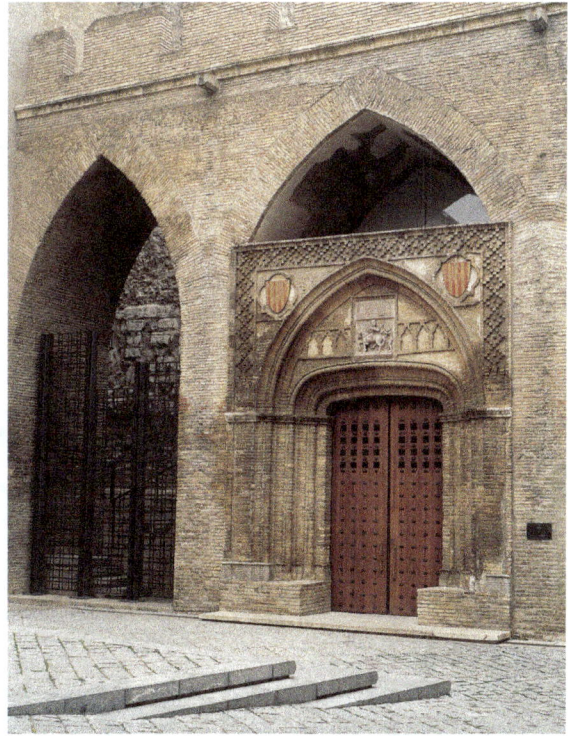

La Aljaferia, palais mudéjar, portail San Martín, Saragosse.

Saragosse

re IV en 1354, et dont la construction s'étendit sur une dizaine d'années. Il s'agissait d'une entreprise éditilaire d'une telle ampleur que les sources royales la mentionnent comme la construction d'un nouveau palais. Ce nouveau palais mudéjar de Pierre IV respecta l'ensemble islamique du côté nord (portique, salon et probable étage supérieur), en lui adossant au nord deux vastes salons, l'un à l'étage inférieur, l'autre à l'étage supérieur, au-dessus du portique islamique et de ses ailes.

Le palais mudéjar de Pierre IV est la partie la plus mutilée de tout l'ensemble monumental. Déjà à l'époque des Rois Catholiques, il avait dû subir de violentes interventions, qui n'avaient respecté que les murs et deux fenêtres du palais mudéjar. Le tracé de ces deux fenêtres permet d'apprécier, en dehors du nouveau langage formel du gothique levantin, la décoration végétale d'*ataurique* de la tradition ornementale islamique, qui fit école et se diffusa dans tout l'Aragon au milieu du XIVe siècle.

De la même façon, le palais mudéjar fut la partie la moins considérée et la plus négligée des restaurations de l'architecte Francisco Iñiguez, qui concentra d'abord son attention sur l'anastylose du palais islamique, puis sur celle du palais des Rois Catholiques. La récupération d'une salle mudéjare dite de Santa Isabel et située sur la mosquée hudide répondit précisément à la nécessité prioritaire pour Iñiguez de repositionner la coupole mudéjare de la mosquée, ce qui l'obligea à éliminer la salle des Rois Catholiques. Cette partie palatine mudéjare est due à la plus remarquable récupération de la dernière réhabilitation, réalisée en 1978 sous la direction technique des architectes Luis Franco et Mariano Pemán.

Palais des Rois Catholiques

Après une période de certain abandon de l'ensemble islamique et mudéjar de la Aljafería au XVe siècle provoqué par la longue absence du royaume d'Alphonse V le Magnanime (1416-1458), la situation changea avec le règne des Rois Catholiques (1479-1504), au cours duquel on se lança à nouveau dans des travaux de transformation et d'agrandissement d'une telle ampleur qu'ils conduisirent de fait à l'édification d'un nouveau palais.

Parmi les raisons qui pouvaient pousser les Rois Catholiques à ouvrir ce nouveau chantier, on a récemment évoqué la décision d'installer le tribunal de l'Inquisition au palais de la Aljafería, dont la grande salle mudéjare de l'étage supérieur a été utilisée pour les sessions du Saint Office. Mais quelles qu'aient été les nécessités vitales du palais, d'autres facteurs, de nature architecturale, incitaient également, et de façon tout aussi décisive, à entreprendre de nouveaux travaux. Malgré l'importance des transformations et des agrandissements réalisés au Moyen Âge, et dont nous avons déjà parlé au sujet du palais mudéjar, la Aljafería était parvenue à l'âge moderne avec un certain nombre de déficiences élémentaires.

Par exemple, le problème du passage d'un étage à l'autre n'avait pas été résolu de façon satisfaisante. Il s'effectuait jusque-là soit par le vieil escalier, aussi raide qu'étroit, adossé à l'ouest du portique et des salles islamiques du flanc nord, soit par la Torre del Trovador, dont le troisième niveau islamique communiquait avec le nouveau salon mudéjar de Pierre IV. Il est possible qu'ait encore existé un autre système de circulation et d'accès entre les niveaux, mais en tout état de cause, les deux principaux remontaient à l'époque islamique et étaient on ne peut moins pratiques.

Il ne faut donc pas s'étonner que les travaux du nouveau palais des Rois Catholiques, réalisés en gros entre 1488 et 1493, sous la direction du maître musulman Farax Gali, aient comporté, entre autres éléments dignes d'intérêt, la construction, à l'ouest du patio islamique, d'une grande cage d'escalier au volume considérable qui permit pour la première fois d'accéder aisément de l'étage inférieur à l'étage supérieur du palais. La toiture plate de cette cage d'escalier, avec des poutres apparentes encadrant les entrevous, fut décorée de motifs peints, soit héraldiques (le joug et les flèches), soit figurant les premiers "grotesques" renaissants connus dans l'art aragonais.

L'autre défaillance était l'absence de lumière naturelle, ce qui donnait un aspect lugubre aux salles principales du palais islamique et mudéjar. C'est la recherche d'un meilleur éclairage naturel pour ces volumes qui détermina l'emplacement du nouveau palais des Rois Catholiques, disposé au niveau supérieur avec une orientation est et sud des principales circulations, trois salles ouvertes sur le patio San Martín, et la galerie et la salle principale ouvertes sur le patio Santa Isabel. L'envie de lumière était si impérieuse qu'on n'hésita pas à détruire une partie du palais islamique (c'est à ce moment que fut démolie la coupole de la mosquée) et du palais mudéjar, la zone la plus atteinte parmi toutes celles qui donnent sur le patio Santa Isabel, qui fut partiellement remplacé, et partiellement intégré, dans la nouvelle construction.

L'intervention des Rois Catholiques n'eut pas pour seul effet de résoudre ces carences de façon satisfaisante: elle permit de tracer un itinéraire protocolaire

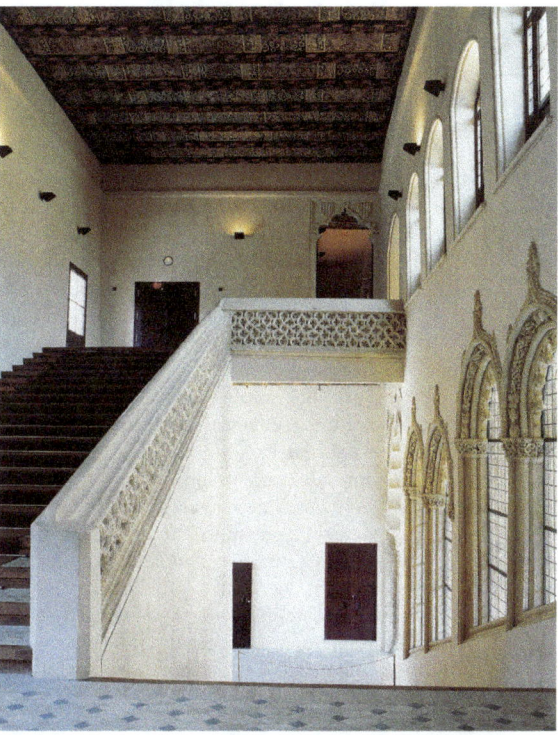

La Aljafería, Palais des Rois Catholiques, cage d'escalier Saragosse.

digne de ce nom pour accéder à la nouvelle salle du Trône à l'étage supérieur. Ce trajet, qui met en exergue la valeur formelle de l'ouvrage réalisé, commençait à la porte extérieure de l'entrée, où un nouveau portail cachait l'ancien arc en fer à cheval, et continuait par les patios nouvellement configurés de San Martín et Santa Isabel, jusqu'au nouvel escalier monumental.

La pièce la plus splendide du nouveau palais est l'aile royale ou salle du Trône; son magnifique *artesonado* (plafond à caissons) fut commandé le 23 avril 1493 aux maîtres musulmans Faraig Gali, Mahoma Palacio et Brahem Mofferiz. Une inscription latine, dupliquée pour des raisons ornementales, parcourt en lettres gothiques la base du plafond mudéjar, et exprime l'éloge suivant: "Ferdinand, roi des Espagnes, de Sicile, de Corse et des Baléares, le meilleur des princes, prudent, courageux, pieux, constant, juste, heureux, et Isabelle, la reine qui surpasse toute femme en piété et en grandeur d'esprit, époux éminents, grandissimes vainqueurs avec l'aide du Christ, après avoir libéré l'Andalousie des Maures, expulsé le vieil et cruel ennemi, se sont attachés à réaliser cette œuvre, en l'an de grâce 1492."

Parmi les nombreux éléments d'un éminent intérêt artistique accumulés dans le palais des Rois Catholiques, le décor de stuc ciselé des grandes baies de l'escalier monuental et les portes et fenêtres de la salle du trône méritent une mention spéciale. Ces motifs ornementaux, qui comportent des thèmes héraldiques, déploient un magnifique répertoire formel du style, réellement exubérant, appelé "Rois Catholiques". Cette décoration fut vraisemblablement réalisée par des stucateurs mudéjars, qui travaillaient "de aljez" (au plâtre), et apporte un témoignage supplémentaire de la faculté d'assimilation des modes artistiques étrangères de la part des artisans mudéjars.

En ce qui concerne l'ébénisterie mudéjare, outre l'*artesonado* de la salle du Trône dont nous venons de parler, il faut admirer les trois *taujeles* ou plafonds plats ornementaux des trois pièces donnant sur le patio San Martín. Le *taujel* correspondant à la plus septentrionale de ces pièces fut déplacé dans une pièce voisine lorsque celle-là fut supprimée par l'architecte Francisco Iñiguez pour restaurer la coupole de la mosquée.

Outre le décor peint des entrevous qui couvrent la cage d'escalier, dont on a déjà décrit les motifs ornementaux, ou de ceux qui couvrent la galerie longeant la salle du Trône, en grande partie récupérée par Iñiguez, il faut accorder une attention particulière aux pavements originaux de toutes ces salles, dont les *azulejos*, dus aux ouvriers mudéjars de Muel (Saragosse), ont été réhabilités au cours de la dernière intervention au palais, celle des architectes Luis Franco et Mariano Pemán en 1978.

Comme il arrive souvent, les travaux réalisés firent école. De même que le palais mudéjar de Pierre IV à la Aljafería était devenu le modèle des élites nobiliaires aragonaises pendant la seconde moitié du XIVe siècle, la nouvelle œuvre des Rois Catholiques devint le modèle formel de l'architecture civile de Saragosse pendant la première moitié du XVIe siècle.

III.1.b Église et tour-clocher de San Pablo

44, Calle San Pablo. En quittant le palais, se diriger vers l'est en direction de la Seo à travers le quartier populaire de San Pablo.
Horaires des messes: 9:30 et 19:00; jours de fête: 10:00, 11:00, 12:00, 13:00 et 19:00 (20:00 en été). Le meilleur moment pour la visite est avant ou après la messe.

De fondation chrétienne, le quartier de San Pablo, situé entre la Aljafería et le marché médiéval, est une conséquence de l'expansion urbaine qui s'est portée vers l'ouest, au-delà des murailles romaines, avec l'installation d'une population d'agriculteurs au cours des XIIe et XIIIe siècles. On parcourt des rues longitudinales orientées est-ouest; les deux voies principales portent les noms de San Blas et San Pablo, et jouxtent au nord et au sud le parvis de l'église mudéjare, dont la très haute tour-clocher octogonale domine tout le bourg.

CIRCUIT III *Couronnement des rois d'Aragon*
Saragosse

Après la reconquête de la ville est édifiée une première église de style roman, de modestes dimensions, dédiée à saint Blaise et dont il ne reste rien. L'actuelle église mudéjare, dédiée à saint Paul, fut construite en deux étapes: la première, à partir de 1284, à nef unique et abside polygonale à cinq côtés. Les quatre travées de la nef sont couvertes de voûtes de croisées d'ogives; entre les contreforts sont logées des chapelles latérales. Très vite, avec l'accroissement démographique de cette paroisse populeuse, l'église à nef unique s'avéra trop petite. Aussi, à partir de 1389, fut-elle agrandie à trois nefs; les chapelles latérales d'origine furent mises à profit pour établir entre ces dernières des formerets de communication. Ces nefs latérales, d'inégale largeur, enveloppèrent l'ouvrage ancien, soit par le chevet, en manière de nef absidiale, soit par le bas de l'église, à la façon d'un cloître qui emprisonna la tour-clocher octogonale dans sa cour intérieure.

La tour, qui remonte à la première étape mudéjare, a dû être construite dans les années 1300. Son intérêt réside en ce que, malgré sa forme prismatique octogonale, qui s'inspire des tours gothiques de la couronne d'Aragon bâties en pierre de taille, sa disposition intérieure adopte la structure des minarets almohades: elle est constituée de deux tours, l'une enveloppant l'autre, avec la montée d'escaliers entre les deux; la tour intérieure est divisée en pièces superposées jusqu'au corps de cloches. La décoration de brique en saillie a été concentrée dans la partie haute afin d'être visible au-dessus du village médiéval (plus bas que le village actuel). Elle reprend des motifs ornementaux très anciens, dont on trouve des précédents dans le palais islamique de la Aljafería, tels les arcs en plein cintre entrecroisés et les croix à multiples branches qui forment un réseau de rhombes.

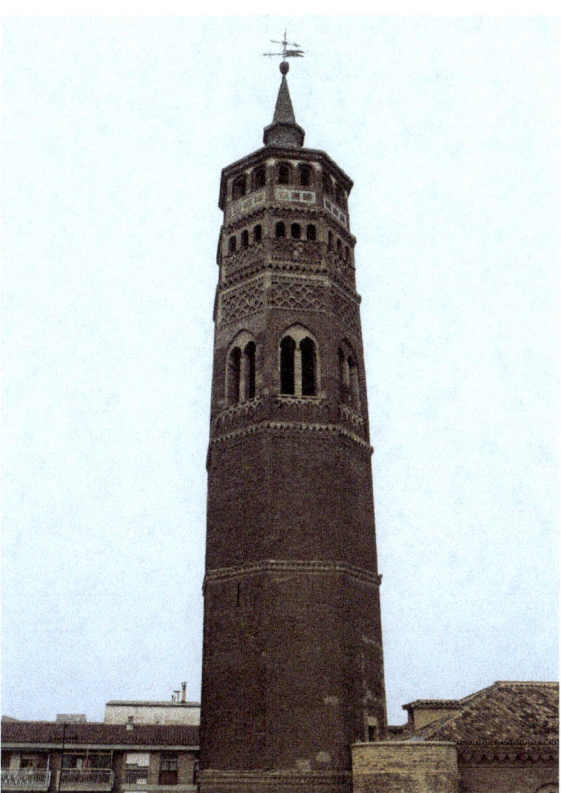

Église San Pablo, tour-clocher, Saragosse.

III.1.c La Seo ou cathédrale San Salvador

Se diriger vers l'est en évitant le marché, puis suivre l'ancien "decumanus" de la ville romaine, et emprunter les rues Manifestación, Espoz et Mina.
Horaires: de 10:00 à 13:30 et de 17:00 à 18:30. Fermée le lundi.

Saragosse

Schémas d'armadura à limas moamares.

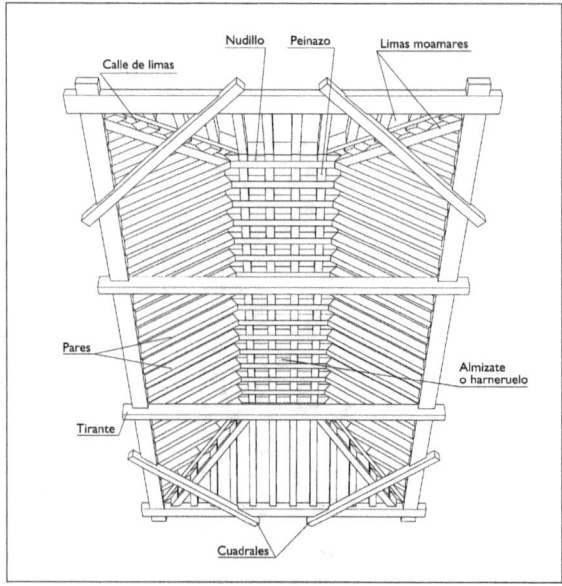

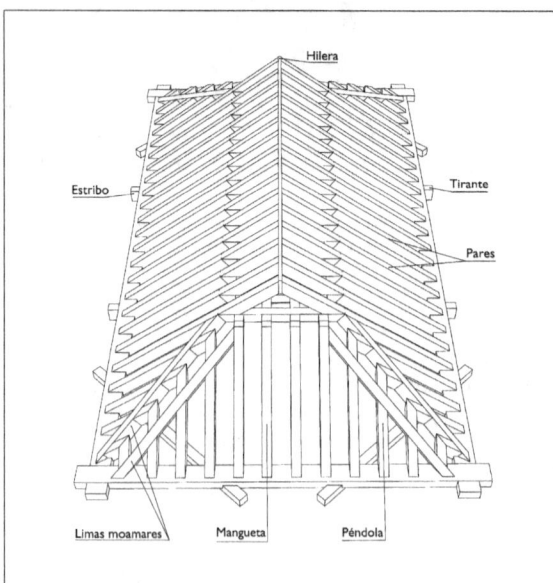

La Parroquieta est une église indépendante à l'intérieur de la cathédrale.
Messe à 18:00.

Érigée à même le terrain du forum romain et de la grande mosquée, la Seo fut construite en plusieurs étapes et selon des styles artistiques différents; c'est cette diversité qui lui confère un aspect si particulier.

L'art mudéjar est bien représenté dans trois parties de la cathédrale, toutes situées dans la zone du chevet: l'actuelle petite chapelle San Miguel, la partie élevée des trois absides et le *cimborrio*, la tour lanterne.

L'actuelle chapelle San Miguel, à plan rectangulaire et adossée par l'ouest aux absides de la cathédrale, est en réalité la chapelle funéraire que l'archevêque de Saragosse, don Lope Fernández de Luna, fit construire entre 1374 et 1379 par les maîtres d'œuvre sévillans Gari et Lope Sánchez. On remarquera le mur extérieur magnifiquement décoré d'un ouvrage de briques de tradition aragonaise, et de céramique émaillée dans laquelle on peut repérer des traditions locales et d'autres plus typiquement sévillanes, à base de petites pièces découpées en pointe selon la technique *alicer*. À l'intérieur, outre le magnifique tombeau gothique en albâtre, œuvre du sculpteur Pere Morgues, on admirera surtout la splendide toiture mudéjare, une *armadura* octogonale à arêtes simples, d'inspiration sévillane.

De retour à l'extérieur, les trois absides romanes en pierre de taille du XIIe siècle étaient devenues trop petites à mesure que la cathédrale gagnait de la hauteur avec la période gothique. De plus, le *cimborrio*, extrêmement élevé, n'était pas suffisamment contrebalancé du côté des absides, si bien que le premier, construit par l'archevêque don Lope Fernández de Luna —dont on a déjà évoqué la chapelle funéraire—, s'était effondré. Don Pedro Martínez de Luna, souverain pontife de l'obédience d'Avignon sous le nom de Benoît XIII (1394-1422 ou 1423), se chargea alors de surélever les absides et de refaire le *cimborrio*. Les trois absides mudéjares s'élevèrent sur la base romane de pierre de taille et atteignirent une hauteur considérable, qui donna à l'ensemble une allure de forteresse militaire. Elles étaient dotées de trois déambulatoires praticables, superposés en hauteur et reconnaissables à leurs balustrades décorées de merlons en pointe dans la tradition almohade. Les ouvrages des absides sont dus, entre 1404 et 1408, au célèbre maître musulman Mahoma Rami qui, comme on le verra, a travaillé pour le pape Luna sur d'autres chantiers aragonais. La surélévation des absides avait pour finalité de servir de contrepoint, côté absides, au *cimborrio* élevé au-dessus du transept de la cathédrale et qui s'était effondré. Le deuxième *cimborrio*, reconstruit par Benoît XIII, s'écroula à son tour, bien que pas totalement, puisque les armes du pontife sont encore visibles de l'intérieur dans la partie supérieure des arcs doubleaux qui le supportent. Ce qui fait que le *cimborrio* actuel, érigé à partir de 1520, déjà en pleine Renaissance, sous la direction du maître d'œuvre Juan Lucas, alias "Botero", est en fait la troisième tour-lanterne. Son plan servit de modèle aux *cimborrios* mudéjars des cathédrales de Teruel (1538) et de Tarazona (1543), du même maître d'œuvre. En l'observant de l'intérieur, on distingue les réminiscences de la tradition hispano-musulmane dans les arcs entrecroisés formant des étoiles à huit branches, une efficace technique rayonnante, déjà utilisée à l'époque de al-Hakam II (961-976) à la grande mosquée de Cordoue.

En quittant la Seo de Saragosse, il n'est pas inutile de savoir que les œuvres mudéjares que nous venons de voir, impulsées par les archevêques et par le pape Benoît XIII, servirent de modèle et d'exemple à d'autres mécénats ecclésiastiques plus modestes et constituent, avec le mécénat royal de l'Aljafería, le véritable berceau de la réussite et de la diffusion de l'art mudéjar dans l'ancien royaume d'Aragon.

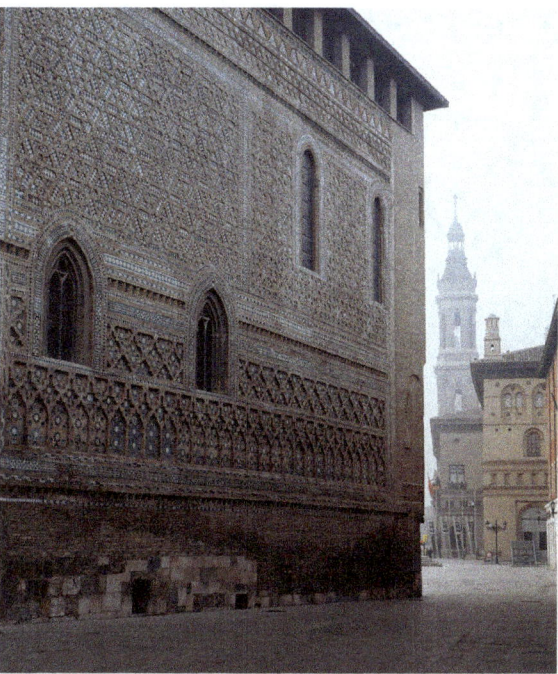

La Seo ou cathédrale San Salvador, mur extérieur de la chapelle San Miguel, Saragosse.

III.1.d L'église et la tour-clocher de Santa María Magdalena (option)

Place de la Magdalena, s/n, à la fin de la Calle Mayor.
Horaires: de 17:30 à 20:00, le dimanche de 10:00 à 13:00 et de 18:00 à 20:00.

Saragosse

L'édifice mudéjar de l'église paroissiale de Santa María Magdalena est du type à une seule nef avec abside polygonale à sept côtés qui, comme il est courant dans l'architecture mudéjare, est dépourvue de contreforts pour que l'aspect dépouillé de l'abside permette, en évitant les ruptures visuelles que causerait la présence des contreforts, de mettre en valeur une décoration de brique en saillie. La décoration de l'abside, sous les embrasures, est composée de grands lés d'arcs mixtilignes entrecroisés et, au-dessus des fenêtres, d'autres lés à base de croix à branches multiples formant un réseau de losanges. Une réforme baroque, réalisée entre 1727 et 1730, a inversé l'orientation de l'église, transformé l'abside en façade principale et ouvert une porte d'entrée dans la nouvelle façade. Cette transformation a aussi affecté l'aspect intérieur de l'église, mais a respecté les croisées d'ogives du sanctuaire et des trois travées de la nef.

Aux pieds de la nef, sur la rue principale, s'élève la magnifique tour-clocher de la Magdalena, à plan carré, émule des tours de San Martín et du Salvador de la ville de Teruel, dont elle se rapproche tant par la disposition intérieure du minaret style Giralda de Séville, que par la décoration extérieure de brique en saillie et céramique vernissée. Le corps de cloches de la tour fut profondément modifié entre 1678 et 1695 dans un sens baroque. Le corps actuel est dû à une restauration réalisée par l'architecte Francisco Iñiguez en 1970.

III.1.e Église et tour-clocher de San Miguel de los Navarros (option)

Place de San Miguel, 52. Prendre la rue del Coso et prendre à gauche par la rue Espartero.

Horaires: de 11:00 à 13:00 et de 17:00 à 21:00. De 10:00 à 13:00 le dimanche.

San Miguel de los Navarros est une église mudéjare du XIVe siècle, à une seule nef de trois travées, avec une abside polygonale à cinq côtés sans contreforts. De chaque côté de la nef s'ouvrent les chapelles latérales, au nord est adossée la tour-clocher. Une transformation baroque, réalisée entre 1666 et 1669 par le maître Juan de la Marca, a affecté la porte et l'intérieur en ajoutant une nef latérale plus basse terminée par un chœur.

Dans la partie mudéjare se détache le décor héraldique des absides, à base de grandes croix fleurdelisées et recroisées, que l'on peut voir aussi dans les églises mudéjares des localités de Herrera de los Navarros et de Azuara dans la région de Saragosse, ainsi que la décoration de la tour à base de grands panneaux d'arcs mixtilignes et de losanges. D'après des sources documentées, la tour fut édifiée en 1396 par les maîtres Esteban et Pascual Ferriz.

III.1.f Église et tour-clocher de San Gil (option)

Rue Don Jaime, 15. Prendre la rue del Cosso jusqu'à la place de España; là, prendre à droite.

Horaires: de 7:00 à 9:00, de 12:00 à 13:30 et de 17:30 à 21:00. Le lundi toute la journée pour le culte de saint Nicolas.

Les transformations baroques effectuées entre 1719 et 1725 par les maîtres Manuel Sanclemente et Blas Ximénez ont affecté le bâtiment mudéjar d'origine dans de plus vastes proportions que dans les cas précédents de Santa María Magdalena et de San Miguel de los Navarros, si bien que les vestiges monumentaux de la

bâtisse mudéjare d'origine ne peuvent être perçus que de l'extérieur.
La construction mudéjare correspondait au type de l'église-forteresse que nous visiterons et que nous analyserons au circuit suivant. L'élément le plus intéressant qui ait été conservé est la tour-clocher à plan rectangulaire, décorée d'une profusion d'entrelacs de brique en saillie déjà mentionnée dans les chroniques de 1356. Pour les fûts et chapiteaux des colonnes du corps de cloches, on a utilisé des matériaux de décombres provenant probablement de la démolition de la mosquée du prêche de la ville. La tour a été restaurée en 1999 par l'architecte Joaquín Soro.

III.2 UTEBO

III.2.a Église et tour-clocher

À 14 km par la N 232.
Horaires des messes: 20:00, et 12:00 le dimanche. Si l'église est fermée, s'adresser à la paroisse adjacente à l'église.

Non loin de Saragosse, comme l'indique le toponyme [Utebo vient de "octavum", le huitième milliaire de l'itinéraire de Caesaraugusta (Saragosse) à Asturica (Astorga)], l'église paroissiale de Utebo présente, adossée en bout, la plus étonnante tour-clocher mudéjare de l'ancien royaume d'Aragon.
La tour se compose de deux corps distincts: un premier, à la base, de forme carrée, le second, au niveau supérieur, de forme octogonale, configurant ainsi une volumétrie "mixte" qui se généralisa à l'époque moderne à partir du règne des Rois Catholiques. La décoration de briques en saillie est complétée par une abondante application d'*azulejos* mudéjars réalisés dans les ateliers de Muel (Saragosse), dont l'éclat lui a valu l'appellation populaire de "clochers aux miroirs". Selon une grande inscription, peinte sur les *azulejos* et disposée sur la frise qui divise en deux zones la première structure de la tour, celle à plan carré, la tour fut achevée en 1544, Alonso de Leznes étant maître d'œuvre.
Construite assez tardivement, déjà en pleine Renaissance, cette tour peut être considérée comme le chant du cygne de l'art mudéjar aragonais, lequel, au moins en ce qui concerne les clochers, continua à prouver sa vitalité jusqu'au début du

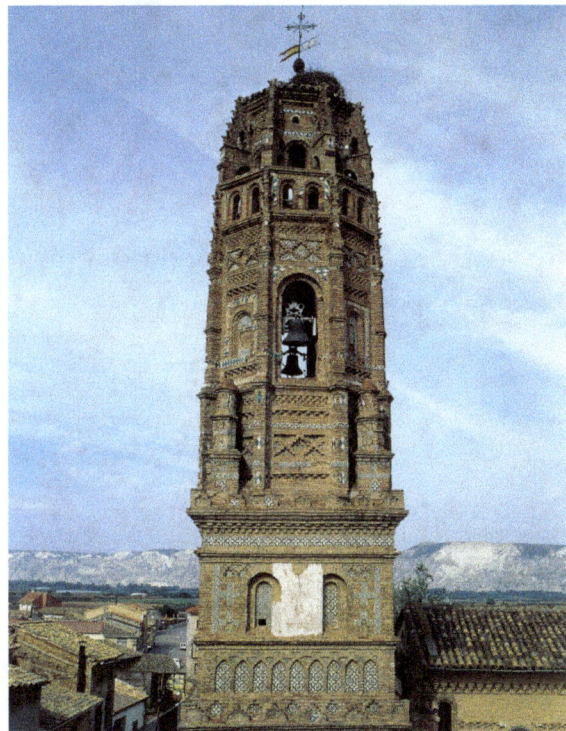

Église paroissiale, tour-clocher, Utebo.

CIRCUIT III   *Couronnement des rois d'Aragon*

Alagón

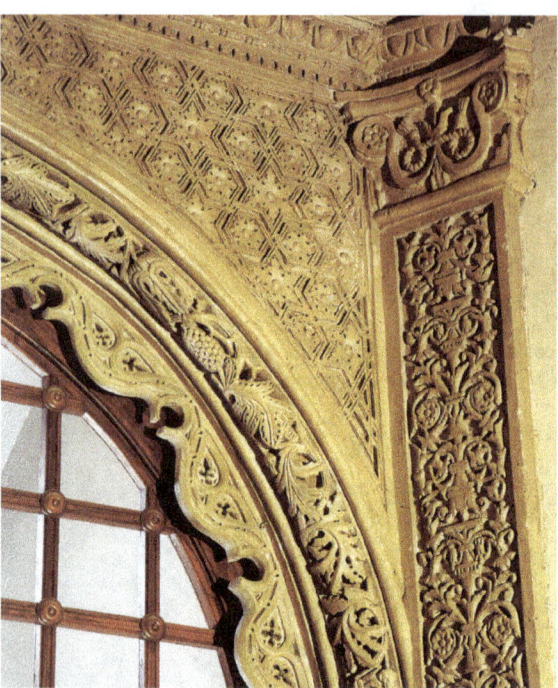

Église et tour San Pedro, détail du décor sur stuc de l'arc de la chapelle de la Vierge du Carmen, Alagón.

Située sur une colline qui domine la commune d'Alagón, où se trouve également l'église Nuestra Señora del Castillo, l'église paroissiale San Pedro répond à la typologie mudéjare à nef unique, couverte d'une voûte de croisée d'ogives, abside polygonale sans contreforts et chapelles de chaque côté de la nef.

Érigée au début du XIVe siècle, elle est remarquable par sa tour octogonale, également à structure de minaret et d'une beauté stupéfiante, bien que de dimensions moindres que ses contemporaines des églises paroissiales de San Pablo à Saragosse et Santa María à Tauste (région des Cinco Villas près d'Alagón).

Au-dessus du bâtiment mudéjar, en plein XVIe siècle, on a ajouté une accourse d'arcs en plein cintre doublés, qui servit à l'aération des voûtes et qui est fortement enracinée dans la région aragonaise, aussi bien dans l'architecture religieuse que dans l'architecture civile.

À l'intérieur, on peut admirer quelques arcs d'accès aux chapelles latérales, ouvragés de plâtres sculptés. Une attention spéciale doit être apportée à l'ancienne chapelle de la Vierge du Carmen, que l'on peut dater des premières années du XVIe siècle et qui a été transformée en porche d'entrée. Cet arc combine en une harmonie parfaite les thèmes végétaux du vocabulaire gothique, la décoration d'arabesques renaissantes et les entrelacs et étoiles à six branches, d'origine musulmane. Cette facilité à assimiler et à intégrer tous types de motifs est une des caractéristiques essentielles de la décoration mudéjare.

XVIe siècle, date à laquelle les Morisques furent expulsés d'Espagne par les décrets de Philippe III (1609 et 1610).
À l'intérieur de l'église, le parement d'*azulejos* de *cuenca o arista* qui revêt la partie inférieure des murs de la nef ancienne a été restauré à partir des rares vestiges originaux qui ont pu être conservés.

III.3 **ALAGÓN**

III.3.a **Église et tour-clocher de San Pedro**

À 15 km par la N 232. Récemment restaurée. Horaires: le dimanche de 10:00 à 13:00.

PIERRE IV

Gonzalo M. Borrás Gualís

Son règne est l'un des plus longs de l'histoire de la couronne d'Aragon, sa durée n'ayant été dépassée que par celle du règne de Jacques Ier au siècle précédent. En effet, le règne de Pierre IV durera cinquante et un ans, de 1336, année de sa proclamation, à 1387, année de sa mort. Quand il fut proclamé roi, après la mort de son père Alphonse IV le Débonnaire, il n'avait que seize ans; il en avait soixante-sept à sa mort. Ses deux fils lui succédèrent, Jean Ier et Martin Ier l'Humain; la dynastie s'est éteinte en 1410.

Courageux et tenace, bien que de tempérament violent et colérique, Pierre IV consolida les positions de la couronne d'Aragon en Méditerranée. Grand amoureux des Lettres et mécène des artistes, il est à l'origine de nombreuses réalisations architecturales, notamment dans la ville de Barcelone où il construisit la salle du Tinell dans le plus grand palais royal.

En ce qui concerne l'art mudéjar, il consacra un soin tout particulier au palais de la Aljafería de Saragosse. Il restructura et redécora quelques pièces de l'ancien palais islamique, notamment la salle nord, dont l'alcôve occidentale lui servit de chambre. Il rebâtit les principales tours de l'enceinte fortifiée islamique; il construisit sur un nouveau plan les chapelles mudéjares San Martín (1338) et San Jorge (1358); au prétexte des guerres frontalières avec la Castille, il améliora les défenses et les douves; il augmenta considérablement le volume de l'ensemble en construisant de nouvelles bâtisses mudéjares à partir de 1354; enfin, à partir de 1371, il suréleva la Torre del Trovador de niveaux supplémentaires. Aussi n'est-il pas étonnant que les chroniques parlent de la Alfajería comme d'un nouveau palais.

Cette constante attention de la part du roi Don Pedro et les améliorations qu'il a apportées au palais de la Aljafería nous sont connues grâce à la documentation royale transcrite et publiée par José María Madurell. Nous savons aussi que cette œuvre de rénovation a stimulé la diffusion du style mudéjar dans tout le royaume d'Aragon au milieu du XIVe siècle.

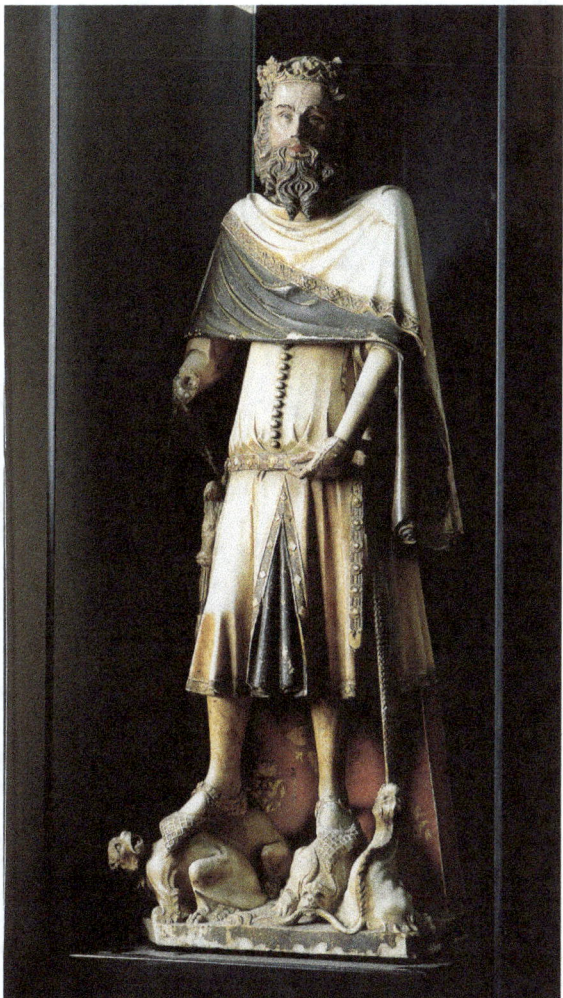

Portrait sculpté de Pierre IV, œuvre de Jaume Cascalls, Musée de la cathédrale de Gérone.

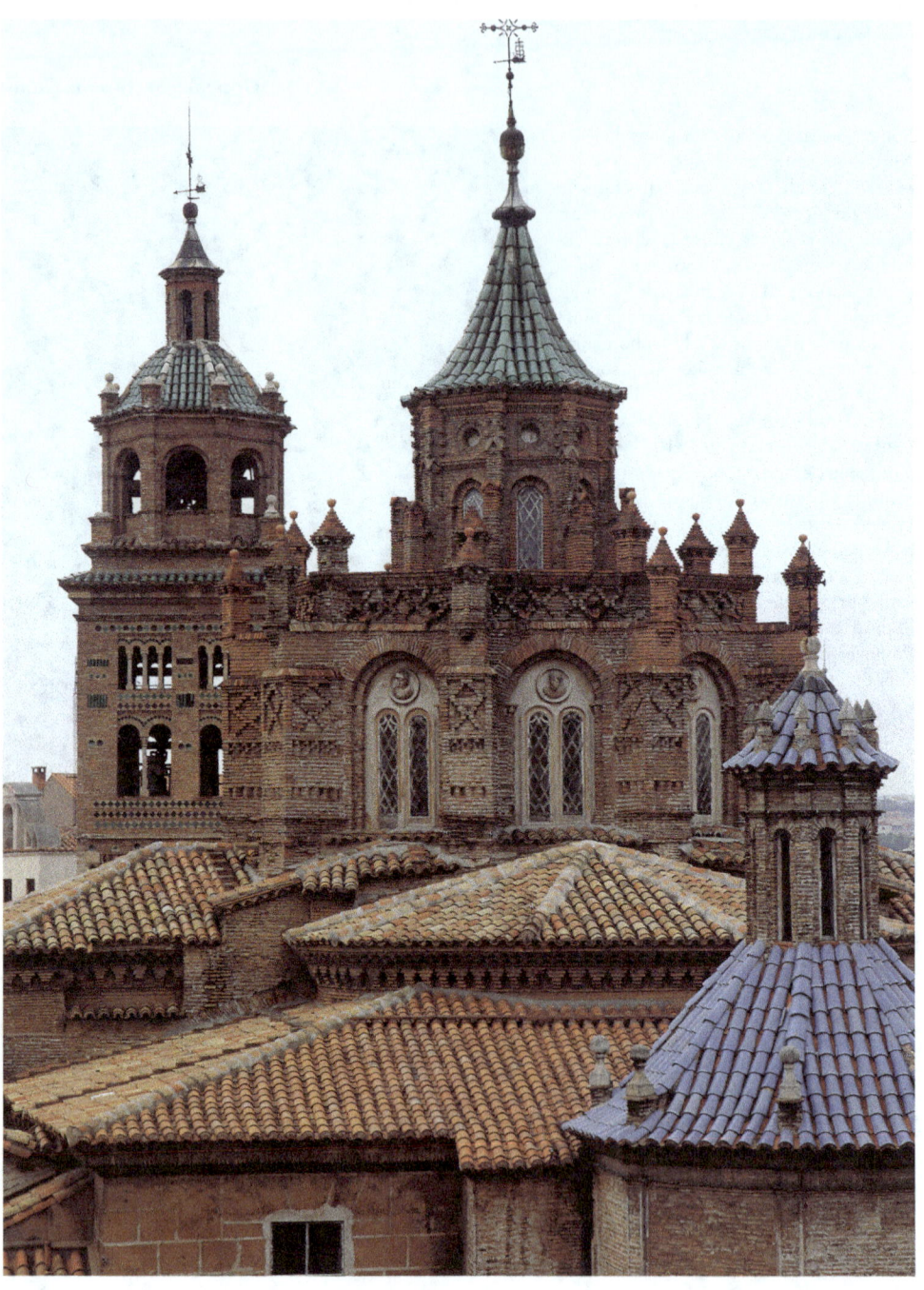

CIRCUIT IV

Villes mudéjares: de l'islam au christianisme

Gonzalo M. Borrás Gualís

IV.1 TERUEL
        IV.1.a La ville médiévale
        IV.1.b Tour du Sauveur
        IV.1.c Église et tour San Pedro
        IV.1.d Cathédrale Santa María
        IV.1.e Tour San Martín

IV.2 DAROCA
        IV.2.a La ville médiévale
        IV.2.b Abside de San Juan de la Cuesta
        IV.2.c Tour de Santo Domingo de Silos
        IV.2.d Chapelle de Benoît XIII

La morería de Teruel

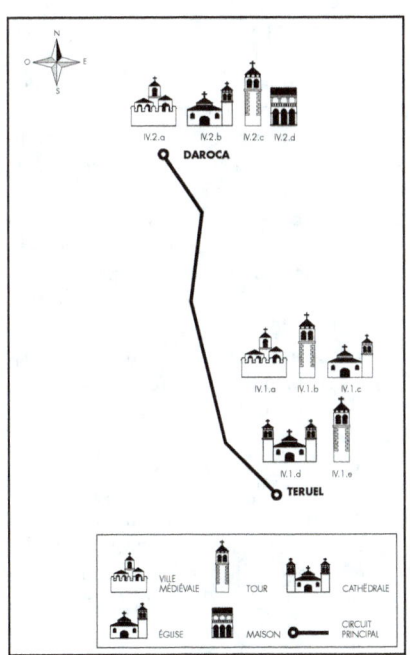

Cathédrale Santa María, vue générale du cimborrio, Teruel.

Église San Pedro, détail des tourelles de l'abside, Teruel. *Schéma d'un alfarje.*

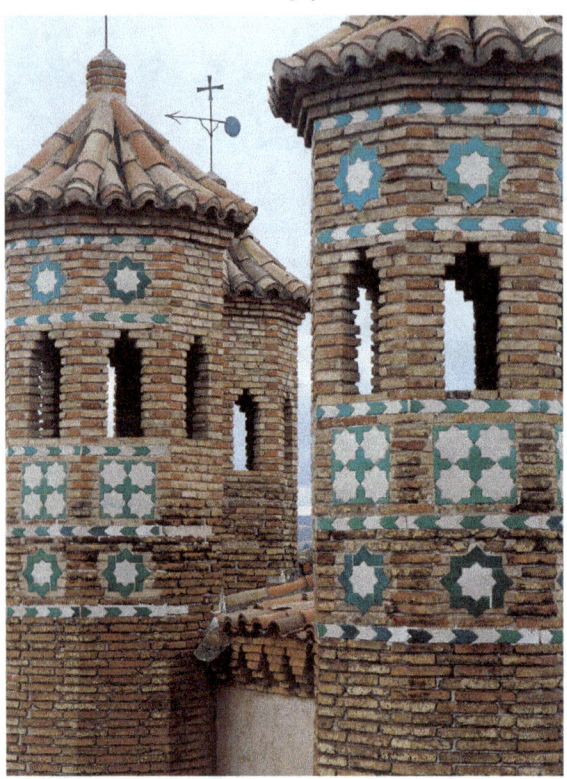

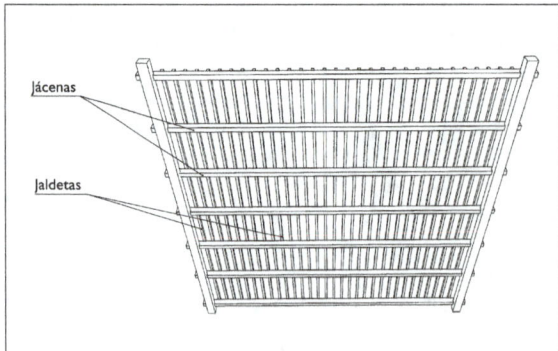

Ce circuit englobe deux des grandes villes mudéjares d'Aragon, deux villes frontières face à l'islam, et permet ainsi d'approcher deux systèmes urbains médiévaux d'origines différentes: d'un côté le tracé relativement régulier et réticulé de la ville de Teruel, de fondation chrétienne; de l'autre le tracé irrégulier de la ville de Daroca, de fondation islamique. Dans le premier, les tours mudéjares des églises sont parfaitement intégrées au tracé routier qui passe en dessous. Dans le second, on retrouve l'irrégularité des rues qui sillonnent la *medina*, sur le flanc sud de la colline San Cristobal, tandis que celles du quartier qui s'étend autour de la Calle Mayor, bâti sur une grande fondrière après l'occupation chrétienne, sont d'un tracé régulier.

Trois valeurs essentielles définissent la Teruel mudéjare, déclarée Patrimoine de l'Humanité par l'Unesco: tout d'abord la céramique mudéjare de Teruel, suite de la série califale en vert et violet, qui ne servit pas seulement de vaisselle utilitaire, mais fut également un élément ornemental de l'architecture; ensuite, le caractère ouvert du mudéjar de Teruel qui, en accueillant toutes les nouveautés artistiques arrivant du Sud, devint l'un des principaux foyers de rénovation du mudéjar aragonais; enfin la décoration figurative de la toiture de la cathédrale de Teruel, cas unique dans le mudéjar espagnol et splendide témoignage graphique de la vie des différentes classes sociales au Moyen Âge —la noblesse, le clergé et le peuple— et de leurs diverses activités.

La visite de Daroca nous montre l'art mudéjar comme une alternative à l'art roman des vainqueurs, dont il existe des témoignages d'importance comme l'ancienne collégiale de Santa María de los Corporales. La diffusion du style roman se heurta dans la région à une série de difficultés tenant notamment à la rareté de la pierre de taille dans la vallée de l'Èbre. Cette circonstance obligea les chrétiens à interrompre quelques travaux et à les continuer dans le style mudéjar, comme on s'en aperçoit dans l'abside de l'église San Juan de la Cuesta ou dans la tour de Santo Domingo de Silos. Cependant, les principales résidences de Benoît XIII (souverain pontife d'Avignon entre 1394 et 1422 ou 1423), situées dans la Calle Mayor, avec leurs *alfarjes*, leurs plafonds à caissons et leurs stucs ouvragés sur les grandes fenêtres du patio intérieur, constituent le monument civil mudéjar le plus important d'Aragon, aujourd'hui propriété privée.

IV.1 TERUEL

IV.1.a La ville médiévale

Passer par le centre ancien. Originellement conçue pour des fonctions militaires, la ville médiévale s'élève sur un plateau, pour d'évidentes raisons stratégiques.

Le nom de Teruel vient du toponyme "Tirwal", cité dans les sources arabes, qui devait évoquer une tour de vigie ou un réduit militaire, puisqu'il n'existe pas de preuve d'une *medina* au sens strict. C'est pourquoi le médiéviste Antonio Gargallo n'avait pas hésité à en déduire que la ville de Teruel avait été entièrement refondée par Alphonse II (roi d'Aragon de 1162 à 1196). Après la conquête de ces hautes terres du sud de l'Aragon en 1171, le monarque décida d'établir un noyau de population chrétienne dans cette zone frontalière, en guise de petit avant-poste face au pouvoir almohade, toujours intact dans la ville de Valence et, dès 1171, il accorda à la population ses privilèges municipaux.

L'enceinte médiévale, située sur une haute colline bordée de profonds ravins sur la rive gauche du Turia, est le modèle incarné de la ville chrétienne idéale, tel que le prônait désormais la couronne d'Aragon pour le repeuplement de tout le Levant péninsulaire. Il s'agit d'une ville à tracé hippodamien et plan rectangulaire, et entourée de murailles. Les quatre portes principales, situées au milieu de chacun de ses côtés et ouvertes sur les quatre points cardinaux, s'appelaient

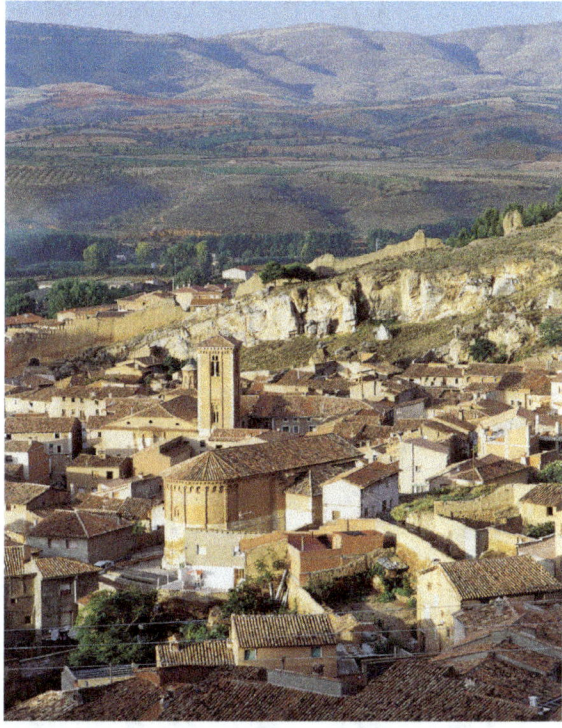

Tour Santo Domingo de Silos et abside de San Juan de la Cuesta, vues depuis le château, Daroca.

Teruel

porte de Daroca (au nord), de Saragosse (à l'est), de Valence (au sud) et de Guadalaviar (à l'ouest). Bien que seule la première de ces portes ait survécu, nous savons que de chacune d'elles partaient les rues principales, qui se coupaient transversalement au centre, où s'ouvrait la Grand Place ou place du Marché, aujourd'hui Place del Torico.

L'intégration de l'architecture religieuse médiévale, avec les églises et les tours, dans le schéma urbain n'en est pas moins totale. Des neuf églises que compte la ville, la principale, dédiée à sainte Marie, aujourd'hui cathédrale sous le vocable de Santa María de Mediavilla, fut située au centre de la ville, tandis que les huit autres se positionnaient à ses côtés, quatre au nord et quatre au sud.

L'une des particularités de l'urbanisme de Teruel vient de ce que les tours des églises s'élèvent au-dessus d'un grand arc brisé qui permet à la rue de passer en dessous, car ces clochers mudéjars, outre leur fonction religieuse, assumaient aussi un éminent rôle de surveillance.

Dans la mesure où il n'y avait jamais eu de fondation musulmane, il n'y eut pas non plus à l'origine de mosquée du prêche, ni d'espace clos tenant lieu de *morería*. Le caractère particulier de la *morería* de Teruel tient précisément au fait qu'elle s'est constituée de musulmans immigrés: d'abord des captifs provenant de la conquête de Valence et rachetés par le travail, puis, à partir de 1285, des musulmans amenés par une campagne de repeuplement mudéjar impulsée par le roi Pierre III. Ceci explique que les Mudéjars n'aient pas été consignés dans une *morería* fermée, comme c'était habituellement le cas, mais aient eu droit à un régime ouvert, dispersés dans la cité, même s'ils se sont un peu concentrés

dans la partie nord de la ville, à proximité de la porte de Daroca. Venus de l'extérieur, ce sont les musulmans de Teruel qui ont introduit dans la ville les nouveautés formelles de l'art mudéjar.

Les scènes de chevauchées, de tournoi et de chasse représentées sur la charpente de la cathédrale témoignent de l'importance du poids politique et social acquis par les cavaliers dans cette ville de frontière. Leur rôle prépondérant, décisif dans la reconquête du Levant péninsulaire, a contribué à créer la société militaire que décrivent non sans orgueil les peintures de la toiture.

IV.1.b Tour du Sauveur

Rue del Salvador s/n. Depuis la place del Torico par la rue de El Salvador. Est devenue le clocher de l'église. Ouverte au public depuis sa restauration en 1993.
Horaires: de 11:00 à 14:00 et de 17:00 à 20:00 (horaires élargis pendant la semaine sainte et en été). Possibilité de convenir d'une visite en dehors des horaires fixés (par exemple les nuits de pleine lune), tél.: 978 602061.

On peut accéder à l'enceinte médiévale par l'ouest, par la rue del Salvador où se trouverait la porte de Guadalaviar; la rue passe sous la tour mudéjare du Sauveur, qui la domine et lui donne son nom, jusqu'à la Plaza Mayor.

Du bâtiment médiéval de l'église du Sauveur ne reste que la tour mudéjare car l'édifice actuel a été reconstruit dans le style baroque après l'effondrement de l'église primitive le 24 mai 1677.

Cette tour du Sauveur n'est pas datée documentairement, mais ses caractéristiques formelles, très proches de celles de la tour San Martín (1315-16), inclinent à lui assigner la même datation. En tout cas, cette date n'est pas en contradiction avec le fait documentaire, publié par Alberto López Polo, selon lequel, le 11 avril 1277, l'évêque de Saragosse don Pedro Garcés autorisait l'économe de la paroisse du Sauveur, mosén Pedro Navarrete, à collecter des fonds dans tout le diocèse pour les travaux de l'église et du clocher. Une inscription sur la pierre de taille qui renforce la base de la tour nous apprend que cette consolidation fut réalisée en 1650. La tour a été restaurée plusieurs fois au XXe siècle, la dernière opération ayant été conduite en 1992 par les architectes Antonio Pérez et José María Sanz.

L'intérieur ayant été bien aménagé pour la visite touristique, cette tour du Sauveur est idéale pour monter jusqu'au clocher et en examiner la structure interne, identique à celle des minarets d'époque almohade. L'édifice est composé de deux tours, la tour extérieure en brique et la tour intérieure en maçonnerie de plâtre; entre les deux tours se trouvent les escaliers. La tour intérieure est divisée en trois niveaux en hauteur, le niveau inférieur est couvert d'une croisée d'ogives et les deux autres de voûtes en berceau brisé. En haut se situe le corps de cloches. Quelques traits particuliers attestent le caractère évolué et tardif de cette tour, la plus récente de toutes les tours de Teruel si l'on excepte l'éphémère tour San Juan, connue sous le nom de "la fermosa", construite en 1343-1344 et détruite en 1366 au moment de l'occupation de la ville par les troupes castillanes pendant la guerre des deux Pierre.

L'arc de la partie inférieure de la tour du Sauveur, sous lequel passe la rue, ne se termine pas par une voûte en berceau, contrairement aux autres, mais par une

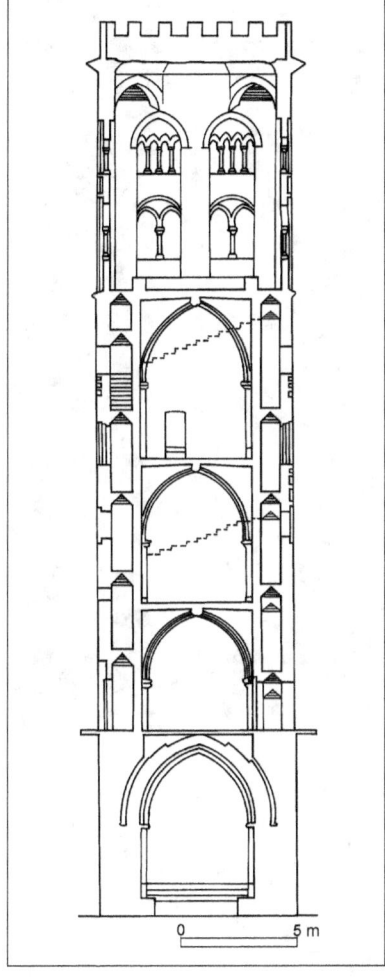

Tour du Sauveur, section, Teruel.

voûte d'ogive simple. Une plus grande maturité artistique se révèle aussi dans le système décoratif, qui donne de plus en plus d'ampleur aux grands panneaux ornementaux de brique en saillie. Il en va de même pour les panneaux d'arcs mixtilignes entrecroisés et pour les séries

CIRCUIT IV   *Villes mudéjares: de l'islam au christianisme*

Teruel

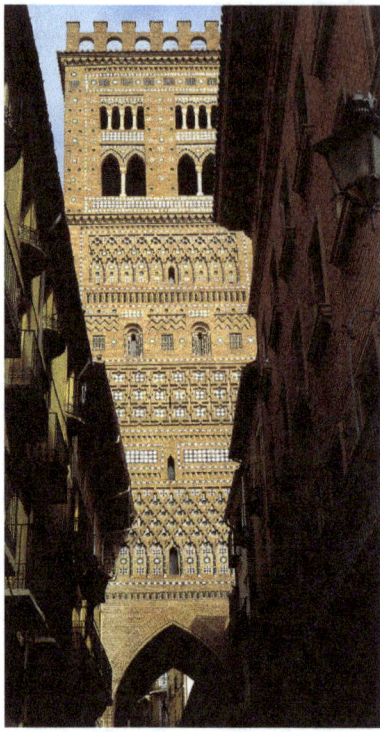

Tour du Sauveur, Teruel.

d'entrelacs de quatre qui forment des étoiles à huit branches combinées à des croix. Même les bandes en zigzags se renforcent en se doublant. De plus, la céramique appliquée suit la tendance formelle de la tour San Martín, c'est-à-dire une plus grande variété de morceaux plus petits et une gamme de couleurs élargie.

IV.1.c **Église et Tour San Pedro**

Rue M. Abad. Depuis la place del Torico par la rue Hartzenbusch.
L'intérieur est en cours de restauration.

Plus ancienne que l'église actuelle, la tour San Pedro s'élève en bout. Sa construction, que l'on peut dater du milieu du XIIIe siècle, mit fin à une première campagne édilitaire romane dans cette paroisse, et c'est tout ce qu'il en reste.
Par sa typologie et sa restauration, la tour San Pedro a toujours été associée à celle de Santa María qui, d'après la relation des juges de la ville, fut construite en 1240. Les analyses dendrochronologiques datant la tour San Pedro de 1240, certains spécialistes défendent son antériorité chronologique par rapport à celle de Santa María.
Le corps de cloches d'origine fut comblé en 1795 pour pouvoir supporter une surélévation au sobre caractère néo-classique. Après la guerre civile de 1936-39, l'architecte Manuel Lorente Junquera supprima l'ajout néo-classique pour réhabiliter le corps de cloches d'origine. En 1994 la tour fut à nouveau restaurée par Antonio Pérez et José María Sanz.
Cette tour, comme les autres tours de Teruel, s'ouvre dans la partie basse par un arc brisé —ici à deux niveaux de claveaux— laissant passer la rue. Comme celle de Santa María, elle se distingue par au moins trois caractéristiques: la disposition intérieure de tradition chrétienne, conçue pour une tour unique divisée en niveaux; le système ornemental, dans lequel se distingue la frise d'arcs en plein cintre entrecroisés, dont l'inspiration est à chercher dans la façade islamique de la mosquée de la Aljafería de Saragosse, et l'application de céramique mudéjare dans sa version vert et manganèse.
S'agissant de l'ornementation de la tour, l'un des éléments les plus intéressants est la série de chapiteaux en pierre de taille. Mariano Nararro Aranda en 1935 avait déjà attiré l'attention sur l'un d'eux, qui

représente une "khamsa" ou main de Fatima. Ce thème, qui symbolise de façon très élémentaire la foi de l'islam et la protection contre les maléfices, fut introduit par les Almohades, d'après Juan Antonio Souto, et se retrouve dans la céramique sgraffitée de la première moitié du XIIIe siècle.

L'actuelle église mudéjare de San Pedro remplace le précédent édifice d'époque romane; à l'église actuelle peuvent sans doute se référer quelques sources documentaires exhumées par Alberto López Polo: celle concernant sa construction en 1319, l'obligation faite par Francisco Sánchez Muñoz en 1383 d'y édifier un cloître et la consécration de l'église en 1392.

Toutes ces informations concordent avec les caractéristiques structurelles et formelles de l'actuelle église San Pedro, qui obéit à la typologie de l'église-forteresse mudéjare mise en œuvre dans l'église paroissiale de Montalbán (Teruel), particulièrement dans la zone de l'abside. Ladite abside est de plan polygonal à sept côtés avec chapelles entre les contreforts et tribune caractéristique au-dessus des chapelles. De l'extérieur, l'abside est très décorée, avec des pans de brique en saillie et des contreforts qui s'élancent en forme de tourelles octogonales, plus fines et plus développées que celles de l'église paroissiale de Montalbán, qu'elle imite.

L'intérieur de l'église aussi bien que le cloître ont fait l'objet, dans la première décennie du XXe siècle, d'une transformation moderniste confiée à l'architecte Pablo Monguió Segura et au peintre et décorateur Salvador Gisbert, ce qui a profondément modifié tout l'ensemble. La décoration d'origine a été partiellement conservée dans une zone occultée par le retable majeur. Aujourd'hui, on travaille lentement à un grand projet de restauration du monument.

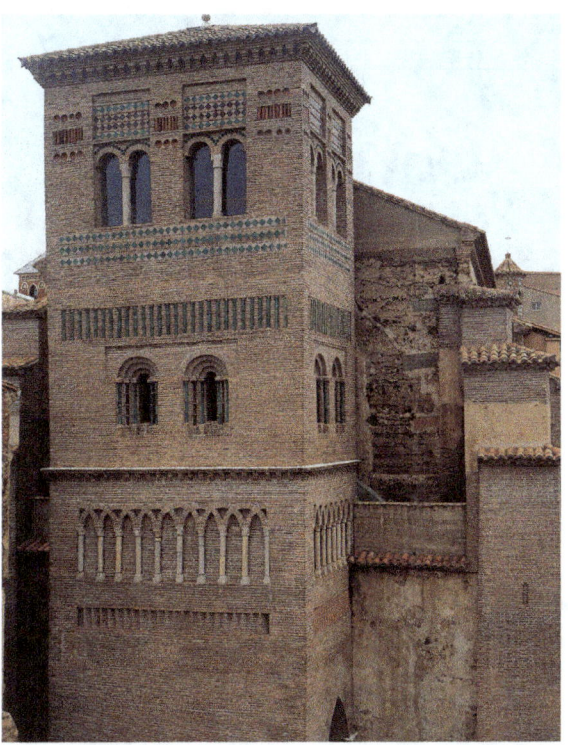

Église et tour San Pedro, détail de la tour, Teruel.

IV.1.d Cathédrale Santa María

Place de la Cathédrale.
Horaires: de 11:00 à 14:00 et de 16:00 à 20:00. Les visites guidées permettent d'accéder à la toiture récemment restaurée.

Santa María est située près de la Plaza Mayor, au centre de la ville, ce qui motive son ancienne appellation d'église Santa María de Mediavilla. Le temple n'a acquis

Teruel

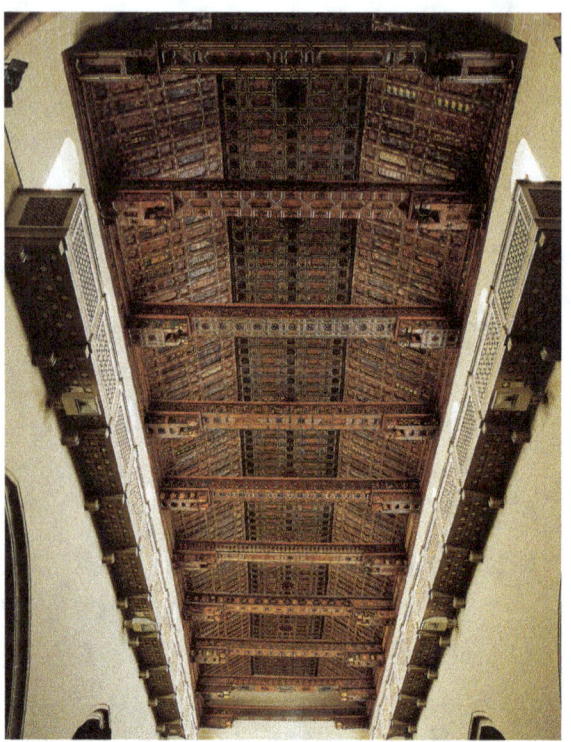

Cathédrale Santa María, vue générale du plafond, Teruel.

le rang de cathédrale qu'en 1587, date de la création du diocèse de Teruel. La tour Santa María fut construite, comme on l'a vu, entre 1257 et 1258. Comme dans le cas de San Pedro, elle constitue l'élément le plus ancien de tout l'ensemble et signe la fin de campagne éditilaire romane de la première moitié du XIIIe siècle. Dans son cas cependant, les trois nefs d'époque romane n'ont pas été démolies mais consolidées, le nombre d'arcs de séparation a été divisé par deux, et on a reconstruit en hauteur les murs qui conforment les trois nefs actuelles, dont l'une –la nef centrale– est couverte de la fameuse toiture mudéjare. Les analyses dendrochronologiques datent la tour de 1250, ce qui correspond à sa datation documentaire. Avec celle de San Pedro, elle constitue le plus ancien spécimen de tour mudéjare de Teruel. Parmi tous les éléments remarquables, il faut d'abord souligner l'arc brisé du niveau inférieur, qui laisse passer le tracé routier. Cette formule connaît de nombreuses répliques dans l'architecture de l'époque et même dans l'architecture italienne. De cette façon, les tours-clochers s'intègrent parfaitement au système urbain. Il faut également remarquer les aspects ornementaux d'origine islamique, déjà signalés pour la tour San Pedro: les arcs en plein cintre entrecroisés et la céramique dans les tons de vert et manganèse appliquée comme décoration architecturale dans ses diverses formes d'*azulejos*, plats ou disques et tiges végétales.

À l'intérieur, la toiture qui recouvre la nef centrale constitue une œuvre tout à fait unique dans l'art mudéjar, tant par sa structure que par sa décoration. En elle confluent deux traditions artistiques, la tradition islamique et la tradition chrétienne, qui ont fusionné en une manifestation artistique nouvelle. On l'a appelée la "chapelle Sixtine" de l'art mudéjar. Bien que nous manquions de références documentaires sur sa date de réalisation, tous les indices indiquent le dernier quart du XIIIe siècle. Pendant la guerre civile de 1936-39, une bombe a détruit la dernière section du bout. Plus tard, entre 1943 et 1945, des techniciens du Département des régions dévastées ont abusivement restauré la toiture. Enfin, de 1996 à 1999, sous la direction technique de l'Institut du patrimoine historique espagnol, on a mené à bien un remarquable travail d'étude, de ravalement, de consolidation et de traitement de la charpente.

Teruel

Schémas d'une armadura à par y nudillo.

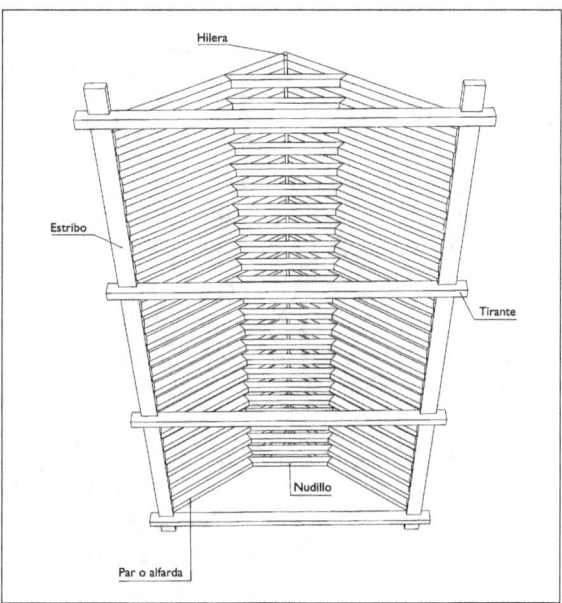

Sa structure consiste en une *armadura à par y nudillo* à doubles tirants, dans la plus pure tradition almohade. Il est rare de voir conservées d'aussi anciennes charpentes de ce type, même si quelques exemples de la même époque subsistent dans la ville de Tolède (église Santiago del Arrabal et synagogue Santa María la Blanca). Dans le cas de la cathédrale de Teruel, dont les nefs avaient été surélevées sans être dotées des contreforts indispensables à une possible création de voûtes, cette charpente apportait une solution de couverture particulièrement appropriée, puisque sa structure répartit uniformément la charge sur les murs.

Mais c'est encore l'intérêt artistique de l'ornementation de cette toiture qui retiendra la plus grande attention, aussi bien le décor géométrique que les motifs végétaux et, surtout, la décoration figurative, qui rassemble un répertoire d'images jamais égalé. La décoration est appliquée sur le bois dans le style gothique linéaire, elle ne privilégie pas les images sacrées —parmi lesquelles le cycle de la Passion—, mais les images profanes, qui représentent les différentes classes sociales de la ville et leurs activités. On remarquera les scènes de chevauchée, de tournois et de chasse des cavaliers, ainsi que les divers métiers et fonctions des menuisiers, peintres et écrivains. D'autres représentations à caractère symbolique ou allégorique sont issues de la tradition figurative des bestiaires, ou sont peut-être à mettre en relation avec des thèmes littéraires. Cependant la disposition spatiale de ces images n'obéit pas à un ordre cohérent, et les chercheurs débattent encore de sa fonction et de sa signification. Une interprétation globale de cette œuvre ne pourrait faire abstraction de l'horizon historique qui a pu l'en-

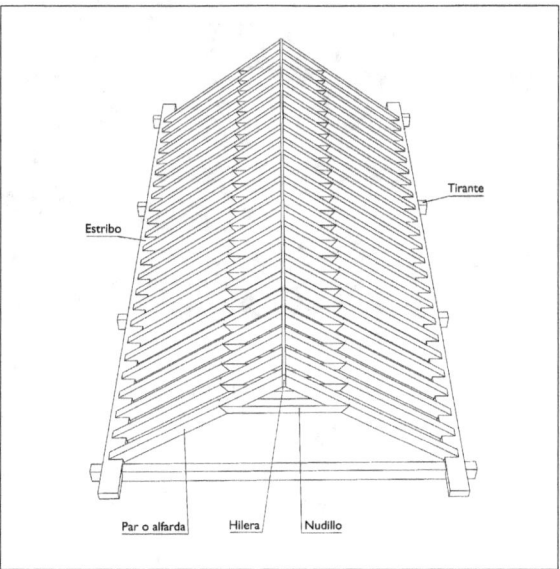

Teruel

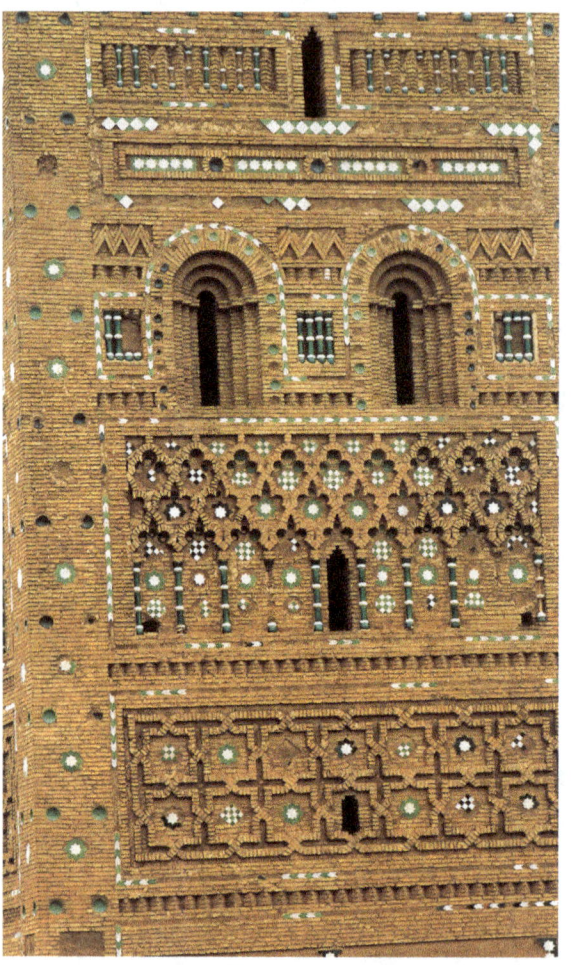

Tour San Martín, détail, Teruel.

plus important pour le nouveau retable majeur du sculpteur Gabriel Joly, réalisé dans un ravissant bois sculpté non peint et installé en 1536, a contraint à envisager la construction d'un nouveau *cimborrio*. Celui-ci fut dessiné par le maître Juan Lucas, alias "Botero", et construit en 1538 sous la direction de Martín de Montlbán. Ce *cimborrio* de la cathédrale de Teruel constitue, dans l'ordre chronologique, la deuxième tour lanterne aragonaise après celle de la Seo de Saragosse, dont elle reproduit la structure de facture musulmane, même si l'extérieur fait appel à de nouveaux éléments formels renaissants comme les médaillons sculptés.

> On prêtera attention à l'entrée néo-mudéjare de la cathédrale, ainsi qu'à d'autres édifices de même style, comme les escaliers qui conduisent à la gare.

IV.1.e Tour San Martín

Place Pérez Prado. Depuis la cathédrale, prendre la rue del Temprado ou de los Amantes. Horaires: pendant la semaine sainte et du 15 mai au 12 octobre, de 11:00 à 14:00 et de 17:00 à 20:00. Pendant le reste de l'année, contacter l'Office du tourisme, tél.: 978 602279.

gendrer, c'est-à-dire la ville et la société de Teruel dans les années 1285.
Après la surélévation des trois nefs et l'installation de la toiture mudéjare, les travaux de la cathédrale ont continué vers le frontispice, et la croisée du transept et les absides ont été réalisées en 1335. Au Moyen Âge, la nécessité d'un éclairage

Au nord de la cathédrale, tout près de la porte de Daroca et dominant la rue longitudinale des Amants, la tour mudéjare de San Martín est, comme la tour du Sauveur, l'unique vestige mudéjar de la paroisse qui porte son nom, après la transformation complète subie par l'église à l'époque baroque.
La tour fut construite entre 1315 et 1316, selon les minutes des juges de la ville de Teruel. D'après les données

publiées par José María Quadrado, elle fut réparée par l'ingénieur et architecte français Quinto Pierres Vedel entre 1549 et 1551, ce qui serait la plus ancienne des interventions connues dans les églises mudéjares de Teruel. L'intervention consista essentiellement à construire dans la partie inférieure de la tour un mur de pierre taillée en talus qui lui servit d'étai. On acquit alors quelques maisons auprès du monastère de la Sainte Trinité pour débarrasser la tour des constructions annexes et lui ménager un parvis, une idée urbanistique parfaitement moderne. Au XXe siècle, elle a fait l'objet de diverses restaurations, notamment celle de Ricardo García Guereta en 1926.

D'un certain point de vue, la tour San Martín est fidèle à la technique de Teruel qui consiste à ouvrir un arc sur la partie inférieure de façon à laisser passage à la rue, mais d'un autre côté elle introduit une nette nouveauté structurelle, celle du minaret almohade, déjà vue dans la tour du Sauveur et qui les différencie toutes deux de l'ancien modèle des tours de Santa María et de San Pedro. Les innovations ornementales sont tout aussi frappantes, surtout le travail de brique en saillie dont les compositions sont d'une évidente inspiration almohade. De plus, la décoration céramique fait preuve d'une avancée considérable sur l'étape précédente, en enrichissant la gamme chromatique et la variété des morceaux appliqués – dont elle diminue par ailleurs les dimensions.

Comme l'a rappelé Francisco Iñiguez, ces tours ne sont pas autre chose qu'un minaret islamique auquel on a superposé un corps de cloches chrétien. La tour San Martín en est sans doute l'archétype le plus accompli, même avec son défaut d'origine: le problème de la couverture du corps de cloches n'est pas résolu de façon appropriée, ce qui, en fin de compte, constitue un élément étranger au système de travail mudéjar.

La lagune de Gallocanta
À 23 km de Daroca, au fond d'un grand bassin dû à un effondrement tectonique, la lagune de Gallocanta est une des plus grandes de la Péninsule et dépasse les 1 000 ha de superficie. La zone a été déclarée Zone humide d'intérêt national et Zone d'intérêt particulier pour l'avifaune.
Entre la mi-février et la mi-mars, on peut observer des concentrations de grues de plus de 20 000 individus, même si leur présence est fréquente dès la deuxième quinzaine d'octobre. Les meilleurs sites pour voir les oiseaux sont les observatoires installés autour de la lagune. Il est recommandé de se munir de jumelles.
On y trouve un Centre d'interprétation et un Musée des oiseaux de Gallocanta.

IV.2 DAROCA

IV.2.a La cité médiévale

À 97 km par la N 234. Les monuments de la cité médiévale sont signalés. L'Office du tourisme organise des visites gratuites; tél.: 976 800 725.

La ville de Daroca est nichée entre la colline de San Cristobál au nord et la colline de San Jorge au sud; elle est entourée de 4 km de murailles, essentiellement en pisé recouvert de brique. Un profond ravin, actuellement la rue principale, la traverse d'est en ouest, en fait depuis la porte Haute jusqu'à la porte Basse. Elle

Teruel

fut fondée à la fin du VIIIe siècle par des Arabes yéménites qui élevèrent un château sur la colline de San Cristobál. Au IXe siècle prit forme une petite, mais cependant très peuplée, *medina* adossée au versant méridional de la colline. Le plan de cette *medina* islamique est encore visible de nos jours, avec ses deux rues principales —Grajera et Valcaliente— dans la partie haute, une série de ruelles qui se coupent sur des pentes prononcées et ses maisons agencées en terrasses.

Comme la ville de Calatayud, Daroca fut reconquise par Alphonse Ier le Batailleur en 1120 après la bataille de Cutanda; elle devint aussi capitale d'une communauté de terres. Son importance historique, en dehors du miracle des Corporales, dont la relique est conservée dans la collégiale Santa María, remonte à 1366, date à laquelle le roi Pierre IV lui accorda le titre de Ville en reconnaissance de la défense qu'opposèrent ses habitants aux troupes castillanes pendant la guerre de frontière. Depuis ce moment et jusqu'à la fin du XVIe siècle, la ville est devenue un important centre commercial et artistique, aussi n'est-il pas étonnant que le pape Benoît XIII y ait fait construire ses principales demeures vers 1411, avec l'intention probable d'y résider, avant d'opter définitivement pour Peñíscola. Pendant le Moyen Âge chrétien, le développement urbain de Daroca s'étendit jusqu'à la zone du ravin. De chaque côté de celui-ci s'est développé le quartier dit de la Franquería, ancêtre de l'actuelle Calle Mayor. Au nord de la Calle Mayor, entre la porte Haute et l'église San Pedro aujourd'hui disparue, la juiverie s'étalait au pied du château, autour de l'actuelle Plaza de Barrio Nuevo, tandis que la *morería* restait au sud de la Calle Mayor,

autour de l'actuelle place del Rey, non loin de la porte Basse.

Du spectaculaire ensemble de son enceinte fortifiée, on retiendra, d'un point de vue urbanistique, la porte Basse qui ferme à l'ouest la Calle Mayor. Assez bien conservée, elle est construite en pierre de taille entre deux donjons de remparts, suivant la typologie tardogothique des portes de ville dans la couronne d'Aragon, même si sa forme définitive est due à une reconfiguration datant de l'époque de Charles Quint (1516-1556).

IV.2.b Abside de San Juan de la Cuesta

Place de San Juan s/n. Pas de culte.
Horaires: contacter l'Office du tourisme.

Située sur la place du même nom, l'intérêt de l'abside de l'église de San Juan de la Cuesta réside dans le changement de matériaux et de système de travail intervenu après une interruption de travaux. Datable du milieu du XIIIe siècle, l'abside fut commencée en style roman dans une pierre de taille bien travaillée — une série d'assises fut monte avec ce matériau. Après une interruption, les travaux de construction furent repris en brique, phénomène qu'il ne faut pas interpréter comme un simple changement de matériaux, mais comme un changement de système de travail, comme cela s'est produit pour d'autres bâtiments péninsulaires telle l'église de San Tirso de Sahagún (León). En d'autres termes, l'œuvre qui en est résultée ne s'est pas contentée de terminer en brique l'abside romane initialement projetée, mais avec le changement de système sont apparus des éléments ornementaux nouveaux comme les

CIRCUIT IV   *Villes mudéjares: de l'islam au christianisme*

Teruel

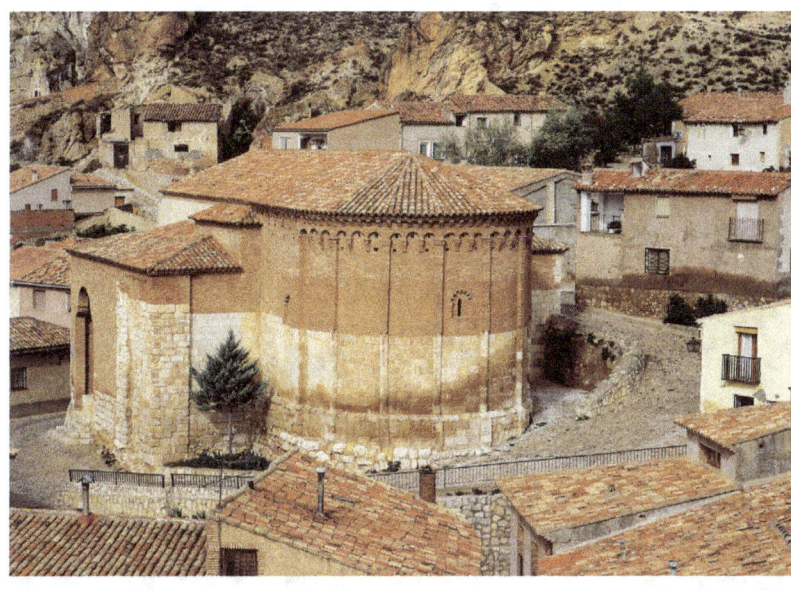

Abside de San Juan de la Cuesta, vue générale, Daroca.

baies en petits arcs lobés qui ont des précédents dans la tradition constructive islamique. Ce qui démontre bien que le mudéjar est un système constructif alternatif à celui de la pierre de taille, un système dans lequel les techniques constructives et les éléments formels composent un tout indissociable.

IV.2.c Tour de Santo Domingo de los Silos

Place de Santo Domingo. L'intérieur n'est pas mudéjar et est fermé au public.

De l'église d'origine, seules ont été conservées l'abside et cette tour, en pierre de taille dans la partie inférieure et datable du milieu du XIIIe siècle. De ces années date aussi une interruption de travaux d'édification de la tour, qui fut achevée plus tard selon le système de travail mudéjar. Cet exemple apparaît encore plus convaincant, s'il le fallait, que celui de l'abside de San Juan de la Cuesta, pour démontrer qu'il ne s'agit pas seulement d'un changement de matériaux, mais bel et bien d'un changement de système artistique.

La structure interne de la tour est dans la plus pure tradition chrétienne; la partie inférieure, en pierre de taille, ne consiste qu'en un noyau interne d'escaliers en colimaçon, tandis que le reste, en brique, compte deux étages élevés couverts de voûtes d'ogives simples qui permettent de percer des ouvertures identiques sur les quatre côtés. En hauteur, l'accès d'un niveau à l'autre se fait par l'intermédiaire d'un escalier en colimaçon logé dans un angle. Du point de vue des précédents

Teruel

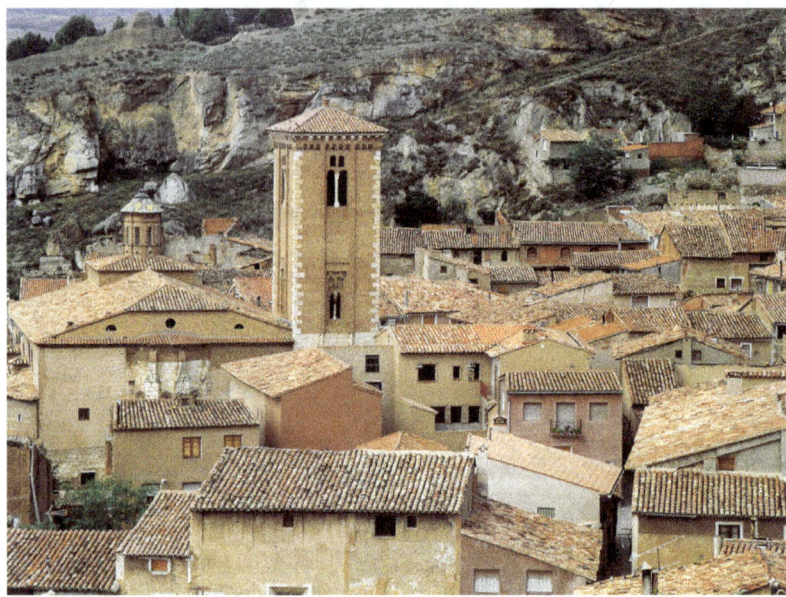

Tour Santo Domingo de Silos, vue générale, Daroca.

formels islamiques, les baies les plus intéressantes sont celles du niveau inférieur, formées d'arcs jumeaux mixtilignes doublés d'arcs lobés et encadrés d'*alfices*. Ces derniers, de même que les briques des linteaux, disposées de chant, évoquent des solutions utilisées dans le domaine du mudéjar léonais.

Comme étai pour la saillie du toit, on utilisa des modillons à coupeaux travaillés en pierre de taille, un élément formel d'origine cordouane très répandu dans toute la Péninsule, mais plutôt rare dans le mudéjar aragonais. Très précoce également, l'utilisation de disques ou de tuiles de céramique émaillée sous l'auvent. Avec la céramique appliquée que nous avons déjà vue dans les tours Santa María et San Pedro de Teruel, ces disques sont parmi les plus anciens de l'architecture mudéjare d'Aragon.

IV.2.d **Maison principale de Benoît XIII**

Calle Mayor, 77. Connue sous le nom de Casa de los Luna.
Pour la visite, contacter le bureau MSF.

La ville de Daroca offrait à l'époque médiévale de remarquables exemples d'architecture religieuse mudéjare, aujourd'hui disparus, parmi lesquels il faut rappeler l'église San Pedro, dont la porte mudéjare est conservée au Musée archéologique national de Madrid, et l'église Santiago, dont la splendide tour fut démolie en 1913. Cependant, l'objet principal de notre visite, en dehors du circuit urbain déjà commenté, est une œuvre tout à fait unique dans l'architecture civile mudéjare, située dans la Calle Mayor, et d'autant plus intéressante du fait que les éléments d'architecture civile qui nous sont parvenus sont extrêmement rares. Bien qu'elle ait été relativement transformée et adaptée pour être rendue habitable, cette maison mudéjare de Daroca est celle qui présente le plus grand intérêt artistique parmi tous les édifices mudéjars civils de la province d'Aragon – après la disparition de la Maison de la Députation du Royaume, dans la ville de Saragosse, qui remonte également au XVe siècle. Le souverain pontife Benoît XIII la fit construire vers 1411, probablement sous la direction du maître d'œuvre mudéjar Mohama Rami. Elle fit l'objet d'une réforme structurelle à la fin du XVIe siècle.

Par chance, sa disposition et sa structure d'origine peuvent être assez bien reconstituées, malgré les transformations et modifications apportées dans le but de l'adapter aux exigences du confort actuel. La maison comporte trois niveaux, le rez-de-chaussée, le niveau principal et le niveau supérieur. À l'extérieur du rez-de-chaussée, d'une hauteur telle qu'on a pu y ménager des entresols, on remarquera l'étaiement de saillie à base de corbeaux de bois. Ceux-ci contribuent à supporter le niveau principal et conservent une décoration peinte de différents motifs héraldiques qui ont été étudiés par María Dolores Pérez González. À l'intérieur, le niveau inférieur conserve sur un des côtés le système originel d'étaiement de l'étage principal, pourvu d'un arc triple et de piliers de soutien des *alfarjes*, tandis que de l'autre côté ce système fut remplacé, à la fin du XVIe siècle, par une colonne annelée et un linteau. Flanquée de ce système de supports, dans la partie du fond s'ouvre une petite cour intérieure dans laquelle sont disposées des pièces voûtées qui furent utilisées comme écuries et caves.

L'un des *alfarjes* qui couvrent le rez-de-chaussée pourrait correspondre à un espace utilisé à titre de chapelle. Sur une partie de l'étage noble, les *alfarjes* sont assez bien conservés, et renseignent sur les dimensions des pièces principales qui donnaient sur la rue. Sur l'une des poutres, le blason du souverain pontife, avec l'inscription "Benedictus". À l'étage principal, on prêtera attention au traitement réservé aux grandes fenêtres qui donnent sur le patio intérieur, décorées à profusion de stucs ouvragés entremêlant les éléments ornementaux de tradition islamique aux entrelacs fleuris et parsemés de rosaces du gothique, dans le style mis à la mode par Mahoma Rami à la Seo de Saragosse entre 1403 et 1409.

L'intérêt structurel et ornemental de cette maison mudéjare du début du XVe siècle est en tout point exceptionnel, et sa restauration en tant que monument devrait constituer un objectif impératif si l'on veut obtenir pour la totalité du mudéjar aragonais le titre de Patrimoine de l'Humanité qu'attribue l'Unesco.

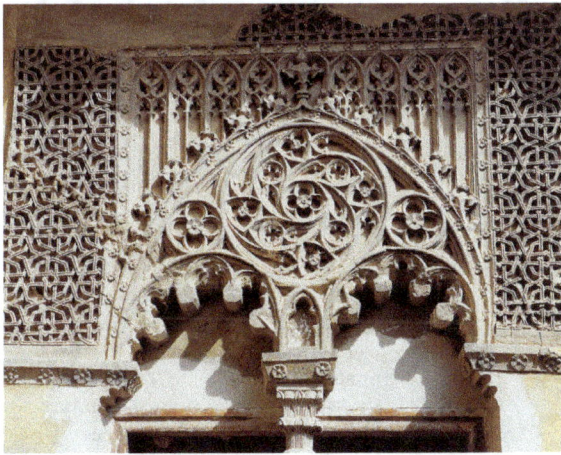

Maison principale de Benoît XIII, décor sur stuc de la fenêtre, Daroca.

LA *MORERÍA* DE TERUEL

Gonzalo M. Borrás Gualís

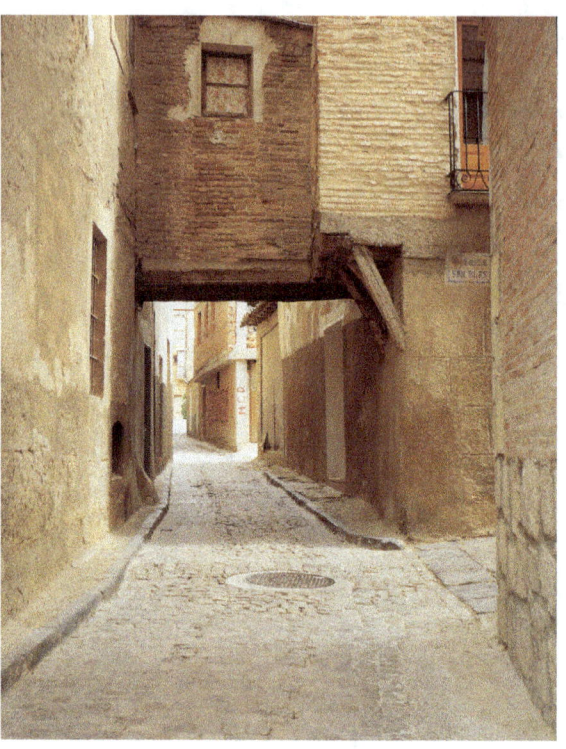

La morería de Teruel, rue San Blas, Daroca.

Après la conquête chrétienne des villes andalousiennes, et pour pallier les difficultés du repeuplement, les monarques chrétiens avaient coutume de proposer aux populations mudéjares de rester dans ces villes, moyennant certains pactes. Dans le cas de Saragosse, après la conquête par Alphonse Ier en 1118, les Mudéjars qui manifestèrent l'intention de rester disposèrent d'un délai d'un an pour se transférer dans un quartier extra muros; c'est ainsi qu'est née la *morería* close, un élément caractéristique de l'urbanisme mudéjar.

Les minorités mudéjares, comme les minorités juives, appartenaient à la seigneurie royale, elles étaient organisées en mosquées du prêche indépendantes de la commune, avec des autorités spécifiques et des dispositions légales propres, et placées sous la juridiction immédiate du "baile" ou représentant du pouvoir royal, qui accordait sa protection et veillait aux intérêts de la couronne.

À Teruel cependant, la reconquête et le repeuplement du territoire qui s'ensuivirent présentent des caractéristiques particulières. Ici, il n'y eut pas d'actes de capitulation avec les vaincus ni par conséquent permanence de l'ancienne population mudéjare car, contrairement à la majorité des cas, la *morería* s'est formée progressivement. Dans une première étape, qui atteignit son point d'orgue pendant la reconquête de Valence (1238), elle fut constituée de prisonniers de guerre, qui obtenaient leur rachat ou rédemption moyennant le paiement de sommes bien précises. Ce sont ces musulmans émancipés qui ont formé la première communauté de Teruel, dont la présence est déjà reconnue dans les ordonnances municipales de 1258.

La population mudéjare de Teruel s'accrut en 1278 lorsque le roi Pierre III ordonna à son *bailío* Aaron Abinafia, conformément à la pratique mentionnée plus haut, de transférer les Mudéjars dans un quartier extra-muros de la ville, décision à laquelle s'opposa le Conseil de Teruel, sans doute pour éviter des lacunes excessives dans le tissu urbain.

D'une importance capitale pour le processus de formation de la *morería* de Teruel fut le privilège accordé par le roi Pierre III lui-même le 3 mars 1285 aux nombreux Mudéjars d'autres régions qui sollicitaient le droit de venir s'y installer. Afin de favoriser l'établissement des Mudéjars à Teruel et d'y encourager leur enracinement, le privilège royal non seulement les autorisait à acquérir des biens à la campagne, mais établissait que ces biens seraient deux fois moins imposés que les biens meubles.

Conséquence de tout cela, Teruel n'a pas vu se former une *morería* close en dehors de l'enceinte urbaine, mais les musulmans se sont tout simplement installés dans la ville, surtout au nord, entre la porte de Daroca et l'église San Martín. Bien que cette zone ait donc bien constitué une *morería*, quelques Mudéjars habitaient aussi ici et là dans d'autres coins de la ville, occupant même des maisons et des boutiques sur la Grand Place ou sur la place du Marché.

Les activités productives de la population mudéjare étaient assez peu différentes de celles du reste de la population, puisque les Mudéjars se consacraient surtout à l'agriculture, à l'élevage ovin et à l'artisanat, brillant notamment dans les travaux du bâtiment, la fabrique de tuiles et de briques et la production de céramique.

Les musulmans immigrés des terres du Levant et du Sud furent assurément ceux qui introduisirent les nouveautés formelles de l'art mudéjar à Teruel, aussi bien les innovations structurelles qu'ornementales. Un exemple éclairant: le 8 avril 1306 les maîtres *azulejeros* Abdulhaziz de Bocayren (anthroponyme levantin) et son fils Aldomalih, tous deux de Teruel, furent exemptés par le roi Jacques II de tous types d'impôts en récompense pour les travaux d'*azulejería* qu'ils avaient accomplis et qu'ils accompliraient dans l'avenir pour les édifices royaux.

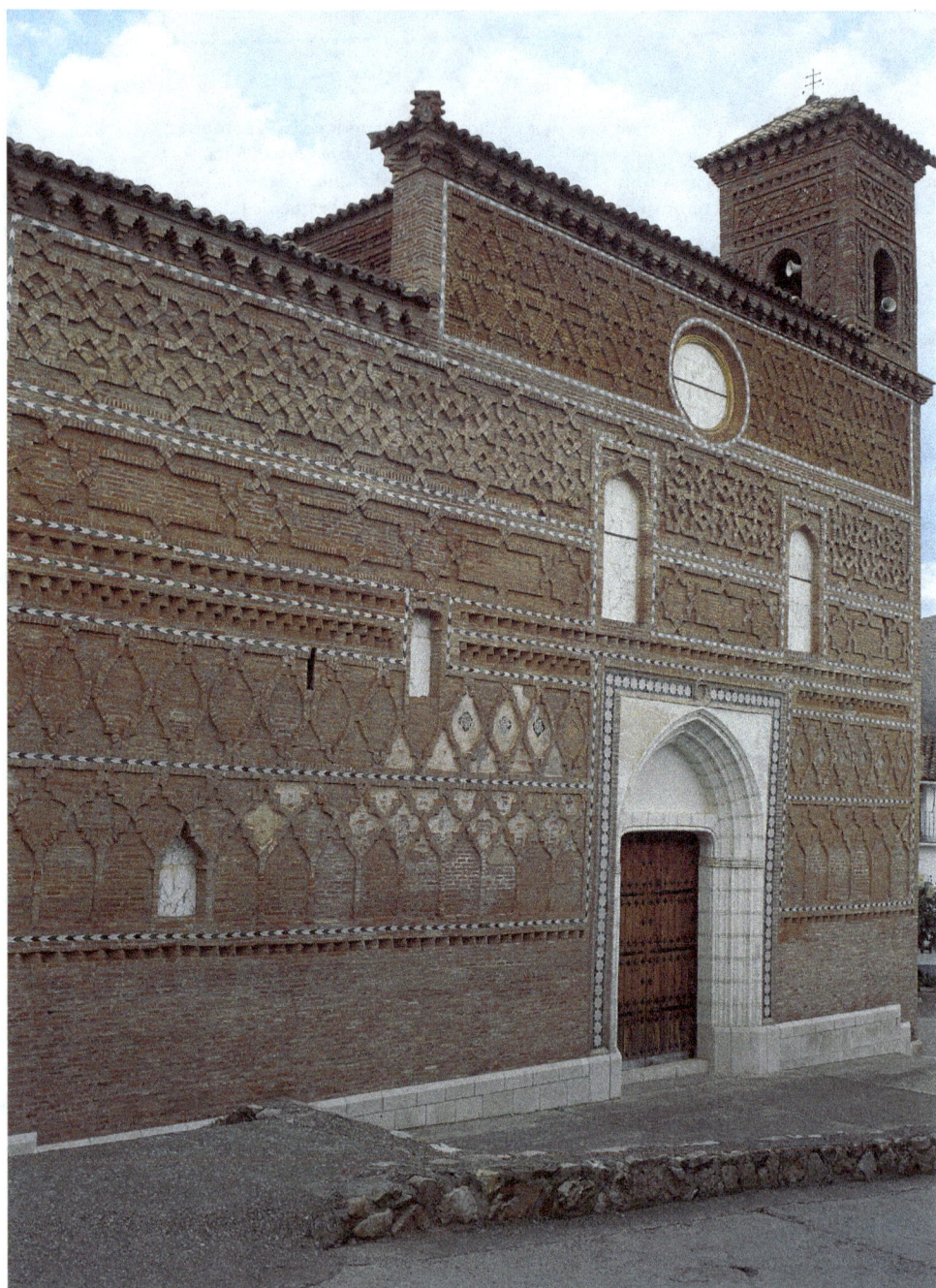

CIRCUIT V

Les églises-forteresses sur la frontière avec la Castille

Gonzalo M. Borrás Gualís

V.1 TOBED
    V.1.a Église de la Vierge

V.2 BELMONTE DE GRACIÁN (option)
    V.2.a Tour de l'église paroissiale

V.3 MALUENDA
    V.3.a Église Santa María
    V.3.b Église Santas Justa y Rufina

V.4 MORATA DE JILOCA
    V.4.a Église San Martín

V.5 CALATAYUD
    V.5.a Église et tour San Pedro de los Francos
    V.5.b Église et tour San Andrés
    V.5.c Collégiale et tour Santa María

V.6 TORRALBA DE RIBOTA
    V.6.a Église San Félix

V.7 ANIÑÓN
    V.7.a Mur occidental de l'église et tour mudéjare

V.8 CERVERA DE LA CAÑADA
    V.8.a Église-forteresse Santa Tecla

Mahoma Rami, maître d'œuvre

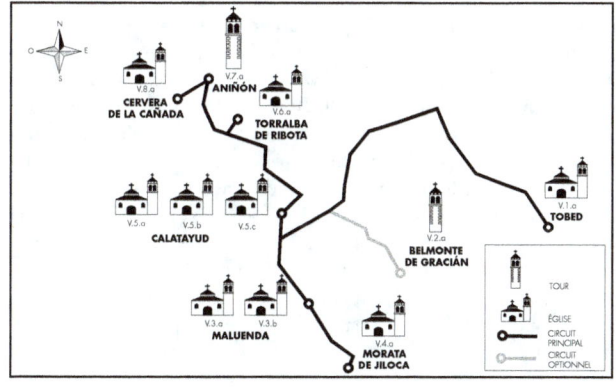

Église de la Vierge, façade et tour, Tobed.

CIRCUIT V *Les églises-forteresses sur la frontière avec la Castille*

Église paroissiale,
vue générale, Aniñón.

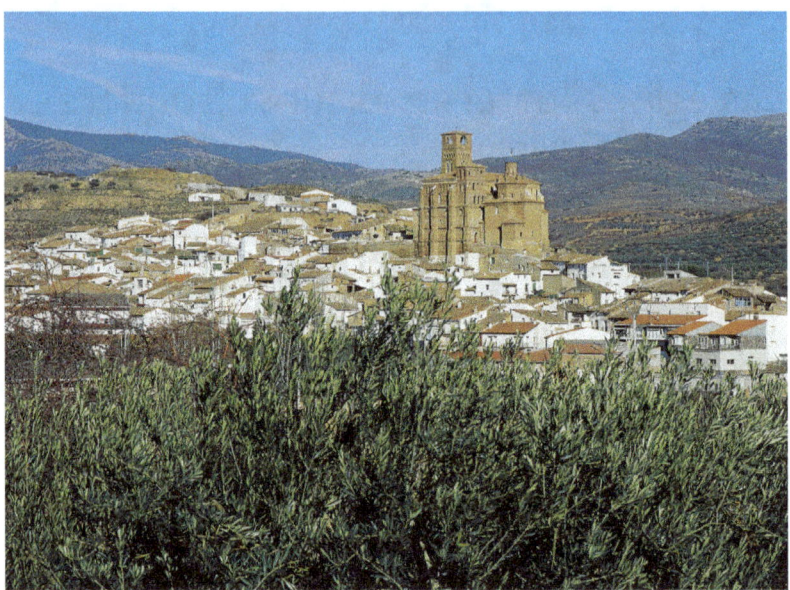

Nous parcourons la province de Saragosse à travers des vallées encaissées entre des collines. Il s'agit d'une ancienne *huerta* (verger) à tradition fruticole, documentée depuis le XVe siècle au moins. La vallée du Jalón —le plus grand affluent de l'Èbre sur sa rive droite— est le véritable creuset mudéjar d'Aragon. Ici se jettent de nombreux affluents, comme le Grío, le Jiloca ou le Ribota, tous inclus dans le circuit au même titre que le Jalón. Ces terres de l'ancienne communauté de Calatayud comptaient de nombreux Mudéjars et Morisques avant les expulsions du XVIIe siècle, circonstance historique qui explique la forte densité monumentale mudéjare de ces vallées au sud de l'Èbre.

L'objet du circuit est de présenter le mudéjar comme une culture de vallée, et développera un thème principal et deux thèmes complémentaires. Le motif principal sera abordé dès le début du voyage avec l'église de la Vierge à Tobed, à laquelle il sera fait référence tout au long du circuit. Il s'agit d'approfondir une typologie architecturale singulière, qui constitue une création originale de l'art mudéjar aragonais: l'église-forteresse. Ce modèle n'a pas d'archétype formel en Espagne. Si les églises qui ont assumé une fonction défensive ne sont pas rares, jamais n'a été cristallisée de solution architecturale similaire ou équivalente à la solution mudéjare aragonaise. Cette typologie constructive allie de façon particulièrement efficace les formes et structures de l'église à l'intérieur, et celles de la forteresse à l'extérieur.

Du point de vue historique, deux facteurs permettent d'expliquer la création de cette typologie architecturale. Tout d'abord, le rôle fondamental joué par les ordres militaires dans le repeuplement chrétien du territoire. Dans le cas qui nous intéresse, ce fut l'ordre militaire du Saint-Sépulcre qui établit le siège principal de son mandat sur le territoire de Calatayud, auquel appartenait Tobed.

On sait comment, en échange de l'annulation des dispositions testamentaires du roi Alphonse Ier le Batailleur (1134), qui répartissaient le royaume d'Aragon entre les différents ordres militaires, compensation fut offerte à ces derniers sous forme d'importants fiefs en territoire aragonais. Les chevaliers des ordres militaires en Aragon —Saint Jean de l'Hôpital, le Temple, le Saint-Sépulcre, Saint-Jacques et Calatrava—, à la tête d'importantes seigneuries, encouragèrent l'architecture mudéjare dans leurs domaines, suivant ainsi l'exemple donné par les rois, le pape Benoît XIII et les archevêques, comme l'a montré le circuit urbain dans la capitale du royaume. Il est donc tout à fait logique que les ordres militaires, comme l'a fait le Saint-Sépulcre dans son église de la Vierge de Tobed, aient stimulé des architectures parfaitement adaptées au double statut personnel —religieux autant que militaire— des chevaliers.

Un autre facteur, tout aussi important, explique la création de ce modèle mudéjar de l'église-forteresse: il s'agit de la rude guerre de frontière que se livrèrent Pierre Ier de Castille (Pierre le Cruel) et Pierre IV d'Aragon (Pierre le Cérémonieux), dont les premières escarmouches se produisirent en 1356 et furent permanentes pendant treize ans. Entre 1357 et 1366, l'Aragon se trouva par moments dans une situation réellement chaotique, et il sembla plus d'une fois que la conquê-

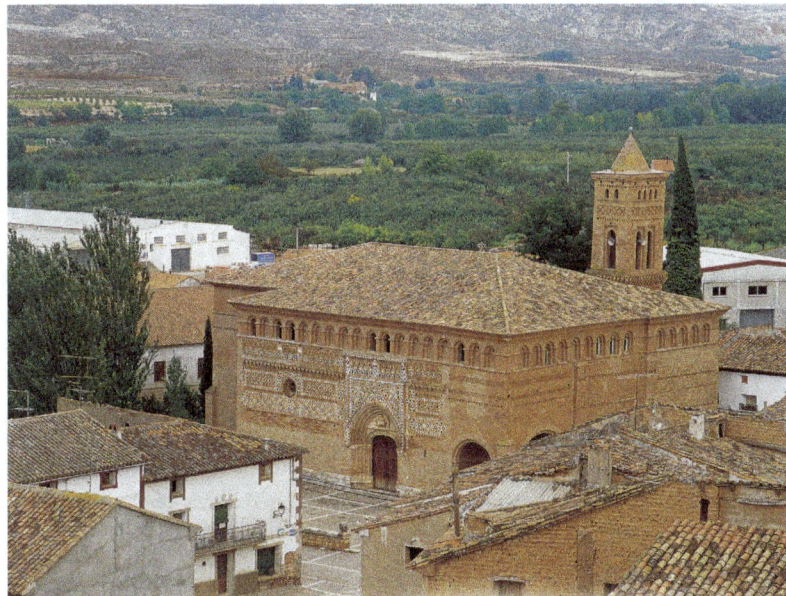

Église San Martín, vue générale, Morata de Jiloca.

CIRCUIT V   *Les églises-forteresses sur la frontière avec la Castille*

Tobed

Église de la Vierge, plan des tribunes, Tobed.

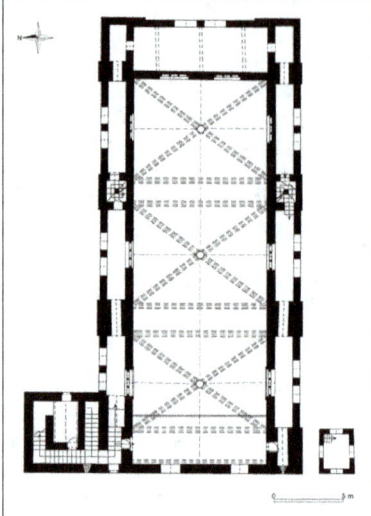

te définitive reviendrait aux Castillans. La guerre toucha tout spécialement les villes de Calatayud et de Tarazona. L'ordre militaire du Saint-Sépulcre de Calatayud y participa activement, en renfort du roi d'Aragon, et tint tête aux troupes castillanes de Nuevalos. En représailles, Pierre Ier, en s'emparant de la ville de Calatayud en 1362, rasa le siège et les archives de l'ordre militaire du Saint-Sépulcre.

Aujourd'hui, après cinq siècles d'unité territoriale espagnole rétablie par les Rois Catholiques en 1492, il faut faire un effort d'imagination pour voir cette région de l'ancienne communauté de Calatayud comme un territoire de frontière avec la Castille. Cependant, la naissance et le développement de l'église-forteresse mudéjare en territoire aragonais coïncident avec ce moment historique de la guerre avec la Castille, et résulte bien de l'empreinte qu'elle laissa dans la mentalité collective.

Les deux autres thèmes à prendre en compte au cours de ce circuit, bien que complémentaires, ne manquent pas d'intérêt. L'un d'eux met l'accent sur la notoriété des maîtres d'œuvre musulmans, dont certains noms nous sont révélés par les inscriptions sur les monuments, ce qui, quant au prestige artistique et à la considération sociale, les met sur un pied d'égalité avec les artistes chrétiens. C'est le cas de Yuçaf Aldolmalih, dont le nom est conservé sur une inscription peinte sous la toiture mudéjare du chœur de l'église Santa María à Maluendo, ou du fameux maître d'œuvre de Benoît XIII, le musulman Mahoma Rami, dont le nom est gravé dans le stuc sur la balustrade du chœur de l'église Santa Tecla à Cervera de la Cañada.

Le second de ces objectifs complémentaires est de souligner l'harmonie qui règne entre les langages artistiques orientaux et occidentaux dans les églises de cette région —entre les intérieurs de facture mudéjare et les splendides retables peints de facture gothique. C'est notamment le cas des églises Santas Justa y Rufina à Maluenda, San Martín à Morata de Jiloca et San Félix à Torralba de Ribota, autant de localités de la province de Saragosse.

V.I TOBED

V.1.a Église de la Vierge

Pour la visite, consulter la mairie, tél.: 976 629101.

L'église a été construite en deux phases successives. La première commence le 1er avril 1356, au début de la guerre frontalière avec la Castille, Fray Domingo

Martínez de Algaraví étant alors prieur du Saint-Sépulcre à Calatayud et Fray Juan Domingo commandeur à Tobed. Au cours de cette première étape furent édifiés le presbyterium et les deux premières travées de la nef. L'œuvre a dû être achevée trois années plus tard, puisque le 3 juin 1359 l'archevêque de Saragosse, don Lope Fernández de Luna, prononça une sentence arbitrale à l'encontre des préventions de la juridiction épiscopale de Tarazona et en faveur des prieurs du Saint-Sépulcre de Calatayud. La sentence leur octroyait la propriété de l'église édifiée à Tobed et des autels construits dans les chapelles de son chevet en l'honneur de la Vierge, Saint-Jean-Baptiste et Sainte-Marie-Madeleine, et les rentes correspondantes.

La dernière travée du bout fut construite ultérieurement, à partir de 1394, année de l'élection du pape Benoît XIII, dont les armes décorent la clé de voûte de cette travée et la toiture du chœur élevé. À en juger par les caractéristiques formelles de cette dernière travée, on peut penser que Mahoma Rami en fut le maître d'œuvre. La chronologie de cette travée corrobore aussi l'information selon laquelle le 8 août 1385 les chanoines du Saint-Sépulcre de Calatayud décidèrent d'attribuer toutes les rentes et donations du sanctuaire de Tobed au perfectionnement du bâtiment, car "la construction n'était pas terminée". La magnifique façade occidentale de l'église, qui ferme cette travée, est restée à demi dissimulée jusqu'en 1984 par le bâtiment du consistoire, qui y était adossé. L'état actuel de la façade, seulement comparable, par sa décoration de brique et de céramique appliquée, au mur extérieur de la petite chapelle San

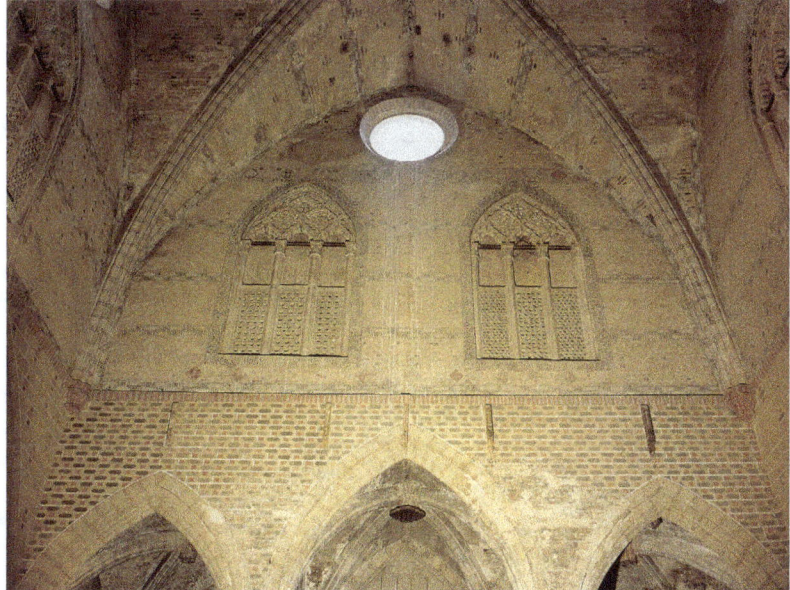

Église de la Vierge, arcs supérieurs de l'abside, Tobed.

Belmonte de Gracián

Miguel à la Seo de Saragosse, est le résultat de la restauration effectuée à partir de 1985 par l'architecte Úrsula Heredia. Le sanctuaire de la Vierge à Tobed constitue le plus bel exemple d'église-forteresse en Aragon. Il s'agit d'un bâtiment à nef unique, avec chœur rectangulaire et triple chapelle au chevet. La nef se compose de trois travées rehaussées d'une voûte à croisées d'ogives simples alternant avec d'autres travées plus courtes, rehaussées de voûtes en berceau en pointe, contrebalancées à l'extérieur par les tours-contreforts. Entre ces tours se nichent, au niveau inférieur, les chapelles latérales, trois de chaque côté de la nef, dominées par des voûtes en berceau en pointe. Au-dessus des chapelles latérales et des trois chapelles du presbytère circule une galerie ou une tribune qui s'ouvre à l'extérieur par des arcades brisées, et un passage en guise de chemin de ronde militaire auquel on accède, depuis l'intérieur de l'église, par les tours-contreforts.

Au plan structurel, il s'agit là d'un édifice des plus solides, qui reste parfaitement robuste aussi bien en longueur qu'en largeur grâce aux voûtes en berceaux en pointe qu'étayent les tours-contreforts. L'intérieur forme un espace unifié, qui conserve sa décoration mudéjare d'origine, la décoration briquetée et peinte des murs et des voûtes autant que les stucs ouvragés des grandes fenêtres et des oculus, sans oublier les bois décorés des clés de voûte et l'*alfarje* du chœur élevé au bout de la nef. Cette profusion d'éléments ornementaux provoque une impression d'espace intérieur mudéjar, impression que le temps n'a que très peu altérée. Ce même effet spatial peut être perçu dans d'autres intérieurs mudéjars du circuit.

Par contraste, le bâtiment offre depuis l'extérieur un volume compact et vierge de toute ornementation –à l'exception de la façade occidentale, édifiée en une seconde étape, comme on l'a dit, à une époque où la guerre frontalière était déjà tombée dans l'oubli, et qui lui donne une allure délibérément militaire. Cette physionomie défensive est encore accentuée par les tours-contreforts, quatre de chaque côté de la nef, et par la tribune ouverte en arcs brisés qui circule entre les tours à la façon d'un chemin de ronde militaire, dont l'aspect extérieur relève plus de la forteresse que de l'église.

Si l'on en juge par le succès qu'il connut et par sa large diffusion en territoire aragonais, le modèle représenté avec tant de magnificence par l'église de Tobed, que nous retrouverons tout au long du circuit, sut résoudre de manière satisfaisante les problèmes techniques et fonctionnels de l'architecture de l'époque.

V.2 **BELMONTE DE GRACIÁN** (option)

V.2.a Tour de l'église paroissiale

À 26 km par l'A 1505.
Si l'église est fermée, contacter D. Leoncio, tél.: 976 892093.

L'église paroissiale de Belmonte de Gracián offre un magnifique exemple d'abside mudéjare à cinq côtés, sans contreforts et abondamment décorée de brique en saillie formant un réseau de losanges. L'église est une œuvre mudéjare tardive, du début du XVIIe siècle. Les travaux furent interrompus après la construction de l'abside, et le reste du bâtiment fut achevé dans un registre classique occidental. Cependant, le but de notre escale n'est pas l'abside, mais un élément plus ancien, une tour à plan carré du XIVe siècle, légèrement séparée de l'église actuelle côté sud. Cette tour est composée de deux corps distincts, l'organe inférieur avec une structure interne de minaret, et l'organe supérieur, totalement vide, à la façon d'un clocher. Les matériaux utilisés sont une maçonnerie de plâtre dans la partie inférieure et la brique et céramique appliquée dans la partie supérieure.

Par ses caractéristiques ornementales, elle peut être rapprochée de la tour de l'église de Santa María de Ateca et de la tour, aujourd'hui disparue, de l'église de Santa María de Maluenda, avec lesquelles elle forme un groupe autochtone doté d'une forte personnalité, grâce en particulier à la présence d'un motif ornemental peu fréquent comme la décoration en épi. La tour de Belmonte partage aussi avec celle de Ateca des éléments de décoration comme la série d'arcs brisés entrecroisés ou l'utilisation de la céramique appliquée, tant sous forme de disques que de tiges végétales.

La volumétrie de cette tour mudéjare, avec ses deux corps superposés —le corps supérieur de proportions plus réduites—, a pu évoquer pour certains chercheurs les minarets disparus de la région, bien qu'ici le second corps corresponde au plan et à la fonction du clocher chrétien. Comme souvent en Aragon, il ne s'agit pas d'un ancien minaret réutilisé, puisque la conquête de la vallée de l'Èbre eut lieu très tôt —en 1120 dans cette zone de Catalauyd et de Daroca—, mais de tours-clochers chrétiennes érigées par des maîtres d'œuvre musulmans dans la tradition des minarets de la région. En effet, l'art mudéjar n'était pas autre chose que la survivance de la tradition artistique islamique en Espagne chrétienne.

V.3 MALUENDA

La localité de Maluenda a pu s'enorgueillir dans l'histoire de trois splendides églises mudéjares construites à la même époque (dernières décennies du XIVe et premières décennies du XVe siècle) qui constituent un groupe d'une puissante personnalité artistique, en partie due au matériau utilisé: le mortier de plâtre directement extrait des collines qui dominent la vallée. L'église San Miguel, située en hauteur, est aujourd'hui désaffectée et en ruine, mais les deux autres (Santa María et Santas Justa y Rufina), aux deux

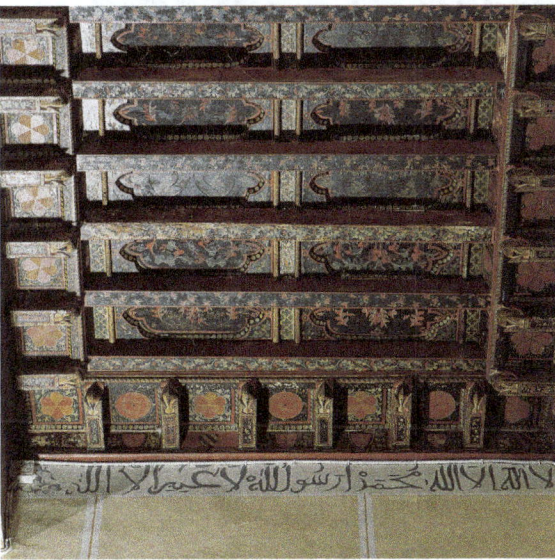

Église Santa María, détail du plafond du chœur, Maluenda.

Maluenda

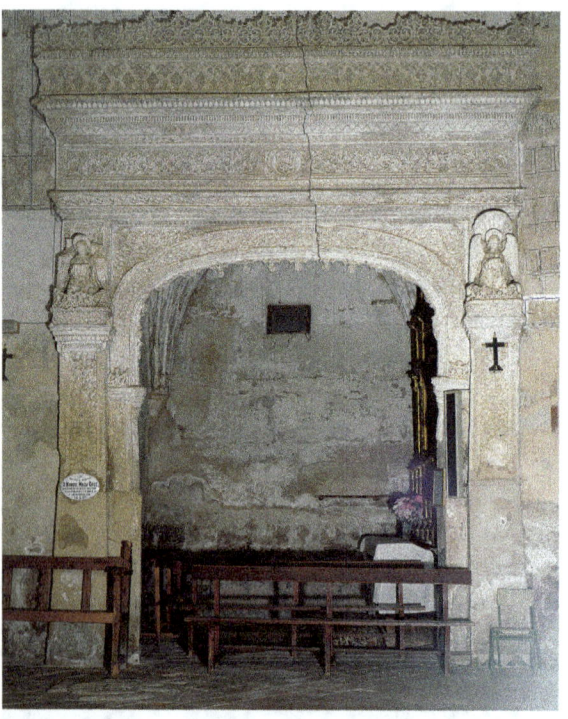

Église Santas Justa y Rufina, arc en stuc de la chapelle du Rosaire, Maluenda.

extrémités du village, sont bien conservées et ouvertes au culte.

V.3.a Église Santa María

À 14 km par l'A 150 jusqu'à la N 11, puis par la déviation de la N 234.
Pour la visite, contacter la mairie,
tél.: 976 893007.

Il s'agit d'une église à nef unique avec abside polygonale à sept côtés et trois travées surélevées de voûtes d'ogives, avec des chapelles latérales entre les contreforts et un chœur élevé au bout de l'église.

Tout comme à l'église de San Pedro de los Francos à Calatayud, sur la façade occidentale s'ouvre un portail de style gothique en pierre de taille, qui s'harmonise parfaitement avec le reste de l'ensemble mudéjar. À droite de la façade s'élève la tour mudéjare, simulée dans sa partie basse comme une toile de fond sur la façade, une œuvre tardive du XVIe siècle.

Le plus remarquable à l'intérieur est l'*alfarje* mudéjar qui couvre le chœur élevé en bout, un plafond plat en bois avec poutres décorées de thèmes végétaux et héraldiques. Une inscription peinte sur la partie basse conserve le nom du maître qui l'exécuta, Yuçaf Aldomalih, d'une famille mudéjare de Bilbilis, qui ajouta une inscription en arabe comportant une *chahada* ou profession de foi islamique. Cette inscription de Maluenda, que le professeur Fernando de la Granja traduit ainsi: "Il n'y a de dieu que Dieu [et] Mohamed est l'envoyé de Dieu. Il n'y a … que Dieu", constitue un témoignage unique et particulièrement éloquent sur la condition sociale des maîtres d'œuvre mudéjars, dont certains étaient recrutés parmi les docteurs de la loi.

V.3.b Église Santas Justa y Rufina

Pour la visite, contacter la mairie.

Très proche de celle de Santa María, bien que dotée d'une façade occidentale inspirée du gothique européen et flanquée en hauteur de deux tours, les travaux de cette église ne furent pas achevés avant 1413, d'après une inscription sur le chœur élevé au bout de la nef. À l'intérieur, on admirera surtout les deux ouvrages de stuc sculpté: la chaire, contemporaine de la construction de l'église, et

l'arcade d'entrée à la chapelle du Rosaire, déjà de la première Renaissance.
Le magnifique retable majeur, dédié aux saintes titulaires et réalisé par les peintres Domingo Ram et Juan Rius entre 1475 et 1477, est peut-être l'exemple aragonais le plus abouti d'intégration de l'espace mudéjar et de la peinture gothique.

V.4 MORATA DE JILOCA

V.4.a Église San Martín

À 13 km par la N 234.
Pour la visite, contacter la mairie,
tél.: 976 894022.

Bien que nous manquions d'information documentaire sur les étapes de la construction de cette église paroissiale, l'analyse formelle permet de différencier deux phases bien distinctes: une première étape, vers 1400, au cours de laquelle est construite la structure principale mudéjare, y compris la grande façade monumentale décorée, et une seconde étape, deux cents ans plus tard, déjà au début du XVIIe siècle, à laquelle correspond le changement d'orientation et le chevet de l'église, de même que toute la galerie supérieure d'arcades doubles en plein cintre qui couronne l'édifice.
Le plus intéressant de l'église San Martín est que, même si elle correspond encore au schéma de l'église-forteresse, sa structure reste complètement occultée et masquée par le débordement exubérant de la décoration extérieure. Les rigueurs de la guerre avec la Castille étant déjà bien éloignées, l'extérieur de l'église abandonne la sobre austérité du modèle pour répandre l'ornementation de brique en relief et de céramique émaillée sur tout le parement latéral. Il n'existe que quelques exemples similaires, tel le mur de la chapelle de la Seo de Saragosse ou la façade occidentale de l'église de la Vierge à Tobed.
Cette église de Morata de Jiloca se signale surtout par son portail, dont le tympan est dédié au saint titulaire (saint Martin à cheval découpant son manteau pour le partager avec un pauvre). Ce portail réalise une splendide intégration de formes orientales et occidentales. Les archivoltes sont fermées par un *alfiz* à arcs mixtilignes, une combinaison moins

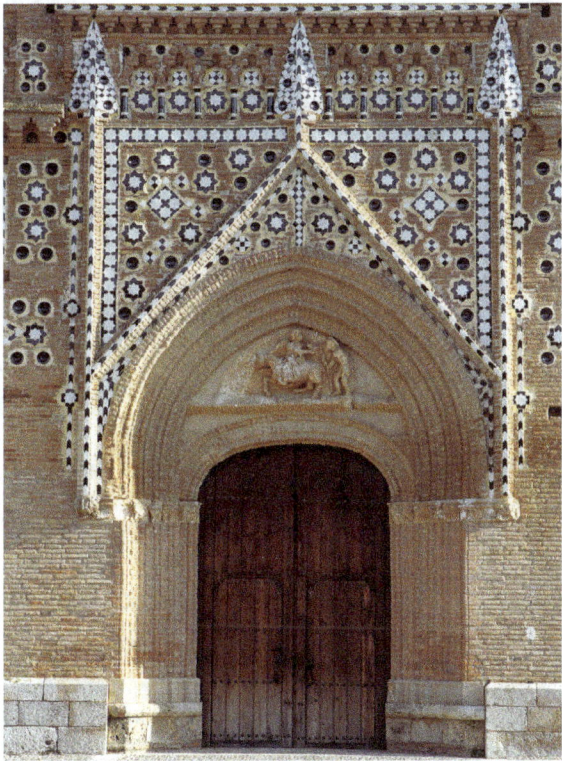

Église San Martín, portail, Morata de Jiloca.

Calatayud

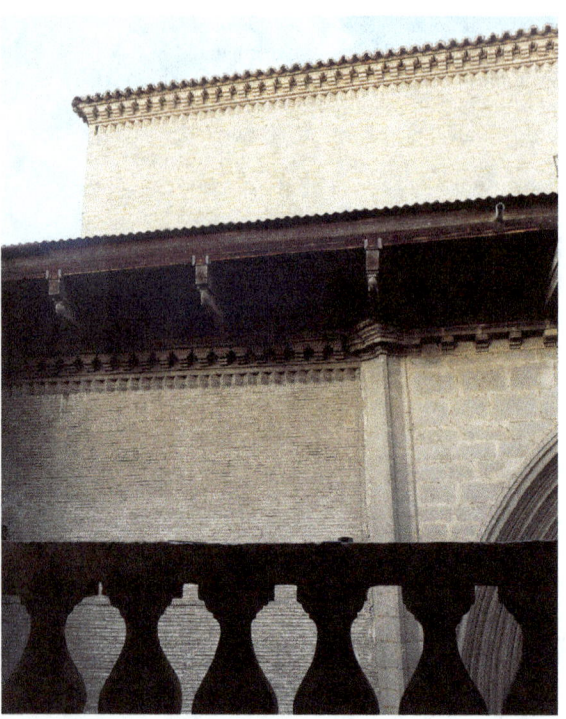

Église et tour San Pedro de los Francos, détail de la façade avec avant-toit, Calatayud.

heureuse de portail gothique et de façade de *mihrab*.
Une réhabilitation récente a restitué l'orientation primitive de l'église, a restauré la triple chapelle du presbytère qui correspond à cette singulière typologie architecturale de l'église-forteresse, et a installé un magnifique retable gothique provenant d'un ermitage de la localité.

V.5 CALATAYUD

La ville de Calatayud fut fondée par les musulmans à quelque 5 km en amont du Jalón, sur l'emplacement des vestiges monumentaux de l'ancienne Bilbilis ibéro-romaine. Bien que la tradition prétende que la fondation de Calatayud ait eu lieu au moment même de la conquête musulmane, vers 862, nous n'avons pas d'informations sur la reconstruction que l'émir de Cordoue Mohamed Ier fit réaliser dans son château principal pour en faire une base de contrôle militaire des turbulents Banu Qasi de Saragosse. En 1120, deux ans seulement après Saragosse, la ville passa sous domination chrétienne, et la population du repeuplement s'installa au pied des cinq promontoires que domine le grand château musulman des IXe et Xe siècles. Les siècles médiévaux virent s'ériger dans le style mudéjar de nombreuses églises, dont certaines ont disparu, telles San Martín et San Pedro Mártir, cette dernière ayant été démolie en 1856. Malgré ces inestimables pertes, le circuit urbain permet encore de visualiser ce que fut la splendeur mudéjare de la ville.

V.5.a Église et tour San Pedro de los Francos

À 22 km par la N 234. Située 16, rue de la Rua. En cours de restauration.

Cette paroisse doit son nom aux Français de Bigorre en Gascogne, qui avaient prêté main forte au roi Alphonse Ier (1104-1134) pendant la conquête de la ville et qui s'y installèrent en profitant des privilèges accordés par le statut de 1131. Comme dans l'église de San Andrés, les réunions du Conseil s'y sont tenues jusqu'à la construction, à la Renaissance, des Maisons consistoriales. C'est sous ses voûtes que se sont tenues les Cortes aragonaises de 1411 qui précédèrent le

fameux compromis de Caspe, par lequel en juin 1412 la couronne d'Aragon fut attribuée à don Fernando, infant de Castille.
Le bâtiment actuel, à trois nefs, est antérieur à la guerre contre la Castille, puisque la tour servit alors de vigie. La tour mudéjare, trop inclinée, fut écimée en 1840 à l'occasion du passage dans la ville du cortège royal, qui s'installa dans le palais frontalier du baron de Wersage. Cette amputation monumentale évita de probables insomnies à la reine Marie-Christine, régente d'Isabelle. Le cloître mudéjar d'origine a également disparu.
Outre un magnifique auvent suspendu qui protège la grande façade monumentale, on remarquera à l'intérieur un buffet d'orgues de la fin du XVe siècle d'une qualité extraordinaire, une œuvre singulière de l'ébénisterie mudéjare de Calatayud.

V.5.b Église et tour San Andrés

Place de San Andrés, s/n.
L'Office du tourisme organise des visites guidées; tél.: 976 886322.

Historiquement, l'église a été la paroisse rivale de Santa María; le bâtiment vient d'être restauré. Elle fut sur le point de disparaître, tout comme d'autres églises mudéjares de Bilbilis, par décision consistoriale du 10 mars 1870, heureusement révoquée par la Députation provinciale de Saragosse.
L'église fut construite en deux étapes distinctes, une au XIVe siècle et une autre, au XVIe siècle, pour ce qui concerne le chevet. La partie la plus ancienne et la plus intéressante est celle qui correspond aux trois nefs, la nef centrale étant plus élevée, et toutes étant rehaussées de voûtes à croisée d'ogives d'une grande simplicité et pureté structurelle.
Située à l'angle sud-ouest de l'église, la tour mudéjare, de forme octogonale, et dont le niveau inférieur sert de chapelle baptismale, constitue l'élément le plus singulier. Sa construction fut décidée le 2 février 1508, suivant la disposition et la forme de la tour Santa María, la paroisse rivale. Cependant, la tour San Andrés est plus élégante et plus raffinée, grâce à ses dimensions plus réduites, mais grâce aussi à certains éléments décoratifs qui lui confèrent un air oriental, intime et recueilli.

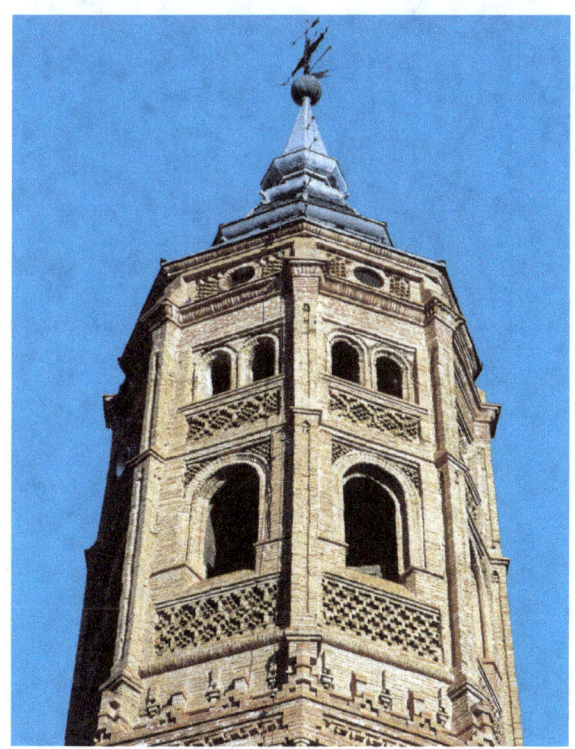

Église San Andrés, tour, Calatayud.

Calatayud

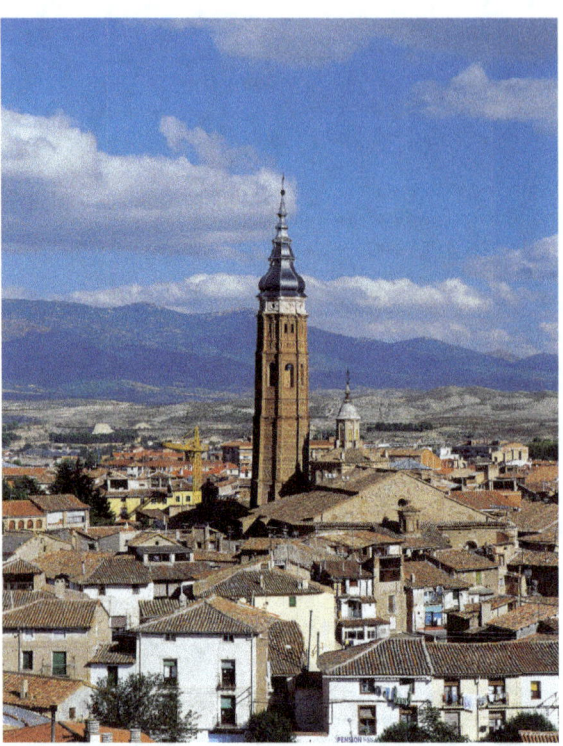

Collégiale Santa María, vue générale de la tour, Calatayud.

V.5.c Collégiale et tour Santa María

Place de Santa María s/n.
L'Office du tourisme organise des visites guidées.

Consacré en 1249, le bâtiment est situé sur le terrain de la grande mosquée, et son vocable correspond à celui de l'église principale de la ville. De l'ancienne église mudéjare ne nous sont parvenus que l'abside, la tour et le cloître. Le reste fut totalement rénové au début du XVIIe siècle, dans les mêmes années que la collégiale du Saint-Sépulcre de Calatayud. En 1611 fut érigée la nouvelle coupole au-dessus du transept, et en 1614 fut installé le nouveau retable majeur. Antérieur à cette rénovation complète des trois nefs de la collégiale: le grand portail en manière de retable, de style renaissant, œuvre commandée le 5 février 1525 aux sculpteurs Juan de Talavera et Esteban de Obray.

Le cloître mudéjar est adossé au flanc nord de la collégiale; il est à plan rectangulaire très allongé, et compte neuf travées dans les coursives longues et cinq dans les coursives courtes. À l'angle sud-occidental du cloître se trouve l'ancienne salle capitulaire, que l'on peut dater, comme l'œuvre mudéjare du cloître, des dernières décennies du XIVe siècle. En 1412, le cloître mudéjar existait déjà depuis longtemps lorsque Miguel Sánchez de Algaraví y fonda une chaire de théologie. Une restauration peu inspirée de 1967, Rafael Mélida Poch étant architecte, et Sabino Llodio Aranzábal contremaître, en a pervertit complètement l'aspect originel en fermant toutes les arcades du patio avec de fausses jalousies décorées d'entrelacs de six.

Avec le cloître, il faut noter la magnifique tour mudéjare à plan octogonal et puissants contreforts dans les angles, sans doute la tour la plus digne d'intérêt en Aragon depuis la démolition de la tour Neuve de Saragosse en 1892. Sa disposition, avec une chapelle logée à l'intérieur de la base et les deux tours —l'une englobant l'autre— dominant ladite chapelle, servit de modèle à San Andrés, comme on l'a déjà dit. Comme de coutume, elle fut construite en plusieurs étapes: la partie inférieure correspond à la fin du XVe siècle et le corps de cloches à la seconde moitié du XVIe siècle.

CIRCUIT V   *Les églises-forteresses sur la frontière avec la Castille*

Torralba de Ribota

Sierra de la Virgen
Située à quelque 20 km de Calatayud au sud du Moncayo à une altitude de 1 400 m, la Sierra de la Virgen est couverte d'une forêt de chênes-lièges tout à fait insolite sous cette latitude. C'est l'indice d'une ancienne répartition plus large des bois de chênes-lièges dans la Péninsule, celui-ci ayant pu se maintenir jusqu'à nos jours. Pour y accéder, il suffit d'emprunter sur 6 km la piste qui part de Sestrica.

V.6 TORRALBA DE RIBOTA

V.6.a Église San Félix

À 10 km par la N 234. Pour la visite, contacter la mairie, tél. : 976 899302.

La localité de Torralba de Ribota était habitée par une population exclusivement chrétienne et abritait un important centre de fabrication de briques et de tuiles. Selon López Landa, c'est l'évêque de Tarazona, don Pedro Pérez Calvillo, qui, sur un haut plateau qui domine le village, fit construire l'église mudéjare en 1367, alors que la guerre contre la Castille était loin d'être terminée, circonstance qui explique sans doute le choix de la typologie architecturale de l'église-forteresse, très proche de l'église de la Vierge à Tobed.
Les travaux avancèrent lentement, puisqu'une substantielle partie était encore en cours pendant l'épiscopat de don Juan de Valtierra (1410-1433). C'est précisément de la deuxième décennie

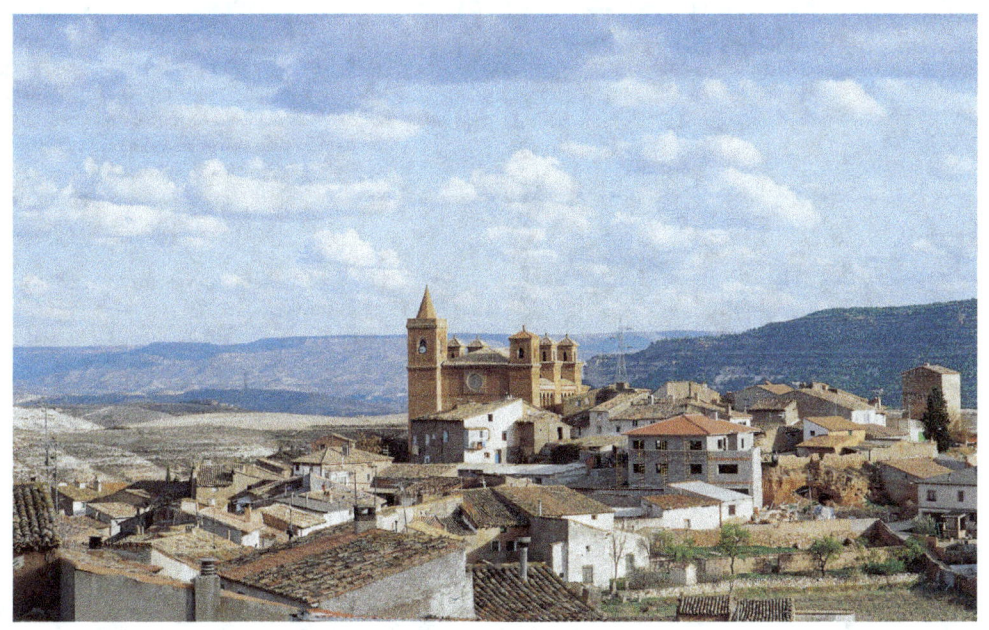

Église San Félix, vue générale, Torralba de Ribota.

Aniñón

du XVe siècle que datent le chœur élevé et la façade occidentale flanquée de deux tours, une œuvre vraisemblablement dirigée par le maître Mahoma Rami, une fois terminée, en 1414, la deuxième étape de San Pedro Mártir à Calatayud.

De nos jours, l'église a fait l'objet de nombreuses restaurations, parmi lesquelles celle réalisée par Fernando Chueca Goitia. Disposition et structure correspondent à celles déjà vues à l'église de Tobed, bien que la nef soit plus courte puisqu'elle ne comporte que deux travées. On notera avec intérêt la disposition intérieure des deux tours de la façade occidentale, avec leur gros pilier central cylindrique. Ce système, plutôt atypique dans le mudéjar aragonais, ne se retrouve qu'ici et dans la tour de l'église mudéjare de Quinto de Ebro. L'église a conservé une magnifique série de retables peints gothiques, qui permet de constater à nouveau la parfaite harmonie des langages oriental et occidental, le langage spatial du mudéjar et le langage pictural du gothique.

V.7 ANIÑÓN

V.7.a Mur occidental de l'église et tour mudéjare

À 7 km en reprenant la N 234. Pour la visite, contacter la mairie, tél. : 976 899106.

La tour mudéjare à plan carré est antérieure à l'actuel bâtiment de l'église Nuestra Señora del Castillo, à laquelle elle reste incorporée. Malgré l'extraordinaire beauté de la décoration en brique saillante des deux premiers corps de bâtiment, l'intérêt majeur de cette tour réside dans le système d'entrevous qui couvrent la cage d'escaliers, une solution unique en son genre. Alors que la formule habituelle dans le mudéjar se trouve plutôt dans les voûtements par approche successive d'assises, ici les entrevous forment des travées en berceau brisé superposé. En l'absence de sources documentaires précises, on les a datées de la première moitié du XIVe siècle, plus près des années 1300.

Le second élément remarquable est le grand mur occidental qui ferme tout le bâtiment de l'église au-dessus du village et qui constitue le joyau des œuvres réalisées entre 1568 et 1594, époque où l'évêque don Pedro Cerbuna procéda à la bénédiction du temple totalement rénové. Avec ses motifs ornementaux de brique en saillie et de céramique émaillée appliquée, il atteint des sommets de beauté formelle pendant les brefs moments où la lumière du soir s'y reflète de tous ses feux.

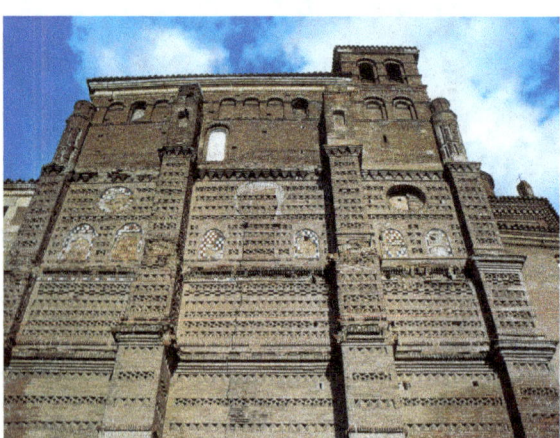

Église paroissiale, mur occidental et tour, Aniñón.

V.8 CERVERA DE LA CAÑADA

V.8.a Église-forteresse Santa Tecla

À 9 km par la même route.
Pour la visite, contacter la mairie,
tél. : 976 899222.

Couronnant la colline sur le versant de laquelle s'établit le village, et intégrant dans son bâtiment une grande tour en pierre de taille qui correspond à l'ancien château, l'église Santa Tecla constitue une halte tout à fait appropriée dans cette excursion puisqu'elle réunit, comme les dernières mesures d'une symphonie, tous les arguments développés au cours de la journée. Dès 1923, José María López Landa avait transcrit l'inscription gothique qui court tout au long de la balustrade depuis le chœur jusqu'au bout de la nef. Il y est dit que les travaux ont été achevés en 1426, Pascual Verdejo et Juan Aznar étant jurés de Cervera de la Cañada, Antón et Miguel Morant, Antón Cuñillo et Mateo Cubero étant régisseurs, Miguel Fraire mandataire et le célèbre Mahoma Rami, l'architecte du pape Benoît XIII, maître d'œuvre.
La construction de cette église a attiré l'attention des architectes Francisco Iñiguez Almech, qui lui a consacré une monographie en 1930, et Fernando Chueca Goitia, qui en a assuré la restauration. Les contraintes imposées par l'ouvrage existant l'ont dotée d'une personnalité à part dans la typologie générale de l'église-forteresse, puisque la nef abrite une seule chapelle, et que cette chapelle est encastrée, sensiblement en retrait, dans l'espace disponible entre le donjon cylindrique et une tour carrée. L'extérieur est imposant par l'aspect militaire des tours massives et des galeries.
Le traitement de l'espace intérieur, avec la décoration briquetée et peinte des murs, la décoration de stucs ouvragés des baies et des balustrades, avec encore le décor peint de l'*alfarje* plat qui couronne le chœur élevé, permet de revivre un système ornemental de tradition islamique qui a résolu à la perfection les nécessités religieuses de la population chrétienne dans l'ancienne commune de Calatayud.

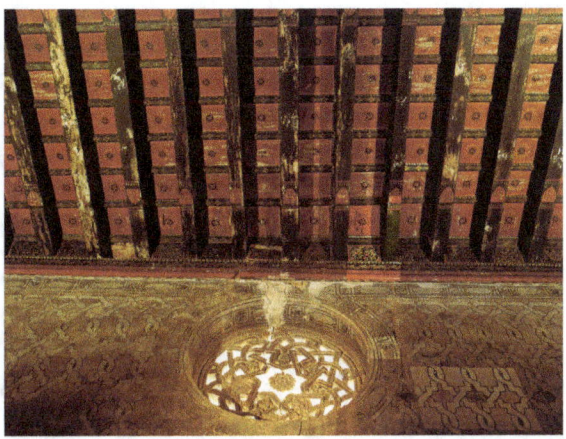

Église-forteresse Santa Tecla, oculus et plafond du chœur, Cervera de la Cañada.

MAHOMA RAMI, MAÎTRE D'ŒUVRE

Gonzalo M. Borrás Gualís

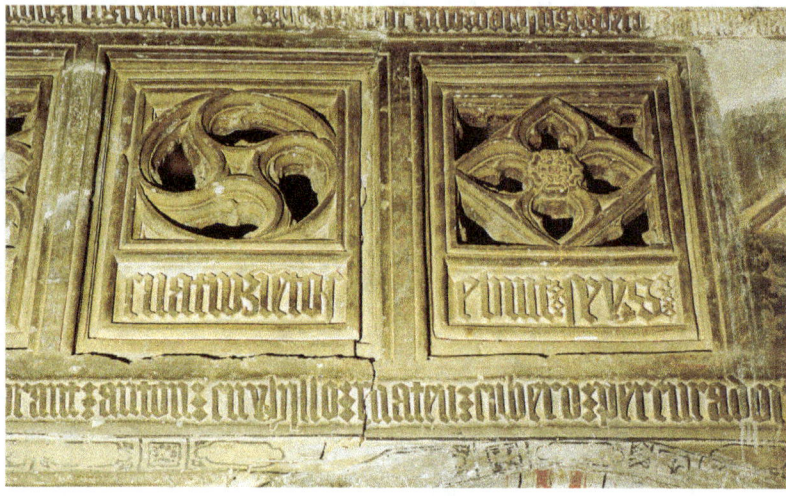

Église-forteresse Santa Tecla, détail de l'ouvrage de stuc du chœur avec inscription, Cervera de la Cañada.

L'activité du maître musulman Mahoma Rami est documentée en Aragon pour le premier quart du XVᵉ siècle, entre les années 1403 et 1426. Étant donné l'importance capitale des œuvres réalisées sous sa direction, cet artiste est consi-déré comme l'un des plus grands maîtres mudéjars de tous les temps.

D'après les sources publiées par Manuel Serrano Sans en 1916, Benoît XIII organisa le 24 février 1403 une consultation de maîtres d'œuvre, dont l'objet était de déterminer la formule à adopter pour le chevet de la cathédrale de Saragosse. Parmi d'autres, Mahoma Rami avait répondu à l'appel d'offre, et la solution qu'il préconisa fut acceptée à l'unanimité. José María López Landa fit connaître en 1923 un document émanant des archives de la couronne d'Aragon, procuré par don Andrés Giménez Soler, selon lequel le roi aragonais Martín Iᵉʳ, qui sollicitait en octobre 1404 l'envoi de musulmans de Saragosse pour l'exécution de quelques travaux dans sa résidence de Valldaura, précisait qu'il ne fallait pas déranger Mahoma Rami, dans la mesure où il travaillait alors à la Seo de Saragosse à la demande du pape Benoît XIII.

L'œuvre en question était la surélévation des trois absides romanes de la cathédrale de Saragosse, afin qu'elles puissent ainsi faire contrepoint au *cimborrio* qu'il fallait aussi reconstruire puisque le précédent, érigé par l'archevêque don Lope Fernández de Luna, s'était effondré.

Un nouveau document, exhumé par Serrano Sanz, signale que le 26 février 1409, le maître Mahoma Rami prenait à forfait toute la décoration du nouveau *cimborrio* de la Seo, déjà reconstruit.

Pour sa part, Ovidio Cuella a considérablement élargi nos sources documentaires sur le maître Mahoma Rami avec un livre de comptes relatifs aux travaux d'agrandissement, de 1411 à 1414, de l'église San Pedro Mártir à Calatayud. Bien que cette église de Calatayud ait été détruite par un brutal abus de pouvoir en 1856, la documentation graphique, qui confirme son extraordinaire intérêt artistique, a été conservée.

La dernière information sur le maître Mahoma Rami a encore été portée à notre connaissance par López Landa; elle concerne l'inscription en stuc qui décore le chœur élevé aux pieds de l'église Santa Tecla à Cervera de la Cañada et qui précise que les travaux ont été achevés en 1426, Mahoma Rami étant maître d'œuvre. Cette signature de l'œuvre est une preuve évidente de la considération sociale dont jouissaient les maîtres d'œuvre musulmans.

À Mahoma Rami sont également attribuées d'autres œuvres hors du domaine édilitaire mudéjar d'Aragon. Il s'agit d'œuvres réparties dans de nombreux circuits, comme la dernière travée de l'église de la Vierge à Tobed, la demeure des Luna dans la Grand Rue de Daroca ou l'achèvement de l'église San Félix à Torralba de Ribota; par ailleurs, bien qu'il n'y ait pas de preuves documentaires, un certain nombre d'autres travaux peuvent lui être attribués sans risque, en raison de la ressemblance formelle avec les œuvres que nous savons être siennes.

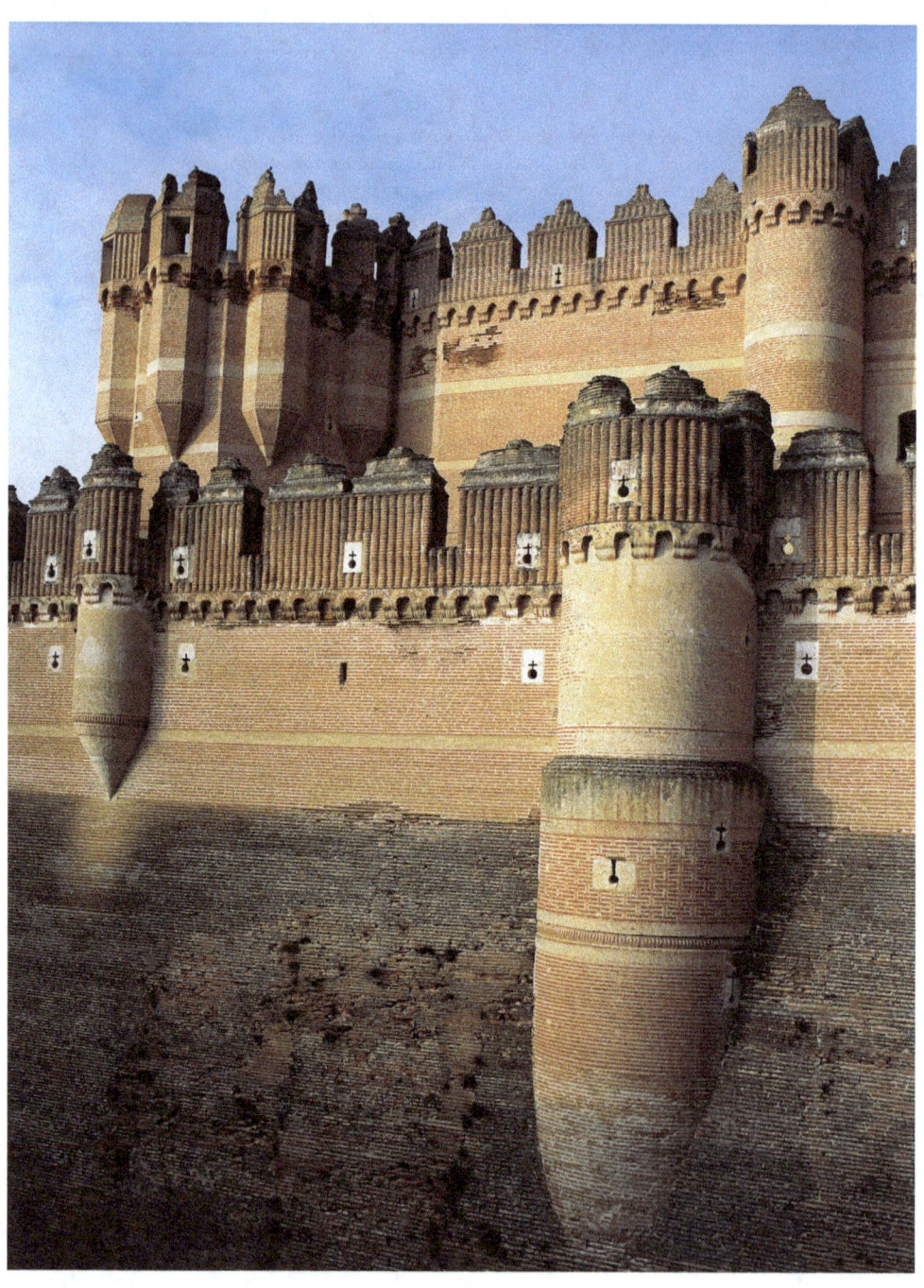

CIRCUIT VI

Châteaux et villes fortifiées

Pedro Lavado Paradinas

VI.1 ARÉVALO
    VI.1.a Château, murailles et ponts
    VI.1.b Églises San Martín, Santa María, San Miguel et El Salvador
    VI.1.c La Lugareja (option)

VI.2 MADRIGAL DE LAS ALTAS TORRES (option)
    VI.2.a Muraille de la ville et portes
    VI.2.b Église San Nicolás

VI.3 COCA
    VI.3.a Château

VI.4 OLMEDO
    VI.4.a Muraille, portes de la ville et église San Miguel
    VI.4.b Monastère de la Mejorada (option)

VI.5 MEDINA DEL CAMPO
    VI.5.a Château

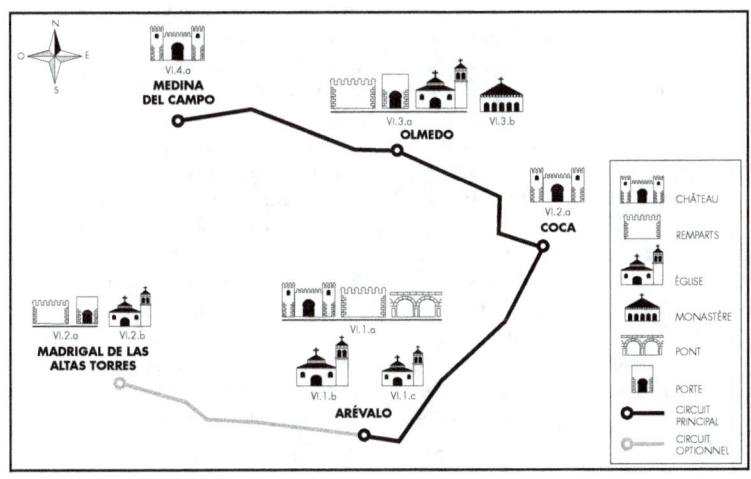

Vue partielle du château de Coca.

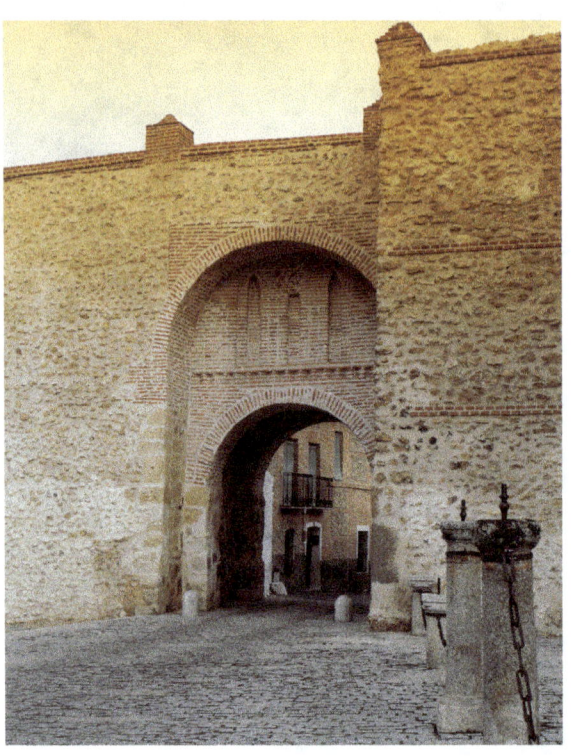

Muraille de la ville, Olmedo.

Si le système mudéjar a rempli un rôle de première importance dans l'architecture religieuse et civile du Moyen Âge en Castille, il s'avéra aussi extrêmement utile sur le terrain de l'architecture militaire, pour laquelle les économies de ressources et de temps étaient un facteur fondamental.

Le bas Moyen Âge ne fut pas une période facile pour les populations de la Péninsule. La Castille avait des relations tendues avec l'Aragon, le Portugal et les territoires musulmans. La lutte contre l'islam avait été peu à peu reléguée au sud de la Péninsule, et les royaumes chrétiens tentaient de créer un État militaire à la frontière avec les musulmans, un territoire protégé par des châteaux bâtis sur d'inaccessibles éperons rocheux. Les escarmouches étaient incessantes, et les chevaliers rêvaient d'en découdre pour gagner prestige et trophées au cours des actions militaires.

La région castillane et la vallée de l'Èbre connurent à partir du XIVe siècle une situation d'instabilité qui dura jusqu'à l'unité entre la Castille et l'Aragon après le mariage d'Isabelle Ire de Castille et de Ferdinand II d'Aragon (1479). Dans ces circonstances, l'unique solution en matière de sécurité semblait bien être le château, lui-même surveillé par une puissante armée. Pour l'armement de l'époque, un fort à dimensions réduites était suffisant, associé à quelques défenses verticales, notamment les pierres, une provision d'huile pour ébouillanter l'assaillant et des armes offensives dotées d'une certaine capacité de tir, tels l'arc ou l'arbalète. Avec l'invention de la poudre (XIIIe siècle), il fallut agrandir les meurtrières pour permettre l'utilisation des armes à feu et, tout en éliminant les angles morts, chercher le tir croisé contre l'assaillant, bien que les tirs ne fussent pas encore très précis.

Face aux nouvelles demandes défensives impliquées depuis le haut Moyen Âge par la construction de châteaux, alcazars, enceintes fortifiées, tours et remparts, en pierre de taille, maçonnerie, pisé ou tout autre matériau facilement disponible, l'architecture mudéjare s'avéra très utile par ses techniques de construction rapides et peu onéreuses. L'utilisation de la brique, seule ou couplée à la maçonnerie —en caissons ou en miroir—, facilita grandement les choses par rapport à la construction en pierre.

Dans les murailles antiques comme celles d'Ávila, les pierres de taille romaines coexistaient —et coexistent encore— avec des

CIRCUIT VI *Châteaux et villes fortifiées*

pierres saillantes celtibériques utilisés comme pierre de taille; les murs de pierre et les puissantes tours cylindriques étaient renforcés d'assises de brique destinées à empêcher l'effondrement des murs; les pans de muraille étaient renforcés par des chaînages d'angle et des contreforts de bois contre l'impact ravageur des catapultes, bombardes et autres pièces d'une armurerie de siège encore rudimentaire, plus à même d'ouvrir des brèches dans les murs que de causer des carnages dans les rangs de l'armée.

Certains systèmes défensifs furent rénovés à partir du XVIe siècle; le nombre de passages entre les barbacanes et les ravelins fut augmenté, les tours furent équipées de guérites et d'autres éléments en saillie dans le mur – autant d'éléments qui, plus qu'une simple menace, devaient éblouir et jouer sur l'effet de surprise. À cette époque, nous n'avons pas encore affaire à d'énormes forteresses, mais plutôt à de petits châteaux permettant d'abriter une famille et les forces nécessaires à sa protection. C'est notamment le cas du château de Coca, où les maçons réussirent un effet esthétique saisissant grâce à la brique, parvenant même à embellir les éléments défensifs. En dehors de leur fonction militaire, ces châteaux tentaient d'offrir les meilleures solutions d'habitabilité, et de rendre l'intérieur digne de véritables palais. Grandes salles aux toits de bois et stucs ouvragés, peintures et cheminées étaient le contrepoint intérieur d'un extérieur hérissé de tours, créneaux, fosses et meurtrières.

Aux formes en talus et aux ponts-levis propres au monde occidental, l'architecture mudéjare ajoutait des tours d'hommage à un angle du château, à la manière des casbahs hispano-musulmanes, des coupoles sur *trompes*, des arcs lobés et des céramiques d'origine sévillane. L'architecture militaire tolédane arriva jusqu'à Burgos, où le maître Mohamad érigea la porte de San Esteban au XIVe siècle, avec

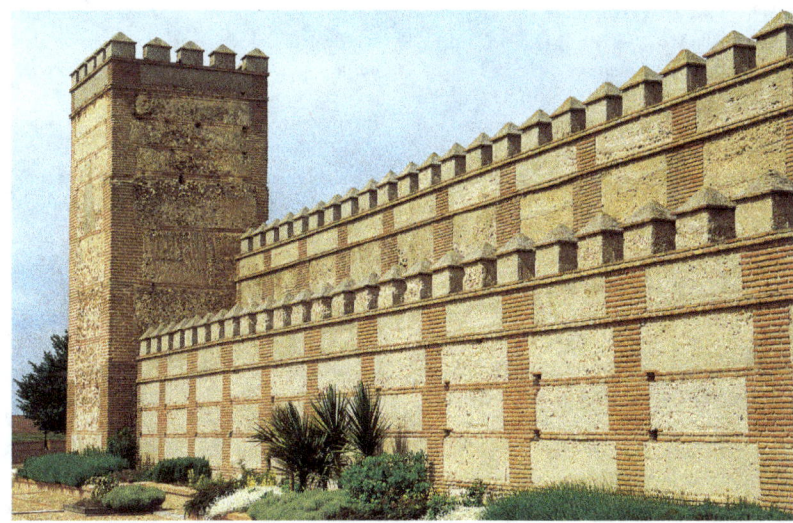

Muraille de la ville, Madrigal de las Altas Torres.

un arc en fer à cheval de brique endenté entre deux tours carrées.

Malheureusement, nombre de ces châteaux et forteresses ont perdu une partie de leurs défenses, et seuls quelques rares exemples nous permettent d'imaginer cette époque où une garde musulmane, assise sur des tapis et sous un étincelant toit de bois doré, protégeait un roi chrétien dans un château moresque. Les voyageurs européens du XIXe siècle restèrent muets d'étonnement et d'envie en les découvrant. Tout d'abord, parce qu'ils étaient incapables de comprendre comment, dans un pays théoriquement en guerre contre l'islam, les guerriers musulmans pouvaient faire partie de l'alcazar chrétien; ensuite parce que, au regard du luxe de ces palais-forteresses, la vie à l'intérieur de n'importe quel réduit défensif connu en Europe devait leur paraître terriblement fade.

Les artisans musulmans se multiplièrent en réalisations de toitures et de stucs pendant toute la première moitié du XVe siècle. Des châteaux en brique comme celui de la Mota, à Medina del Campo, construit par le "premier ouvrier Fernando Carreño" vers 1440; celui de Coca, à Ségovie, édifié par l'archevêque don Alonso Fonseca avant 1473; l'alcazar de Ségovie, où intervint le maître arabe Xalel Alcade entre 1412 et 1456; et le château d'Arévalo en 1481, sont quelques-uns des exemples les plus significatifs.

Viennent s'y ajouter de très nombreux autres châteaux, murailles et enceintes urbaines qui mirent en application les techniques défensives héritées des Almohades. Les principales caractéristiques de cette activité constructive sont les voûtements dans des tours flanquées de portes, et les murs de moellons et de torchis de mortier, tout cela fort éloigné de la manière tolédane caractérisée par les murs de maçonnerie, les assises horizontales de briques ainsi que les chaînages et les grosses poutres de bois verticales. Des villes comme Madrigal de la Altas Torres et Arévalo à Olmedo, Tordesillas et Medina del Campo à Valladolid, sont des exemples clés de l'architecture militaire mudéjare en Castille.

Il reste encore d'autres palais et maisons fortifiées, qui ont abrité les principales familles de l'ancien royaume venant y sauvegarder leurs vies et leurs biens. Les exemples les plus remarquables sont, à Burgos, le château des Velasco à Medina de Pomar; à Palencia, celui des Tovar à Cevico de la Torre, celui des Delgadillo à Castrillo de Don Juan, celui des Acuña à Dueñas et celui des Almirantes à Palenzuela; enfin, à Valladolid, celui des Almirantes à Medina de Rioseco et à Bolaños de Campos.

Oiseaux des steppes
Le long des routes qui vous conduiront aux différents villages, vous aurez l'occasion de contempler les oiseaux. La culture céréalière extensive des plaines de la Moraña abrite une surprenante richesse ornithologique d'espèces qui se sont adaptées aux cultures et aux cycles agraires.
Parmi les populations d'oiseaux des steppes se détache l'outarde, avec plus de 500 individus recensés. L'outarde est l'un des plus lourds oiseaux capables de voler; les mâles peuvent peser jusqu'à 15 kg. C'est un animal grégaire, qui passe les hivers en bandes mixtes. À cette saison, les champs de luzerne leur assurent une nourriture toujours disponible. À la mi-mars commencent les exhibitions des mâles reproducteurs, qui, pour attirer l'attention des femelles, déploient leur blanc plumage de façon spectaculaire, ce qui les rend visibles de très loin. D'autres espèces importantes sont la canepetière, la calandre, le butor et d'autres échassiers.

VI.1 ARÉVALO

Arévalo est l'une des plus anciennes villes castillanes, et a connu quelques-uns des avatars de la couronne de Castille. Isabelle la Catholique et son neveu, futur empereur d'Allemagne, y sont passés. Le palais de la reine, où vécurent aussi Jacques II et son épouse Isabelle, et où mourut Marie d'Aragon, a été transformé en couvent de bernardines cisterciennes auxquelles l'empereur Charles Quint le céda en 1542.

La ville fut conquise en 1088 par Alphonse VI et répartie en cinq familles: Briceño, Berdugo, Montalvo, Sedeño et Tapia. Les Zuñiga, comtes de Plasencia puis ducs d'Arévalo, s'y ajoutent au XVe siècle. Le fait que la ville se trouve à la limite de Tierra de Campos et dépende de Tolède a laissé des traces dans l'architecture, où nous observons les caissons de maçonnerie entre les vertugadins de briques et les chaînages de pierre de type tolédan, alors que les tours et les absides sont plus proches de celles de Tierra de Campos.

VI.1.a Château, muraille et ponts

Le château et ses murailles se trouvent en haut du village.

Érigé en haut du village, le château, cité en 1481 comme réplique du château de Coca, a été largement remanié au XVIe siècle afin de s'adapter à un nouveau type de guerre basé sur l'utilisation de la poudre. Il reste une tour de pierre et un pan de mur doté d'un soubassement de pierres et de meur-

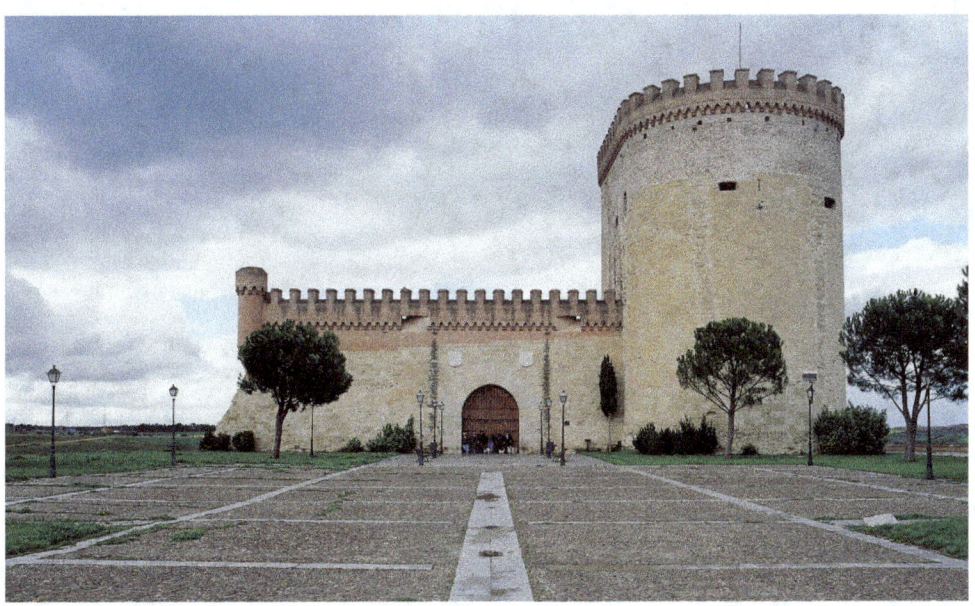

Château, vue générale, Arévalo.

CIRCUIT VI *Châteaux et villes fortifiées*

Arévalo

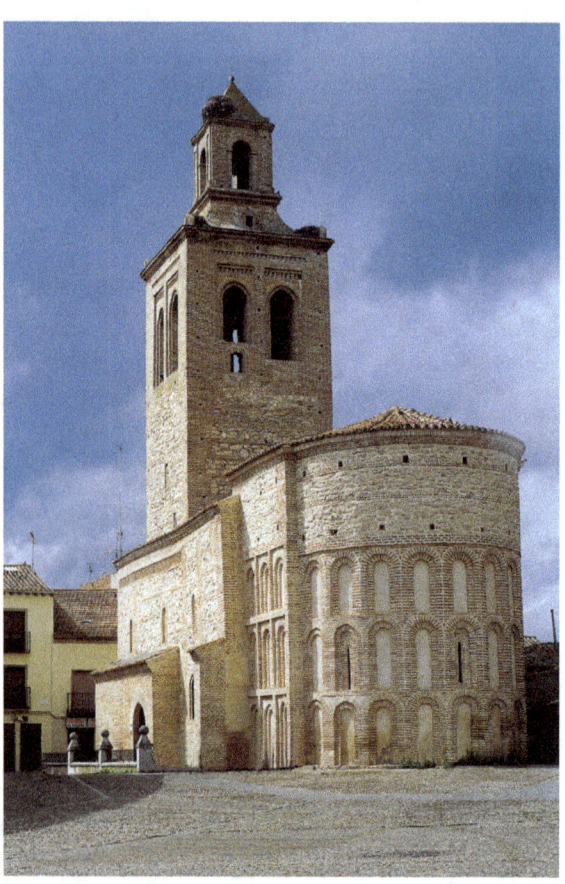

Église Santa María, vue générale, Arévalo.

trières. Les autres vestiges sont des ornements de mortier et de briques avec des tourelles et un chemin de ronde en saillie sur des consoles de briques.

Du château partent les murailles qui encerclent le village et dont il reste encore quelques pans, notamment dans la rue Entrecastillos où se trouve l'une des portes d'entrée et la prison. C'est par cette porte qu'on pénètre dans la ville, dont trois places, qui furent sièges de foires et de marchés, sont entourées d'arcades: celle de la Villa, de l'Arrabal et du Real, bien que ces deux dernières soient plus tardives et aient réutilisé des colonnes et autres supports d'anciens édifices.

Deux ponts sur les fleuves Arevalillo et Adaja sont un bon exemple de l'ingéniosité mudéjare de la fin du XIVe siècle ou du début du XVe. Construits en maçonnerie et briques avec de grands arcs brisés encadrés d'*alfices*, tous deux ont non seulement utilisé les mêmes matériaux, mais aussi la même main-d'œuvre, qui n'était autre que la main-d'œuvre mudéjare. Le pont de l'Adaja fut doté d'une robuste tour crénelée, dont la porte a pu être qualifiée d'arabe.

VI.1.b Églises San Martín, Santa María, San Miguel et El Salvador

Visites guidées. Centre de réservations: 20, rue Santa María, tél.: 619 856821.

Plusieurs églises d'Arévalo sont mudéjares et offrent des types d'ornementation très variés, ce qui leur donne une allure toute particulière. S'il est bien quelque chose qui se détache de l'enceinte d'Arévalo, ce sont les tours de brique de ses temples, à l'ornementation plus simple que la tolédane. À base d'arcs doubles et de petits angles, sa sobriété est un défi à la préciosité d'autres arc lobés ou en fer à cheval.

L'église San Martín date des XIIIe et XIVe siècles. Elle a une seule nef à transept, trois chapelles dans l'abside et, au sud, un portique roman en pierre taillée à la manière ségovienne, restauré au XVIe siècle. Le fait de posséder deux tours est déjà singulier, mais ce qui l'est plus

encore, c'est la décoration en damiers de l'une d'elles, la tour des Ajedreces. L'autre tour, dite la Nueva, une copie de la tour précédente, a été remaniée.
Santa María a une abside mudéjare en brique avec des arcades aveugles à plusieurs étages. Aux pieds, une tour à grand arc brisé donne accès à la rue. L'intérieur, qui a été restauré, conserve des vestiges d'*artesonado*, un chœur en bois et des restes de peinture murale du XIIIe siècle dans l'abside.
San Miguel fut construite à la fin du XIIIe siècle et reconstruite au XVe siècle. Son abside épouse la forme d'un carré que surmonte une voûte en berceau en pointe. Les ouvrages de brique alternent avec ceux de maçonnerie. La nef unique conserve des restes du plafond à caissons. El Salvador fut construite au XVIe siècle. Elle possède trois nefs et une tour de brique.

VI.1.c **La Lugareja** (option)

À 15 km prendre une déviation signalée sur la gauche, puis un chemin de terre. Propriété privée. Pour la visite, contacter le bureau MSF.

La Lugareja, également appelée église de Gómez Román, conserve un chevet à trois absides, le transept et deux travées latérales. L'édifice, construit en assises de brique recouvertes de grandes couches de mortier, présente une décoration de briques moulurées dans les fenêtres des absides. Les absides se ferment sur des voûtes en berceau en pointe séparées par des arcs sur nacelles. Sur le transept s'élève un lanterneau surmonté d'une coupole en pointe, reposant sur des arcades aveugles et quatre pendentifs. L'intérieur est décoré de multiples têtes en pierre taillée et de thèmes floraux. À l'extérieur se dresse une tour carrée ornée d'arcades.
En 1257, les frères Gómez Román y fondèrent un monastère pour religieuses, donnant ainsi leur nom au temple. Les fondations des nefs ont survécu, mais le temple n'a jamais dû être achevé, il se termine à la hauteur du transept. Il est fort probable que ce soit l'éloignement du village qui ait poussé les religieuses à se déplacer à Arévalo et à transformer le monastère en un simple ermitage.

VI.2 **MADRIGAL DE LAS ALTAS TORRES** (option)

VI.2.a **Muraille de la ville et portes**

Comme pour faire honneur à son nom, la ville de Madrigal de las Altas Torres est entourée de puissantes murailles de maçonnerie et pisé entre caissons de brique, avec des tours carrées et des *albarranas* creuses qui renforcent les éléments de la structure, plus spécialement les portes qui s'ouvrent toutes les deux tours. Celles-ci se composent d'un corps inférieur sans vantaux et, à la hauteur des créneaux, d'un étage supérieur qui s'ouvre avec des arcs de brique et que des arcs brisés soutiennent à l'intérieur. Trois portes sont toujours debout, et presque intégralement conservées: celle de Cantalapiedra, que surplombe la tour gauche, d'une forme angulaire sur plan pentagonal, pour renforcer ses angles de tir; celle de Medina, semblable, mais plus simplifiée, et celle d'Arévalo.
L'enceinte est circulaire et le matériau, les portes et les tours renvoient au passé

hispano-musulman. Les murailles commencèrent à être érigées à la fin du XIIIe siècle et subirent de nombreuses transformations jusqu'à la fin du XVe siècle. Elles sont citées en 1302 lorsque Ferdinand IV, reconnaissant l'autorité d'Arévalo, Madrigal appartenant à sa juridiction, fit démolir les murailles et les tours qui avaient été construites sans son autorisation – chose que, comme on le voit, il ne parvint pas à accomplir. La forteresse repose sur un terrain plat, ce qui explique la puissance de ses murs et de ses portes destinés à protéger un petit village agricole et commercial.

Isabelle la Catholique est née à Madrigal de las Altas Torres, dans ce qui allait devenir le palais des rois castillans, dont certaines œuvres sont attribuées à Juan II. L'édifice est un bon exemple de maison palatiale avec ses salles couvertes d'*alfarjes* autour d'un patio, ses tours carrées, ses galeries ouvertes à l'extérieur et ultérieurement fermées par des jalousies. Charles Quint fit don du palais aux religieuses en 1527. La même année furent ajoutées l'église et les dépendances du couvent, qui conservent encore la structure des cellules où résidèrent les professes, avec leur personnel, et les converses. L'intérieur abrite un petit musée de souvenirs de l'époque des Rois Catholiques.

Le village conserve deux églises mudéjares: Santa María del Castillo et San Nicolás de Bari.

Santa María del Castillo s'élève sur une colline et rappelle, comme tant d'autres églises de la région, son ancienne fonction défensive. Elle fut édifiée au début du XIIIe siècle et ses fondations recèlent les vestiges d'un ancien alcazar. Elle est dotée d'une abside mudéjare en brique avec plusieurs niveaux d'arcades aveugles et, en bout, d'une tour construite dans le même matériau. L'intérieur est à une seule nef, avec un transept qui fut couvert d'une toiture mudéjare en bois, dont quelques vestiges sont conservés dans le petit musée paroissial de San Nicolás. Une chapelle qui jouxte la sacristie est ornée de peintures murales romanes.

VI.2.b Église San Nicolás

Si l'église est fermée, se renseigner au presbytère adjacent.

San Nicolás de Bari, actuellement église paroissiale, est l'église la plus importante d'Arévalo. Elle fut construite à la fin du XIIe siècle ou au début du XIIIe. Elle obéit à la deuxième typologie de Sahagún, avec trois nefs entre des piliers et des arcs brisés. À l'extérieur, deux des chevets sont décorés d'arcades aveugles de brique, sur trois niveaux en ce qui concerne le plus grand chevet. Les nefs furent couvertes d'une toiture de bois au XVIe siècle, le transept recevant une toiture octogonale. Sont conservés les vestiges d'un chœur de bois polychrome qui correspond aux dernières années du XVe siècle ou au début du XVIe, ainsi que différents morceaux des autres plafonds. En bout s'élève l'une des tours les plus imposantes de Castille, avec près de 50 m de hauteur. Ses murs sont lisses dans la partie inférieure et percés de deux séries d'arcs doubles dans la partie supérieure. Sa structure est celle d'un minaret avec un escalier autour d'un noyau central vide.

C'est aussi à Madrigal qu'est né un écrivain prolixe du XVIe siècle, l'évêque Alonso de Madrigal, surnommé "el Tostado" à cause de la couleur de sa peau, et qui est évoqué par la vox populi dans l'expres-

CIRCUIT VI *Châteaux et villes fortifiées*
Coca

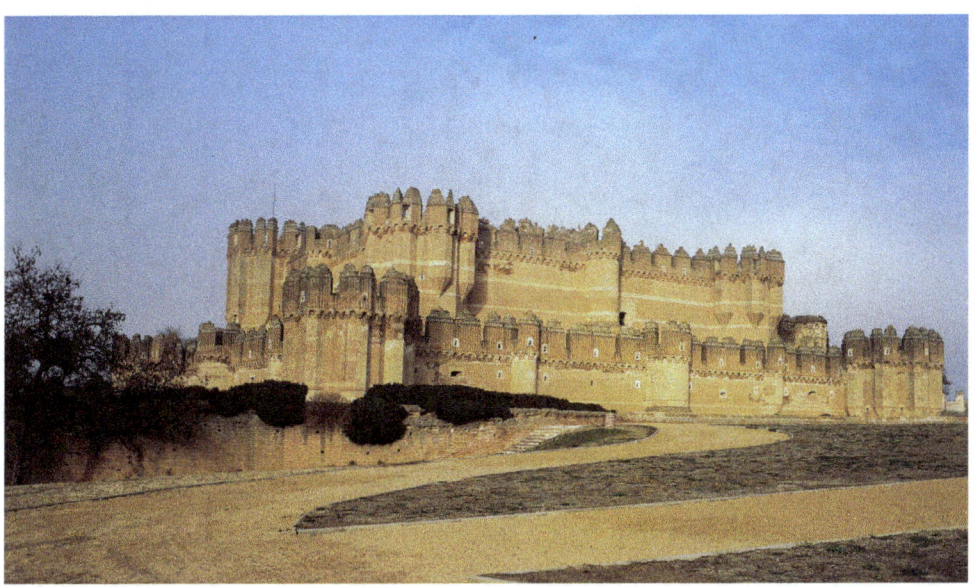

Château, vue générale, Coca.

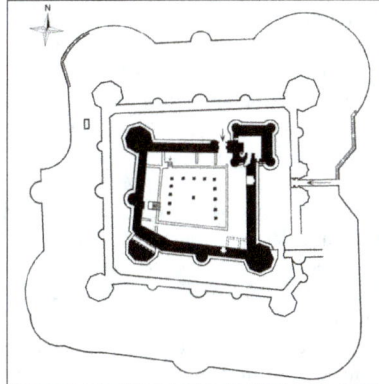

Plan du Château de Coca.

Il est recommandé de faire un tour du côté de l'église, également mudéjare, de Santa María del Castillo qui, située sur une petite colline, domine la ville, et de visiter le couvent des mères augustines, maison natale d'Isabelle la Catholique.

VI.3 **COCA**

VI.3.a **Château**

Depuis Arévalo, à 28 km par la SG 351. Le château est la propriété de la Casa de Alba, cédée au ministère de l'Agriculture (pour cent ans moins un jour, au prix symbolique d'une peseta par an) et actuellement siège de l'École de gardes forestiers. Ne pas manquer la vue panoramique du haut des créneaux.
Entrée payante. Visites guidées.

sion "écrire plus que El Tostado". Une inscription sur sa tombe dans la cathédrale d'Ávila raconte ce qui suit: "... il est notoire qu'il écrivit / chaque jour quatre feuilles. / Sa doctrine fut si éclairante / qu'elle fit même voir les aveugles."

CIRCUIT VI   *Châteaux et villes fortifiées*

Coca

*Église San Miguel,
vue générale, Olmedo.*

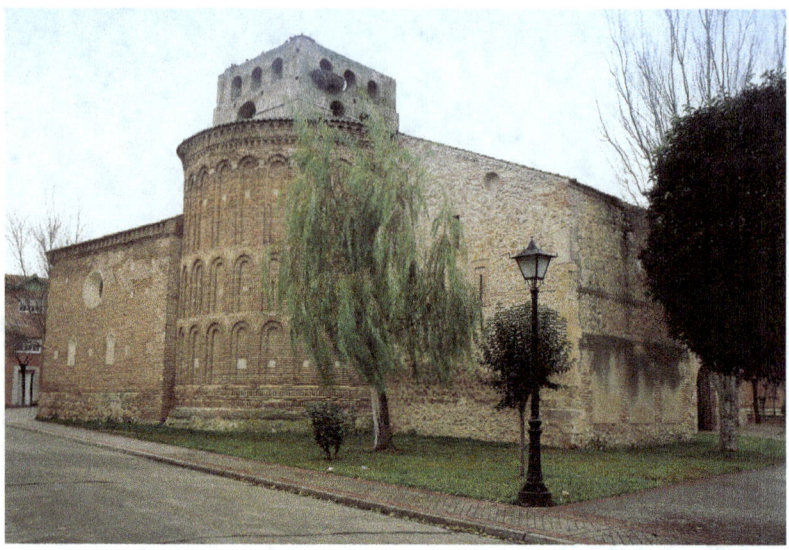

Horaires: de 10:30 à 13:00 et de 16:30 à 20:00; samedis, dimanches et fêtes de 11:00 à 13:00 et de 18:00 à 20:00 (sauf le premier mardi de chaque mois).

Le château de Coca constitue l'un des exemples les plus représentatifs de l'architecture militaire mudéjare en Castille. De plan rectangulaire, il comporte des tours d'angle polygonales, une escarpe, une fosse, une première enceinte, un chemin de ronde et une structure principale. Sa tour d'hommage est dotée de guérites ou tourelles hexagonales aux angles et de deux tourelles semi-cylindriques au milieu des côtés. Les tours d'angle sont équipées de trois guérites, la plus grande est celle du milieu et arrive jusqu'en bas, les deux guérites latérales sont en saillie. Les murs s'achèvent par une imposte de petits arcs surplombés de panneaux formés de bandes verticales semi-cylindriques et angulaires. Le jeu entre la nudité des murs et le couronnement très ornementé fait de cette œuvre une démonstration savante d'architecture palatiale autant que défensive.

La porte était composée d'un arc brisé avec un revêtement et des peintures dans les tons de rouge, ocre et noir. D'autres peintures existaient à l'intérieur, dont certaines sont conservées au Musée provincial de Ségovie. Les plus intéressantes étaient celles de la tour de Pero Mata.

La construction du château est probablement due à don Alonso de Fonseca, l'archevêque de Séville mort en 1473, qui laissa de nombreuses autres œuvres dans la ville; les funérailles de certains membres de sa famille ont eu lieu dans l'église Santa Maria. Tout ceci expliquerait que les ouvrages de céramique et de peinture de l'église aient bénéficié de la contribution d'un atelier sévillan, ce que corroboreraient encore les liens de Fonseca avec ce village.

CIRCUIT VI *Châteaux et villes fortifiées*
Olmedo

Il reste quelques vestiges de la muraille en maçonnerie et briques qui entourait le village et qui était reliée au château. La porte d'entrée, qui s'ouvre entre deux cubes, est dotée d'un arc surbaissé et d'un autre arc brisé, et ornée d'archivoltes et d'encadrements au-dessus desquels s'étire une rangée de fenêtres aveugles.

VI.4 OLMEDO

VI.4.a Muraille, portes de la ville et église San Miguel

À 22 km. Visite guidée de l'ensemble du village en fin de semaine; consulter l'Office du tourisme, tél.: 983 623222.
Horaires: samedis, dimanches et jours fériés de 11:00 à 14:00 et de 17:00 à 19:00.

Les fleuves Adaja et Eresma entourent Olmedo en évitant, au nord-ouest de la ville, les quelques vestiges du château. La muraille en béton est un des éléments qui attirent le plus l'attention du visiteur. De vastes pans de mur, des tours carrées et quelque donjon sont encore sur pied et parsèment la ville, encore fermée en partie par ces pans de murs. Sept arcs donnaient accès à l'intérieur de la cité. Jusqu'à récemment étaient conservés ceux de la Villa, San Martín, la Vega et San Pedro.
Les portes de la muraille, en brique, sont formées d'arcs brisés doubles encadrés d'*alfices*; elles étaient fermées par des herses. Certaines, comme San Miguel, font partie de l'une des églises de brique qui forment le noyau mudéjar d'Olmedo. Dans le cas de San Miguel, la tour de l'église apporte un élément défensif supplémentaire à la cité.

Juan II et Alvaro de Luna se sont affrontés aux infants don Juan et don Enrique, devant Olmedo, en 1445, d'où l'expression: "Qui veut être seigneur de Castille / devra avoir Olmedo de son côté."
Les chroniques rapportent que la cité fut conquise par Alphonse VI; elle apparaît dans la chronique de l'archevêque don Rodrigo Ximénez de Rada, sous le nom de Ulmetum, à côté de "Cauria, Cauca, Iscar, Medina, Canales, Ulmis…", presque autant de châteaux, ainsi que de quelques châteaux arabes d'origine califale. Elle reçut un statut semblable à celui, prototypique, de Roa; en 1388 la fille de Pierre Ier, Constance, l'apporta en dot à son mariage avec le duc d'Olmedo.

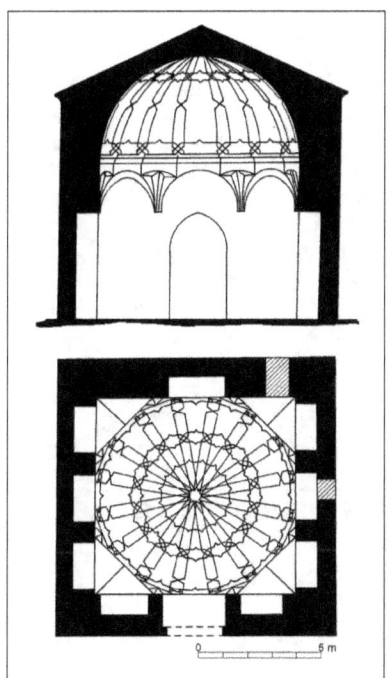

Plan et coupe de la Chapelle de la Mejorada, Olmedo

Medina del Campo

Le Parc thématique du mudéjar
À Olmedo, le parc réunit une sélection de répliques, de grande qualité, de monuments mudéjars de Castille et du León. C'est aussi un parc de loisirs qui comporte des zones de promenade, des jeux aquatiques, un train qui parcourt le parc, des jeux pour les enfants et une végétation autochtone très soignée.
Horaires: en hiver, de 10:00 à 14:00 et de 16:00 à 19:00; fermé le lundi. Pour plus d'information, tél.: 983 623222.

VI.4.b **Monastère de la Mejorada**
(option)

Signalé à 5 km dans les environs. Pour visiter la chapelle du Monastère, s'adresser aux gardiens.

Au XIVe siècle, le monastère de la Mejorada fut un ermitage, puis un couvent de franciscains et un monastère de l'ordre de Saint-Jérôme. L'église du XVe siècle ne conserve qu'une chapelle funéraire surmontée d'une coupole décorée d'entrelacs de stuc qui abrite cinq sarcophages de style gothico-mudéjar et un de style plateresque. Dans l'un d'eux est supposé être enterré un stucateur très actif à Olmedo entre la fin du XVe et le tout début du XVIe siècle. À l'extérieur de la chapelle, une inscription incomplète précise: "… le mercredi 17 … S.M. se retira dans un monastère de hiéronymites distant d'un quart de lieue …, que l'on appelle la Mejorada…"

VI.5 MEDINA DEL CAMPO

VI.5.a **Château**

À 30 km par la C 112. L'Office du tourisme organise des visites guidées, tél. 983 811357.

Horaires: de 11:00 à 14:00 et de 16:00 à 18:00; dimanches et jours fériés de 11:00 à 14:00.

La ville était très connue au Moyen Âge pour l'importance de ses foires. Un auteur de l'époque notait: "Il s'y tient chaque année deux des principales foires d'Espagne… la réputation de Medina atteint toutes les régions de l'Espagne et même de nombreuses régions au-delà…" Les transactions commerciales atteignirent parfois le chiffre de 53 000 millions de maravédis. En 1496, les musulmans reçurent l'autorisation de tenir boutiques dans la ville, mais loin de la foire pour ne pas concurrencer le commerce, ce qui atteste l'existence d'une présence musulmane. Medina eut de grands palais et de belles maisons. Le premier est celui que possédait Isabelle Ire de Castille sur la place même de la ville, et dans lequel elle mourut. La ville est également citée par Cock au cours du voyage de Philippe II: "On avait fait un palais dans quelques-unes des plus grandes demeures"; peut-être une allusion aux maisons royales de la place San Antonín, incendiées pendant la guerre des Communes en août 1520. Beaucoup d'autres édifices brûlèrent au cours de ce même conflit quand la ville, qui ne voulait pas rendre son artillerie aux troupes impériales, fut livrée au feu. L'ambassadeur vénitien rapporte: "… les rues sont bonnes, parce qu'elles ont brûlé en grande partie au moment des Communes. La plupart des maisons sont neuves…"
Les documents d'époque citent quantité d'autres maisons construites par les commerçants et banquiers de la ville, celles par exemple des Dueñas, Ruiz ou Quintanilla. Nombre de voyageurs évoquent la ville et ses murailles. Le Flamand Antoine de Lalaing, de la suite de Philippe le Bel,

CIRCUIT VI *Châteaux et villes fortifiées*
Medina del Campo

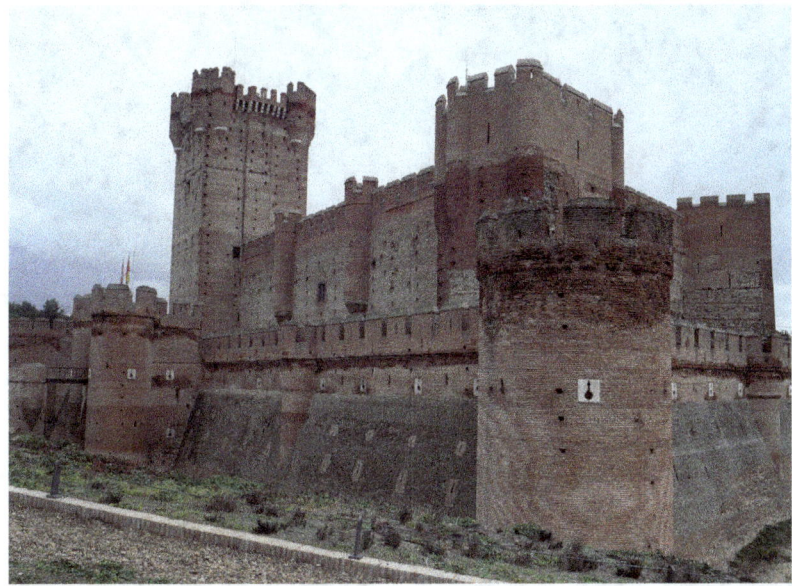

Château, vue générale, Medina del Campo.

raconte: "La ville est établie sur un terrain plat, elle est restée assez bien fortifiée et possède deux belles rues dans lesquelles on expose les marchandises pendant les foires…"; mais ce qui étonne le plus le baron de Rosmital, un Allemand de la seconde moitié du XVe siècle, est le manque de bois de chauffage dans les environs, ce qui oblige les habitants à recourir au fumier sec et aux sarments.

La forteresse de la Mota se dresse sur un monticule qui domine la ville. Elle est à plan irrégulier carré en béton revêtu de brique, double enceinte avec barbacane et structures à cubes. La tour d'hommage s'élève sur les fondations d'une autre structure antérieure détruite; l'intérieur était décoré d'entrelacs de stuc. L'entrée en arc de fer à cheval porte la date de 1482, les armes des Rois Catholiques y sont apposées. Le premier architecte connu est Fernando Carreño, qui érigea le bâtiment sur d'anciennes fondations en 1440 sous le règne de Jean II. En 1479, les Rois Catholiques nommèrent "Alonso Niño premier ouvrier" (Alonso Nieto pour certains auteurs). De 1480 à 1489, deux *alarifes* musulmans, Abdallah et Ali de Lerma, ont travaillé au château. Tout au long de son histoire, il connut de nombreux propriétaires et subit d'autres transformations. La restauration la plus récente a supprimé les tours mudéjares, qui furent retrouvées par la suite dans des décombres proches.

Il est recommandé de passer la nuit à Tordesillas, à 25 km, point de départ du prochain circuit.

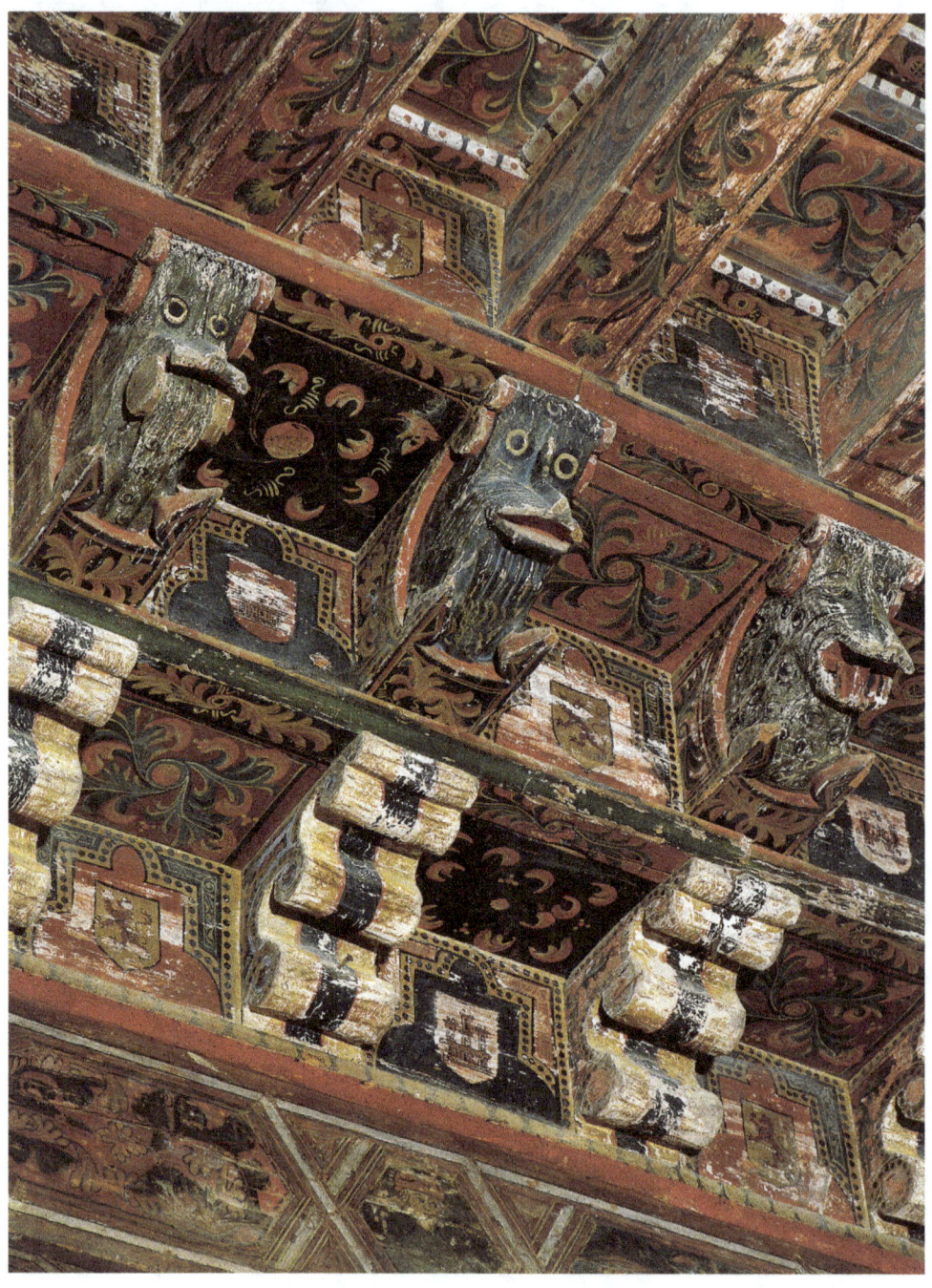

CIRCUIT VII

Filles de rois et de nobles :
à travers les couvents de clarisses

Pedro Lavado Paradinas

Premier jour

VII.1 TORDESILLAS
  VII.1.a Palais de Pierre Ier,
  actuel couvent Santa Clara

VII.2 PALENCIA
  VII.2.a Musée diocésain
  VII.2.b Église San Francisco

VII.3 ASTUDILLO
  VII.3.a Palais de Pierre 1er,
  actuel couvent Santa Clara

VII.4 SANTOYO
  VII.4.a Église San Juan Bautista

VII.5 TÁMARA DE CAMPOS (option)
  VII.5.a Église San Hipólito

VII.6 AMUSCO
  VII.6.a Ermitage Nuestra Señora de
  las Fuentes

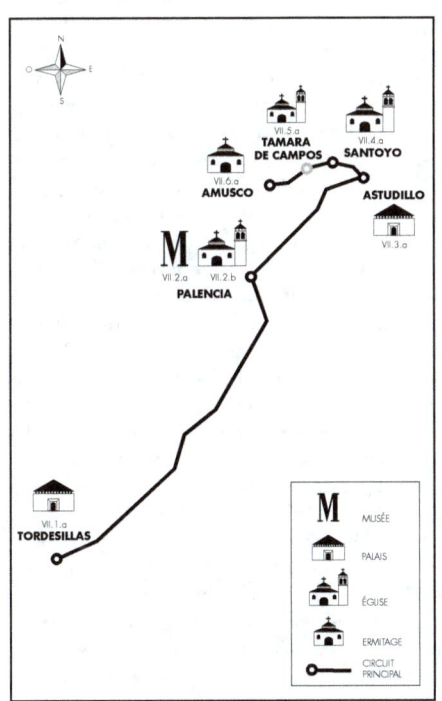

*Église Santa María
et Musée,
détail de poutres,
Becerril de Campos.*

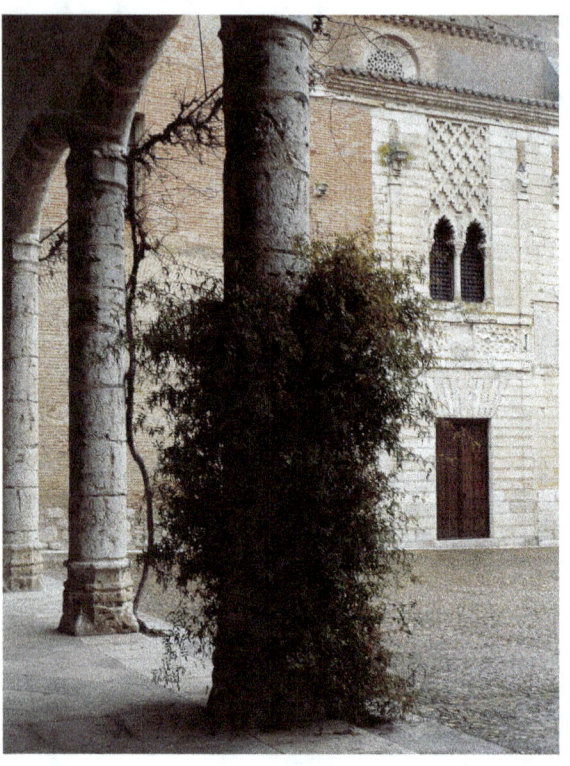

Palais de Pierre Ier, façade, Tordesillas.

Quelques filles de rois et des familles les plus importantes de la noblesse de Castille-León ont intégré les communautés religieuses de la région. Les ordres de Cîteaux et de Sainte-Claire les accueillirent chaleureusement et leur confièrent des responsabilités d'importance.

Les apports économiques des nouvelles venues, sous forme d'édifices ou de dons en numéraire pour améliorer des bâtiments de leurs ordres, permirent de donner à de nombreux couvents de ces ordres, du XIVe au XVIe siècle, la spacieuse et seigneuriale habitabilité qui reste une de leurs caractéristiques.

María de Padilla (?-1361) autant que ses filles Beatriz (1353- ?) et Constanza (1354- ?), fruits de ses amours avec Pierre Ier de Castille (1334-1369), ont utilisé les palais inachevés d'Astudillo et de Tordesillas. Des dames des familles Manrique, Castañeda, Enríquez et autres ont légué leurs maisons et leurs biens aux couvents de Calabazanos, Carrión de los Condes et Palencia. Rares sont, dans la région, les couvents qui ne gardent pas le souvenir de l'une ou l'autre des plus éminentes familles de la noblesse locale.

Pour savoir comment pouvait se dérouler la vie dans les appartements de ces religieuses, rien de tel qu'une visite des couvents dans lesquels, peu à peu, des religieuses au nom illustre se sont fait accompagner de leurs proches et de leurs enfants. À Santa Isabel de Valladolid, on peut voir les cellules et quelques parties communes du couvent. À Calabazanos, Tordesillas et Carrión sont conservées les meilleures structures architecturales de type conventuel de la région, même si elles sont difficilement visitables. L'objet de ce circuit est de donner à connaître ce type de construction et les objets caractéristiques de la vie conventuelle conservés dans des musées privés.

Les constructions palatiales de Pierre Ier (1334-1369), Henri II (1333/4-1379) et Jean II (1405-1454) dans ces couvents nous sont parvenues transformées par des œuvres postérieures qui cherchaient à les adapter au type de vie communautaire.

Les façades et les patios constituent l'élément le plus caractéristique dans le cas d'Astudillo et de Tordesillas, qui reprennent des formules grenadines et tolédanes. Portails en pierre de taille sur murs en pisé et bordures en briques, colonnes et angles des constructions en pierre de taille, grandes fenêtres lobées et, à l'intérieur, riche décoration de stucs ciselés et de bois polychromes aux armes et écussons royaux. Les deux édifices ont été transformés en musées. On peut aussi voir les vestiges, en mauvais état, du palais de Jean II à Madrigal de la Altas Torres, mais le peu qui reste du palais de Enrique II à León ne peut se voir qu'au Musée provincial, et consiste en stucs ouvragés et en quelques fragments de la toiture.

Outre cette architecture conventuelle, on pourra voir une autre architecture religieuse dans les principaux villages de Tierra de Campos. Ici, les artistes mudéjars ont laissé leur empreinte dans des toitures aux riches entrelacs, des chœurs élevés à thèmes figuratifs représentant des personnages de l'époque, des stucs ouvragés dans les chapelles et les chaires, des arcs funéraires et des lambris d'*azulejos*. Cette riche typologie consacrée au culte montre bien comment les demandes du moment ont permis des interprétations très personnelles de l'art gothique ou renaissant, et ont créé un style d'église rurale simple, peu onéreuse et bien adaptée au terrain et aux ressources environnantes.

Ces églises comprennent généralement une ou trois nefs en pisé, dotées de murs de soutènement en briques ou simplement confortées par du stuc à l'extérieur pour protéger les murs de l'humidité, et pour les décorer en imitant de grossières pierres de taille. Une tour carrée à la base et une abside également carrée équilibrent l'ensemble. Malgré l'aspect extérieur on ne peut plus simple, l'intérieur est d'une richesse sobre mais éblouissante. Les nefs sont rehaussées de toitures de bois polychromes ornées d'entrelacs. Le frontispice, simple ou triple, utilise des structures octogonales à la décoration *apeinazada*, c'est-à-dire des entrelacs structurels et en volume, ou à décoration *ataujerada*, cloutée et polychrome ou dorée, imitant de véritables ciels, et qui fit dire à Fray Luis de León (1527-1591) dans *Vida retirada*: "… ni du toit doré / l'on admire, fabriqué / par le sage maure, en jaspes soutenu."

Entre les entrelacs de ces plafonds d'église se niche une iconographie plutôt variée, depuis un Pantocrátor avec les symboles des évangélistes (Santa María de Fuentes de Nava et Asunción de Villacé) jusqu'à une représentation humanisée des vertus théologales et cardinales (Santos Justo y Pastor à Cuenca de Campos).

Sur les chœurs élevés en bois figurent également, peints ou sculptés, quelques-uns des personnages les plus importants de la Bible, tels les rois et prophètes (Bolaños de Campos), ou tout simple-

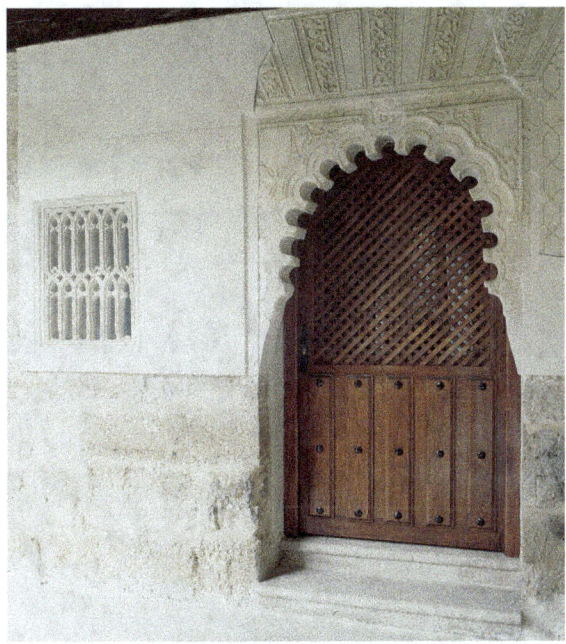

Palais de Pierre Ier, porte dans la clôture, Astudillo.

Tordesillas

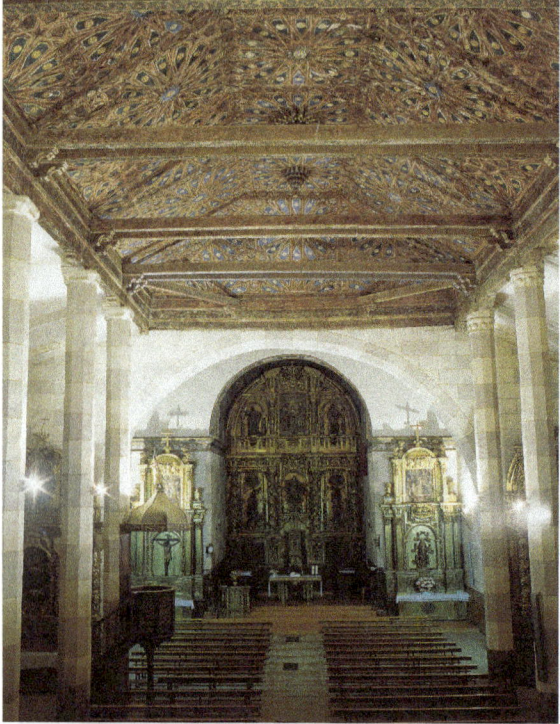

Église Santa María, intérieur, Fuentes de Nava.

Église San Facundo y San Primitivo, plafond du presbyterium, Cisneros.

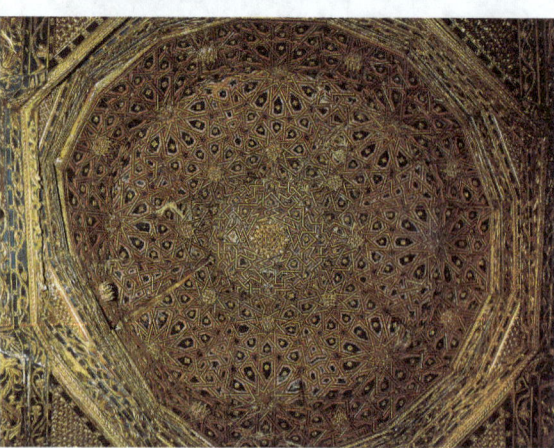

ment des personnages de la vie quotidienne vêtus à la mode de l'époque, et d'une facture très réaliste qui semble digne de foi (San Juan de Santoyo).
Les scènes de la Passion du Christ sont moins fréquentes (église Santiago à Calzada de los Molinos).
Le thème figuratif passe de la pierre au stuc, et de nombreux artistes reproduisirent sur des arcs, des sarcophages, des chaires et des chapelles réalisés dans cette matière la représentation des apôtres entourant le Pantocrátor du chœur élevé de San Hipólito à Támara.
Parmi tous ces artisans, le maître Alonso Martínez de Carrión fut le plus remarquable. Ses ouvrages peuvent être vus dans les églises San Francisco et Santa Clara, dans la ville de Palencia, et dans celles de Santa María à Becerril de Campos ainsi qu'à Villalcázar de Sirga, deux localités de la province de Palencia.

VII.1 TORDESILLAS

Il est recommandé de visiter le couvent Santa Clara à Tordesillas à la première heure, de façon à ne pas manquer la visite du Musée diocésain à Palencia.

VII.1.a Palais de Pierre Ier, actuel couvent Santa Clara

Sur les berges du fleuve Douro, Tordesillas s'élève sur une colline à laquelle son nom fait allusion: "Otero de Siellas". Le village est encore partiellement fermé par la muraille de pisé aux portes de briques d'une facture clairement mudéjare. Un palais donnant sur le fleuve fut construit pour les monarques castillans. Certains y voient une des premières réalisations d'Alphonse XI (1312-1350), du fait des inscriptions lapidaires, aujourd'hui illisibles, de la façade – du fait aussi des écussons qui apparaissent dans les bains, et qui sont ceux de sa maîtresse, Leonor de Guzmán. Mais la seule chose qui soit réellement documentée est le fait que c'est Pierre Ier qui en a ordonné la construction, et que c'est Beatriz, l'aînée des filles qu'il eut avec María de Padilla, qui l'a transformé en couvent de clarisses.

Tout le palais est conçu en fonction de l'eau qui pénètre par le mur est, où se trouve aujourd'hui le verger monastique, et d'où elle emplit des citernes avant d'être distribuée vers le sud et vers l'ouest. Au sud se trouvent le chevet de l'église actuelle et les bains. À l'ouest, l'eau pénètre dans le réservoir des religieuses, puis dans un nouveau bassin situé à l'une des extrémités du cloître actuel. Celui-ci donne sur le jardin et le patio d'un autre palais, qui pourrait dater de la seconde moitié du XIVe siècle, si l'on en juge par les vestiges mis au jour par de récentes fouilles. Construit sur le modèle de la cour des Lions de l'Alhambra à Grenade, il avait deux petits kiosques et des fontaines, dont l'une est conservée avec son lambris d'*azulejos* et son jet d'eau. Les travaux de restauration postérieurs aux excavations ont remis en valeur les ouvrages de stuc polychromes et les inscriptions, qui sont aussi une réplique de ceux de la cour des Lions de l'Alhambra.

La visite commence par l'extrême ouest de l'ensemble palatial, où se remarque une façade en pierre de taille en linteau aux voussoirs redentés et dotée d'une structure supérieure à double fenêtre et panneau décoré d'un réseau de losanges.

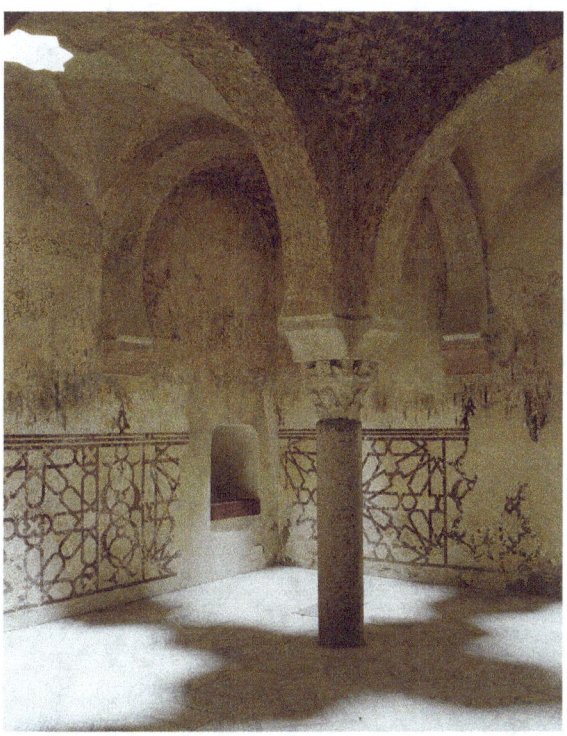

Palais de Pierre Ier, bains, Tordesillas.

Des plaques commémoratives de forme symétrique et la décoration de clés et autres éléments décoratifs rappellent le souvenir de Grenade et de la main-d'œuvre musulmane. Sur le même côté s'élève une *qubba* ou coupole de stuc entre deux petites cours; l'une d'entre elles est l'actuel Patio del Yeso (du Stuc), décoré d'entrelacs et de motifs végétaux; l'autre est la cour disparue des anciennes cuisines. Le palais s'ouvrait à l'est sur le patio disparu, qui communiquait avec une salle transversale, aujourd'hui le réfectoire des religieuses, et avec une autre qui s'intègre à la coursive ouest du cloître.

Tordesillas

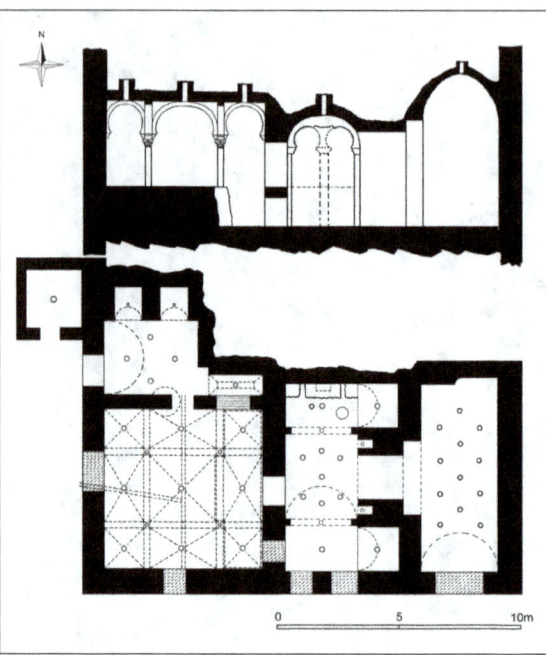

Bain du palais de Pierre Ier, plan et coupe, Tordesillas.

La *qubba* connue sous le nom de Capilla Dorada (Chapelle dorée) conserve quelques vestiges de peintures religieuses gothiques postérieures à l'œuvre architecturale mudéjare. La voûte est formée par des nervures doubles qui ne se croisent pas au centre et qui, partant de petites crosses et d'étoiles à huit branches alternées, se terminent sur la clé en une grande étoile à seize branches ornée d'une pomme de pin centrale.

Le palais s'étendait d'est en ouest (façade et *qubba*), avec un patio intermédiaire comportant deux pavillons et deux bassins. Sur le côté oriental s'ouvrait une nouvelle salle parallèle à la Capilla Dorada, dotée de deux alcôves communiquant par des arcades de brique. Le sol de cette pièce conserve encore la fontaine de céramique avec son jet.

Côté sud, le palais regardait le fleuve à travers des arcades de stucs ouvragés ornées d'inscriptions grenadines aujourd'hui récupérées et qui prouvent que Pierre Ier a fait construire un nouvel espace en forme de U, ouvert sur le sud et sur le fleuve, sur le modèle du Palacio de Galiano à Tolède. La métrologie –avec la coudée musulmane pour unité– révèle que le palais se trouvait sous les actuelles église et chapelle des Saldaña, du nom de leur fondateur. Cependant, pour se persuader qu'il en était bien ainsi, il suffit d'observer les vestiges de l'une des alcôves dans l'actuelle sacristie, ou de lire le document par lequel l'évêque de Palencia, don Gutierre, permit que l'église fût agrandie "labrándose en los portales del palacio".

Pour l'adaptation en couvent au milieu du XIVe siècle, on a transformé en dortoirs les pièces qui entouraient le patio du Vergel (du Verger). Au XVIIe siècle, ces dortoirs furent transformés en cellules sur deux niveaux, réfectoire et cuisines (côté est) et salle capitulaire, laissant comme chœur et premier sanctuaire le côté sud du cloître, qu'on appelle aujourd'hui le "chœur long". Plus tard, avec l'accord de l'évêque de Palencia, fut édifiée l'église actuelle, qui supprima toute communication avec les bains. Ceux-ci restèrent désaffectés et finirent par être abandonnés, mais la plupart conservent encore leurs peintures géométriques et héraldiques. Enfin, utilisant ce qui avait été façade et vestibule du palais, les religieuses firent construire un chœur élevé au pied du temple et le firent décorer de peintures gothiques religieuses, alternées avec un travail de stuc ouvragé et des inscriptions ornementales.

VII.2 **PALENCIA**

À 77 km par la voie unique N 620. Il est recommandé de garer la voiture près de la cathédrale et de faire le circuit à pied.

À Palencia, les œuvres mudéjares se limitent aux couvents San Francisco et Santa Clara et aux plafonds conservées au Musée diocésain.

VII.2.a **Musée diocésain**

Rue General Mola. Depuis la cathédrale par la rue General Mola. À l'intérieur du palais épiscopal. Entrée payante. Visites guidées organisées par les religieuses à 11:30 et 12:30. Fermé le dimanche.

Le Musée diocésain, aujourd'hui installé à l'intérieur du palais épiscopal, conserve trois des plus beaux plafonds de la région. Le premier appartient à l'église San Juan, à Moral de la Reina. Il s'agit d'un *alfarje* du chœur élevé qui révèle, entre les restes de la polychromie, ce qui subsiste de quelques possibles scènes de la vie de saint Jean, qui pourraient être mises en relation avec d'autres œuvres de l'école dite gothico-mudéjare de Burgos (Silos, Sinovas, Calzada de los Molinos, Amayuelas de Abajo). Le second *alfarje* appartient au chœur élevé de l'église San Miguel de Támara, et le troisième couvrait l'une des grandes tours du couvent de clarisses de San Bernardino à Cuenca de Campos, couvent fondé en 1455 par doña María Fernández de Velasco et son neveu le comte de Haro. Depuis leur mirador privilégié, que l'on appelle d'ailleurs "las vistas", les sœurs réunies à l'heure de la couture ou pour de menus travaux domestiques pouvaient, les jours de repos, observer, sans être vues, ce qui se passait au village.

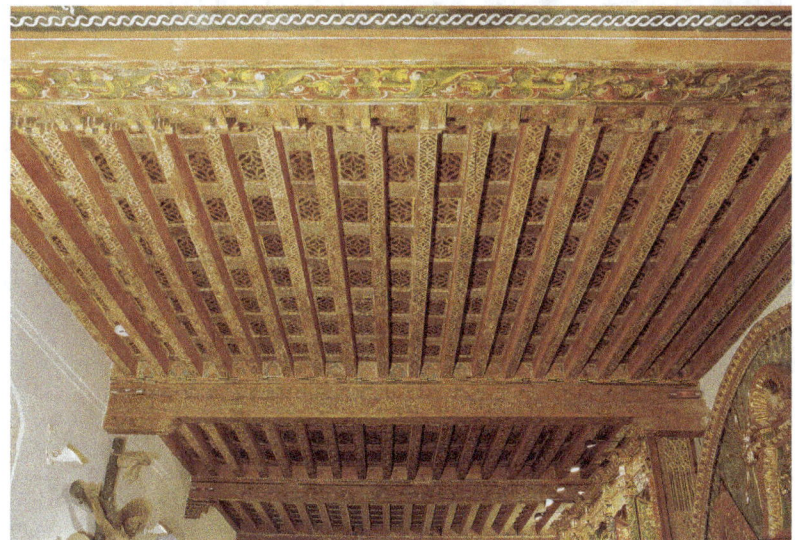

Musée diocésain, plafond, Palencia.

Astudillo

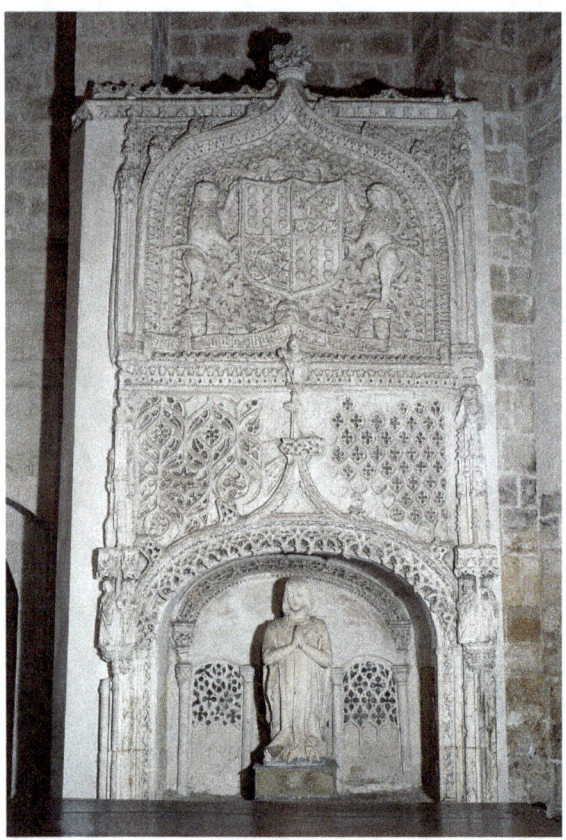

Église San Francisco, tombeau de la chapelle de la famille Sarmiento, Palencia.

VII.2.b Église San Francisco

À côté de la plaza Mayor. Demander l'accès à la capilla del Sarmiento et à la sacristie. Horaires du culte: de 9:00 à 10:00, de 12:30 à 13:00 et de 18:30 à 19:00.

Le couvent San Francisco fut fondé par l'évêque don Tello Téllez de Meneses, dont le tombeau de bois polychrome est placé sous la splendide toiture octogonale de la sacristie. L'intervention demandée au début du XVIe siècle par l'évêque don Juan de Castilla dans le chœur élevé de la nef est aussi une grande réussite, mais les deux œuvres font pâle figure à côté de la singulière chapelle funéraire érigée pour la famille Sarmiento par un stucateur mudéjar que nous retrouverons parfois en terre castillane et qui, curieusement, a ici signé son œuvre: "Alonso Martines". La chapelle renferme quelques statuettes. Sur un sarcophage orné de gravures gothiques et de claires-voies veille en permanence un orant, une statue dont les volumes généreux rappellent sans doute ceux du personnage enterré, peut-être Juan Sarmiento. Sous le dais, d'autres statues représentent des apôtres ou des saints.

À Palencia, il est recommandé de déguster quelques plats typiques de la gastronomie locale comme les jardinières ou la perdrix.

VII.3 ASTUDILLO

VII.3.a Palais du roi Pierre Ier, actuel couvent Santa Clara

À 30 km par la P 431. On peut visiter l'église et le musée installé dans le palais du roi Don Pedro, avec une intéressante collection de trouvailles archéologiques et d'œuvres d'art. Horaires: de 11:00 à 13:00 et de 16:00 à 18:30. Fermé le lundi.

La ville d'Astudillo conserve une partie de ses murailles et l'une de ses portes, ainsi que bon nombre de temples gothiques dans lesquels on peut voir aussi des œuvres d'art mudéjar, comme dans l'avant-chœur de San Pedro. La cité a toutefois perdu son château, dont il reste le nom

—Mota— ; de la présence juive ne reste que le nom de la rue de la Synagogue.

Pierre Ier de Castille voulut construire en ce lieu un palais à la manière de ceux qui furent édifiés à la même époque par les monarques nasrides à Grenade. C'est vraisemblablement en témoignage d'amitié que Mohamed V de Grenade, rétabli sur le trône grâce à l'aide de Pierre Ier, lui envoya des artisans qui laissèrent le meilleur de leur savoir-faire à Astudillo (1356), Tordesillas (1363), Séville (1364-1366) et Tolède.

Le palais d'Astudillo resta inachevé; mais, comme il n'a pas subi autant de transformations que les palais de Séville, Tolède et Tordesillas où travaillèrent les artisans mudéjars envoyés par Mohamed V de Grenade, il permet d'imaginer facilement l'aspect véritable des maisons-palais du milieu du XIVe siècle. Avec des matériaux pauvres et peu onéreux comme le stuc, le pisé et la brique, on construisait les murs, les encadrements de fenêtres et les *arrocabes* ornés de thèmes géométriques et de blasons héraldiques. Les plafonds ouvragés en bois polychrome et la pierre —uniquement utilisée en façade avec un linteau en adobe, ou pour les angles, avec de simples chapiteaux à motifs végétaux— complètent un système ornemental simple, mais non dépourvu de luxe.

Quelques possibles bains sur le côté occidental, et un patio garni de bassins et de galeries en stuc ajouré en losanges tamisant la lumière du passage vers la salle et les deux alcôves, évoquent une forme de vie et un certain luxe courtois qui ne coïncident pas tout à fait avec l'idée conventionnelle qu'on se fait de l'Espagne de la Reconquête, celle d'une société de moines et de guerriers.

La menace du Pape d'excommunier Pierre Ier, qui vivait au palais avec sa maîtresse

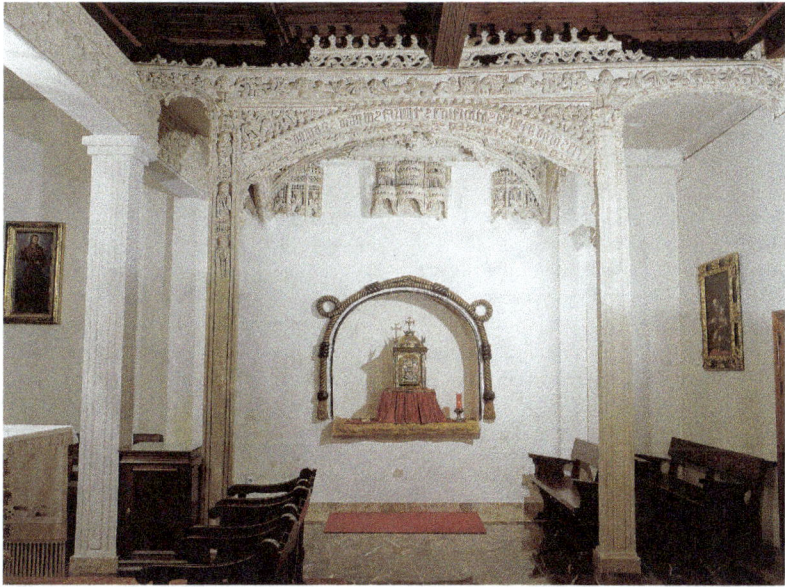

Palais de Pierre Ier, chœur bas des religieuses, stuc ouvragé de Braymi et Alonso Martínez, Astudillo.

CIRCUIT VII   *Filles de rois et de nobles: à travers les couvents de clarisses*

Astudillo

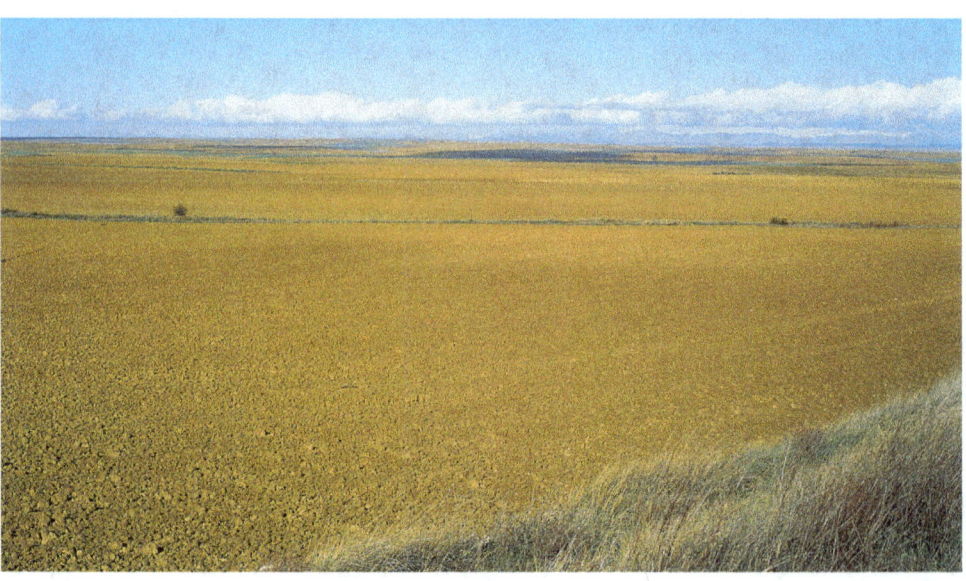

Tierra de Campos.

María de Padilla, suggéra à cette dernière l'idée de transformer le palais en couvent. Il fut décidé de l'attribuer aux clarisses, et María de Padilla en fut la fondatrice. Après la mort de María (1361) et l'assassinat du souverain à Montiel par son frère bâtard Enrique (1369), une de ses filles devint la nouvelle abbesse, chargée de promouvoir l'édifice religieux et d'abandonner définitivement l'œuvre palatine.

Au cours du XVe siècle, de nouveaux travaux furent entrepris dans le couvent, comme des stucs ouvragés réalisés pour la salle capitulaire par l'artisan mudéjar Braymi, qui laissa sa signature sur l'une des inscriptions de la frise, à côté d'une légende écrite dans le latin dégradé de l'époque: "Soly Deo Honor et Gloria". Braymi réalisa aussi la chaire du réfectoire que l'on peut voir aujourd'hui au musée du couvent. À la fin du XVe siècle, le maître Alonso Martínez réalisa, pour embellir la chapelle funéraire de doña María de Padilla, fondatrice du couvent, des stucs ciselés qui reprennent les motifs et la décoration de San Francisco et de Santa Clara à Palencia.

Pigeonniers
Le long des routes qui vous conduiront aux différents villages, vous aurez l'occasion de contempler les pigeonniers de la Tierra de Campos, dont la pureté de lignes est sans pareille. Ce sont parfois les seules constructions qui apparaissent au milieu de ces plaines interminables; ils sont d'ailleurs devenus de véritables symboles du paysage. Ils sont majoritairement en adobe. C'est ce qui explique, en même temps que le déclin de l'élevage des pigeons, que nombre d'entre eux aient disparu ou soient irrémédiablement endommagés. Cependant, grâce à différentes initiatives en vue de conserver le patrimoine architectural rural de la région, ils font de plus en plus l'objet de restaurations.

VII.4 SANTOYO

À partir de Santoyo commencent à apparaître des églises gigantesques, presque des cathédrales quant aux dimensions et à la construction (Santoyo, Támara, Amusco), un effet de l'énorme richesse céréalière de cette zone géographique. Cette région de las Nueve Villas est devenue l'un des grands greniers de l'Espagne au XVIe siècle.

VII.4.a Église San Juan Bautista

À 1 km par la P 431.
Horaires: de juillet à septembre de 10:30 à 13:30 et de 17:00 à 20:00; le reste de l'année, samedis et dimanches de 11:30 à 12:30 et de 16:30 à 17:30. Si l'église est fermée, demander Mme Maruja.

Le chœur élevé de San Juan de Santoyo, de la fin du XVe siècle, est plus que le lieu de prière d'une importante communauté religieuse. C'est aussi le théâtre d'une grande représentation picturale de la société bas-médiévale. Il met en scène non seulement les clercs, les bénéficiaires et le personnel de service, mais aussi un vaste répertoire de types humains, vêtus à la mode de l'époque, du chevalier à l'artisan en passant par le ménestrel et le juge. Nous ne savons rien de la commande ni de l'auteur, un maître dont le style est parfois mis en relation avec des œuvres de la peinture gothique castillane internationale ou de ses premiers pas dans le style flamand.

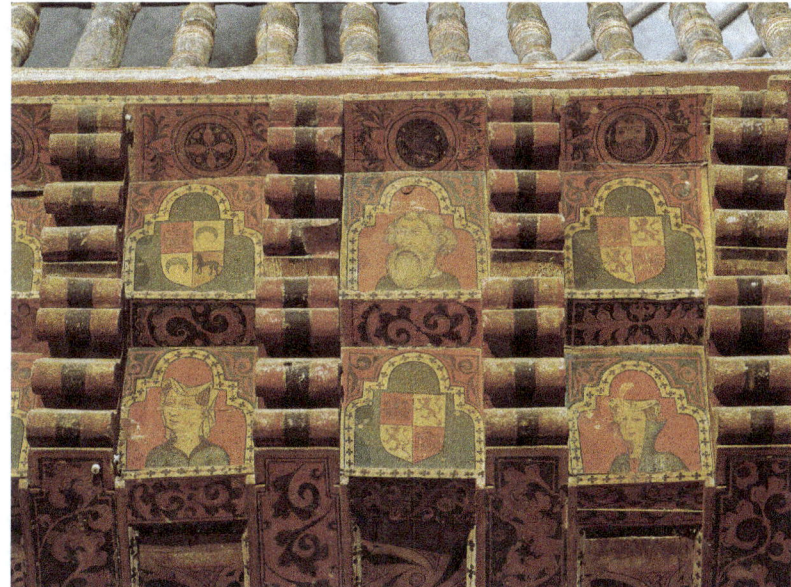

Église San Juan Bautista, détail du chœur élevé, Santoyo.

Támara de Campos

VII.5 **TÁMARA DE CAMPOS**
(option)

VII.5.a Église San Hipólito

À 7 km. Si l'église est fermée, demander Mme Concha, tél.: 979 810246.

L'église paroissiale de Támara de Campos, dédiée à saint Hippolyte, est l'une des plus imposantes de la région de Tierra de Campos, à l'intérieur de la zone appelée "de la Nueve Villas". Quelques-uns attribuent le bâtiment aux Rois Catholiques, dont les blasons s'affichent sur la tour. Les précédents romans peuvent être vus dans l'église voisine du Castillo, et ceux plus directement monastiques à San Miguel. Cette dernière fit vraisemblablement partie d'un ancien prieuré bénédictin et conserve des vestiges de sa toiture et une belle chaire mudéjare en stuc de l'école de Alonso Martínez.

À San Hipólito —dans le chœur élevé ouvragé en pierre de taille avec un superbe groupe d'apôtres entourant le Pancréator— s'annoncent les futurs ouvrages de stuc du maître Alonso Martínez de Carrión ou de son atelier pour d'autres couvents de la région.

La main-d'œuvre mudéjare se décèle en différents points du temple et du village, mais c'est peut-être la porte de bois du chœur élevé qui témoigne de la plus éclatante maîtrise d'un excellent charpentier et ébéniste mudéjar, qui pourrait bien avoir été originaire de Grenade. Les ouvrages de marqueterie qui décorent le cadre et un blason des Rois Catholiques, auquel manque la grenade, symbole de la

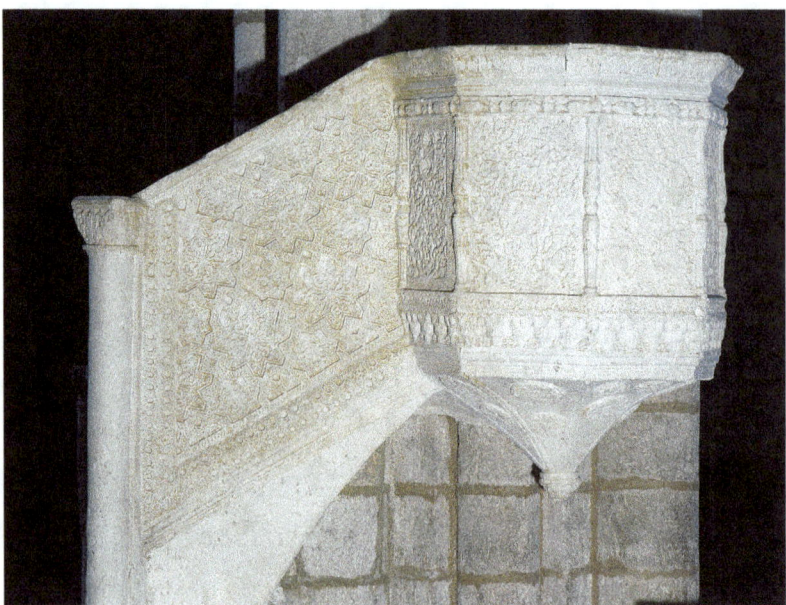

Ermitage Nuestra Señora de las Fuentes, chaire, Amusco.

conquête définitive de la Péninsule par Isabelle et Ferdinand, obligent à dater l'œuvre d'avant 1492.

VII.6 AMUSCO

VII.6.a Ermitage Nuestra Señora de las Fuentes

À 14 km. Pour la visite, s'adresser à la paroisse, tél.: 979 802051.

La ville d'Amusco est citée dans les chroniques médiévales pour son importante juiverie, dont il ne reste que le souvenir. "De Piña étaient ceux qui flagellèrent le Christ, à Amusco ils déjeunèrent et à Frómista ils dînèrent et s'arrêtèrent", raconte un dicton populaire de Palencia.

Dans les environs du village, l'ermitage de Nuestra Señora de las Fuentes (Notre-Dame des Sources), un bâtiment gothique, abrite une curieuse chaire mudéjare en stuc sculpté qui est l'une des plus étonnantes de Castille-León. Les motifs ornementaux gothiques, nasrides, et d'un autre style qui semble inspiré d'une source renaissante imprimée, témoignent de la curieuse symbiose de cultures et de formes artistiques qui se réalisa dans le mudéjar castillan. D'un côté des sculptures à jour gothiques, des claires-voies, des entrelacs; d'un autre côté des "feuilles" asymétriques et des *muqarnas*, des étoiles à huit branches et des petites crosses; ou encore une représentation de la rhétorique, la science qu'il faut maîtriser pour parler en chaire, dans le plus pur style iconographique du Quattrocento italien, et plus précisément de Andrea Mantegna. Tout cela forme un hybride artistique qui expose parfaitement les éléments composant ce style si particulier qu'est le mudéjar. L'œuvre ne semble pas le fait de quelque stucateur actif dans la région, mais bien d'un artiste grenadin qui a pu réaliser aussi —lui ou son atelier— la chaire de Santa María del Campo à Burgos.

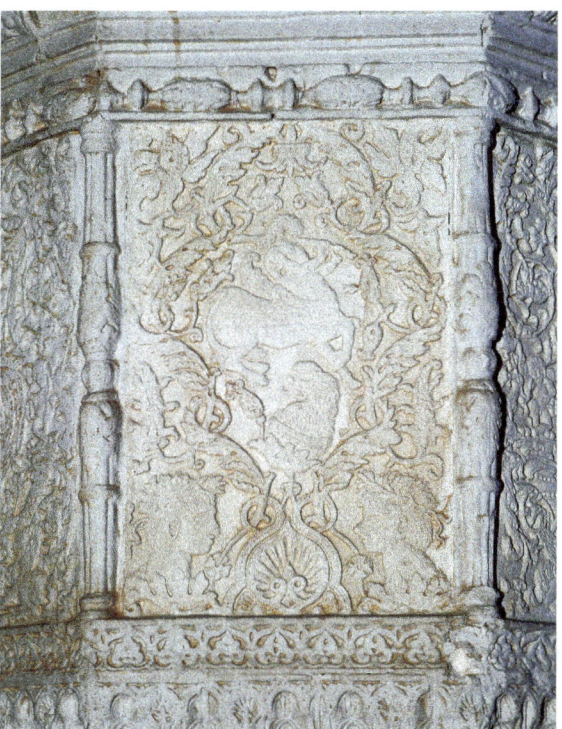

Ermitage Nuestra. Señora de las Fuentes, détail de la chaire, Amusco.

Il est recommandé de passer la nuit à Carrión de los Condes, à 30 km. Dans le superbe monastère San Zoilo, remanié, voir les vestiges de la façade romane de l'église et le superbe cloître Renaissance de Juan de Badajoz.

CIRCUIT VII

Filles de rois et de nobles: à travers les couvents de clarisses

Pedro Lavado Paradinas

Deuxième jour

VII.7 CARRIÓN DE LOS CONDES
      VII.7.a Couvent Santa Clara

VII.8 VILLAMUERA DE LA CUEZA
      VII.8.a Nuestra Señora de las Nieves

VII.9 BECERRIL DE CAMPOS
      VII.9.a Église Santa María et musée

VII.10 FUENTES DE NAVA
      VII.10.a Église Santa María

VII.11 CISNEROS
      VII.11.a Église San Facundo et San Primitivo

Pierre Ier de Castille

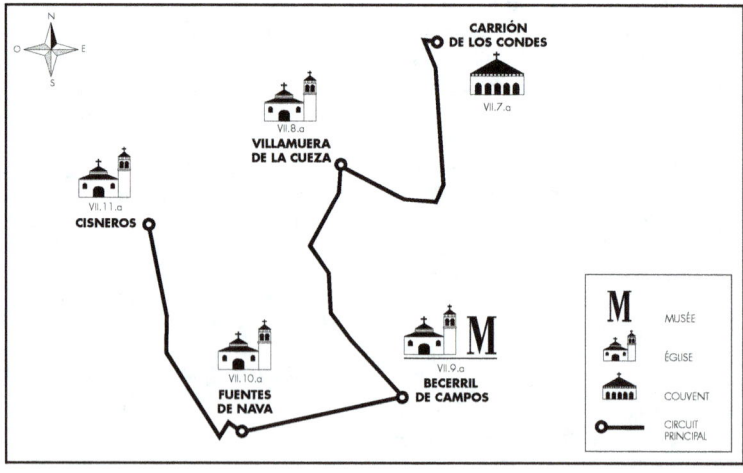

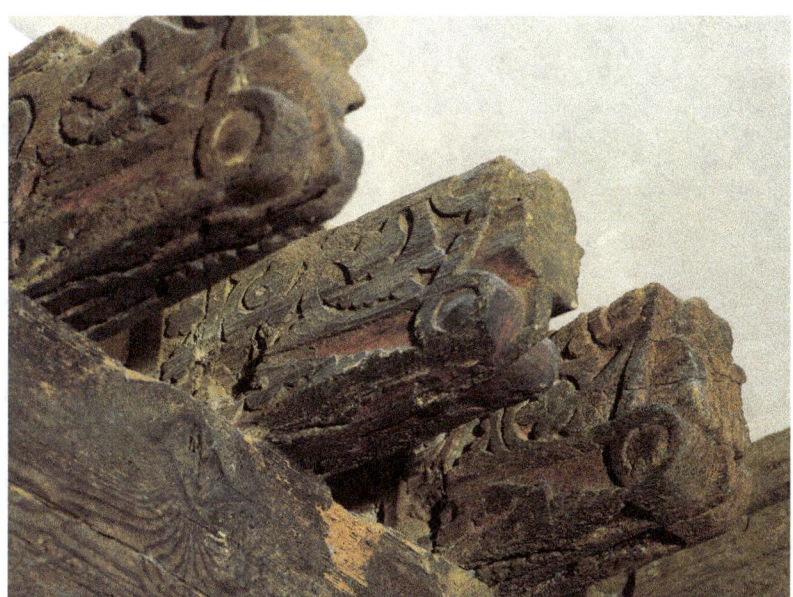

Couvent Santa Clara, poutres de bois, Carrión de los Condes.

VII.7 CARRIÓN DE LOS CONDES

VII.7.a Couvent Santa Clara

On peut visiter l'église et le musée, qui conserve des panneaux et des poutres du plafond mudéjar, ainsi que des objets de la vie quotidienne du couvent et d'autres pièces artistiques. Le couvent Santa Clara (couvent de clôture) continue une production de gâteaux traditionnels.
Horaires: en été, de 11:00 à 13:00 et de 17:00 à 19:00; en hiver, de 11:00 à 13:00 et de 16:30 à 18:30. Fermé le lundi.

De récents travaux d'aménagement du musée conventuel ont permis de découvrir les restes des gradins dans le parloir du couvent fondé par doña Mencía López de Haro, mariée en secondes noces au roi Sancho II de Portugal en 1260. Il est vraisemblable que les religieuses arrivées de Santa María del Páramo se soient d'abord établies dans l'actuelle église du Saint-Esprit, qui existait ici jusqu'à la réforme conduite par Sœur Luisa de la Ascensión au XVIIe siècle. La découverte d'une série de poutres de bois ouvragé à la manière de l'ébénisterie mudéjare du XIIIe siècle évoque un réemploi de celles d'un temple roman, dont la couverture de bois présente des similitudes avec des exemples tolédans et ségoviens. La réforme du XVIIe siècle a sauvé les meilleures poutres et les a replacées au hasard dans les gradins du parloir du nouveau temple. Un autre morceau a été utilisé pour caler la charpente du XVIe siècle dans la salle capitulaire du couvent. Il est évident que l'édifice a reçu des ajouts au fur et à mesure que les reli-

Villamuera de la Cueza

gieuses devenaient plus nombreuses. Les blasons des Lara, des Castañeda, des Zúniga et d'autres évoquent le patronage exercé par certaines familles en divers points du monastère à la fin du XVe et au début du XVIe siècle. De nombreux fragments et planches de différents plafonds comportant les blasons de ces familles sont exposés dans le musée des religieuses.

Il n'est pas facile de visiter les cellules individuelles construites par Sœur Luisa de la Ascensión, qui présentent des ressemblances évidentes avec celles du couvent de Calabazanos. Bâties en petits cubes de pisé, avec des portes de communication ornées de reliefs de stuc qui représentent des images religieuses, chaque cellule consiste en une petite pièce dotée d'une alcôve dans laquelle se trouve une niche de plâtre destinée à recevoir les peintures et les statues, un vaisselier et un placard encastré dans le mur.

Malheureusement, d'autres plafonds et œuvres mudéjares de Carrión ont disparu, certaines par la faute d'une restauration malheureuse; c'est le cas du portique orné d'une imposante frise sculptée qui couvrait le portail roman de Santa María. Les documents, cependant, parlent souvent non seulement des musulmans, mais aussi des juifs: "... populatores in barrio Sancti Soyli, tam christianos, quam iudeos sive sarracenos..." (1220). Ils sont encore cités en 1465: "... qui vivent à l'intérieur de leurs murs et y vécurent bien avant", ce qui est tout à fait vraisemblable puisque les recensements de l'Inquisition de 1594 et de l'expulsion de 1609 font état d'un certain nombre de Morisques.

L'un des personnages les plus célèbres de cette localité fut le rabbin don Sem Tob, également connu sous le nom de don Santos de Carrión, dont les poèmes, rassemblés dans le recueil *Proverbios Morales*, dédié au roi don Pedro, sont un bon exemple de l'hybridation en œuvre dans la culture médiévale, où la Bible et le Coran ont leur place autant que le Talmud:

"Dans ce monde si nanti/ rien ne vaut le savoir: / plus que la propriété il vaut / aucun trésor, aucun avoir / ... aucune meilleure compagnie / que le livre, rien de tel; / une grande querelle avec lui / vaut mieux que la paix."

VII.8 VILLAMUERA DE LA CUEZA

VII.8.a Nuestra Señora de las Nieves

À 20 km par la C 615; puis, à Villafolfo, prendre la P 963. Si l'église est fermée, demander Mme Jacoba, tél. 979 883162.

L'église Nuestra Señora de las Nieves à Villamuera de la Cueza est un temple à trois nefs en pisé nettoyé et enduit, qui imite les pierres de taille et leurs jointures, mais qui est aujourd'hui masqué et obturé par une disgracieuse brique moderne.

L'intérieur se présente comme une église à colonnes de type Campos. Elle a perdu – à moins qu'elles ne soient encore occultées sous le lambris – les boiseries de la nef, mais a heureusement conservé la toiture octogonale du chœur des religieux, une œuvre magistrale du mudéjar castillan. Son auteur l'a signée sur l'*arrocabe*, au milieu d'un fouillis végétal qui la rend difficile à discerner: "Esta obra yço Juan Carpeil". La toiture octogonale part du plan quadrangulaire du presbytère pour éclater en huit côtés au moyen de quelques trompes de *muqarnas* dorés, et se divise à nouveau en d'autres trompes plus petites pour arriver à dix côtés, puis revient encore aux huit côtés en alternant des pièces triangulaires et trapézoïdales qui culminent en un *almizate* octogonal avec pomme de pin de *muqarnas* également dorés.

La formule est extrêmement ingénieuse et proche de la coupole sévillane que nous pouvons rencontrer —en stuc— à Tordesillas, dans la Mejorada de Olmedo et dans les chapelles sévillanes de la Quinta Angustia y Omnium Sanctorum; et —en bois— dans la cour des Lions de l'Alhambra de Grenade, dans la salle des Ambassadeurs de l'alcazar sévillan, la toiture du palais de los Cárdenas à Torrijos, aujourd'hui au Musée archéologique national de Madrid, le plafond de l'escalier de la maison de Pilatos à Séville et toute autre variante.

Le même artiste, ou le même atelier, a vraisemblablement travaillé aux plafonds d'autres édifices de la région. Le même Juan Carpeil a réalisé celui de la chapelle de la Virgen del Castillo à San Facundo de Cisneros, et sans doute celui du presbytère du proche ermitage de Villafilar.

Mais nous ne savons rien du commanditaire. Peut-être s'agit-il d'une des riches donations léguées à sa mort par don Luis Hurtado de Mendoza, qui fut abbé de Covarrubias (Burgos) et du sanctuaire de Atocha, à Madrid. Par son testament de 1507, il légua d'innombrables œuvres, meubles et objets décoratifs à différents monastères de la région, mais rien n'est dit de cette église. L'hypothèse selon laquelle il aurait pu commander l'ouvrage s'appuie sur le fait que, quelques jours après avoir testé, il mourut à Nuestra Señora de las Nieves, où il est enterré

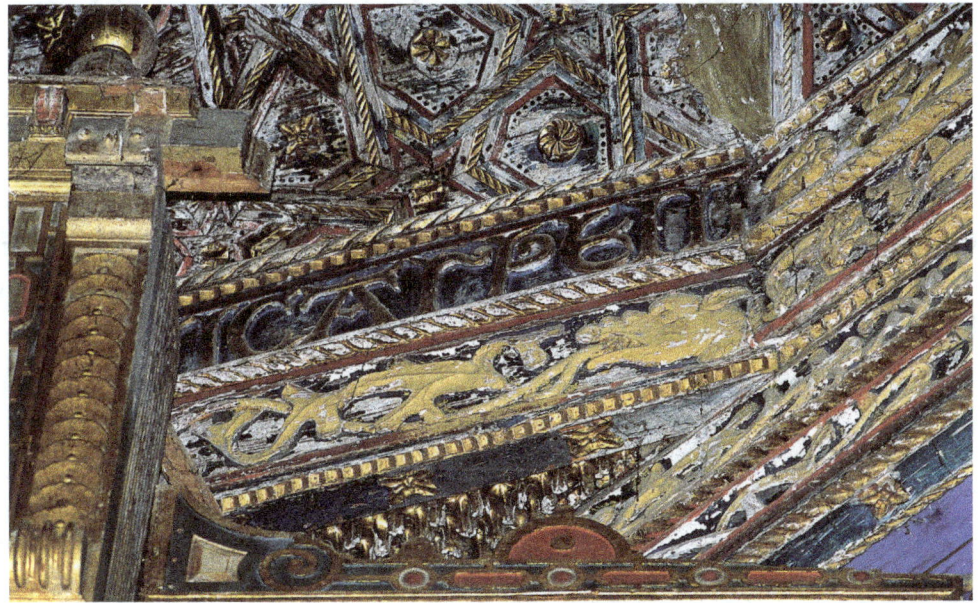

Nuestra Señora de las Nieves, détail du plafond du presbyterium, Villamuera de la Cueza.

CIRCUIT VII *Filles de rois et de nobles: à travers les couvents de clarisses*

Becerril de Campos

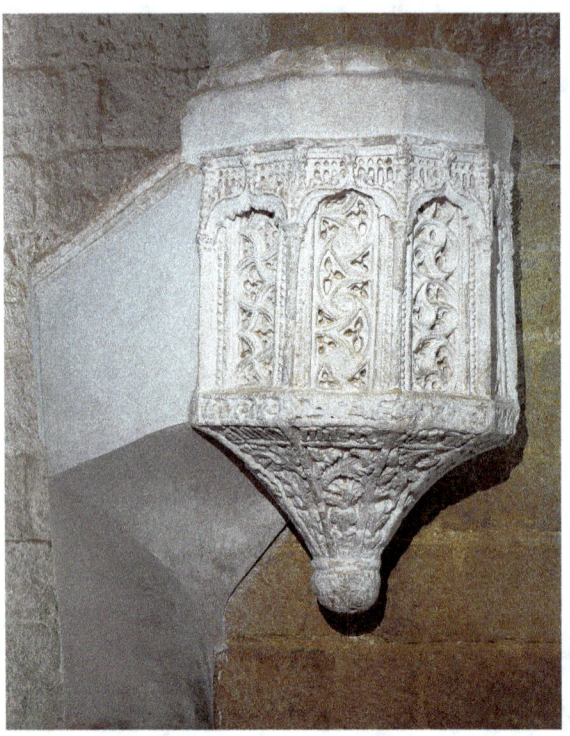

Église Santa María et Musée, chaire, Becerril de Campos.

dans une chapelle qui ferme le temple. Si ce n'est pas lui, c'est peut-être aux moines de San Zoilo de Carrión qu'il faudrait attribuer l'ouvrage.

VII.9 **BECERRIL DE CAMPOS**

VII.9.a **Église Santa María et Musée**

À 23 km par la P 963, direction Paredes de Nava, puis par la C 613.
Horaires: de 11:30 à 13:30 et de 17:00 à 20:00; samedis, dimanches et jours fériés de 10:30 à 13:30 et de 17:00 à 20:00. Fermé le lundi.

Parmi les sept églises qu'a pu compter Berrecil de Campos, deux seulement sont encore debout: l'une est ouverte au culte (Santa Eugenia), et l'autre abrite le musée paroissial (Santa María); les plafonds d'origine de San Martín, San Pedro et Santa María sont irrémédiablement perdus.

La transformation de cette dernière en musée l'a sauvée de l'abandon et de la ruine, au prix d'un agencement muséal qui empêche d'admirer l'une des plus singulières églises de Tierra de Campos.

Il s'agit d'un temple à une seule nef très haute et très vaste surmontée d'un plafond de bois sur arcs écrans; du côté de l'évangéliaire, une autre nef, plus petite, était recouverte, il y a quelques années encore, de restes de peintures murales d'un artiste nommé Pedro Alfonso, vestiges aujourd'hui disparus. L'artiste les avait signées en 1432; elles décoraient un sarcophage à côté duquel, plus tard, au début du XVIe siècle, on en a peint un autre.

La couverture de bois de l'église a subi de graves mutilations, particulièrement sur l'*almizate*, au motif d'une réforme baroque qui a occulté la charpente avec les voûtes et éliminé les chevrons et les stucs. Elle était à *par y nudillo* avec des boiseries décorées d'un travail de lambris et polychromie, ou dorées dans les fonds. Ce système de couvrement est assez proche de celui des églises franciscaines – et parfois même des églises franciscaines du Levante et de Galice – du début du XVe siècle. L'unique exemple proche, également doté d'une superbe charpente, était celui de l'église de l'abbaye de Husillos.

Au bout de la nef s'élève le chœur élevé de bois, l'un des plus singuliers et pleins d'humour de toute la Castille. Sur les têtes de poutres défile toute une galerie de personnages —les uns masculins, avec la barbe, la moustache ou la barbiche, d'autres féminins avec des colliers et des décolletés— sculptés et peints, à laquelle s'ajoute une série de portraits masculins et féminins peints à la mode de la fin du XVIe ou du début du XVIIe siècle.

L'ouvrage a dû être terminé entre ces deux dates, même si le chœur a été remodelé en 1545, d'après une note du livre des baptêmes; c'est sans doute à la même époque qu'ont aussi été construits le portique ouvert et les plafonds du côté sud de l'église, le côté de l'épître. Cependant, les peintures murales de Pedro Alfonso sur le côté de l'évangile militeraient en faveur d'une datation de la première toiture au premier quart du XVe siècle.

À noter encore, les stucs ouvragés d'Alonso Martínez, qui signa son travail sur la chaire: "Alonso Martines de Carrión me f...". Il s'agit d'une chaire polygo-nale à cinq côtés, avec des panneaux où alternent des tracés gothiques flamboyants et une décoration de claires-voies, et que l'on peut rapprocher d'autres exemples de la région. On peut sans doute aussi attribuer à ce même artisan les stucs ouvragés des fenêtres de l'abside et la chaire de stuc, aujourd'hui disparue, de San Pelayo à Becerril de Campos.

La ville fut un centre d'élevage et un marché. Les seuls souvenirs qui en restent sont les consoles de bois sur une place et les rues à portiques. Les matériaux sont très pauvres: pisé, brique et bois, pratiquement les mêmes que ceux de l'architecture populaire de la région, qui s'est maintenue jusqu'à nos jours mais qui est en train de disparaître par la faute de l'ignorance et de l'incurie.

VII.10 FUENTES DE NAVA

VII.10.a Église Santa María

À 13 km par la P 953.
Pour la visite, prévenir le père D. Joaquín, tél. 979 842027, en fin d'après-midi ou tôt le matin.

L'intérieur de l'église Santa María conserve la meilleure œuvre mudéjare de Tierra de Campos. L'église appartient à un type courant d'église *columnaria*: trois nefs avec transept et chevet unique carré, auquel s'ajoutent une coupole (1562) et une tour en bout, aujourd'hui mutilée et désaffectée. Ici les nefs sont séparées par des piliers

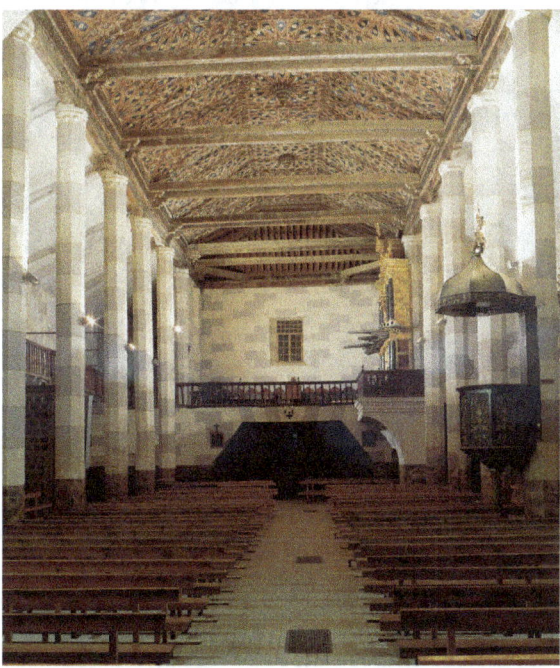

Église Santa María, intérieur, Fuentes de Nava.

octogonaux très stylisés, mais capables de supporter un très riche plafond octogonal ornée d'entrelacs et de disques dans les tons de bleu et rouge et un entrelacs de seize.

Dans le transept, l'église est également couverte d'un plafond octogonal sur trompes ornée d'entrelacs de douze, seize et vingt-quatre. Curieusement, au centre, au lieu d'une pomme de pin, pend une sculpture polychrome qui représente le Sauveur au centre de quatre étoiles, il est entouré par les animaux qui accompagnent habituellement les quatre évangélistes et que soutiennent quelques phylactères. Il s'agit d'un cas unique d'imbrication aussi ostentatoire d'éléments de tradition musulmane et de tradition chrétienne.

Le maître de Fuentes de Nava, comme on appelle l'artisan du lieu en attendant de voir un jour son nom apparaître dans quelque document, eut une formidable influence dans la région (Boada de Campos, Añoza, Villalcón), et son activité s'étendit jusqu'aux terres léonaises, comme le prouve la toiture de la Asunción à Villacé, qui est indubitablement de la même main. Ici, au centre du plafond d'entrelacs, apparaît aussi une figure qui pourrait être celle du Christ ou celle du Père Éternel.

L'activité d'un atelier de charpentier d'une certaine envergure à Fuentes de Nava, atelier qui fut actif jusqu'au milieu du XIVe siècle, se confirmerait peut-être si l'on avait la possibilité de voir, sur place, le plafond de l'église San Pedro. Malheureusement ce plafond, conservé presque intact, est emprisonné entre la voûte et le toit; c'est pourquoi, même si nous savons qu'il existe, nous ne savons rien de lui. La même constatation a pu se faire jusqu'à récemment, lorsqu'on a examiné quelques autres plafonds et œuvres de charpenterie qui existaient encore il y a quelques années dans la ville, par exemple dans la maison de la rue Rodríguez Lagunilla. Aujourd'hui, il n'est possible de voir que quelques auvents et maisons blasonnées du XVIe siècle à Fuentes de Nava.

VII.11 CISNEROS

Cisneros est à la fois le nom de ce village de la région de Palencia, et le nom de l'une des familles les plus connues de la fin du XVe et du début XVIe siècle. La présence d'une famille puissante dans la localité pourrait bien expliquer les œuvres artistiques de ses églises. Cependant, la seule véritable preuve dont nous disposons concerne trois chevaliers du nom de Cisneros, tous trois enterrés dans la ville: Don Alvaro et Don Toribio Ximénez de Cisneros à San Pedro, et don Antonio Ximénez de Cisneros à San Facundo. Les tombes des deux premiers datent du milieu du XVe siècle (la seconde est datée de 1455). Le

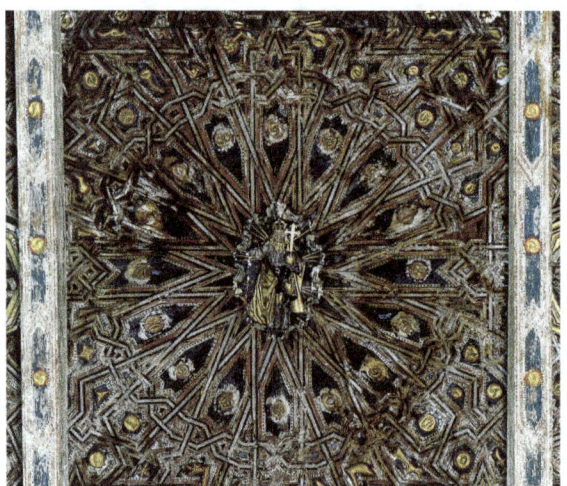

Église Santa María, détail du plafond, Fuentes de Nava.

troisième, qui était le cousin et secrétaire du grand cardinal Fray Francisco Ximénez de Cisneros (1436-1517), fut enterré dans le presbytère de l'église San Facundo à sa mort, survenue à Cisneros en 1517. Peut-être le cardinal en personne aurait-il financé quelques œuvres ? Mais nous n'en avons pas de preuve formelle.

VII.11.a Église San Facundo y San Primitivo

À 25 km par la P 944. Si l'église est fermée, s'adresser à Mme Maruja, à côté de l'église, ou au 979 848485. Intéressant Musée paroissial et provincial dans l'église San Pedro.

L'église San Facundo y San Primitivo conjugue un nouveau type de plafond et un système ornemental complet, en bois, pour le chœur, les chapelles et la tribune. Le frontispice gothique, polygonal et couvert d'un demi plafond octogonal aux entrelacs polychromes, a son corollaire à Santo Tomás de Revellonos et semble, au moins en partie, s'inspirer de la solution du plafond de l'église du couvent Santa Clara à Tordesillas. De plus, le temple est entièrement couvert d'un type de plafond très particulier, sur une structure à colonnades, courante dans la région de Campos. Les formes chanfreinées de la charpente en pin, non peinte, octogonale et *ataujerada*, créent des sortes de pendentifs losangiques ou octogonaux qui vont en s'amenuisant. L'ensemble du plafond est décoré de moulures ouvragées en bois et de motifs floraux de style Renaissance. Le système de transition entre la nef centrale et les nefs latérales n'est pas sans rappeler Mazuecos de Valdeginate; la taille et les formes en saillie ne sont pas très éloignées de celles des Santos Justo y Pastor à Cuenca de Campos.

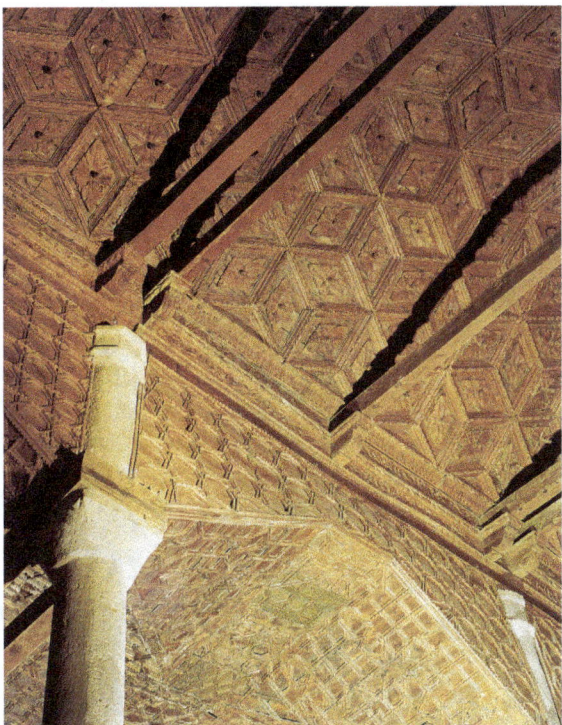

Église San Facundo y San Primitivo, détail du plafond, Cisneros.

Dans la première travée de la nef de l'épître s'élève la chapelle de la Vierge du Château, œuvre probable de Juan Carpeil puisqu'elle répète les solutions structurelles et ornementales déjà mentionnées pour Villamuera de la Cueza. Un chœur élevé, déplacé sur un côté latéral du temple, orné de têtes d'animaux et de cloisons héraldiques faisant allusion à la Castille, présente une autre parenté avec l'œuvre de Santa María de Becerril de Campos.

Il est recommandé de passer la nuit à Sahagún, point de départ du prochain circuit.

PIERRE Ier DE CASTILLE

Pedro Lavado Paradinas

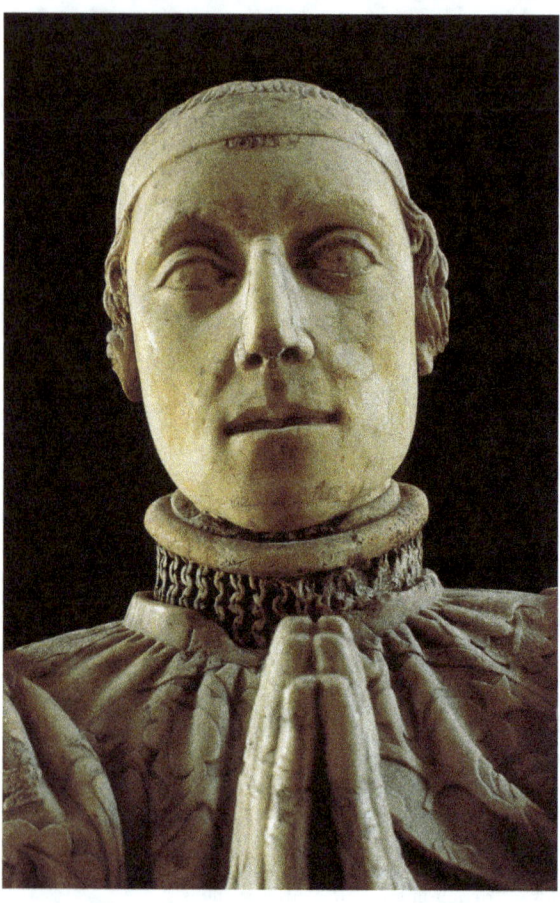

Portrait de Pierre Ier de Castille en orant, archives photographiques du Musée archéologique national.

Pierre Ier de Castille est devenu un roi presque légendaire. Les surnoms de "Cruel" et de "Justicier" dont l'affublent respectivement ses ennemis et ses partisans, seul un personnage aussi contradictoire, et aussi controversé sur le plan historique, pourrait les porter. Il naquit à Burgos en 1334 d'Alphonse XI de Castille et de Marie de Portugal, et eut à traverser une époque convulsive, en guerre civile permanente. Il arriva très jeune sur le trône de Castille, à seize ans (1350), tandis que les favoris et leurs familles —les Alburquerque et les Coronel— gouvernaient le royaume. L'année suivante, sa mère fit assassiner celle qui avait été la maîtresse de son père, Leonor de Guzmán, ce qui n'apporta au jeune roi que de nouveaux ennemis intérieurs, comme son demi-frère bâtard, Enrique de Trastamare, fils de Leonor. Il n'eut besoin par contre de personne pour se faire de nouveaux ennemis à l'extérieur à cause de sa politique erratique entre la France et l'Angleterre.

Toute sa politique, intérieure autant qu'extérieure, fut effroyablement personnelle, et ses actes brutalement contradictoires. Alors que, d'un côté, il s'unissait à María de Padilla en 1352, l'année suivante il organisait son mariage à Valladolid avec Blanche de Bourbon, qu'il abandonna dans les deux jours pour aller retrouver sa favorite, en prenant soin d'enfermer son épouse à Tolède. Ceci entraîna la rupture de l'alliance avec la France et donna prise à la rébellion de Tolède. La même année il épousa une autre dame de Castille, Juana de Castro, qu'il abandonna à son tour immédiatement. Vers 1356, il vécut une situation de crise permanente, dont il sortit de manière agressive en commençant une guerre contre Pierre IV d'Aragon.

Sa vie, telle que la racontent les chroniques, la littérature et les romans populaires, constitue un important chapitre de la légende romantique qui met aussi en scène ses contemporains Pierre IV d'Aragon (1317/19-1387) et Pierre Ier de Portugal (1320/1367), également connus sous le surnom de "le Cruel".

D'autres visions du souverain castillan nous sont parvenues grâce à son contemporain le chancelier Pero López de Ayala (*Crónica de don Pedro de Castilla*), ou à Félix Lope de Vega, dans sept de ses comédies, et à Prosper Mérimée (*Histoire de Pierre Ier, roi de Castille*, 1848), pour ne citer que les plus connus.

Ses relations avec les juifs et les musulmans furent également cause de situations difficiles, et l'objet de nombreuses critiques, puisque, après avoir laissé la gestion des finances royales aux mains de Jehida Haleví, il n'eut aucun scrupule ensuite à réquisitionner ses biens et à le faire condamner. Quant aux musulmans de Grenade, il prit parti pour Mohamed V contre Mohamed VI, le "Roi Vermeil", qu'il assassina pour gagner l'amitié et les faveurs du premier.

Sa conduite amoureuse le conduisit à des situations très compliquées, et qui nous sont encore assez obscures. Bien que le pape l'ait plusieurs fois menacé d'excommunication pour cause de concubinage avec María de Padilla, le roi déclara en 1361, année de la mort de Blanca, l'épouse officiellement légitime, et de María, la concubine supposée, que seule la deuxième avait été la légitime et que les enfants qu'il avait eus avec elle – Alfonso, Beatriz, Constanza et Isabel – étaient ses héritiers légaux. C'est exactement ce que fit son contemporain Pierre de Portugal avec les enfants nés de son union avec Inès de Castro, à la différence que Pierre de Castille, lui, refusa que les partisans de l'épouse officielle tuent sa maîtresse.

En 1369, après la mort de Pierre Ier de Castille, assassiné par son frère Enirique de Trastamare –avec l'assistance supposée du mercenaire Bertrand du Guesclin–, les filles du monarque castillan héritèrent et régentèrent les maisons et palais que don Pedro et doña María de Padilla avaient fait construire entre 1354 et 1361 à Astudillo et Tordesillas. Ces édifices étant déjà transformés en couvent de clarisses, les filles du roi don Pedro en furent les premières abbesses ou prieures. Ces édifices, qui pour la plupart étaient restés inachevés à la mort de la fondatrice, María de Padilla, constituent l'un des plus brillants exemples de l'architecture civile mudéjare en Castille et de leur transformation ultérieure en espaces conventuels. Ils comportaient en général des murs et des structures en pisé et en brique, une façade simple en pierre de taille et des ouvertures à arcades de briques ou de stucs. À l'intérieur, le bois polychrome et le stuc ouvragé ornaient les toits et les arcs. Des jardins agrémentés de bassins et de petits kiosques, des vasques d'eau, des bains et un chauffage par gloria étaient les principaux raffinements de cet espace sobre et simple, mais non dépourvu de commodités. On peut supposer que ce sont des artisans mudéjars de Grenade qui ont conçu et décoré de tels espaces. Certains auteurs penchent plutôt pour des artisans de Tolède, et d'autres pour des artisans de Burgos.

Quoi qu'il en soit, ces premières manifestations d'architecture civile mudéjare en Castille eurent lieu à un moment –au milieu du XIVe siècle– où la région –et une grande partie de ce qui deviendra plus tard l'Espagne– se voyait paralysée par la peste noire et traversait une crise politique et économique qui allait déboucher sur des guerres civiles et des conflits entre les différents royaumes chrétiens de la Péninsule.

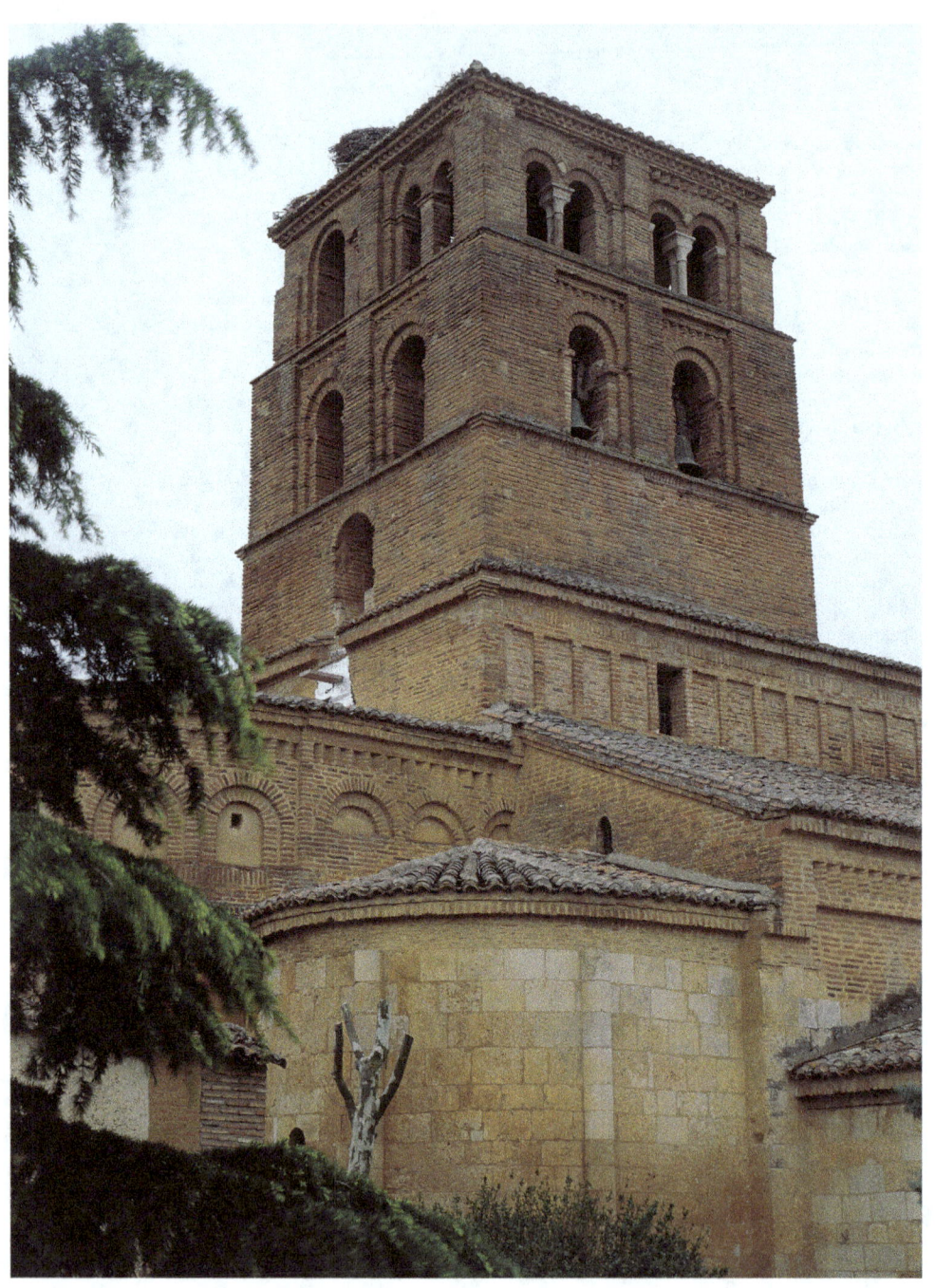

CIRCUIT VIII

Conséquences de la naissance des cathédrales gothiques: les ouvrages de brique

Pedro Lavado Paradinas

VIII.1 **SAHAGÚN**
  VIII.1.a Église San Tirso
  VIII.1.b Sanctuaire de la Peregrina

VIII.2 **SAN PEDRO DE LAS DUEÑAS**
  VIII.2.a Monastère San Pedro de las Dueñas

VIII.3 **SANTERVÁS DE CAMPOS**
  VIII.3.a Église de Santervás

VIII.4 **VILLALÓN DE CAMPOS**
  VIII.4.a Église San Miguel

VIII.5 **MAYORGA DE CAMPOS** (option)
  VIII.5.a Église Santa María de Arbás

VIII.6 **VILLALPANDO**
  VIII.6.a Église San Nicolás (option)
  VIII.6.b Église Santa María la Antigua

VIII.7 **TORO**
  VIII.7.a Église San Lorenzo
  VIII.7.b Ermitage Santa María de la Vega
  VIII.7.c Couvent Santa Sofía

Foires et marchés

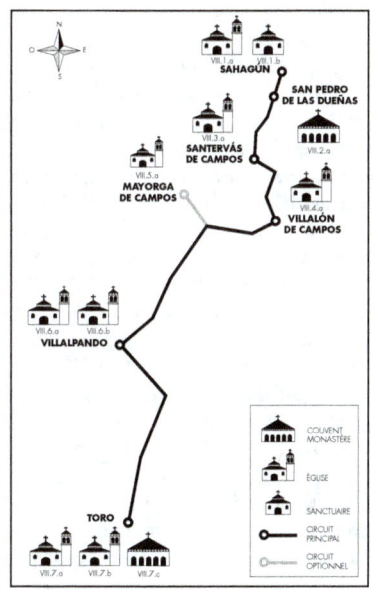

Vue générale du monastère de San Pedro de las Dueñas.

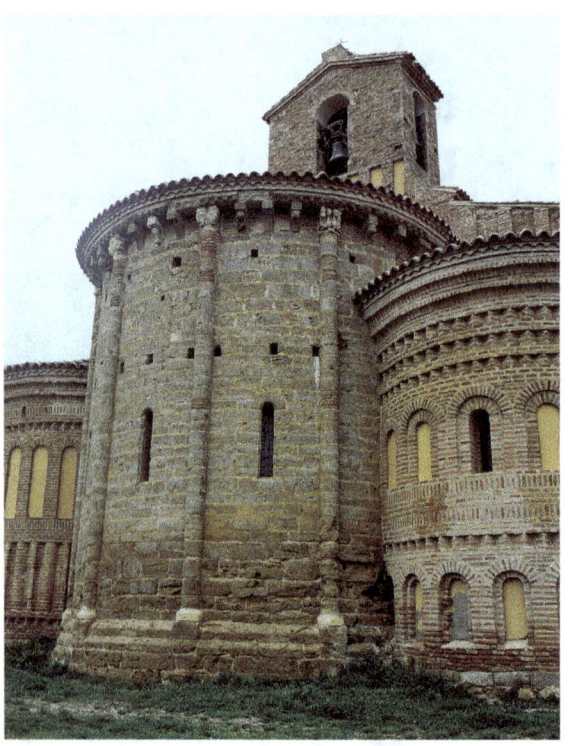

Absides de l'église de Santervás de Campos.

Loin de ce que racontent les textes scolaires, qui présentent l'histoire de l'art comme un processus linéaire dans lequel chaque style n'apparaît que lorsque le précédent style a disparu, la naissance des grandes cathédrales gothiques de Castille-León —Burgos (1222), León (1255), Palencia (1321)— et des grands temples monastiques —Las Huelgas, Burgos (vers 1180)— coïncida dans le temps avec la transformation en architecture de brique des œuvres romanes qui étaient restées inachevées.

L'énorme quantité de dîmes et de tributs nécessaires à la construction d'œuvres aussi colossales, et l'intérêt qu'avaient les maîtres et artisans de tous les corps de métiers impliqués dans leur construction —tailleurs de pierre, charpentiers, plâtriers, stucateurs, peintres— à ce que le travail dure le plus longtemps possible, expliquent sans doute qu'une grande partie de l'architecture religieuse rurale soit restée inachevée et dans une position critique quant aux matériaux, aux transports et à la main-d'œuvre. Les rares ressources des paroisses rurales et le manque d'un organisme social ou d'un ordre religieux capable d'assumer les dépenses de travaux qui très souvent mettaient plus d'un siècle à se réaliser, firent que les bâtiments gothiques —qu'il n'était pas rare de voir s'ériger au-dessus d'une bâtisse romane antérieure— sont restés plus d'une fois inachevés, dans l'attente de jours meilleurs.

En dehors du chemin de Saint-Jacques de Compostelle et des grands centres monastiques, il est difficile de trouver des édifices romans terminés, et il est encore plus difficile de voir achevés des édifices gothiques commencés en pierre de taille et exigeant une main-d'œuvre spécialisée. Ce n'est que dans la province de Burgos, centre d'un grand commerce de la laine, et le long du chemin entre Burgos et les ports de la région cantabrique, qu'a pu se développer une importante architecture gothique, en partie inspirée des schémas de sa cathé-drale et recrutant même les maîtres tailleurs qui y travaillaient. Ce fut le cas de l'église San Gil y San Esteban, à Burgos, ou de l'église de l'Assomption à Laredo (Santander).

L'engagement royal décisif en faveur de Burgos et León est patent dans les deux œuvres gothiques, ce qui en fait d'authentiques îlots dans une vaste zone qui manquait aussi de temples pour la population rurale et le clergé séculier. Les rares œuvres gothiques de la province de Burgos sont dues au seul développement de la capitale; c'est le cas de Sasamón – réplique de la capitale de Burgos –, de Villamorón et de Grijalba. Et, dans la région, seuls des lieux qui dépendaient d'ordres militaires, comme les Templiers à Villalcázar de Sirga où les Santiaguistes à Villamuriel de Cerrato (deux localités de la province de Palencia), ont vu s'ériger des édifices gothiques. En général, les édifices romans de la région conservent leurs chevets et le départ de leurs premières travées voûtées, dans les premières années du XVIe siècle dans l'attente d'une occasion pour être terminées. C'est ainsi que surgit en Castille-León une architecture de brique idéale pour pallier de manière simple et économique la demande de main-d'œuvre pour ces édifices ruraux. Très vraisemblablement, le premier foyer de l'architecture mudéjare castillane fut à Sahagún, comme le montre l'examen des bâtiments conservés, qui révèle qu'ils sont même antérieurs au mudéjar tolédan. Le processus fut le même dans les deux cas. La cathédrale de Tolède, commencée en 1226, monopolisa toute la main-d'œuvre et tous les fonds disponibles pour sa construction, laissant à l'architecture séculière l'utilisation de la brique, du bois, et d'autres matériaux plus économiques.

Mais il ne s'agissait pas seulement d'un problème de ressources économiques, mais aussi d'adaptation au milieu, dans la mesure où les carrières étaient épuisées, où les moyens de transports étaient défaillants et où les principaux chemins conduisaient aux chantiers des grandes cathédrales. Les grands maîtres venus de l'extérieur et leurs ateliers expérimentaient de nouvelles formes dans la pierre, tandis que les artisans, très probablement d'origine musulmane, inclinaient pour la brique et les éléments constructifs et ornementaux qui, dans le cas de l'architecture séculière, reproduisaient en brique les formes romanes de la pierre.

Les premières manifestations de l'art mudéjar eurent lieu dans les temples de Sahagún (San Tirso), Santervás de Campos (Santos Gervasio y Protasio), San Pedro de Dueñas (église du monastère), Fresno Viejo (San Juan Baustista) et Alba de Tormes (San Juan).

Cependant les dates, quelque peu confuses, de construction de ces édifices sont clairement antérieures au début des cathédrales gothiques de Burgos, León et Palencia; c'est pourquoi il faut chercher d'autres causes à l'émergence d'une architecture rurale mudéjare, et au fait qu'autant d'œuvres gothiques soient restées inachevées. L'une de ces raisons pourrait être le prestige et le pouvoir considérables du monastère de Sahagún, autour duquel ont surgi ces temples qui d'ailleurs en dépendaient directement. On trouverait peut-être aussi une autre explication dans les guerres comme celles qui eurent lieu après la mort d'Alphonse VI ou sous le règne de doña Urraca et don Alfonso el Batallador, qui laissèrent des œuvres inachevées sur les terres de Castille-León, mais aussi en Aragon.

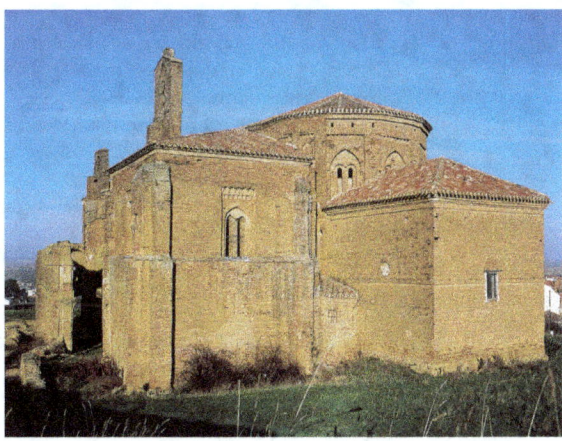

Église de la Peregrina, vue générale, Sahagún.

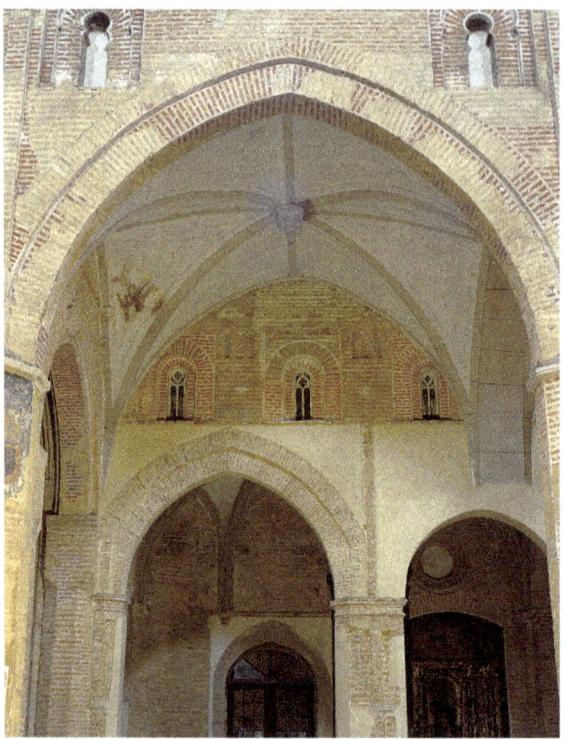

Église San Miguel, briques peintes, Villalón de Campos.

Les églises de Daroca (Saragosse) sont dans le même cas, commencées dans le style roman et terminées en brique mudéjar, mais avec des motifs fortement apparentés. En Castille et León, on trouve d'autres variantes d'un premier mudéjar inspiré des édifices romans des alentours, ce qui donne lieu à une typologie d'édifice très spéciale. C'est le cas des églises à abside plate de la région de Villalpando (Zamora), qui rappelle le style roman de Zamora, et plus particulièrement celui de la vallée du Tera. À Mayorga de Campos (Valladolid) et dans ses environs se rencontre un type d'absides semi-circulaires en pisé qui correspond à une conception romane de l'espace et qui utilise des matériaux locaux.

La seconde période mudéjare en Castille-León se caractérise par l'architecture de brique: piliers de brique cruciformes faisant rayonner des arcs brisés sur lesquels repose la toiture de bois. Les absides sont totalement en brique, et, même si elles sont surmontées d'arcades aveugles à l'extérieur, celles-ci s'étagent sur deux ou trois niveaux, le niveau supérieur étant encadré d'*alfices* et de panneaux décoratifs. La similitude avec le mudéjar est plus qu'évidente dans ce cas. Les exemples les plus importants sont ceux de San Lorenzo et Santiago à Sahagún, l'église San Feliz à Sahelices del Río, San Lorenzo de Villapeceñil, ainsi que les paroisses de Arenillas de Valderaduey et Gordaliza del Pino, toutes dans la province du León.

D'autre foyers mudéjars se font jour dans différents villages de Castille-León, qui créent des variantes très particulières et trouvent un écho considérable dans la région. C'est le cas de Toro et de ses églises à hautes arcades aveugles de brique à l'extérieur; c'est encore le cas des variantes de Olmedo (Valladolid), Arévalo (Ávila) et Cuéllar (Ségovie), qui multiplient dans l'espace limitrophe entre les trois provinces un certain nombre de temples —avec davantage de variantes ornementales que structurelles.

Mais de même que Sahagún et son aire d'influence interprètent le style roman en créant une première typologie architecturale du mudéjar, le mudéjar appelé préclassique ou romano-mudéjar, et d'autres variantes locales de ce style roman (un classique mudéjar présentant des parallèles évidents avec le mudéjar tolédan a déjà été cité à Villapando, Mayorga, Toro, Olmedo, Arévalo, et Cuellar) — de même éclôt à Sahagún, dans la deuxième moitié du XIIIᵉ siècle, une nouvelle version de l'architecture gothico-mudéjare, avec ses absides polygonales et ses *estribos* à l'extérieur, un phénomène lui aussi antérieur à Tolède et qui montre ses meilleurs exemples dans l'église des franciscains ou Santuario de la Peregrina et dans l'ermitage de la Virgen del Ponte.

Curieusement, deux ordres n'ont aucune relation avec les bénédictins de Sahagún et doivent construire extra-muros leurs temples à structures gothiques: les franciscains et les chanoines de Saint-Augustin.

D'autres variantes ultérieures de l'architecture gothique en Castille et León, dues à des maîtres maçons mudéjars, constituent des exemples singuliers du gothico-mudéjar. Le premier groupe de variantes est formé par les édifices de mécénat royal postérieurs à Pierre Iᵉʳ et Henri II de Castille (milieu du XIVᵉ siècle), avec des rappels dans quelques temples des couvents de clarisses. Un second groupe de variantes serait dû au patronage des Enríquez, comme San Andrés à Aguilar de Campos (Valladolid). Ensuite viendraient les temples patronnés par la famille Pimentel –San Miguel et San Pedro à Villalón de Campos (Valladolid). En quatrième et dernier lieu figureraient les adaptations d'un gothique d'origine levantine, comme l'abbaye de Husillos (Palencia), Santa María à Berrencil de Campos (Palencia), et de quelques temples de la capitale et d'autres lieux de la province de Zamora comme Ayoo de Vidriales.

Ce qui est sûr, c'est que les typologies romanes ont longtemps perduré, en adaptant à la brique ces ouvrages qui, faute de moyens, ne pouvaient plus être réalisés en pierre. C'est ainsi qu'on parvint à transformer non seulement l'aspect de ces temples ruraux, mais aussi à asseoir les bases d'un grand développement de l'architecture. Grâce aux matériaux employés, simples et peu onéreux, les artisans mudéjars posèrent des fondations structurelles nouvelles: toitures de bois plus légères, tours lanternes et motifs décoratifs réalisés ou peints à même la brique. Des ouvrages avec une touche précieuse qui transformèrent les damiers en petits angles, les avant-toits à modillons en nacelles, la décomposition des arcs en briques découpées et moulurées, et qui apportèrent les *alfices*, les assises, la maçonnerie et les chaînages de brique pour renforcer les coffrages de maçonnerie et de pisé, ainsi qu'une large gamme de baies et d'arc: lobés, en plein cintre, entrecroisés, outrepassés, doubles et simples, de même que des variantes délicates de brique taillée ou découpée après la cuisson.

VIII.I SAHAGÚN

VIII.1.a Église San Tirso

L'église n'est pas ouverte au culte, mais il y a un guide.
Horaires: du 1ᵉʳ mai au 1ᵉʳ novembre de 10:00 à 14:00 et de 16:30 à 20:00; le reste de l'année de 10:00 à 14:00 et de 16:00 à 18:00. Fermée le lundi.

L'église San Tirso est citée dans quelques textes de 1123, ce qui en fait la contemporaine d'œuvres romanes du monastère (1100-1110), qui semblent s'interrompre après la mort de l'abbé don Diego en 1111. L'édifice est bâti sur des fondations romanes en pierre, puis la construction se poursuit en brique, transition qui a nécessité un certain effort pour essayer d'adapter à la brique (arcades aveugles moulu-

Sahagún

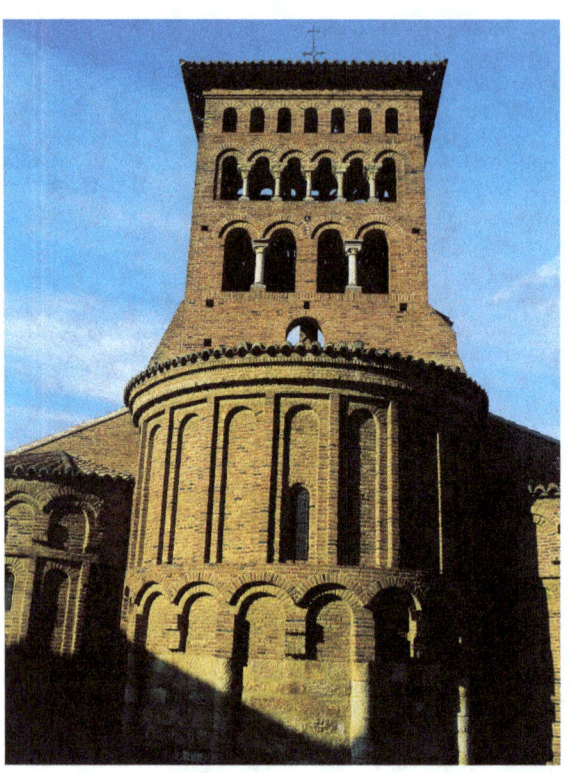

Église San Tirso, abside et tour, Sahagún.

rées et nouvelle proportion de matériaux) les formes de la pierre.

San Tirso est un édifice à plan pseudobasilical; les trois nefs sont séparées par des arcs en plein cintre qui utilisent les restes d'un premier œuvre roman. La première travée de la nef centrale est surmontée d'une tour, très remaniée, en brique, pour laquelle on a utilisé quelques éléments romans en réemploi. Le seul document qui évoque l'église est un acte de donation de doña Sancha, sœur d'Alphonse VIII, au monastère San Pedro de Dueñas: "Facta… per manum adefonsi ecclesie sancte tyrsi in…" daté du 7 septembre 1126.

VIII.1.b **Sanctuaire de la Peregrina**

Horaires: du 11 juillet au 1er octobre de 10:00 à 14:00 et de 16:00 à 20:00; en hiver, contacter le guide de San Tirso pour la visite, tél.: 626 077663.

Le couvent de franciscains connu sous le nom de sanctuaire de la Peregrina —il abrite dans ses murs une représentation de Marie placée sous cette invocation— fut fondé en 1257, et c'est plus ou moins à la même date que dut être érigé le temple. Celui-ci est à nef unique et chevet octogonal, orné, à l'intérieur, d'un riche répertoire d'arcs aveugles de différentes sortes, tout particulièrement les arcs lobés et les arcs en ogive outrepassée. Bien qu'il adopte le langage décoratif habituel du mudéjar tolèdan, le temple est antérieur à celui de Santa Fe à Tolède, qui pourrait être considéré comme le premier exemple de type gothique. D'autre part, les motifs ornementaux des arcs seront repris un siècle plus tard à San Pablo de Peñafiel (Valladolid).

Sans doute l'œuvre la plus singulière du sanctuaire est-elle la chapelle funéraire de Don Diego Gómez de Sandoval, située sur le côté de l'épître. De plan quadrangulaire, elle est décorée à l'intérieur de stucs ouvragés polychromes qui recouvrent un grand sarcophage et tapissent entièrement les murs de frises aux jalousies géométriques; sur les parties inférieures, des entrelacs alternent avec des thèmes végétaux gothiques sur fond de petit *ataurique*.

Une inscription en lettres semi-onciales latines parcourt le mur: "DOMINE: JHS: XPE/FILI DE(I)…(P)ECATORI: Q(UI): MORIBU". Le blason des Sandoval avec une bande —apparaît ici et là sur les stucs ouvragés, et corrobore les documents selon lesquels le premier comte de Castro, don Diego Gómez Sandoval, mort en 1455, serait enterré dans cette église, puisque le testament de son deuxième fils, du même nom, stipule: "En outre, je lègue au monastère de San Francisco de Sahagún, où sont enterrés mes ancêtres, pour qu'il se charge de prier Dieu pour leurs âmes et pour la mienne, et pour accomplir certaines choses qui doivent être faites pour les obsèques de mes Parents et Frères… 3 200 maravédis…"

Les ouvrages de stuc révèlent quant à eux l'existence d'une école de stucateurs mudéjars qui ont travaillé à la décoration de plusieurs chapelles funéraires de la région entre 1430 et 1450, et qui ont laissé d'importantes œuvres à Sahagún et à Mayorga de Campos (Valladolid).

aucune abside à l'extérieur, et il fallut opter pour des arcades aveugles sur colonnes adossées et consoles dans la nef centrale, et pour une finition de brique sans décoration dans les nefs latérales. Les parentés de l'abside majeure avec l'œuvre de San Tirso à Sahagún sont évidentes. Ici, toutefois, l'abside majeure fut continuée en hauteur avec une frise de neuf arcs aveugles doublés, en brique, en plein cintre et légèrement tassés. La tour, avec son bâti de brique, fut aussi élevée au-dessus de la travée droite de l'abside centrale à la manière des tours imitant des *cimborrios*.

Autre parenté évidente avec Sahagún: ce sont les mêmes ateliers de tailleurs de

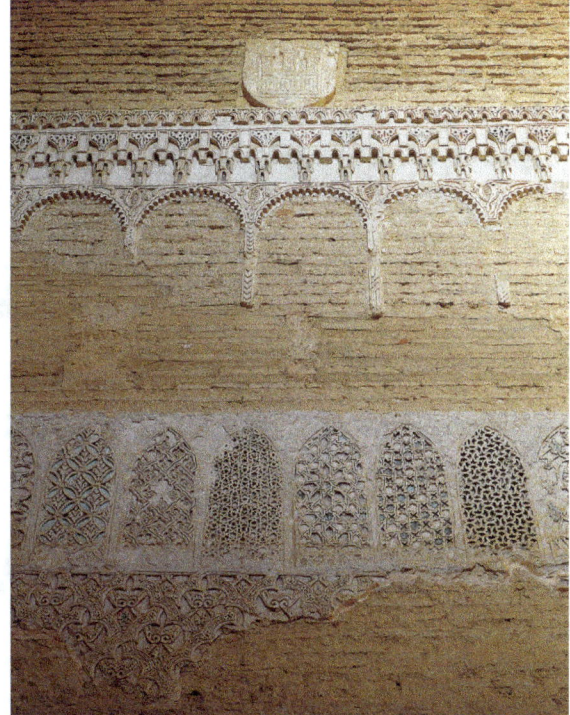

Église de la Peregrina, détail du décor sur stuc, Sahagún.

VIII.2 SAN PEDRO DE LAS DUEÑAS

VIII.2.a Monastère de San Pedro de las Dueñas

À 6 km par la LE 941. Couvent de clôture de l'ordre des bénédictines. Si l'église est fermée, contacter Mme Maruja au bar de la place, tél.: 987 780850.

Bien qu'il ne reste rien du monastère primitif, l'église est un nouvel exemple du mudéjar primitif ou du mudéjar préclassique de Sahagún. À l'extérieur, l'élévation et le plan sont de facture romane, en pierre de taille dans les trois absides. Les deux absides latérales sont surmontées d'une voûte en berceau, la nef centrale d'une voûte à tiercerons sur parements maçonnés.

En hauteur, le travail des têtes de poutre et des auvents n'a pu être terminé pour

Santervás de Campos

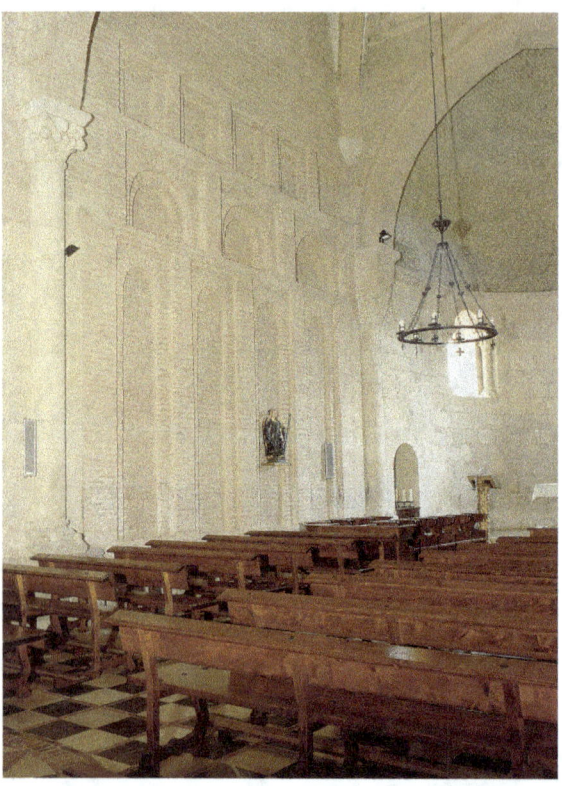

Intérieur du monastère San Pedro de las Dueñas.

pierre romans et d'*alarifes* mudéjars qui ont été requis. À San Pedro de las Dueñas, la nef de l'évangile fut destinée au culte public, les deux autres étant réservées aux religieuses.

L'endroit est cité dans les années 973-976; en 1076 l'abbesse en était doña Urruca, qui reçut en 1086 une donation au nom du roi; mais l'église ne commence à s'appeler "de las Dueñas" qu'à partir de 1107. L'épitaphe de l'abbé don Diego de Sahagún précise: "Monasterium Sancti Petri de Dominabus construxit et moniales ibidem instituit…", et un autre document de 1126: "Basilica fundata extat super crepidinem aluei que dicitur ceia secus stratam in quo loco permanet ecclesia miro honore fabricata in qua presidet domna tarasia abbatisa cum magno agmine monachorum."

L'église, qui relève de la typologie des temples connus comme "temples de pèlerinage", peut être rapprochée du monastère de Sahagún; à l'instar de l'église San Tirso de la même ville ou de celle du tout proche Santervás, elle montre bien comment, après que l'art roman fut resté inachevé d'abord pour des motifs économiques et sociaux, ensuite à cause du manque de main-d'œuvre et d'artisans requis par la construction des grands monastères et cathédrales de la région, on a assisté à l'apparition et au rapide développement d'une main-d'œuvre locale efficace et bon marché, qui n'est autre que celles des artistes mudéjars. Ceux-ci ont travaillé dans toute la région, et la relève a été assurée ensuite par d'autres ateliers: pas seulement de tailleurs de briques, mais aussi de stucateurs au XVe siècle et d'ébénistes au XVIe siècle. C'est peut-être ce qui s'est passé pour l'achèvement des voûtes de l'église San Pedro de las Dueñas, dont les entrelacs géométriques sont l'œuvre de plâtriers qui combinèrent thèmes gothiques et thèmes mudéjars.

VIII.3 SANTERVÁS DE CAMPOS

VIII.3.a Église de Santervás

À 15 km par la LE 942, puis, à Melgar de Arriba, prendre la déviation. Si l'église est fermée, contacter Mme Jani ou Mr. Hipolito, tél.: 987 785097.

Dédiée à saint Gervais et à saint Protais, l'église s'élève sur une colline, à l'intérieur de la sphère d'influence du monastère de Sahagún. Le chevet central est entièrement en pierre de taille romane avec des colonnes adossées et un avant-toit à petits corbeaux figuratifs, mais les deux chevets latéraux et l'intérieur du chevet central sont en brique, nouveau témoignage de la crise du début du XIIe siècle, qui coïncide approximativement avec la mort d'Alphonse VI en 1109 et au début de l'instabilité qui conduisit à la guerre entre Castillans et Aragonais.

L'ornementation de brique est des plus curieuses. La frise au bout de l'abside de l'épître, tout comme l'intérieur de l'église, utilise des niches et des demi-colonnes de brique, matériau qui apparaît dans l'art roman français et dans quelques exemples de l'art roman haut-aragonais, et mêle briques d'angle et arcs aveugles en plein cintre. En même temps, l'abside de l'évangile présente deux rangées d'arcs aveugles en plein cintre et un avant-toit à double nacelle, et la travée de chœur une frise d'arcs entrecroisés.

En 1130, l'église et le village sont donnés au monastère de Sahagún. Les tailleurs de pierre qui ont apporté leur contribution à ce temple proviennent du même atelier que celui qui a travaillé au monastère de Sahagún, comme le prouve la facture de certains chapiteaux sur les deux sites.

VIII.4 **VILLALÓN DE CAMPOS**

Villalón fut repeuplée par un Mozarabe du nom de Alón selon certains, ou par un Alfón ou Alonsi chrétien selon d'autres. Fernando III et Fernando IV octroyèrent des privilèges commerciaux à la ville et Juan II la céda à don Rodrigo Alonso Pimentel, comte de Benavente, en 1434. Les successeurs de don Rodrigo furent les mécènes des principales œuvres de la ville.

Le développement commercial de la ville induit un réseau de places et de porches très utiles pour les transactions agricoles et la vente de bétail; et la richesse et la protection des Benavente se reflètent dans les églises qui y sont édifiées, et dans toutes les œuvres qu'elles recèlent.

VIII.4.a **Église San Miguel**

À 17 km, soit par Villacarralón, soit par la VA 930.

Pour la visite, contacter la paroisse au 983 740041. Du 1er avril au 1er octobre, contacter l'Office du tourisme, tél.: 983 740011.

San Miguel comporte une importante bâtisse gothique de la fin du XIIIe ou du début du

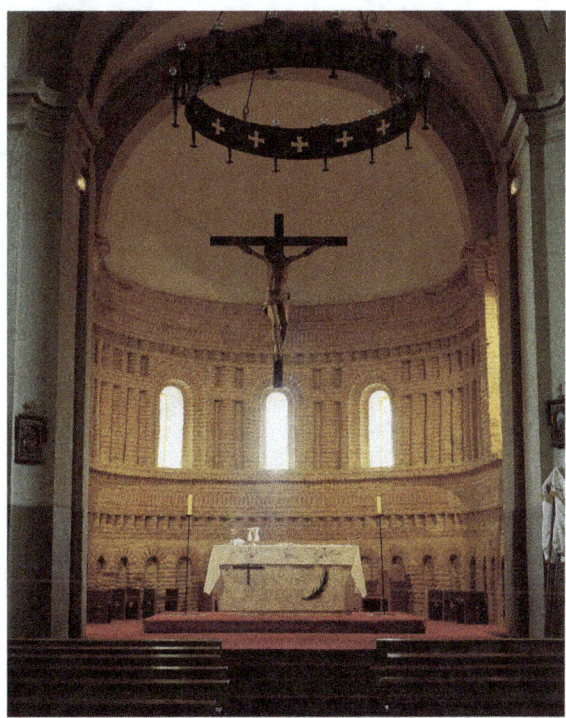

Abside centrale de l'église de Santervás de Campos.

Villalón de Campos

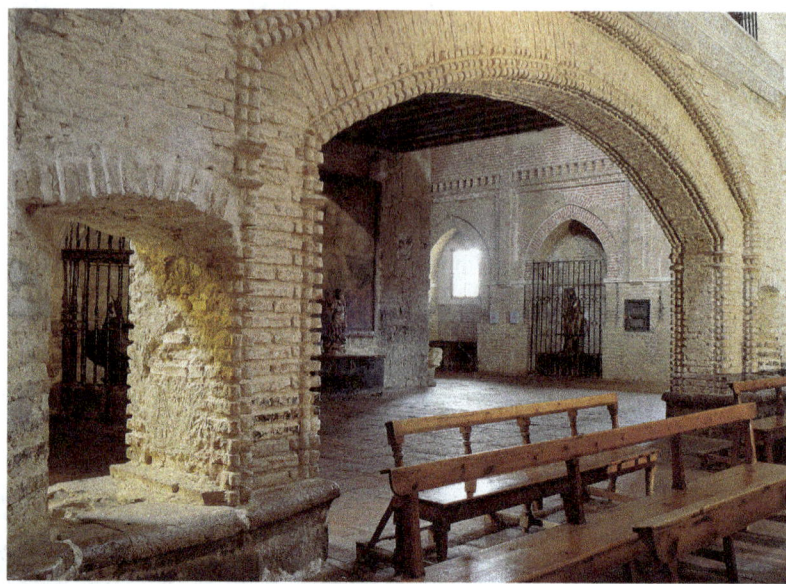

Église San Miguel, intérieur, Villalón de Campos.

XIVᵉ siècle, encore apparente dans la partie inférieure de la tour, et une chapelle qui pourrait remonter à 1258. Les travaux continuèrent entre la fin du XIVᵉ siècle et le début du XVᵉ avec un édifice de brique à trois nefs sur piliers octogonaux, sur lesquels se déploient quatre arcs en plein cintre renforcés de pilastres. Les nefs de l'épître et de l'évangile se terminaient en abside polygonale de brique avec des *estribos* à l'extérieur, et la nef centrale devait adopter la même configuration, mais des réformes postérieures l'ont complètement supprimée.

Le plus important dans ce temple est que les murs de brique ont conservé leur peinture originale, qui imitait des parements de brique d'une grande perfection sur l'enduit blanc, tandis que de fausses baies et fenêtres rappelaient des formes de claires-voies.

La toiture polychromée à *par y nudillo* ornée d'entrelacs et de petites crosses témoigne par son héraldique du mécénat de don Rodrigo Alonso Pimentel, comte de Benavente, et de son épouse Leonor Enríquez, nièce de Enrique II, grâce au blason écartelé qui fut ensuite le sceau de la maison royale, et grâce à l'aile, symbole et sentence de la famille, puis de la ville. Quand le premier comte de Benavente rejeta son seigneur, le roi de Portugal, à cause des méfaits qu'il lui avait fait subir, le roi lui dit: "Mieux vaut un oiseau dans la main que des vautours en vol", don Juan Pimentel répondit: "Mieux vaut l'envol." Et c'est ainsi que l'aile est entrée dans la légende de la ville.

Le mécénat de don Juan Rodríguez, évêque de León, qui dans une lettre du 12 juillet 1422 indique qu'il "érigea en pierre de taille la tour sur laquelle se voient aujourd'hui ses armes, qui sont une fleur de lys, le retable et le chœur", est également visible dans l'église, puisque ces lys figurent aussi sur le plafond.

À la fin du XVe siècle, une nouvelle nef fut ouverte dans le temple moyennant le percement du mur de l'épître; cette œuvre de brique à voûtes nervurées pourrait avoir été commandée par le cinquième comte, don Alfonso Pimentel, et son épouse Ana de Velasco Herrera, qui portèrent le titre comtal entre 1499 et 1527; et il est plus que probable qu'ils firent réaliser cette nouvelle nef au moment où l'église fut transformée en collégiale en 1513. On leur doit aussi un *alfarje* au pied du chœur élevé.

Très intéressants encore, les vestiges, conservés dans la chapelle du Rosaire, d'un plafond à caissons du XVIe siècle, ensuite réutilisé. D'après leur facture, les caissons et l'ouvrage doré pourraient bien avoir appartenu au plafond de la chapelle principale ou, comme certains le pensent, à celui de la chapelle funéraire de l'évêque Barco, lui aussi enterré dans ce temple et dont la tombe de marbre se trouve dans le latéral de l'évangile.

Cette église est probablement l'une des plus intéressantes pour mesurer l'influence gothique sur le mudéjar de Castille-León, et l'une de celles qui conserve le mieux la couleur des murs, certains ornements de brique, des plafonds de différentes époques et des peintures d'origine. Le lien entre les artistes mudéjars qui ont travaillé ici et ceux qui ont réalisé quelques années auparavant l'église San Andrés à Aguilar de Campos (Valladolid), sous le patronage des Almirantes de Castille, est plus qu'évident.

VIII.5 **MAYORGA DE CAMPOS** (option)

Au plan artistique, deux faits marquants sont à noter à Mayorga de Campos. Tout d'abord sa dépendance du monastère de Sahagún, contre laquelle les habitants se révoltèrent en 1270 en démolissant les maisons et palais de l'abbé. Ensuite, à partir de 1430, sa dépendance des comtes de Benavente.

Presque toutes les murailles que fit ériger Fernando II, de même que la forteresse, ont disparu, à l'exception de la Puerta del Sol, et il ne reste que peu de vestiges de ses chapelles. Certaines sont fermées au culte et d'autres sont affectées aux usages les plus divers.

Le trait fondamental des églises de Mayorga est l'abside semi-circulaire à la romane, en pisé enduit –une caractéristique que l'on retrouve dans certains temples des environs comme celui de Castrobol (Valladolid).

VIII.5.a **Église Santa María de Arbás**

À 23 km par la N 610.
En cours de restauration.

L'église Santa María de Arbás est Monument national non seulement pour ses ouvrages d'ébénisterie, mais aussi pour ses ouvrages de stuc. Elle est citée sous le nom de San Nicolás de Arbás en 1537. Cette église, tout comme une première église San Andrés, documentée depuis 1191, a fait partie de la paroisse Santa María. Elle est à deux nefs, la première est dotée de la typique abside semi-circulaire en pisé, tandis que du côté de l'épître s'élèvent la chapelle San Andrés et le porche.

L'église est couverte d'une *armadura* de bois à *par y nudillo*, dont les *arrocabes* présentent des artifices renaissants comme les triglyphes, les petits arcs et les rosaces. La nef de l'évangile est surmontée d'une couverture à arêtes simples qui culmine en une charpente *ataurejada* en bois non

Église Santa María la Antigua, vue générale, Villalpando.

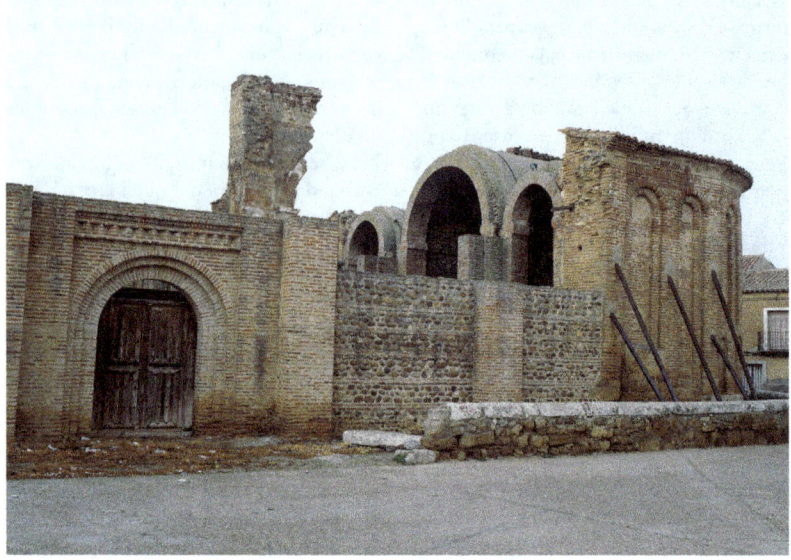

peint, en forme de carène à trois pans. Le passage vers la nef est orné d'un aigle aux ailes éployées et deux chaudrons en damiers avec des serpents, ce qui pourrait avoir un rapport avec la fille du cinquième comte de Benavente, mariée à Juan Fernández Manrique, troisième marquis de Aguilar. Il est étrange que, alors qu'apparaît le blason des Aguilar, n'apparaisse pas celui des Pimentel.

L'œuvre la plus représentative de l'église est peut-être la chapelle dite de Saint-André, sur le côté de l'épître. Elle est surmontée d'un lambris *ataujerado* à arêtes doubles décoré d'entrelacs et de pommes de pin. La frise ou *arrocabe* qui court en dessous est un bon exemple des stucs finement travaillés du XVe siècle dans la région. Les blasons et l'inscription font allusion à don Pedro García Dávila Gómez et à son épouse, qui firent construire la chapelle en 1422.

L'utilisation de motifs géométriques et d'arcs lobés, de réseaux losangés et de motifs végétaux hispano-musulmans et chrétiens semble inspirée de la Séville du premier XVe siècle, d'où elle est arrivée en Castille sous l'influence de la famille Velasco dans son palais de Medina de Pomar et dans la tour de Lomana (deux localités de la province de Burgos), ou à travers les exemples de Mayorga (1422), Valladolid (1429) et Sahagún (1455) —jusqu'à la région léonaise du Cea dans ce deuxième cas.

VIII.6 **VILLALPANDO**

À proximité de la route de Villalpando se trouve Castroverde de Campos, où il est recommandé de s'arrêter pour déjeuner.

Les églises de Villalpando ont malheureusement subi de multiples mutilations au cours de l'histoire. Les traces de leur période mudéjare se voient surtout à l'extérieur des frontispices, puisque le reste des murs et des plafonds a disparu. Ces frontispices sont en brique, et plats, une forme unique dans le mudéjar de Castille-León, qui s'y enracina lorsque les *alarifes* mudéjars qui travaillaient dans la région décidèrent de copier les variantes romanes de frontispice plat de Zamora, alors capitale de province (San Cipriano), et de la vallée du Tera.

VIII.6.a Église San Nicolás (option)

À 40 km, emprunter la N 610 jusqu'à Villanueva del Campo, puis la ZA 511.
Pour la visite, contacter la paroisse de la Inmaculada, tél.: 980 660272.

San Nicolás, actuelle église paroissiale, a été presque totalement rénovée; elle conserve pourtant son chevet et ses deux niveaux d'arcs aveugles. C'était une église à trois nefs en brique du type classique de Sahagún. Elle aurait été édifiée en 1164 par les frères Lorenzo et Domingo Pedro, chanoines de San Isidoro de León.

VIII.6.b Église Santa María la Antigua

Monument national depuis 1935, l'église Santa María la Antigua est en très mauvais état. Pour la visite, contacter la paroisse de la Inmaculada.

L'église Santa María la Antigua appartient au mudéjar du XIIe siècle à trois nefs en brique et du deuxième style Sahagún. Elle a trois absides avec deux étages d'arcs aveugles en brique, ceux de l'étage supérieur étant de plus grandes dimensions. Elle est surmontée d'une frise de briques d'angle et d'une nacelle dans l'avant-toit. L'intérieur est également décoré de deux étages d'arcades de même hauteur qui convergent en voûte en cul-de-four. Les nefs et une partie des absides ont été remaniées postérieurement, mais ne conservent actuellement ni charpente ni voûte. Les ouvrages de stuc réalisés par la famille des Corral de Villalpando ont également totalement disparu. En bout demeurent la tour et une partie de la muraille d'origine qui, comme dans d'autres temples de la ville, assumait une double fonction religieuse et défensive. Cette muraille date de la fin du XIIe siècle, probablement de 1170, date du repeuplement de la ville.

Etangs de Villafáfila
À 18 km de Villalpando se trouve la réserve naturelle de chasse des étangs de Villafáfila, déclarée Zone d'intérêt particulier pour l'avifaune. On remarquera surtout la présence de cigognes, d'outardes, de gélinottes, de crécerelles, de grues, d'avocettes et d'autres échassiers, mais c'est la population d'outardes (otis tarda), qui peut atteindre les 1500-1800 individus, qui constitue sans doute la plus grande attraction de l'endroit.

Urueña
Par la N IV au km 211 se trouve la déviation qui conduit à Urueña, un petit village aussi étonnant qu'enchanteur. Le village profite d'une situation stratégique privilégiée au sommet d'une colline, et, avec ses murailles, conserve intacte sa physionomie médiévale. Différentes cultures s'étendent aux pieds du village et s'offrent en une vue panoramique qui varie considérablement selon la saison. Des quatre musées que compte le village, le Museo de Campanas est le plus intéressant.

Église San Lorenzo, abside, Toro.

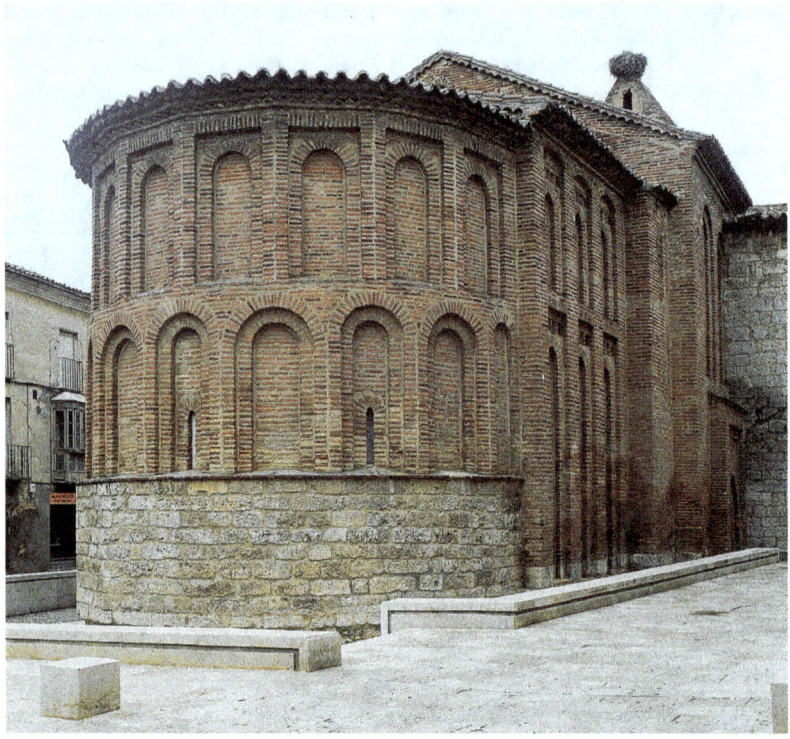

VIII.7 **TORO**

Repeuplée à partir du Xe siècle, Toro était au XIVe siècle une ville "prospère, fertile et au bon vin", selon l'historien Marineo Sículo. Il reste des vestiges des murailles de béton garni de galets que Gómez Moreno a qualifiées de morisques et qui abritaient une communauté chrétienne, une communauté juive et une communauté mudéjare. On pense que c'est au sein de cette communauté juive qu'est né Samuel Haleví, le célèbre trésorier de Pierre Ier. S'agissant de l'existence de musulmans, nous devons nous fonder davantage sur les édifices que sur leurs noms ou leurs activités sociales, même si les recensements de l'Inquisition de 1581 et de 1589 font état de Morisques arrivés de Grenade.

L'élément réellement déterminant à Toro est son architecture de brique, qui fait de ce village l'un des foyers les plus importants du style mudéjar de Castille-León. Contrairement à la collégiale romane en pierre de taille, les absides des églises de Toro présentent des arcades aveugles en brique. Les églises s'élèvent sur une base de pierre, qui ne semble nullement rappeler le

Toro

premier style de Sahagún, mais un simple système de fondation destiné à isoler le bâti de l'humidité du sol. Les murs de ces temples correspondent généralement aux XIIe et XIIIe siècles, alors que les toitures, là où elles ont été conservées, remontent aux XVe et XVIe siècles. On peut noter une certaine influence d'un autre temple du village, celui de San Lorenzo, avec sa double arcade à l'extérieur de l'abside et les grandes frises qui parcourent la nef, telles qu'on les retrouve sur les frontispices et les nefs des autres temples de Toro.

VIII.7.a Église San Lorenzo

À 50 km par la N 6 jusqu'à la C 519. En cours de restauration.

Pour la visite, contacter l'Office du tourisme, tél. : 980 691862.

L'église San Lorenzo, une nef unique à arcs aveugles simples et doublés à l'extérieur, est animée de minuscules fenêtres et de panneaux de petits angles. Dans un sarcophage situé dans le côté de l'évan-gile de la chapelle majeure reposent Beatriz de Fonseca (?-1487) et son époux Pierre de Castille (†1492), neveu de Pierre Ier de Castille. La charpente en bois à *par y nudillo* à tirants et la tribune du chœur élevé datent des dernières années du XVe siècle.

VIII.7.b Église Santa María de la Vega

Également appelée église du Christ des Batailles, à 1,5 km par le Chemin de la gare (Camino de la Estación).

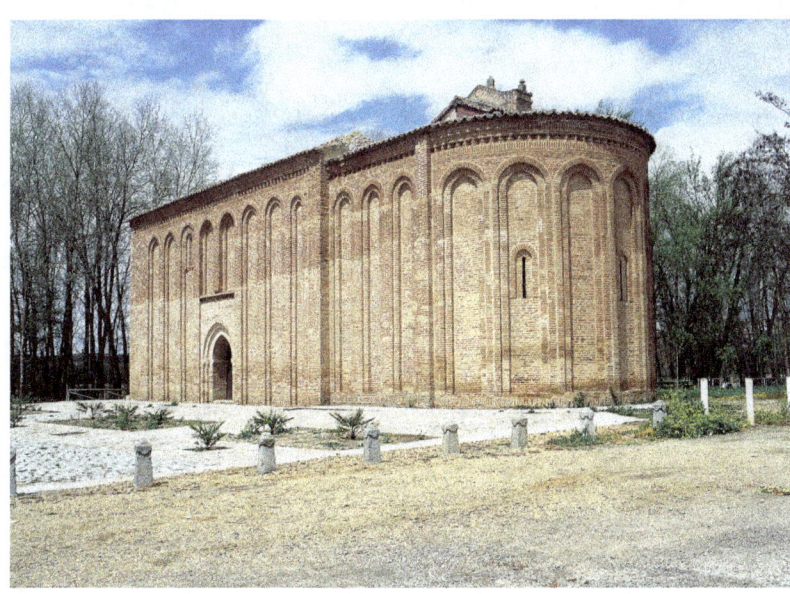

Église Santa María de la Vega, vue générale, Toro.

Toro

Couvent Santa Sofía, plafond du presbyterium, Toro.

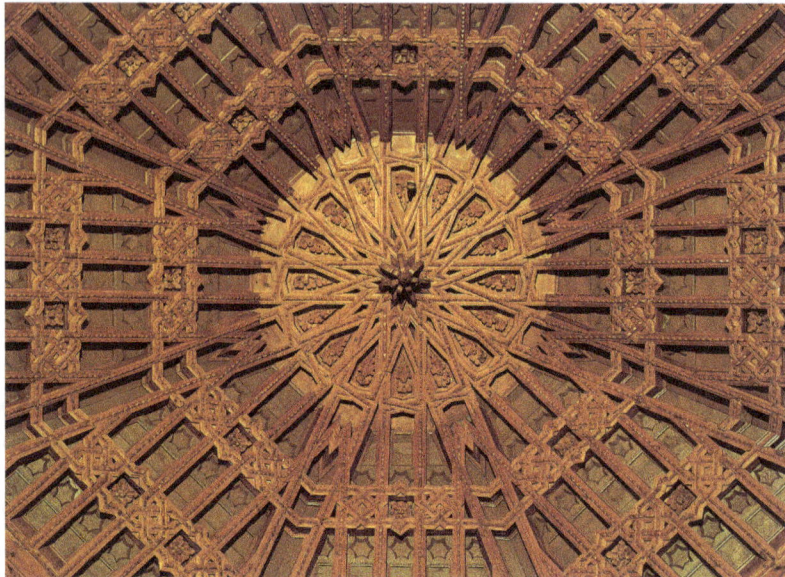

Pas de culte. Pour la visite, contacter l'Office du tourisme.
Horaires: le samedi de 16:00 à 18:00.

Également connue comme église du Christ des Batailles, Santa María de la Vega se situe dans les environs de Toro, près de Duero. Il est attesté qu'elle fut offerte en 1208 par l'évêque de Zamora à l'Ordre de l'Hôpital. Elle possède une nef unique à hautes arcades doubles, à l'exception du pignon, qui est lisse. Les portes latérales sont ornées d'arcs brisés et de moulures de scotie. L'église offre également des voûtes en berceau et l'intérieur est orné de deux niveaux d'arcades aveugles. À l'époque des Rois Catholiques (1479-1504), on a décoré le temple de peintures figurant des scènes du Couronnement de la Vierge, et une inscription de la corniche fait allusion à un retable commandé par Don Rodrigo de Ulloa et Doña Aldonza de Castille en 1481.

VIII.7.c Couvent Santa Sofía

Couvent de clôture de l'ordre de sainte Sophie prémontrée.
Horaires: de 10:00 à 13:00 et de 16:00 à 20:00. Pour visiter la tour et le patio, contourner le couvent.

Le couvent Santa Sofía date du début du XIVe siècle et s'élève sur la maison de doña María de Molina. En 1316, elle hérita les biens de l'abbé de San Andrés, don Nuño Pérez, et de son frère don Alfón, évêque de Coria, contre la seule obligation que ces généreux bienfaiteurs puissent y être enterrés. La maison d'origine et la porte du XIIIe siècle ont été conservées jusqu'au début du XIIIe siècle, avant d'être détruits par un incendie. Cependant, les plafonds de l'église sont encore en parfait état: une *armadura* octogonale dans le presbytère et une autre dans la nef, deux œuvres du XVIe siècle dont nous ne connaissons ni les auteurs ni les commanditaires.

FOIRES ET MARCHÉS

Du fait des moyens de transport rudimentaires et des très mauvaises voies de communication de l'Espagne médiévale, il était indispensable de stocker les marchandises à certains endroits précis de la Péninsule, d'où on les sortait une ou deux fois par an. L'organisation de foires entraînait une dispense d'impôt qui ne pouvait que stimuler l'activité des commerçants et des acheteurs. Depuis Alphonse VII, de nombreux privilèges royaux accordaient le droit de tenir des foires à de nombreuses localités castillanes. Alphonse VIII accorda à Sahagún une foire qui devait se tenir le jour de la Nativité de Notre Seigneur (8 septembre). Ces manifestations devaient impérativement se tenir entre la Saint-Michel (29 septembre) et la Saint-Martin (11 novembre), car on pouvait ainsi disposer des produits des moissons et des vendanges.

Une disposition des *"Partidas"* d'Alphonse X le Sage rappelle que la possibilité d'établir de nouvelles foires et marchés revient aux rois: "Les foires ou marchés où les hommes ont l'habitude de pratiquer ventes, achats et échanges, ne doivent pas être tenus ailleurs que là où ils se sont toujours tenus. Par conséquent, si le Roi autorise par privilège que de nouveaux lieux soient ouverts aux foires, alors les foires peuvent s'y tenir" (Partida V, tit. VII, loi III).

L'exemption d'impôt est mentionnée dans *Tratos y contratos de mercaderes y tratantes* de Fray Tomás del Mercado: "La foire implique une chose libre, isolée et économique, parce que ce qui se vend dans ces endroits et à ces moments n'est pas soumis à l'*alcabala*."

L'enceinte des foires était protégée par un régime spécial qui garantissait la paix tout le temps que durait la foire. Tout ce qui pouvait rompre la trêve se payait de nombreux et sévères châtiments. La ville qui jouissait de ces privilèges était assurée non seulement d'un rapide développement commercial, mais aussi industriel: elle était sûre d'écouler les produits des villages de sa juridiction, et les matériaux de première nécessité qui arrivaient de toutes parts pouvaient être transformés en biens d'équipement et de consommation. Les foires étaient un débouché pour les produits agricoles locaux, mais aussi pour ceux qu'apportaient les éleveurs transhumants, comme la laine, le beurre, les fromages.

À partir du XVe siècle, les foires de Castille connurent un essor considérable. Ségovie, Valladolid, Alcalá, Salamanque, Villalón, Medina de Rioseco et Medina del Campo étaient les plus importantes.

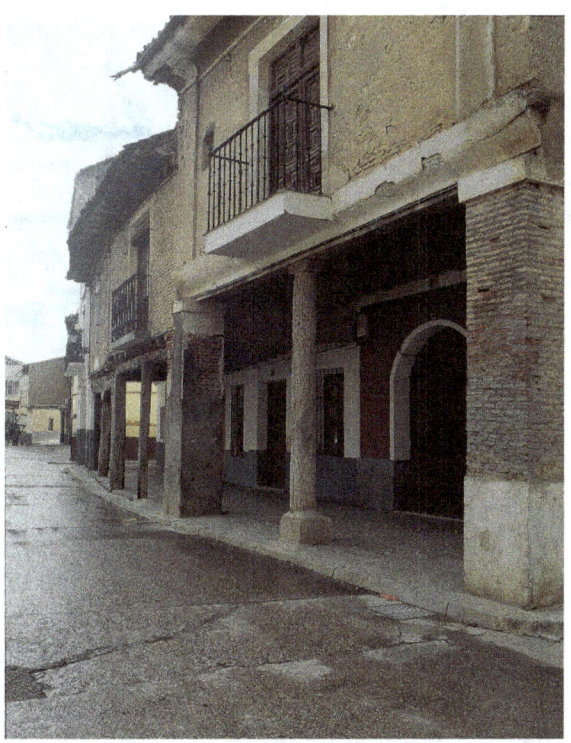

Rue à portiques, Villalón de Campos.

FOIRES ET MARCHÉS

Medina del Campo fut sans doute la plus prestigieuse de toutes, mais on en connaît mal l'origine. Son créateur a pu être don Fernando de Antequera, à l'époque où il gouvernait la Castille sous le nom de Juan II. Le chroniqueur Alvaro de Luna rapporte: "Et comme c'était le moment de la foire de Medina del Campo, qui rassemblait de grandes cohortes de gens de plusieurs pays, autant que de Castille et d'autres régions…". C'était le plus grand centre de négociation d'Espagne, et ce phénomène intervint jusqu'à un certain point dans la configuration de la ville. On ouvrit des places avec des étals pour le marché, on bâtit des églises, dont les cérémonies pouvaient être suivies de loin par les commerçants et les clients sans qu'ils aient à quitter leurs emplacements sur la place publique. Sans compter la multiplication de maisons particulières, propriété des commerçants les plus importants comme les Dueñas ou les Quintanilla.

Au cours de ces foires, l'usage des lettres de change était courant, une pratique très ancienne à travers laquelle on a voulu voir la présence, officielle ou officieuse, d'une communauté juive. Un autre moyen de garantir la confiance entre vendeurs et acheteurs était procuré par des cambistes et banquiers de foires, qui avaient pour mission de fournir toutes les monnaies utilisées dans les transactions commerciales. Les pragmatiques de 1551 et 1552 qui, au prétexte de réguler l'émission des lettres de change, leur interdit d'être échangées d'une foire à une autre, furent une des causes du déclin de la foire de Medina. Plus tard, sous Philippe II, les *alcabalas* furent augmentés, et les dispenses et avantages fiscaux du Moyen Âge furent abolis. Ne pouvant plus compter sur le crédit, les commerçants de Medina désertèrent la foire. Pour tenter de ranimer la vie commerciale de Medina, on créa une banque exclusivement réservée à la foire, mais le résultat ne fut jamais à la hauteur des espérances. Finalement, le transfert à Burgos mit un point final à la foire la plus célèbre de l'Espagne médiévale et renaissante.

Les ordonnances de Medina del Campo (1421) attribuaient cinq jours francs à la foire. Plus tard, on opta pour les mois de mai et d'octobre, pour avantager les produits de l'agriculture et de l'élevage, et aussi pour ne pas interférer avec d'autres foires de villes jouissant des mêmes privilèges.

À Medina de Rioseco, ce sont les Enríquez, et à Villalón de Campos et Benavente les comtes de Benavente qui obtinrent les privilèges royaux pour l'organisation de foires.

Don Alonso Pimentel, comte de Benavente, obtint du roi Philippe le Bel deux foires pour Villalón, une pendant le Carême et une après les Mystères (la Pâque). Ces foires duraient vingt jours chacune, les commerçants étaient exemptés d'*alcabalas*. À la mort de Philippe le Bel, le comte de Benavente tenta de gagner les faveurs du régent Ferdinand le Catholique, qui lui accorda "de juro" un privilège de 200 000 maravédis et qui confirma la foire de Villalón. En 1519, pour avoir pris parti pour la cause populaire, Villalón perdit les privilèges de sa foire; ceux-ci passèrent à Medina de Rioseco, qui les conserva jusqu'au XVIIe siècle. En 1644 Philippe IV tenta de relancer la foire de Villalón par un décret édicté à Saragosse, qui accordait à la ville le privilège perpétuel de ne pas payer de droits de fontaines ou de reconstruction, puisque l'afflux de population avait fini par ruiner les maisons situées au-dessus des caves et des silos, mais le projet resta sans lendemain.

À Medina de Rioseco, les foires se tenaient en avril et août, et il y avait un marché franc accordé par les Rois Catholiques en 1477. Celui-ci, lié à la fabrication de panneaux et à d'autres activités commerciales, fit vivre la population jusqu'au XVIIIe siècle. Les rues de la Rúa et Pañeros en portent le témoignage, qui abritaient les foires et marchés sous leurs arcades à structures de bois. Il n'est pas difficile d'imaginer aujourd'hui les étals et *zaquizamíes* qu'installaient parfois les marchands, qui, "au moyen de bâches, de nattes et de tréteaux posés au-dessus des échoppes, essayaient d'obscurcir encore l'intérieur pour que l'acheteur ne puisse pas voir clairement les articles". À chaque accusation, la réaction du régiment de Medina de Rioseco était sans appel, il débarrassait immédiatement les étals de tout encombrement.

Autre phénomène commercial qui a laissé des traces dans certaines villes castillanes: les marchés. En Castille, ils étaient mensuels ou hebdomadaires, aussi bien pour les produits agricoles de subsistance que pour d'autres marchandises de moindre demande. Outre les garanties de sécurité, les exemptions de dîmes et de péages furent déterminantes pour leur développement. En Castille et León, les marchés quotidiens reçurent le nom arabe de *azog* ou *azogue*, dont quelques toponymes de la géographie urbaine témoignent encore: el Azoguejo à Ségovie et les variantes de Azogue ou Azoague dans la région de Zamora (Santa María de Azogue à Benavente et Villanueva de Azoague dans les environs de ce village). À Benavente, on trouve même les deux termes: María de Azogue et San Juan del Mercado, comme si l'on voulait distinguer deux types de marché: l'un d'origine islamique et l'autre d'origine chrétienne.

Le pilori qui présidait ces marchés était un symbole du pouvoir royal, souvenir d'une justice et d'une autorité toujours présentes et transformation de la croix qui les avait présidés initialement en instrument de châtiment public destiné à servir d'exemple. Nous en avons un exemplaire assez représentatif à Villalón de Campos. Les *zabazoques* ou commissaires de marchés étaient les yeux et les oreilles des juges et inspecteurs du marché; d'autres fonctionnaires étaient chargés de veiller à la sincérité des poids et mesures et d'assurer la paix du lieu.

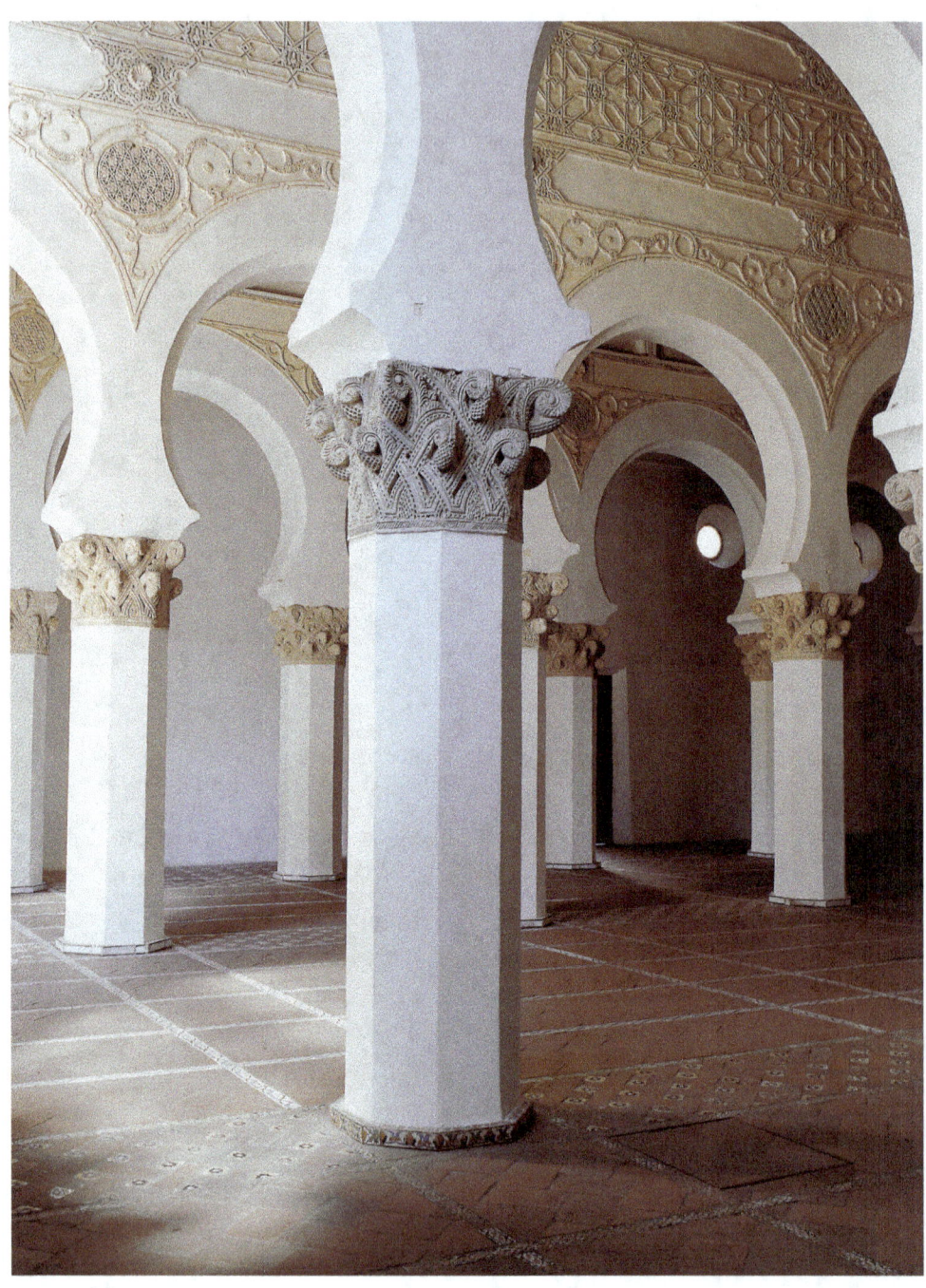

CIRCUIT IX

L'empreinte du passé: églises, synagogues et palais

María Teresa Pérez Higuera

IX.1 TOLÈDE
    IX.1.a Puerta del Sol
    IX.1.b Mosquée Cristo de la Luz
    IX.1.c Église San Román
    IX.1.d Synagogue Santa María la Blanca
    IX.1.e Synagogue du Transit
    IX.1.f Palais Taller del Moro
    IX.1.g Palais des Toledo et Ayala
    IX.1.h Église San Andrés
    IX.1.i Église Santiago del Arrabal

Les stucs ouvragés du mudéjar tolédan

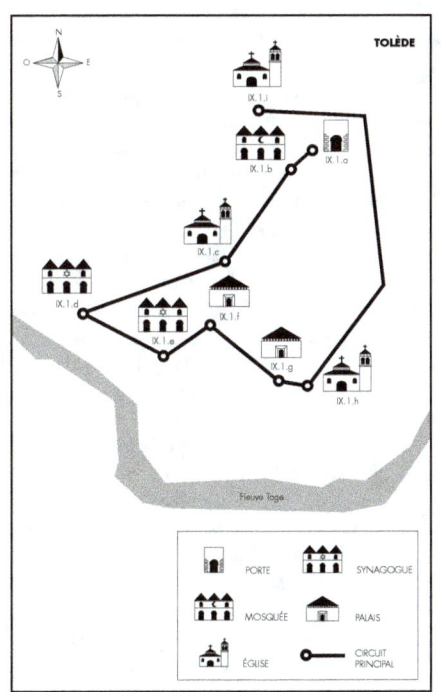

Intérieur de la synagogue Santa María la Blanca, Tolède.

CIRCUIT IX *L'empreinte du passé: églises, synagogues et palais*

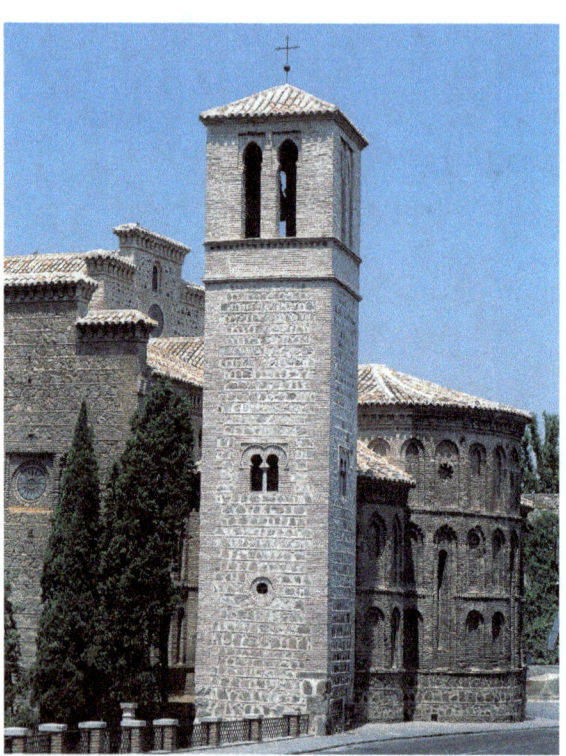

Église Santiago del Arrabal, chevet et tour, Tolède.

Parmi les nombreux édifices mudéjars conservés à Tolède, nous avons sélectionné les plus représentatifs quant aux différentes fonctions —églises, palais, synagogues, portes des remparts— et à l'évolution des schémas. Selon ce critère, nous avons inclus dans le circuit une église représentative du mudéjar tolédan —Santiago del Arrabal— et d'autres édifices exemplaires des différents processus de construction: l'adaptation d'une mosquée au culte chrétien —Cristo de la Luz—; une église correspondant à la phase initiale du mudéjar —San Román— et une autre —San Andrés— qui est aujourd'hui le résultat de plusieurs réformes ultérieures, bien qu'elle conserve en grande partie sa physionomie mudéjare. Dans le cas des synagogues —Santa María la Blanca et le Tránsito, les deux seules qui soient conservées à Tolède—, l'intérêt vient de ce qu'elles sont très différentes l'une de l'autre, tant par la formule architecturale que par leur ornementation.

Pour faire connaissance avec les palais mudéjars, nous avons choisi l'un d'eux ––Taller del Moro, également Musée du mudéjar tolédan— et, pour l'extérieur, les façades des palais des Ayala, situés sur la Plaza del rey don Pedro. Enfin la Puerta del Sol montrera la réédification, à l'époque mudéjare, d'une partie de l'enceinte fortifiée de la ville.

La localisation de ces édifices en différents points de la ville favorise le parcours à travers les rues, ce qui permet de vérifier l'empreinte islamique dans le tracé urbain et d'apprécier les différentes fonctions de quelques secteurs —zone commerciale, résidentielle, juiverie— qui définirent Tolède comme une ville mudéjare, héritière de la Tolède hispano-musulmane.

Ancienne capitale du royaume wisigoth, Tolède fut conquise par les musulmans en 711 et resta sous domination islamique jusqu'en 1085, d'abord soumise au pouvoir central installé à Cordoue puis, à partir de 1031, comme capitale d'une Taifa gouvernée par les Banu Din-l-Nun. Une fois la ville intégrée à la couronne de Castille en 1085, les conditions de la capitulation garantissaient aux musulmans qui resteraient dans Tolède la jouissance de leurs biens et le droit de conserver leur religion, leur langue et leurs propres juges. Ces garanties expliquent le nombre élevé de Mudéjars qui, à côté des juifs et des anciens noyaux de Mozarabes, formèrent la base de la population, à laquelle s'agrégèrent les nouveaux arrivés du repeuplement, des Castillans, des Léo-

nais, des Galiciens et des Francs.
Tolède devint ainsi le prototype de ce que Torres Balbás a appelé les "villes mudéjares", résultat des transformations apportées aux villes musulmanes venant à être occupées par les chrétiens. Lentement, la ville s'adapta au mode de vie des nouveaux habitants, qui se mirent à construire des églises, des rues, des places à portiques… Cependant, Tolède a toujours conservé l'empreinte de son passé islamique, qui se perçoit encore dans ses rues étroites et tortueuses, parfois sans issue, et dans les fameux *cobertizos* qui, à la façon des rues couvertes dans lesquelles des maisons situées de chaque côté de la rue peuvent communiquer entre elles par les étages supérieurs.

Mais l'attrait le plus singulier de Tolède vient sans doute d'avoir su perpétuer le souvenir des différents secteurs qui se sont intégrés à la cité musulmane, autant de secteurs définis par leurs fonctions spécifiques: casbah, souks et quartiers d'habitations dans la *medina*, faubourgs et, toujours extra-muros, cimetières, jardins et vergers. Aujourd'hui encore la zone commerciale de la ville se distingue clairement des zones résidentielles et des faubourgs. Les anciens souks ont été transformés en marchés autour de la cathédrale, qui prit la place de la grande mosquée. Le faubourg nord et la juiverie sont restés au même endroit depuis le Xe siècle. Et les vergers clos qui entourent la ville portent encore la marque des jardins musulmans. L'identification de la ville de Tolède à son passé islamique justifie la dénomination de "mudéjar tolédan" que l'on attribue à son architecture. C'est

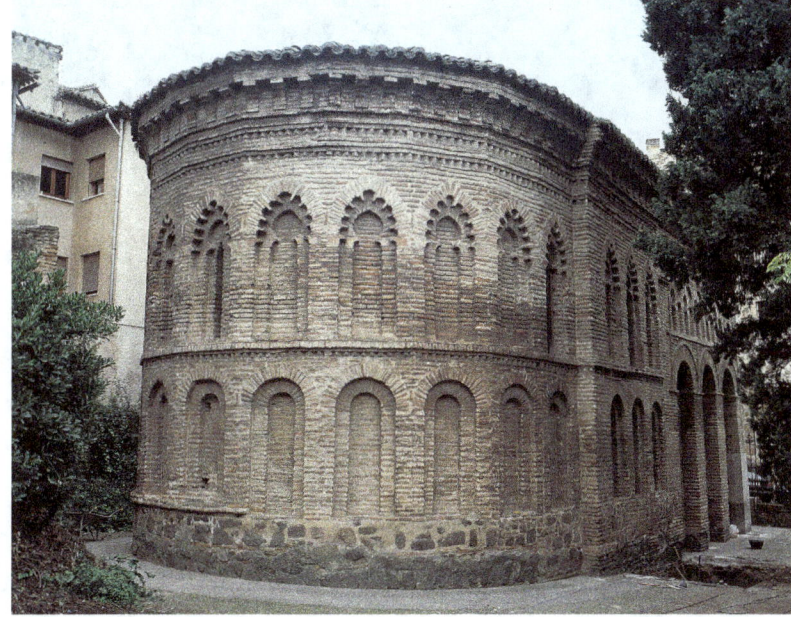

Mosquée Cristo de la Luz, abside, Tolède.

Tolède

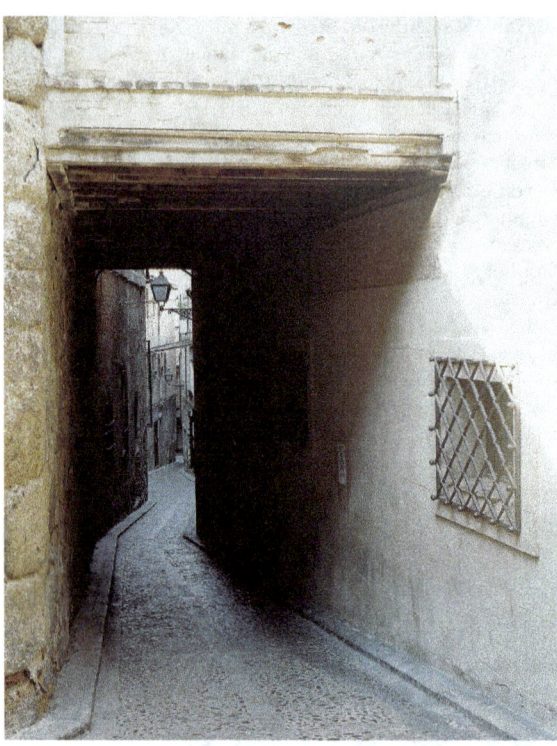

Rue couverte, Quartier de San Blas, Tolède.

dans ce sens qu'il convient d'interpréter l'opposition entre l'art gothique des cathédrales —imposé par le pouvoir épiscopal et apparenté à l'Occident chrétien européen— et la préférence pour le mudéjar dans les palais, les habitations et les édifices de culte utilisés par le peuple, églises paroissiales et synagogues.

Dans le processus de formation du mudéjar tolédan, on peut distinguer une première étape correspondant au XIIe siècle, époque où la fragilité de la domination castillane face au siège des Almoravides et des Almohades limitait les œuvres architecturales à la reconstruction des anciennes paroisses mozarabes et à l'adaptation de quelques mosquées au culte chrétien. Ces œuvres font partie de ce qu'on appelle "la première phase" du mudéjar tolédan, qui se caractérise par l'emploi de certains éléments archaïsants comme l'arc en fer à cheval semi-circulaire pour la division des nefs et la réutilisation de colonnes wisigothiques pour les supports. Plus tard, après la victoire de la Navas de Tolosa (1212), la consolidation définitive de la conquête justifia la construction de nouveaux édifices qui révèlent l'influence castillane. Le modèle architectural mudéjar dérive du style roman, bien que sans cesse modifié par le recours à des formules locales comme l'appareil de maçonnerie en coffrage, la décoration de briques basée sur une combinaison d'arcs en fer à cheval et lobés ou d'arcades entrecroisées, les revêtements de stuc à l'intérieur des bâtiments et l'utilisation de poutres sculptées pour les toitures et les avant-toits. À partir du XIVe siècle apparaissent des traits communs à l'architecture nasride de Grenade, notamment l'extraordinaire richesse des ouvrages de stuc qui décorent les édifices de cette époque, qu'il s'agisse de palais ou de synagogues, comme la synagogue du Transit. C'est précisément cette capacité à assimiler de nouvelles formes qui explique que l'art mudéjar se soit pérennisé dans la Tolède des XVe et XVIe siècles, en étroite symbiose avec la fin de l'art gothique et l'introduction de la Renaissance italienne.

IX.I TOLÈDE

IX.1.a Puerta del Sol

Située rue Real del Arrabal. Il est préférable de laisser la voiture dans le parking face à la Puerta del Sol et de parcourir le circuit à pied.

CIRCUIT IX   *L'empreinte du passé: églises, synagogues et palais*
Tolède

Bien que complètement reconstruite à l'époque de l'archevêque don Pedro Tenorio (1375-1399), la Puerta del Sol fait partie de l'enceinte fortifiée qui entourait la *medina* islamique depuis le Xᵉ siècle, lorsqu'elle était la principale porte d'accès depuis le faubourg du Nord. Il est même probable que l'arc en fer à cheval qui tient lieu de passage, et qui a exploité la construction mudéjare, corresponde à cette époque.

La porte se compose d'un organe central logé entre deux tours: celle qui fait bloc avec la muraille, à plan carré, et une autre de forme semi-circulaire pour une meilleure défense face à l'extérieur. Cette fonction militaire, tout comme la fonction de contrôle permanent des entrées dans la ville, explique la structure interne: un étage élevé pour la surveillance, auquel correspondent les fenêtres et les trois mâchicoulis du donjon arrondi, et une plate-forme supérieure au niveau des créneaux. L'accès lui-même correspond à la typologie de la porte fortifiée, avec des mâchicoulis dans la séparation entre l'arc inférieur en fer à cheval et l'arc supérieur brisé, et avec une sarrasine dans la travée intérieure aujourd'hui disparue, mais dont on peut toujours voir la gorge où elle était insérée.

Cette fonction défensive est partiellement dissimulée par la façade de brique à frises d'arcs entrecroisés qui reprend le schéma ornemental du mudéjar tolédan que l'on retrouve dans les églises et dans les palais. Ainsi, à la fonction militaire de défense s'ajoute le concept d'entrée monumentale qui tire son inspiration des arcs de triomphe. En 1575, pendant le mandat du corrégidor Tello, la porte fut décorée d'un médaillon au thème de l'Imposition de la chasuble à saint Ildefonse, un élément symbolique de la Tolède wisigothique.

IX.1.b Mosquée Cristo de la Luz (Christ de la Lumière)

Située dans la rue Cristo de la Luz. Monter les escaliers de droite.
Pour la visite, contacter M. Manzanares, tél.: 925 223081.

Il s'agit en réalité de deux édifices adossés. L'un de ces édifices est la mosquée de Bab al-Mardum, datée de 999 (390 de l'hégire) par une inscription. Le bâtiment, à plan carré et surmonté de neuf petites coupoles, a des précédents islamiques dans le nord de l'Afrique, et son

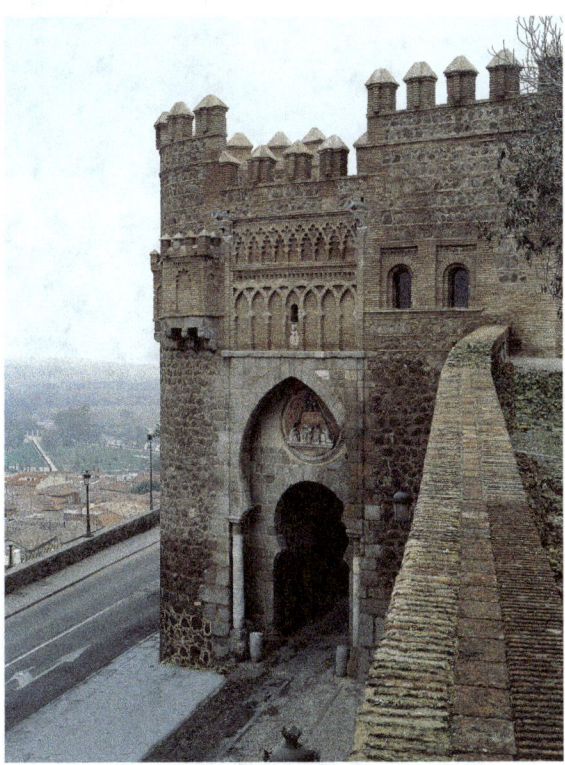

Puerta del Sol, vue générale, Tolède.

CIRCUIT IX   *L'empreinte du passé: églises, synagogues et palais*

Tolède

Mosquée Cristo de la Luz, peinture de l'intérieur, Tolède.

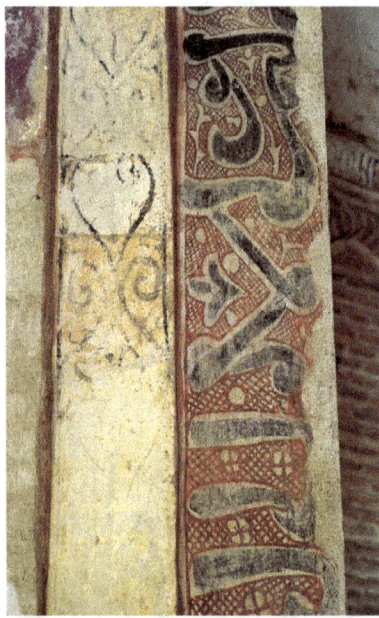

Après la conquête de Tolède par Alphonse VI en 1085, la mosquée fut consacrée comme temple chrétien; en 1182, elle fut donnée à l'Ordre des Hospitaliers de Saint-Jean sous le vocable de la Sainte-Croix. C'est à cette date que doit correspondre l'édification de l'abside, adossée au côté est de l'ancienne mosquée. Cette solution qui consiste à utiliser des édifices antérieurs – y compris des mosquées – comme églises était courante à Tolède au cours du XIIe siècle, du fait de l'instabilité provoquée par la menace constante des Almoravides et des Almohades, toujours déterminés à reconquérir la ville. Dans le cas de Cristo de la Luz, l'association des deux édifices se résout en une parfaite uniformité grâce à l'utilisation de matériaux identiques —brique et maçonnerie d'enceinte— et des mêmes éléments formels —arcs en fer à cheval et lobés—, ce qui montre bien que la mosquée du Xe siècle fut retenue comme modèle pour l'église mudéjare. L'abside quant à elle adopte le parangon tolédan, avec des fondations en maçonnerie et une structure élevée en brique. Celle-ci est décorée d'une superposition d'arcades aveugles, qui, dans la partie supérieure, reprennent les arcs brisés outrepassés sous d'autres arcs lobés, séparés par des frises en brique d'angle, et un avant-toit reposant sur des briques en saillie.

L'intérieur conserve des vestiges de peintures murales qui représentent le Pantocrátor et le Tetramorfos, dans la pleine tradition romane, et qui sont datées de la première moitié du XIIIe siècle.

IX.1.c Église San Román

San Román s/n. Monter la Cuesta de las Carmelitas, puis grimper jusqu'à l'église San Román, actuel siège du musée des Conciles et

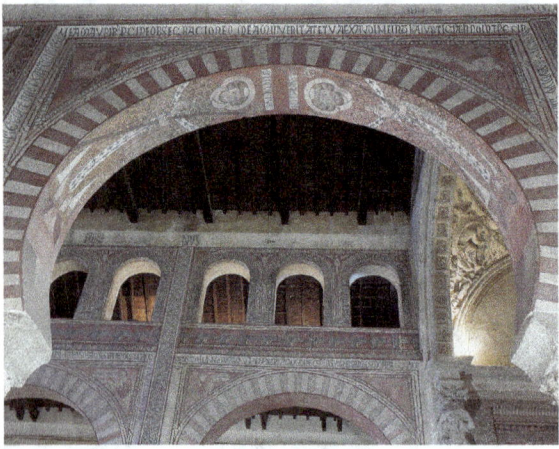

Église San Román, détail d'un arc, Tolède.

caractère architectural s'apparente directement à l'œuvre réalisée à l'époque califale qu'est la mosquée de Cordoue.

de la Culture wisigothe, qui abrite aussi des expositions temporaires.
Horaires: de 10:00 à 14:00 et de 16:00 à 18:15. Dimanches et jours fériés de 10:00 à 14:00. Fermée le lundi.

Il est assez probable que l'église ait déjà existé à l'époque wisigothique, ce qui expliquerait le réemploi de certains chapiteaux de ce style dans l'édifice mudéjar. Déjà dans les années qui ont immédiatement suivi la conquête de la ville en 1085, elle est citée parmi les "paroisses latines de culte chrétien". Elle a compté parmi ses fidèles la famille des Illán, une lignée apparentée aux rois de Castille, dont un ancêtre fut un "caudillo" d'Alphonse VI. Ces témoignages prouvent l'existence d'une église antérieure à 1221, date à laquelle, d'après les Annales tolédanes, elle fut consacrée par l'archevêque de Tolède, don Rodrigo Xímenez de Rada. Compte tenu de ces renseignements, il devient facile de distinguer sur le bâtiment actuel deux projets architecturaux différents. L'un, qui coïncide avec le corps des nefs, a dû appartenir à l'église utilisée au XIIe siècle. C'est à cette époque que correspondent le type d'arcs en fer à cheval qui s'élèvent sur des piliers de brique et les colonnes adossées —les colonnes et chapiteaux wisigothiques dont on a déjà parlé—, ainsi que, dans la partie supérieure, l'organisation de baies qui n'ont pas fonction d'éclairage, mais servent uniquement à alléger le mur. Ces caractères se retrouvent dans d'autres temples de la région de Tolède, dans le contexte de la "première phase" du mudéjar tolédan comme à San Lucas, Santa Eulalia ou San Sebastián. C'est à une œuvre postérieure, qui pourrait coïncider avec la date de consécration du temple en 1221, qu'appartient le chevet où, malgré le remaniement intérieur réalisé en 1553 par Alonso de Covarrubias, subsistent des vestiges de la décoration extérieure de l'abside primitive avec ses arcades aveugles —sur le modèle castillan qui s'est imposé depuis le XIIIe siècle avec ce qu'on appelle la "deuxième phase" du mudéjar tolédan. C'est encore de la première moitié du XIIIe siècle que datent les peintures murales découvertes en 1940 et qui ont probablement été exécutées pour unifier les anciennes nefs et le nouveau chevet. Bien qu'elles soient dans la plus pure tradition romane, certains détails relèvent de la décoration islamique, avec les faux claveaux rouges et blancs sur les

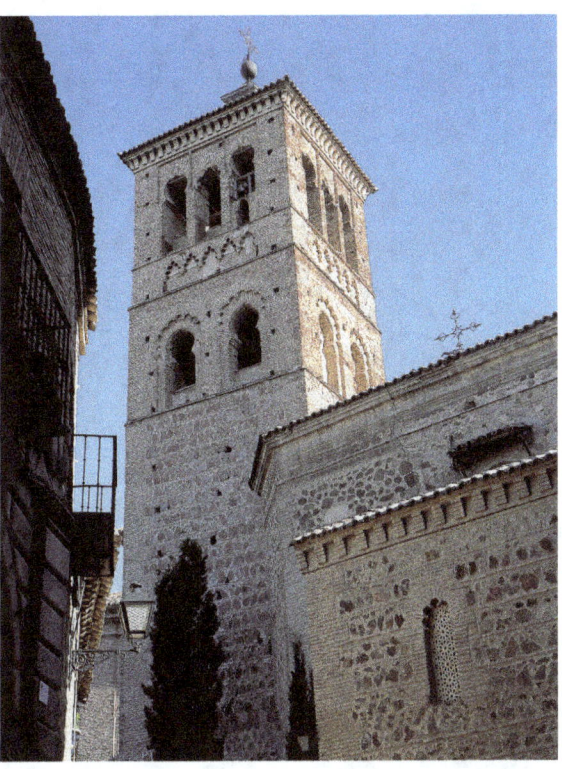

Église San Román, tour, Tolède.

Tolède

arcs des nefs, les arcs lobés autour des fenêtres et les motifs végétaux d'*ataurique* dans les écoinçons des arcs. La tour a dû être construite dès la fin du XIIIe siècle ou au début du XIVe siècle. Elle se remarque par l'emploi d'arcs lobés sur colonnettes de céramique émaillée, une solution assez rare à Tolède mais qui se retrouve dans d'autres édifices comme la tour de Santo Tomé.

Depuis 1971, le musée des Conciles de Tolède et de la Culture wisigothe est installé à l'intérieur de l'église.

IX.1.d Synagogue Santa María la Blanca

Reyes Católicos, 4. Par la rue de San Clemente, flâner jusqu'à la synagogue.
Entrée payante.

Horaires: de 10:00 à 14:00 et de 15:30 à 18:00, jusqu'à 19:00 en été.

Santa María la Blanca est située dans l'ancienne juiverie qui, à l'époque musulmane, était déjà un quartier indépendant entouré de sa propre muraille, la *madinat al-yahud* ou ville des juifs. Pendant le bas Moyen Âge, le quartier était appelé Grande Juiverie. Il fut l'un des plus célèbres de Castille et se maintint jusqu'à l'expulsion des juifs en 1492. Plusieurs synagogues sont documentées, et l'actuelle Santa María la Blanca était vraisemblablement l'une d'elles. Depuis 1401, date à laquelle elle fut consacrée comme temple chrétien, elle est connue sous le vocable de Santa María, mais parmi tous les noms cités dans les textes antérieurs à cette date, celui que portait cette synagogue n'a pas pu être identifié en toute certitude. Il est assez probable qu'il s'agisse de la Grande

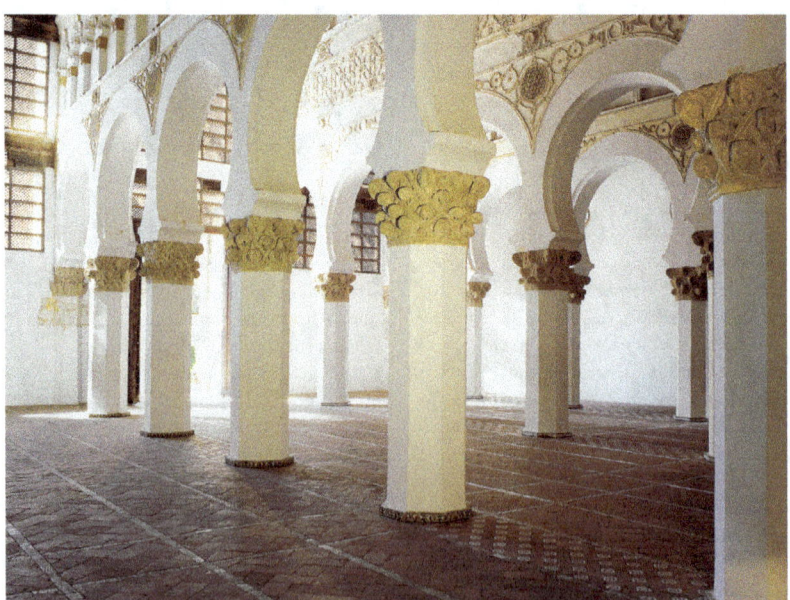

Intérieur de la synagogue Santa María la Blanca, Tolède.

Synagogue ou de la Nouvelle Synagogue. Quoi qu'il en soit, un examen de ses caractéristiques artistiques la situe dans la première moitié du XIIIe siècle.

Santa María la Blanca est un édifice singulier, qu'on hésite encore à attribuer au style almohade ou au style mudéjar. La première thèse s'appuie sur d'évidentes parentés avec des œuvres de la période almohade; la seconde, qui prévaut de plus en plus ces dernières années, se fonde sur le fait qu'elle est située dans une Tolède déjà sous domination chrétienne, mais aussi sur ses liens avec d'autres ouvrages mudéjars castillans situés dans le monastère de las Huelgas à Burgos. Entouré par un extérieur à parements lisses, l'espace intérieur, de forme rectangulaire quelque peu irrégulière, se divise en cinq nefs séparées par des arcs en fer à cheval établis sur une circonférence, et très semblables à ceux de San Román. Cependant l'impression visuelle est totalement différente du fait de la présence, au-dessus de courts piliers, de grands chapiteaux de stuc ouvragé décorés d'énormes pommes de pin, que Gómez-Moreno a qualifiés d'"invention souveraine" de son auteur. Au-dessus des arcs et les entourant, une délicate ornementation couvre les parements, mêlant motifs végétaux et géométriques entre lesquels ressortent quelques médaillons d'entrelacs de différents modèles. À ces nefs a été intégré un chevet formé de trois chapelles dont le revêtement intérieur est traité à la façon renaissante, une œuvre réalisée entre 1550 et 1556 et attribuée à Alonso de Covarrubias.

IX.1.e **Synagogue du Transit**

Manuel Leví s/n. Prendre la rue Reyes Católicos. Actuel siège du Musée sépharade. Entrée payante.

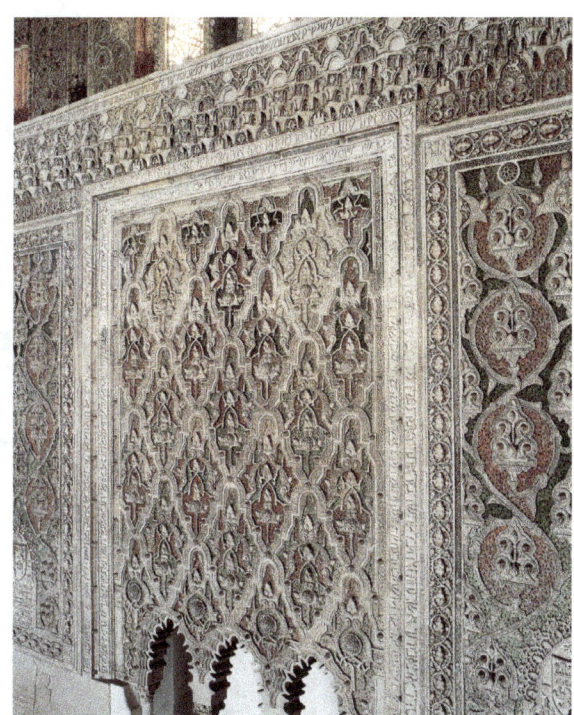

Horaires: de 10:00 à 13:45 et de 16:00 à 17:45; dimanches et jours fériés de 10:00 à 13:45. Fermée le lundi.

Synagogue du Transit, détail du décor sur stuc, Tolède.

L'autre synagogue conservée à Tolède est connue sous le nom de synagogue du Transit, un nom qui s'explique aussi par sa dédicace au culte chrétien après l'expulsion des juifs en 1492. Elle fut construite vers 1357 sous le patronage de Samuel ha-Leví, trésorier et conseiller du roi Pierre Ier de Castille, et membre de la famille ha-Leví Abulafia établie à Tolède depuis plusieurs générations.

Outre quelques dépendances qui furent utilisées comme "yéshiva" ou école de formation religieuse, elle comporte une

CIRCUIT IX   *L'empreinte du passé: églises, synagogues et palais*

Tolède

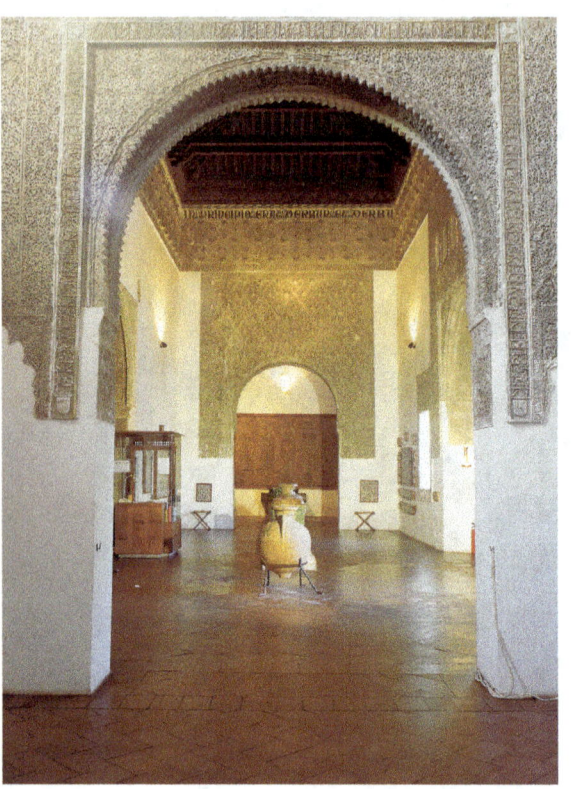

Intérieur du palais Taller del Moro, Tolède.

corniche de *muqarnas* qui les ferme. Sur les autres parois, une large frise parcourt la partie supérieure des murs. La thématique végétale d'inspiration musulmane se mêle ici à des motifs naturalistes comme la feuille de vigne ou de chêne, autant de thèmes clairement puisés au répertoire de l'art gothique tolédan. Pardessus, et entourant toute la salle, une galerie d'arcs lobés —certains aveugles, d'autres percés de jalousies destinées à laisser pénétrer la lumière— sert d'appui à une splendide toiture de bois du type à *par y nudillo*. Sur le flanc méridional s'ouvrent les tribunes des femmes, où sont conservés des stucs semblables à ceux de la salle.

Depuis 1971, un musée sépharade est installé dans l'édifice.

IX.1.f Palais Taller del Moro (Atelier du Maure)

Taller del Moro s/n. Monter par le paseo del Tránsito jusqu'à la rue Taller del Moro.
Entrée payante.
Horaires: de 10:00 à 14:00 et de 16:00 à 18:30. Le dimanche de 10:00 à 14:00. Fermé le lundi.

grande salle rectangulaire réservée à la prière, dont le mur oriental abrite le *heckal* ou tabernacle où sont déposés les rouleaux sacrés de la Torah. Pour mettre cette fonction en valeur, le parement est recouvert d'une riche décoration de stucs ouvragés qui se distribue en trois registres, parmi lesquels le registre central inclut la niche à trois petits arcs lobés. Tout l'ensemble révèle d'évidentes parentés avec l'art nasride de Grenade, surtout dans le schéma des rhombes ou *chebka* aux fonds complètement tapissés d'une fine décoration végétale d'*ataurique*, et dans la

C'est l'unique vestige de palais mudéjar, composé d'une salle centrale rectangulaire et de deux alcôves carrées aux extrémités. De l'ancienne bâtisse a disparu le patio rectangulaire à parterres, sur les petits côtés duquel devaient s'ouvrir les salles principales —l'une d'entre elles est conservée— précédées d'un portique ou d'une galerie. Certains éléments révèlent des solutions courantes dans l'architecture nasride, comme l'utilisation de l'arc *angrelado* ou la disposition de petites fenêtres à jalousies au-dessus de la porte pour aérer et diffuser une lumière tamisée à l'intérieur. Toujours sur le modèle des habitations hispano-musulmanes, les murs devaient être entièrement décorés: un soubassement d'*azulejos* dans la partie inférieure, des étoffes ou des cuirs recouvrant les parements, les encadrements de fenêtres en stucs polychromes, sans oublier la large frise qui court tout au long de la partie supérieure de la pièce et les alcôves qui supportent la toiture. Aujourd'hui le décor des socles et des parois a disparu, et seuls demeurent les stucs finement sculptés qui obéissent à différents registres décoratifs. Entre les arcs apparaît un simple réseau de rhombes rempli de motifs végétaux, tandis que sur la frise haute se dessinent des entrelacs sur lesquels, se substituant de temps en temps aux étoiles et aux disques, figurent les armes des Palomeque et des Meneses, ce qui a permis d'identifier le palais comme une propriété de Lope González Palomeque, seigneur de Villaverde, marié à María Téllez de Meneses, et de situer l'œuvre entre 1325 et 1350. Enfin, les *alfices* qui encadrent les arcs portent des inscriptions qui complètent ainsi les trois éléments de base de la décoration islamique —géométriques, végétaux et épigraphiques— et qui, dans le cas présent, parfaite expression du mudéjarisme, mêlent les caractères arabes, qui répètent louanges et vœux de prospérité, et les lettres gothiques, qui reprennent en latin le début de l'évangile de saint Jean.

La première partie du nom actuel —Taller del Moro— vient de ce qu'au XVIe siècle, alors qu'il était déjà délaissé par ses propriétaires, l'édifice fut loué par les bâtisseurs de la cathédrale qui utilisèrent directement le sol pour tailler la pierre et la salle principale comme entrepôt. Cependant, on ignore l'origine de la seconde partie du nom —del Moro—, qui désignait aussi la rue et la place contiguës. Depuis 1963 y est installé le Musée du Mudéjar. Parmi les pièces d'artisanat mudéjar tolédan qui y sont exposées se remarquent particulièrement les séries d'*azulejos* et les grandes cruches et brocs de puits en argile, parfois vernissés. Dans l'alcôve droite sont rassemblés des bois sculptés provenant de différents édifices de Tolède.

IX.1.g Palais des Toledo et Ayala

Place de Santa Isabel. Traverser Santa Úrsula puis, au bout à gauche, San Marcos; à droite

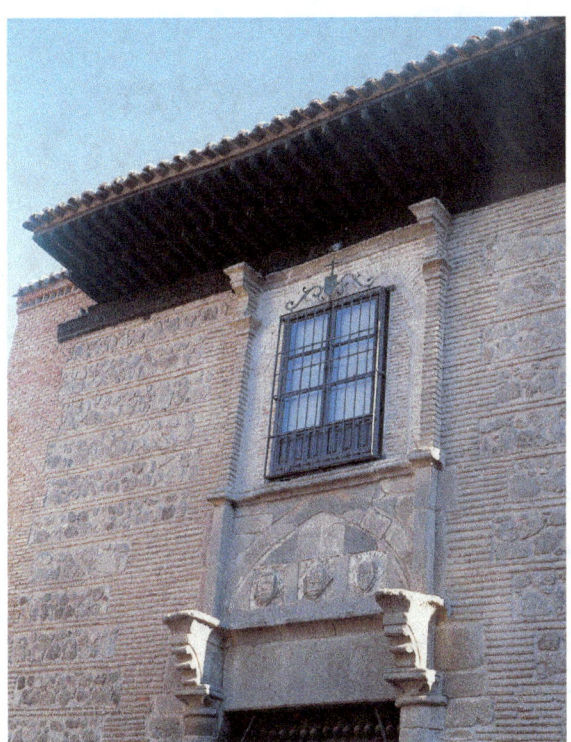

Palais de Pierre Ier, façade, Tolède.

CIRCUIT IX   *L'empreinte du passé: églises, synagogues et palais*

Tolède

par la travesía de San Marcos; à gauche par la travesía de Santa Isabel, et à droite sur la place.
L'église du couvent Santa Isabel est ouverte toute la journée.

Bien que l'intérieur des palais soit enfermé dans la clôture du couvent Santa Isabel de los Reyes, qui occupe un des collatéraux, la petite place mérite vraiment une visite, car c'est l'un des coins les plus typiques et les plus représentatifs de l'urbanisme tolédan, exemple de la perpétuelle transformation de la cité médiévale. À l'époque islamique elle faisait partie du quartier des Tintoreros (des teinturiers), qui étaient encore installés ici au XIIe siècle; à partir du XIIIe siècle elle s'est appelée "de los Tintes Viejos" du fait de leur déplacement vers le sud de la ville. C'est à cette époque qu'a dû être construite la chapelle San Antolín, transformée au début du XVIe siècle en église conventuelle du monastère Santa Isabel, mais qui conserve encore une petite abside mudéjare de l'édifice primitif qui obéit à la typologie habituelle du mudéjar tolédan, très proche de celui de Cristo de la Luz.

À côté de la place se trouvaient au Moyen Âge les palais des Toledo et Ayala, deux des plus importantes lignées de Castille depuis le milieu du XIVe siècle. Chaque membre de la famille y construisait sa propre résidence; quatre de ces demeures ont survécu. Ces maisons furent léguées en 1488 pour aider à la fondation du couvent. Entre les pans de mur se détache le petit portail de la fin du XIVe siècle qui correspond au palais de don Pedro Suárez de Toledo y Alaya, dont les écussons forment une décoration mettant en valeur des combinaisons d'arcs et de linteaux, une version mudéjare d'un schéma hispano-musulman qui remonte aux façades de la mosquée de Cordoue. De chaque côté, de petits pilastres surmontés de consoles ornées de figures de lion —très mutilées— soutenaient à l'origine un avant-toit de bois. La formule est considérée comme caractéristique de l'art tolédan; une variante du même schéma, incluant la fenêtre du niveau supérieur, se retrouve dans le palais dit du roi Don Pedro, de l'autre côté de la rue, qui, lui, conserve l'ancien avant-toit de bois. Bien qu'il soit connu sous le nom de palais du roi Pierre Ier de Castille, le palais appartenait à doña Teresa de Ayala, mariée à Fernán Álvarez de Toledo, seigneur de Higares, comme le prouvent les blasons qui surmontent l'entrée. Dans la toute proche traverse Santa Isabel, un autre

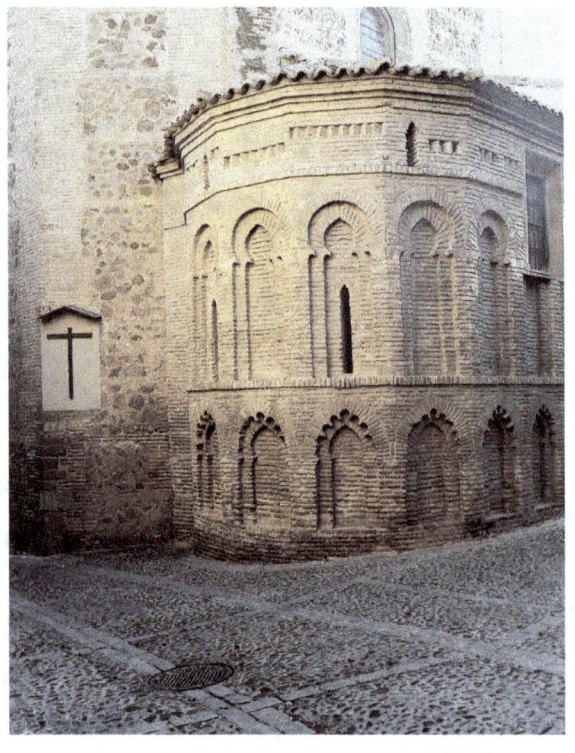

Palais de Santa Isabel de los Reyes, abside de San Antolín, Tolède.

palais, celui de doña Inés de Ayala, communiquait avec les palais précédents par un passage en hauteur que l'on peut encore voir comme une marquise depuis la rue; le patio et une partie de l'une des salles sont conservés. Enfin, à côté de l'actuelle entrée de l'église restent quelques vestiges de la porte d'un autre palais, celui de doña Juana Enríquez, nièce de Inés de Ayala: c'est elle qui est à l'origine de la donation des résidences en faveur du couvent.

IX.1.h Église San Andrés

Ave María s/n. Descendre en contournant le palais.
Horaires: de 18:30 à 20:00; dimanches et jours fériés de 9:00 à 13:00.

Son état actuel est le résultat de différentes périodes artistiques qui ont laissé leurs empreintes au fur et à mesure du développement historique de la ville de Tolède. Une église existait vraisemblablement ici à l'époque wisigothique, à laquelle devaient appartenir un relief aujourd'hui encastré dans la façade et deux pilastres de l'intérieur. Elle dut être mosquée musulmane au début du XIe siècle, époque dont nous sont parvenus un cippe funéraire daté de 1001, et sans doute la partie inférieure de la tour. Après la conquête d'Alphonse VI en 1085, elle fut consacrée au culte chrétien; en 1150, d'après les Annales tolédanes, l'édifice subit les ravages d'un incendie. Il a dû être restauré ensuite, puisqu'il est cité en 1156 dans des documents mozarabes.

De la fin du XIIe siècle peuvent dater deux œuvres intéressantes pour l'influence almohade qu'elles révèlent: le porche, un cas unique parmi ses homologues tolédans par les petits arcs aveugles de la frise qui décore la partie supérieure, et deux voûtes de

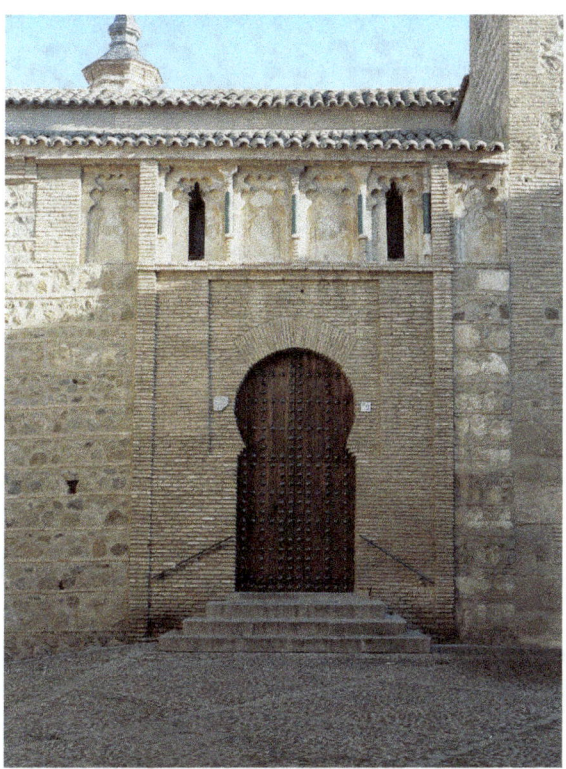

Église San Andrés, portail, Tolède.

muqarnas dans le transept, que l'on peut mettre en relation avec d'autres exemples du monastère de las Huelgas à Burgos. Également de la période mudéjare, les trois nefs dotées d'arcs en fer à cheval en brique et un cloître récemment détruit.

Du dernier tiers du XIVe siècle nous est parvenu un tombeau de la nef de l'évangile, décoré de stucs ouvragés qui représentent un fond végétal sur lequel figurent des personnages assis sur des trônes. Le thème, interprété comme une allusion aux Bienheureux au Paradis, se retrouve dans d'autres exemples tolédans, également mudéjars, des mêmes années.

Tolède

Église San Andrés, arcs de la nef, Tolède.

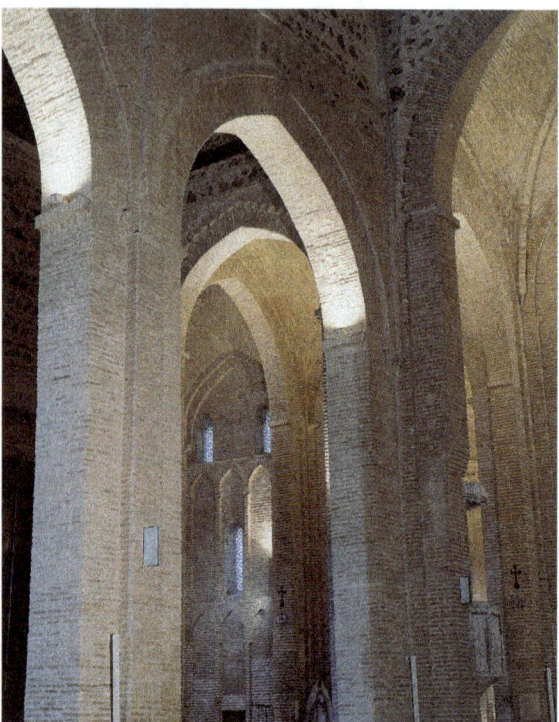

Au corps de nefs fut ajouté un chevet gothique aux splendides voûtes d'ogives, édifié à partir de 1507 par don Francisco de Rojas, ambassadeur des Rois Catholiques, pour servir de chapelle funéraire aux membres de sa famille.

Enfin, entre 1630 et 1637, les nefs furent remaniées; les piliers ont été remplacés par des colonnes doriques dans le goût classique de l'époque, sur un plan de Bernardo del Portillo exécuté par Francisco Espinosa. La physionomie actuelle de l'église est due à la restauration de 1975 qui élimina un portique adossé au côté nord et qui dissimulait la porte mudéjare.

IX.1.i Église Santiago del Arrabal

Rue Real del Arrabal. Pour arriver jusqu'à l'église Santiago, il est recommandé d'emprunter les rues du centre, de monter jusqu'à la cathédrale et d'emprunter la rue Comercio (on peut visiter la mosquée de Tornerías) et la place de Zocodover. Puis prendre la voiture et descendre jusqu'à l'église.
Horaires des messes: 8:00 et 19:30 (20:00 en été); 8:30, 12:30, 13:15 et 19:30 le dimanche.

Le nom vient de sa situation dans le faubourg nord, qui existait déjà à l'époque musulmane. C'est la seule chapelle mudéjare tolédane qui ait conservé la totalité de sa structure primitive, mise au jour après les restaurations de 1958 et 1973.
Le même emplacement avait reçu des bâtiments antérieurs, comme le prouvent les fragments de frises d'époque wisigothique encastrés dans l'abside. Il est possible également qu'on ait réutilisé comme tour le minaret d'une mosquée, comme semblent le suggérer le fait que l'église est une construction isolée, le type d'appa-

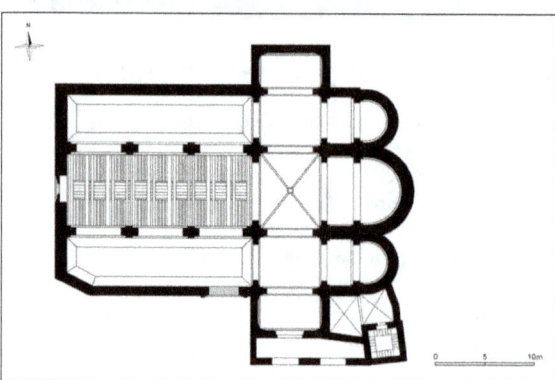

Église Santiago del Arrabal, plan, Tolède.

CIRCUIT IX   *L'empreinte du passé: églises, synagogues et palais*

Tolède

Église Santiago del Arrabal, arcs des nefs, Tolède.

Église Santiago del Arrabal, coupe, Tolède.

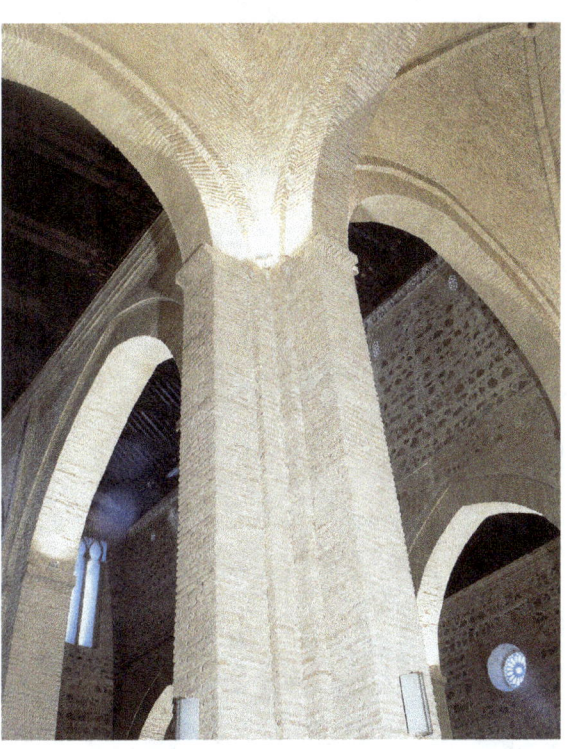

reil des murs et le double arc en fer à cheval de la fenêtre. La structure supérieure du clocher a dû être ajoutée au milieu du XIIIe siècle, en même temps que la bâtisse actuelle de l'église, ce qui est conforme à la tradition qui attribue l'initiative de l'œuvre au roi Sancho II de Portugal vers l'an 1245.

Ce type d'église est représentatif de ce qu'on appelle la "deuxième phase" du mudéjar tolédan, caractérisée par l'influence de l'art roman castillan sur les plans à trois absides semi-circulaires et l'intégration de la nef du transept. C'est la même origine qui explique l'organisation décorative du chevet, avec des séries superposées d'arcades aveugles. Ces traits clairement archaïsants à l'époque de la construction côtoient des références à l'art gothique, comme la sveltesse des supports et l'usage de voûtes d'ogives dans la travée centrale du transept. Les nefs sont couvertes de toitures de bois mudéjares, et la nef centrale conserve une ancienne *armadura* à *par y nudillo*. Quant à l'héritage islamique, il est perceptible dans la typologie des façades dont le schéma s'inspire de l'architecture califale de Cordoue: arc en fer à cheval recouvert par un autre arc lobé et surmonté d'une frise d'arcs entrecroisés, et l'innovation que représentent les deux petites colonnes qui encadrent le portail, solution que l'on retrouvera souvent dans les édifices tolédans ultérieurs.

Au sortir de la ville, il est recommandé de pousser jusqu'au mirador qui se trouve à proximité du Parador national, d'où l'on peut jouir, surtout à la tombée du jour, d'une spectaculaire vue panoramique sur la ville et les méandres du fleuve.

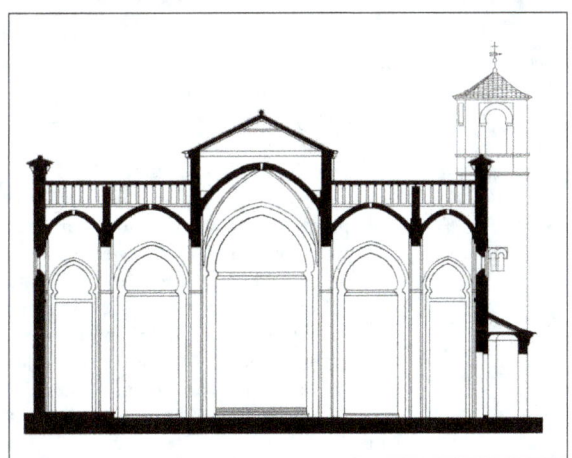

LES STUCS OUVRAGÉS DU MUDÉJAR TOLÉDAN

María Teresa Pérez Higuera

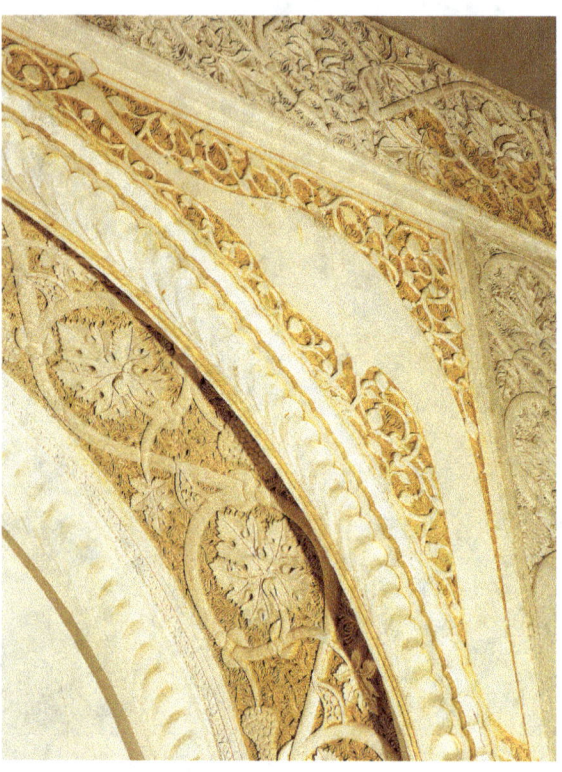

Couvent de la Concepción Franciscana, arc ornementé de stuc de la chapelle San Jerónimo provenant du palais de Pierre Ier, détail du paon, Tolède.

L'intérêt majeur des stucs tolédans réside surtout dans le fait d'avoir créé tout un répertoire de motifs parfaitement original et qui s'est diffusé bien au-delà de son aire géographique, au point qu'on peut classer comme œuvres de maîtres tolédans une grande partie de celles qui sont pourtant localisées dans le nord de la Castille et en Andalousie. De plus, la datation —exacte dans certains cas, plutôt imprécise dans d'autres— permet de reconnaître l'évolution des thèmes, depuis les vestiges les plus anciens, qui remontent au XIe siècle, jusqu'aux motifs typiques de la Renaissance en passant par ceux du milieu du XVe siècle.

D'une manière générale, l'étude des stucs ouvragés tolédans permet de distinguer deux grandes étapes. Dans la première dominent les éléments d'origine islamique, surtout visibles dans la décoration de petits motifs végétaux proches du répertoire almoravide, comme ceux que l'on rencontre à Santa María la Blanca ou dans un palais conservé dans la clôture de Santa Clara. Parfois ces motifs se mêlent à des trames d'entrelacs d'inspiration almohade, comme on en voit sur plusieurs sépultures du cloître de la Concepción Francisca. Ces caractères ont survécu dans la première moitié du XIVe siècle dans le "Salón de Don Diego" situé sur la place de la Magdalena, et dans le Taller del Moro, même s'ils comprennent aussi des motifs semblables à ceux utilisés dans l'art nasride. Depuis le milieu du XIVe siècle, à partir de la décoration de la synagogue du Transit (datée vers 1357), des formes directement inspirées de la flore naturaliste gothique, comme la feuille de vigne ou la feuille de chêne, sont venues s'ajouter à la tradition islamique. C'est cette combinaison qui défi-

L'utilisation de stucs ouvragés pour couvrir les parements intérieurs des édifices était un système ornemental courant dans l'art hispano-musulman, et fut donc utilisé comme tel dans l'architecture mudéjare. Les exemples qui nous sont parvenus ont perdu de leur polychromie, mais dans un premier temps les stucs étaient colorés, avec une abondance de rouge et de bleu. Le procédé permettait de simuler sur les murs des effets de tapisseries et d'étoffes de soie qui décoraient les salles des palais, tout en présentant l'avantage d'être plus économique et plus résistant que les textiles.

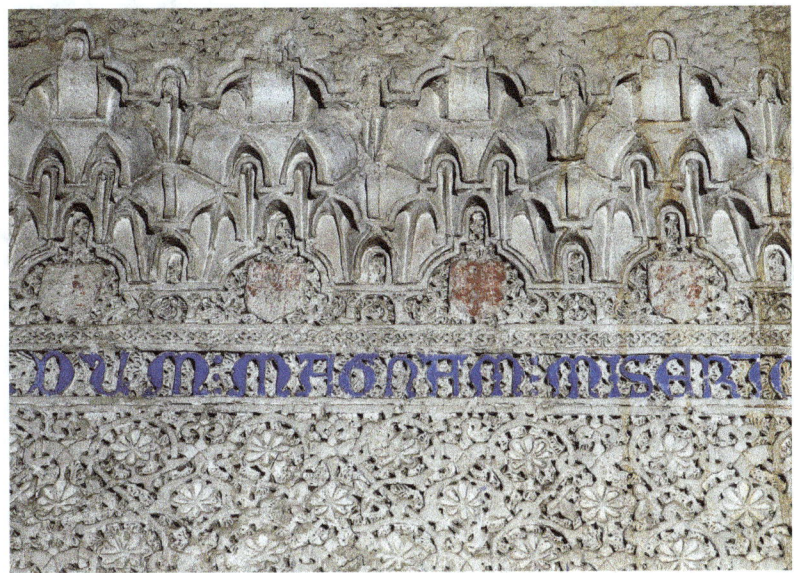

Église San Andrés, détail des stucs ouvragés du tombeau, Tolède.

nit le répertoire tolédan dans des œuvres comme le Salón de Mesa et divers appartements des palais des Ayala à Santa Isabel de los Reyes. Une note originale et caractéristique, qui remonte au XIVe siècle, se découvre dans la présence de figures silhouettées traitées en méplat. Ces figures représentent soit des paons, soit des personnages. Des exemples du premier cas sont fournis, avec d'autres œuvres en dehors de Tolède, par l'arc de la chapelle San Jerónimo à la Concepción Francisca; les silhouettes de personnages apparaissent quant à elles sur ce qu'on appelle l'Arc de l'Évêque sur la Cuesta de San Justo; sur un tombeau de l'église San Andrés et sur la frise conservée à l'intérieur du Petit Séminaire, place San Andrés. Ce dernier est un exemple exceptionnel puisqu'il conserve des restes de polychromie. Les silhouettes du milieu du XVe siècle, comme celles du palais de Fuensalida, intègrent des motifs du gothique flamboyant. Et les silhouettes renaissantes appartiennent au "style Cisneros", dont la salle capitulaire de la cathédrale de Tolède est l'un des exemples les plus représentatifs.

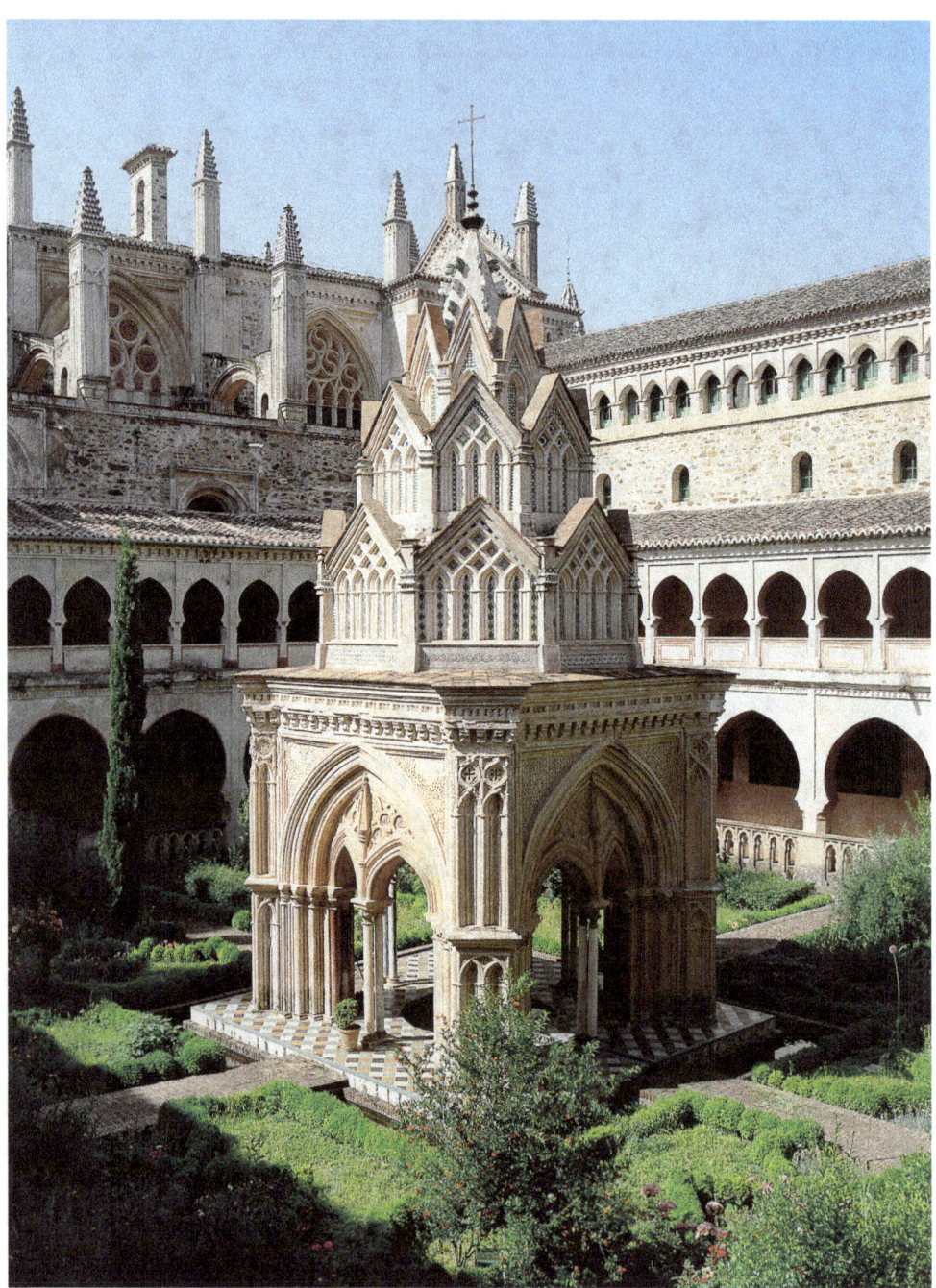

CIRCUIT X

Mécénat nobiliaire et monastique

María Pilar Mogollón Cano-Cortés

Ce circuit fait partie du programme **"Une entrée en Méditerranée"** confinancé par l'Union Européenne dans le cadre de l'Action Pilote Espagne-Portugal-Maroc. Art. 10 FEDER.

Premier jour

X.1 GUADALUPE
        X.1.a Le monastère royal de Nuestra Señora de Guadalupe
        X.1.b Collège d'humanités ou de grammaire et chant (option)
        X.1.c Granja de Mirabel

X.2 LLERENA
        X.2.a Tour de l'église paroissiale de Nuestra Señora de la Granada
        X.2.b Maison Zapata - Résidence du tribunal de l'Inquisition
        X.2.c Maison prieurale
        X.2.d Habitations dans le centre ancien

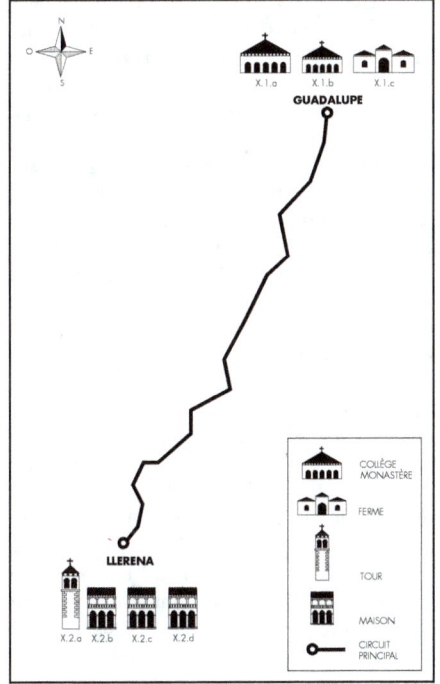

Monastère royal de Nuestra Señora de Guadalupe, kiosque central du cloître mudéjar ou des Miracles.

Monastère de Santa María de Tentudía, vue générale, Calera de León.

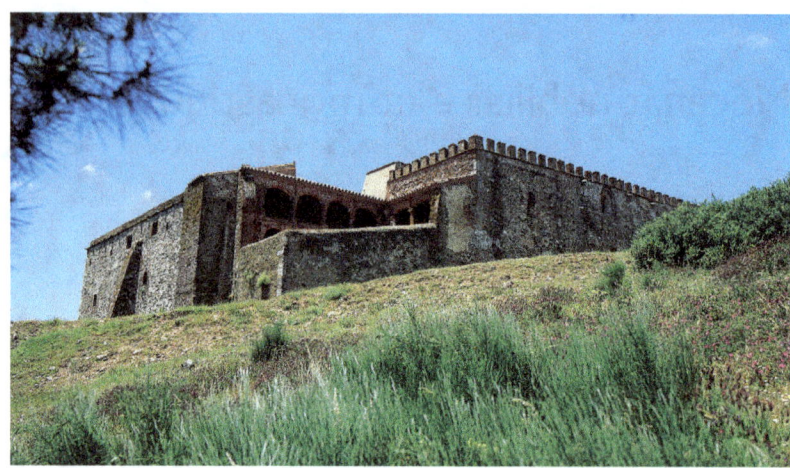

Pendant la domination almohade d'al-Andalus, l'actuelle Estrémadure servait de frontière militaire entre les chrétiens, au nord du Tage, et les musulmans, au sud de la Sierra Morena. Les agglomérations d'Estrémadure jouèrent donc un rôle essentiellement militaire, comme le montrent les puissants ouvrages défensifs almohades conservés sur des lieux stratégiques comme Cáceres et Badajoz, ou, dans une moindre mesure, Montemolín et Reina.
La possession définitive de ce territoire frontalier était d'une importance capitale, y compris pour définir les démarcations politiques et ecclésiastiques des couronnes de Castille et León. Lorsque, au milieu du XIIIe siècle, la Transierra fut définitivement reconquise, et dans le but de consolider l'avancée chrétienne en Andalousie, une grande partie du vaste territoire de l'actuelle Estrémadure, qui était pratiquement dépeuplé, fut cédée à différents seigneurs pour qu'ils en assurent le contrôle et la souveraineté. D'immenses contrées restèrent sous la domination des ordres militaires du Temple, d'Alcántara et de Santiago. Le premier disparut au début du XIVe siècle, et ses possessions allèrent augmenter celles des deux autres, ainsi que celles de quelques seigneuries patrimoniales qui agrandirent leurs territoires au XVe siècle. Parmi tous les propriétaires terriens, ce sont les ordres militaires qui accueillirent le plus grand nombre de Mudéjars. À la fin du XVe siècle ils concentraient un peu plus de 80% des Mudéjars d'Estrémadure, qui occupaient les terres fertiles de la Basse Estrémadure. La seigneurie la plus puissante et la plus étendue de la région, celle de Feria, comptait treize localités; par rapport aux autres domaines seigneuriaux, c'est elle qui avait le plus grand nombre de Mudéjars.
C'est à ces organisations politico-religieuses qu'étaient les ordres militaires que nous devons la plupart des entreprises artistiques mudéjares d'Estrémadure, auxquelles il faudrait ajouter celle du prieuré conventuel de Guadalupe, un centre marial qui faisait l'objet d'une dévotion considérable, et qui connut un étonnant retentissement historique pendant tout le Moyen Âge et la période moderne.

X.1 GUADALUPE

À l'extrême sud-est de la province de Cáceres, à cheval sur les provinces de Tolède et de Badajoz, s'étend la région des Villuercas, une contrée montagneuse où les monts de Tolède pénètrent en territoire cacérien. Parcourus de nombreuses rivières, les flancs de ses monts et les rives de ses vallées composent un paysage agreste, intact et remarquablement giboyeux. Parmi toutes les localités de la région se détache Guadalupe, dont l'origine médiévale et le développement ultérieur sont liés à la vénération de l'image de la Vierge de Guadalupe, qui donna son nom au lieu et dont la région dépendit pendant toute son existence.

À l'approche de Guadalupe, le voyageur découvrira une vallée luxuriante entourée de montagnes. Là, au sommet d'une éminence, s'élève une énorme forteresse de pierre entourée d'un village aux murs blancs. Il s'agit de Puebla de Guadalupe, au centre duquel se dresse le monastère royal de Nuestra Señora de Guadalupe, déclaré Patrimoine de l'Humanité le 8 décembre 1988 par l'Unesco.

X.1.a Le monastère royal de Nuestra Señora de Guadalupe

Entrée payante. Visite guidée au musée et à l'église.
Horaires: de 9:30 à 13:00 et de 15:30 à 18:30.

Le monastère est une construction complexe, édifiée en plusieurs étapes et dominée par les contrastes. L'aspect défensif extérieur cache un caractère palatial, de vastes salons et patios, une abondance de plantes et de l'eau à profusion. Malgré le caractère austère de ses murs de pierre, l'intérieur éclate des brillantes polychromies des marqueteries d'*azulejos*, des peintures et des dorures. Par contraste avec la rigueur militaire de sa physionomie extérieure, le voyageur qui en franchit les murs reste ébloui par les riches trésors artistiques que le monastère conserve à l'intérieur.

L'origine du célèbre sanctuaire remonte au Moyen Âge, au moment où, selon la légende, on découvrit une statuette de la Vierge Marie. Certaines chroniques assurent qu'elle aurait été sculptée par l'évangéliste saint Luc et qu'avec le temps elle serait devenue propriété de l'archevêque de Séville, saint Léandre. Elle fut ensuite enterrée dans les lointaines Villuercas pour être protégée de l'invasion arabe. Elle resta cachée pendant des siècles jusqu'à ce que, dans le troisième quart du

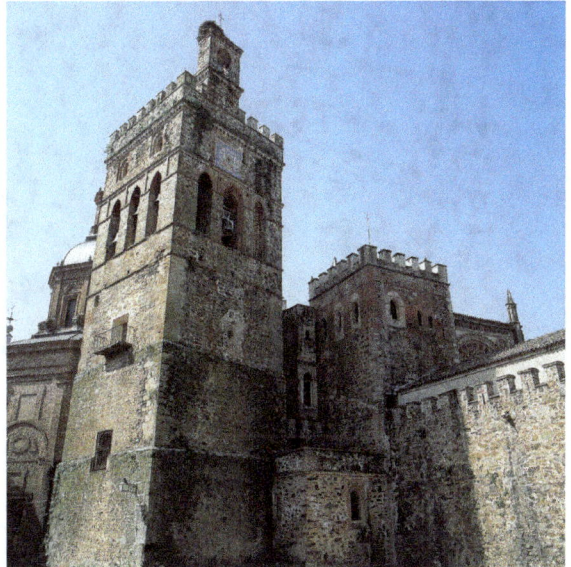

Monastère royal de Nuestra Señora de Guadalupe, tour-clocher et abside du temple mudéjar primitif.

CIRCUIT X *Mécénat nobiliaire et monastique*

Guadalupe

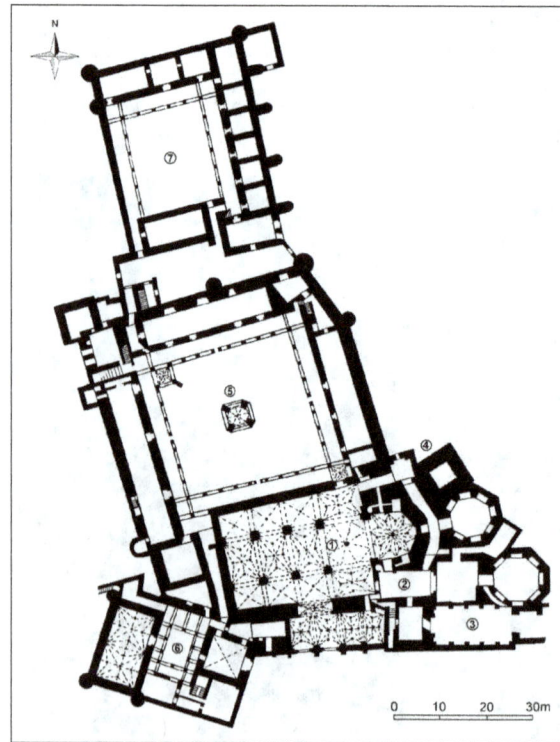

Monastère royal de Nuestra Señora de Guadalupe, plan.
1. Basilique Santa María de Guadalupe.
2. Chapelle Santa Paula.
3. Sacristie.
4. Tour des cloches.
5. Cloître Mudéjar ou des Miracles.
6. Pavillon de l'intendance et Loge.
7. Pavillon de la pharmacie et de l'infirmerie.

XIIIe siècle, la Vierge fit une apparition et dévoilât le lieu où était cachée l'image à un berger de Cáceres, Gil Cordero, qui faisait paître son troupeau dans les parages. Un petit ermitage fut alors érigé sur les lieux, et il connut très vite une forte fréquentation de pèlerins.

Guadalupe a donc été un important centre de dévotion et de pèlerinage, mais a aussi joué un rôle historique capital au Moyen Âge et à l'époque Moderne comme centre de fructueuses rencontres diplomatiques, panthéon royal et villégiature pour quelques souverains.

Enrique IV et sa mère la reine María de Aragón, qui vénéraient la Vierge de Guadalupe, sont enterrés dans l'église du monastère. C'est pour eux que fut construite dans le dernier quart du XVe siècle l'Hôtellerie royale, qui fut détruite au milieu du XIXe siècle. Le roi Ferdinand le Catholique mourut dans les environs, à Madrigalejo, alors qu'il se rendait à Guadalupe. L'endroit a aussi été visité par Christophe Colomb, qui donna le nom de Santa María de Guadalupe à l'une des îles des Antilles. Philippe II et son successeur Philippe III l'ont visité à plusieurs reprises, et cette tradition des visites royales s'est maintenue jusqu'à nos jours.

La puissance économique du monastère finit par devenir considérable, grâce à quantité d'aumônes, donations et privilèges royaux qui permirent aux moines d'acquérir des propriétés et des troupeaux, et de construire d'importants bâtiments.

Les différents ouvrages qui ont configuré le monastère pendant les trois premiers siècles de son existence, c'est-à-dire du XIVe au XVIe siècle, ont en commun d'être tous mudéjars, ce qui en fait l'un des ensembles les plus représentatifs du mudéjar d'Estrémadure.

Cependant, le complexe monacal a ensuite continué de s'agrandir par étapes, car il ne manque pas d'intéressants témoignages renaissants et baroques. Ces adjonctions se situent dans la partie orientale où, dans les dernières années du XVIe siècle, on a ajouté la chapelle San José ou reliquaire; la sacristie au milieu du XVIIIe siècle; la niche de la Vierge à la fin de ce même siècle et, des mains de Manuel de Larra Churriguera, l'église nouvelle (aujourd'hui auditorium). Etant donné la complexité du monastère, nous avons choisi d'effectuer notre circuit à travers l'art mudéjar à Guadalupe selon un ordre chronologique.

Le premier espace proposé à la visite est le temple, l'endroit où fut découverte la statue de Nuestra Señora de Guadalupe et qui est à l'origine de la fondation monastique.

CIRCUIT X   *Mécénat nobiliaire et monastique*
Guadalupe

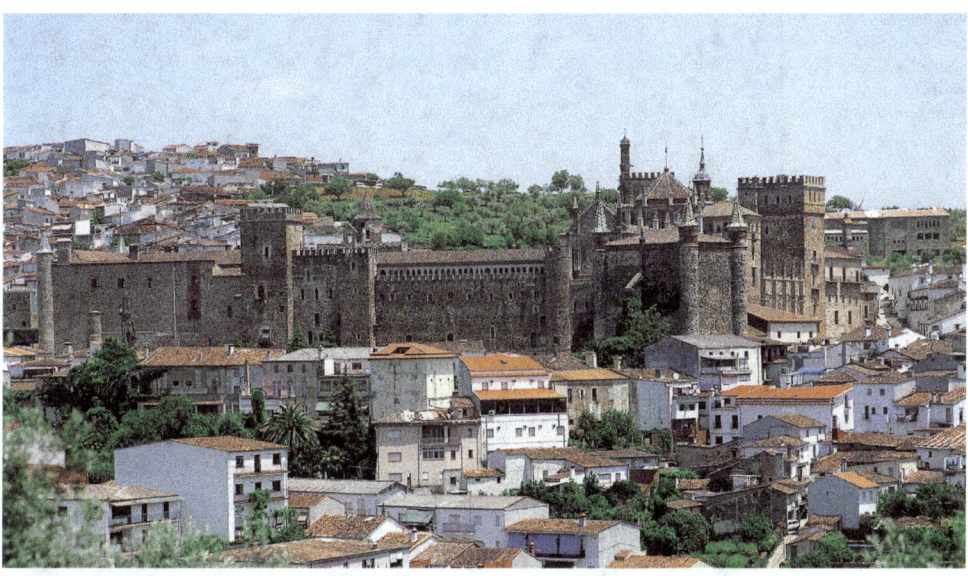

Vue générale du village et du monastère royal de Nuestra Señora de Guadalupe.

Nous nous intéresserons ensuite à la partie septentrionale du temple, où se trouve le magnifique cloître mudéjar réalisé entre 1389 et 1405 après l'arrivée des hiéronymites à Guadalupe. À l'angle sud-ouest de l'ensemble du complexe architectural à été ajouté, au XVe siècle, un bâtiment destiné à servir de salle capitulaire et de bibliothèque dans la zone intérieure, de conciergerie et d'intendance dans l'espace qui communiquait avec le parvis de l'église. La dernière grande réalisation mudéjare est celle qui a remplacé, au premier tiers du XVIe siècle, une bâtisse du XIVe siècle: le pavillon de l'infirmerie et la pharmacie.

Le voyageur qui vient d'arriver sur les lieux commence habituellement sa visite par le temple de Nuestra Señora de Guadalupe, érigé à l'endroit précis où fut découverte la statue de la Vierge, une sculpture protogothique de la fin du XIIe ou du début du XIIIe siècle réalisée en bois de cèdre et qui, depuis des siècles, se présente voilée.

Les Archives historiques nationales conservent un document daté de 1340 par lequel le roi Alphonse XI, après la victoire du Salado, accorda une série de privilèges et de donations au sanctuaire. Le document précise de plus que le souverain fit ériger un nouveau temple à Guadalupe parce que le bâtiment existant était trop petit et en très mauvais état. Il est possible que ces renseignements concernent les vestiges d'une abside mudéjare conservée dans la partie orientale du temple actuel, à côté de la niche et de la tour des cloches.

La partie conservée du demi-tambour est en brique et présente des modillons à lobes qui soutiennent l'auvent du toit. Des arcades aveugles bordées d'encadrements rectangulaires configurent le devant de l'abside, où se succèdent, de bas en haut et selon des axes alternés,

CIRCUIT X   *Mécénat nobiliaire et monastique*

Guadalupe

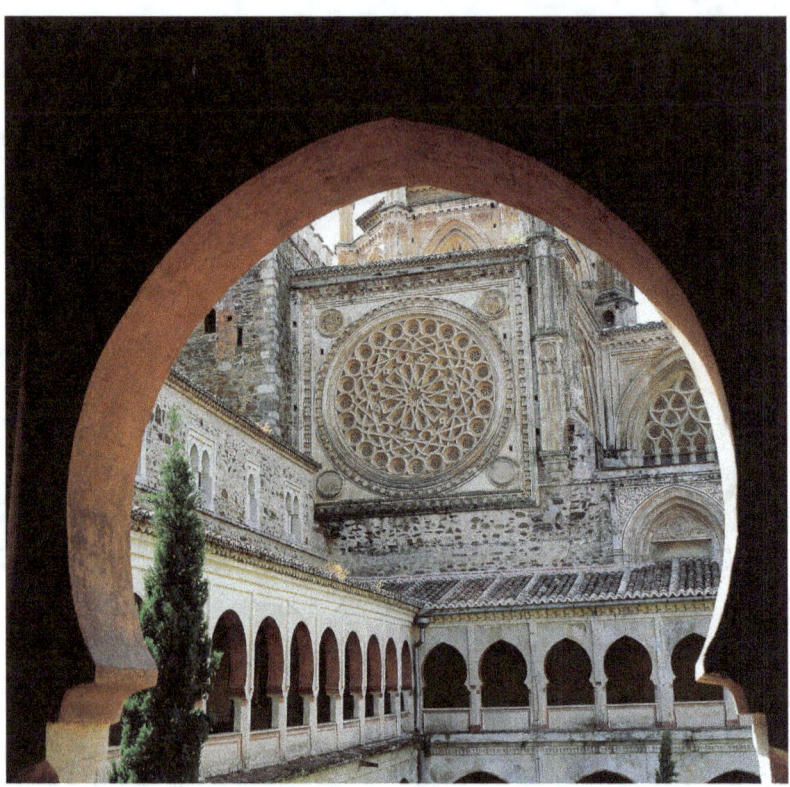

Monastère royal de Nuestra Señora de Guadalupe, rosace d'entrelacs au frontispice du temple.

l'arc *túmido* ou brisé outrepassé, l'arc en plein cintre, l'arc brisé et à nouveau l'arc brisé outrepassé. Le type d'arc utilisé, sa forme semi-circulaire et l'alternance des arcs dans les axes produisent des œuvres qui combinent des éléments typiques du mudéjar de Tolède et du mudéjar de Castille-León. Cela a incliné à considérer cet exemplaire comme indépendant des réalisations des autres régions mudéjares, même si cette singularité n'implique pas, bien au contraire, une méconnaissance de ce qui se faisait ailleurs, comme l'a bien montré le professeur Borrás.

Ce temple a laissé place à un autre qui, d'après les chroniques du XVIe siècle, fut achevé au début du XVe siècle après l'arrivée des hiéronymites à Guadalupe. D'après quelques spécialistes, les œuvres réalisées alors par le père Yáñez se résument à quelques remaniements d'un temple déjà existant à l'époque du prieuré séculier (troisième quart du XIVe siècle). Il est très probable que les travaux d'adaptation et d'agrandissement du temple, réalisés au tout début du XVe siècle, soient dus à maître Rodrigo Alfonso, qui en 1389 avait commencé la construction du cloître de la cathédrale de Tolède; c'est peut-être à lui que fait référence l'épitaphe funéraire que l'on peut lire sur un *azulejo* du XVIIIe siècle à l'entrée du temple.

L'église actuelle est une construction gothique qui comporte trois nefs et un transept non visible en plan. Les nefs sont séparées par des arcs brisés encadrés d'*alfices* reposant sur des piliers fasciculés gothiques d'une grande sobriété. La partie supérieure est animée par la présence de nombreuses ouvertures brisées richement ornées de registres géométriques gothiques, et, dans les bras du transept, par les rosaces décorées d'entrelacs mudéjars, réalisés en brique taillée et stucs ouvragés —le procédé constructif le plus utilisé dans les parties hautes et sur la façade principale de l'église. Des voûtes de formes variées —d'ogives, simple, à tiercerons, étoilée— ferment les différents espaces du temple.

Avec l'arrivée des hiéronymites a aussi été réalisé le magnifique chœur élevé, indispensable à une nombreuse communauté religieuse qui passait une bonne partie la journée en offices liturgiques.

Dans la partie orientale du temple, la chapelle Santa Paula s'adosse au côté de l'épître; elle conserve des restes de peintures murales à base d'entrelacs mudéjars et une inscription illisible en caractères gothiques. Cette pièce communiquait avec l'ancienne sacristie, qui sert aujourd'hui de passage à la sacristie actuelle, et qui, d'après une inscription, fut achevée en 1647. On y remarque les huit panneaux réalisés par le peintre Francisco de Zurbarán, originaire d'Estrémadure.

Le clocher du temple se trouve extra-muros, mais communique avec la muraille de protection du monastère à travers deux arcs-ponts, comme une tour *albarrana*. La tour des cloches comporte un premier corps massif sur lequel se superposent plusieurs pièces. D'après une inscription qui était restée obturée par la niche, cette tour originale fut construite en 1363, à l'époque du prieur Toribio Fernández.

Lorsqu'ils arrivèrent à Guadalupe, les hiéronymites furent contraints d'adapter les bâtisses existantes aux exigences d'un ordre régulier. On peut donc supposer que c'est vers 1389, date de l'arrivée des moines sur les lieux, que furent commencés les travaux du cloître mudéjar que l'on adossa au mur nord de l'église.

Ce même mur nord de l'église était intégré à la muraille défensive élevée pendant le troisième quart du XIVe siècle, à l'époque du prieuré séculier. Les sobres pans de murs sont en maçonnerie; s'y adossent les tours quadrangulaires et semi-cylindriques couronnées de merlons. De forme rectangulaire, la forteresse est parcourue par des chemins de ronde qui permettent la communication dans la partie supérieure, conformément aux nécessités défensives qui font de ce corridor quelque chose d'assez fréquent dans les châteaux de l'époque. À l'intérieur de l'enceinte fortifiée a été installé le cloître, qui comporte plusieurs pièces: cuisine, réfectoire, lingerie, salle capitulaire, cellules et chapelles. Les travaux ont dû s'achever vers 1405, au moment où se terminait le temple central, œuvre de Fray Juan de Sevilla.

L'ensemble évoque le paradis avec les mêmes éléments d'un patio palatin musulman: cheminements cruciformes, petit kiosque central rappelant une *qubba* islamique, riche végétation et fontaines au murmure cristallin.

Le célèbre cloître mudéjar ou cloître des Miracles, par les pans de murs qui en restent, peut être considéré comme une œuvre singulière de l'art mudéjar le plus pur et le plus brillant. En collaboration avec les maîtres d'œuvre, les moines auraient

Guadalupe

participé à sa construction, d'après ce que nous apprend un manuscrit du XVe siècle.

Le cloître, de forme rectangulaire, comporte deux séries d'arcades de chaque côté, avec un double nombre d'arcs dans la partie supérieure. Les galeries sont formées d'arcs outrepassés aux sommiers très saillants, dans la tradition almohade, même si, sur le côté est, se trouvent quelques arcs en fer à cheval simple, probablement parce que c'est à cet endroit qu'a dû commencer la construction du cloître. Les arcs sont encadrés d'*alfices* et s'élèvent sur des piliers carrés à arêtes chanfreinées, qui gardent leur polychromie particulière. Les galeries sont rehaussées de plafonds à caissons mudéjars ornés de peintures à thèmes végétaux et d'emblèmes royaux.

En 1405, Fray Juan de Sevilla fit construire au centre du cloître une petite chapelle ou petit château destiné à recouvrir une fontaine qui disparut au XVIIIe siècle. Ce petit temple est la pièce la plus riche de l'art mudéjar d'Estrémadure, et rappelle certaines réalisations aragonaises. L'heureuse combinaison de la brique taillée, du stuc et des *azulejos*, qui exaltent encore sa typologie originale, donne une œuvre d'exception tout entière consacrée à la glorification de la Vierge.

Les ailes situées sur la partie inférieure du cloître ont été transformées en musées où s'exposent les richesses artistiques du monastère : broderies, sculptures, peintures et livres enluminés.

Les galeries supérieures étaient occupées par les dortoirs.

Depuis le parvis, l'accès au monastère se fait par le pavillon de la bibliothèque et par l'intendance, un ensemble qui remonte à deux dates très rapprochées de la seconde moitié du XVe siècle. On a d'abord construit la bibliothèque, avec l'argent qu'avait réservé à cet effet celui de l'ancien prieur de Guadalupe, le père Illescas, alors évêque de Cordoue.

Quelques années plus tard, l'édifice se détériora et dut être remanié, et l'on ajouta quelques tours cylindriques dans les angles. La communauté finança la réalisation de ce qui deviendrait l'intendance et la loge, avec un cabinet particulier pour le prieur, quelques bureaux, le coffre où était déposé l'argent et la conciergerie qui, d'après le père Talavera, exposait dans l'entrée les statues aujourd'hui disparues de la Vierge Marie, de saint Jérôme et de saint Augustin. C'est au cours de cette intervention que fut édifié un petit cloître qui servait à relier les deux bâtisses. C'est ce qu'on appelle aujourd'hui le patio de la Mayordomía (l'Intendance), lequel, tout en ayant subi plusieurs modifications, témoigne encore du caractère mudéjar de sa structure unique. Les arcs sont d'un plein cintre légèrement surhaussé, encadrés d'un *alfiz* très prononcé qui se prolonge jusqu'à la naissance des piliers octogonaux. Les passages entre deux espaces étaient fermés par des toitures de bois qui furent remplacées au XVIIIe siècle par les voûtes actuelles.

La dernière grande intervention mudéjare eut lieu pendant le premier tiers du XVIe siècle. Il s'agit d'un nouvel espace destiné à accueillir l'infirmerie, la pharmacie et l'école de médecine. Appelé Pabellón de la Botica y la Enfermería (pavillon de la pharmacie et de l'infirmerie), il remplaça l'hôpital du milieu du XIVe siècle et désormais tient lieu d'hôtellerie.

Le résultat final, assez éloigné du projet initial, est un ensemble rectangulaire composé de murs de maçonnerie et de tourelles semi-cylindriques couronnées de chapiteaux polychromes dans trois des angles. Un vaste patio, doté d'une triple structure d'arcades sur trois façades, distribue les différentes pièces. Bien que le patio soit généralement qualifié de "gothique", il convient en réalité de le considérer comme

Guadalupe

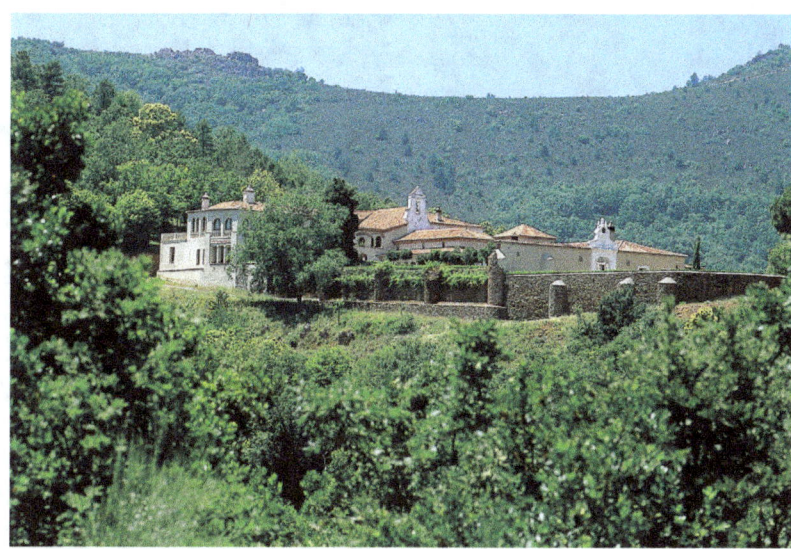

Granja de Mirabel, vue générale, Guadalupe.

une œuvre mudéjare, car il rassemble tous les éléments propres à ce style. Ces éléments, présents dans le monastère depuis la réalisation du premier cloître, sont l'utilisation de la brique taillée, des piliers à arêtes chanfreinées –d'origine almohade– et des stucs ouvragés. Le patio comporte également des éléments composites et décoratifs non mudéjars, qui correspondent aux dernières années de la construction.

X.I.b Collège d'humanités ou de grammaire et chant (option)

En face du monastère. Actuel Parador de tourisme; on peut visiter le patio et les parties communes.

Pendant le deuxième quart du XVIe siècle, les hiéronymites bâtirent un nouvel édifice destiné à servir de collège aux nombreux enfants qui participaient au chœur et à qui l'on enseignait le chant et la grammaire. Le collège était séparé de l'ensemble monacal par une rue et était situé à proximité de la Plaza Mayor; il est devenu Parador national de tourisme en 1990 et a donc été profondément remanié.

Le patio principal présente de nombreuses parentés avec le cloître mudéjar et avec l'intendance du monastère voisin. De l'ancien cloître mudéjar, il reprend les arcs outrepassés qui configurent le chœur élevé, et du patio de la Mayordomía les arcs en plein cintre encadrés d'*alfices* de la galerie inférieure. Les arcs outrepassés du corps supérieur sont deux fois plus nombreux que les arcs en plein cintre de la rangée inférieure mais, à la différence de ces derniers, ils ne sont pas encadrés d'*alfices*. Le patio du collège rappelle aussi le cloître mudéjar par le type de supports –les piliers à arêtes chanfreinées– utilisés pour les deux niveaux.

CIRCUIT X   *Mécénat nobiliaire et monastique*

Guadalupe

Il est recommandé de faire une promenade dans le "vieux quartier", d'un urbanisme tout médiéval et où abondent les typiques maisons à portiques.

X.I.c Granja de Mirabel

À 6 km, emprunter l'ancienne route puis, après un virage très serré, prendre le chemin de terre au milieu d'un paysage spectaculaire.

La Granja (métairie) de Mirabel a servi de maison de repos et de retraite aux religieux de l'ordre de Saint-Jérôme et à quelques éminents personnages. C'est actuellement une propriété privée qui a été déclarée monument national.
Même si, de l'extérieur, il ne présente pas énormément d'éléments artistiques, les bassins, le rythme des galeries, les vastes patios, les pièces confortables et la chapelle abritée à l'intérieur expliquent que cette demeure idyllique, nichée dans un site tout à fait privilégié, ait été une excellente villégiature pour les moines. Le cœur du bâtiment a été construit dans les vingt dernières années du XVIe siècle. Il s'agit d'un patio qui, à l'exemple des formules composites du monastère voisin, distribue diverses pièces. C'est un espace carré délimité par des galeries à deux structures d'arcs, en plein cintre dans la partie inférieure et surbaissés dans la partie supérieure, encadrés d'*alfices* et s'élevant sur des piliers à arêtes chanfreinées. Trois des galeries communiquent avec les appartements, mais la quatrième projette sa silhouette sur les eaux d'un bassin qui occupe le milieu du jardin. Assez intéressante, une petite chapelle dédiée à Marie-Madeleine, à laquelle on peut accéder depuis une galerie du cloître et où l'on peut voir une porte de bois décorée d'entrelacs mudéjars et une *armadura à limas* qui ferme le presbyterium ou chœur des religieux. Des restaurations récentes ont permis la mise au jour de peintures gothiques.

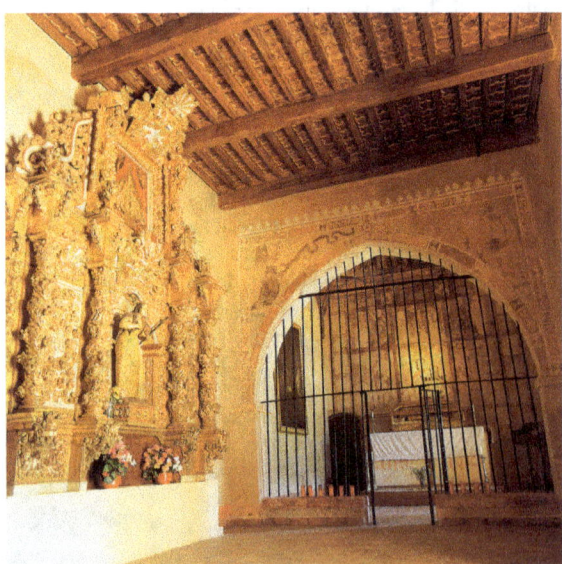

Granja de Mirabel, chapelle de la Magdalena, Guadalupe.

Villuercas-Ibores
Au nord de Guadalupe se trouve la Sierra de la Villuercas et la région des Ibores. Chênes-lièges et chênes verts, chênes rouvres et châtaigniers complantent de vastes espaces couverts de taillis, de cistes et de bruyère. Les saillies des sierras quartziques, orientées nord-ouest/sud-est, confèrent un caractère agreste à la zone, d'une grande valeur cynégétique. Le climat est l'un des plus doux d'Estrémadure, d'où un paysage agraire très humanisé, caractérisé par la présence d'oliviers, de cerisiers, de châtaigniers et de pins.
Les constructions traditionnelles utilisent depuis des siècles les matériaux locaux (ardoise, madriers d'arbres fruitiers), ce qui a généré un très intéressant patrimoine architectural.

CIRCUIT X   *Mécénat nobiliaire et monastique*
Llerena

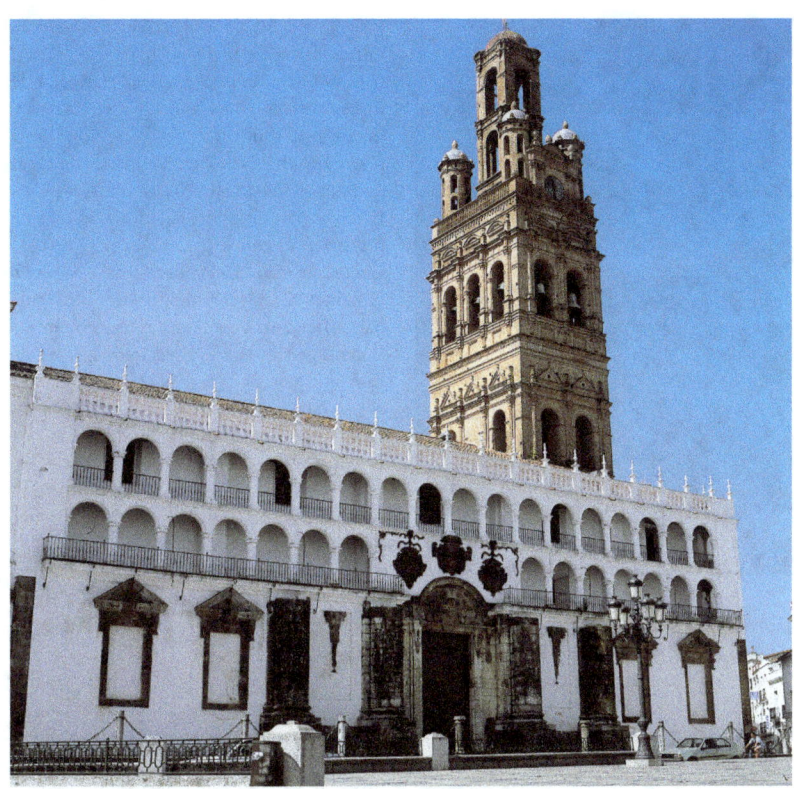

Tour de l'église paroissiale de la Granada, façade et tour, Llerena.

X.2 LLERENA

Au sud de la province de Badajoz, dans la région du même nom. On découvre en y arrivant un paysage varié, avec des plaines dans le Nord et un relief plus abrupt dans le Sud où commencent les contreforts de Sierra Morena. Le village s'étend sur une plaine aux vastes plantations de céréales. L'origine de la ville (titre octroyé par Philippe IV en 1641) de Llerena paraît remonter au Moyen Âge, et depuis cette date, son histoire semble liée à l'ordre militaire de Saint-Jacques. Après sa conquête, au milieu du XIIIe siècle, elle fut cédée par Fernando III à l'ordre en question pour qu'il en assure la défense et le repeuplement. En 1297 lui fut octroyé son *fuero*, les privilèges accordés en même temps que le statut. Depuis le XIVe siècle y ont résidé quelques grands maîtres santiaguistes, ce qui augmenta le prestige d'un lieu qui commençait à servir de centre de réunion pour les grands événements de la vie de l'ordre. Au XVe siècle, le village est devenu la capitale du diocèse du prieuré de San Arcos de León, de

CIRCUIT X   *Mécénat nobiliaire et monastique*

Llerena

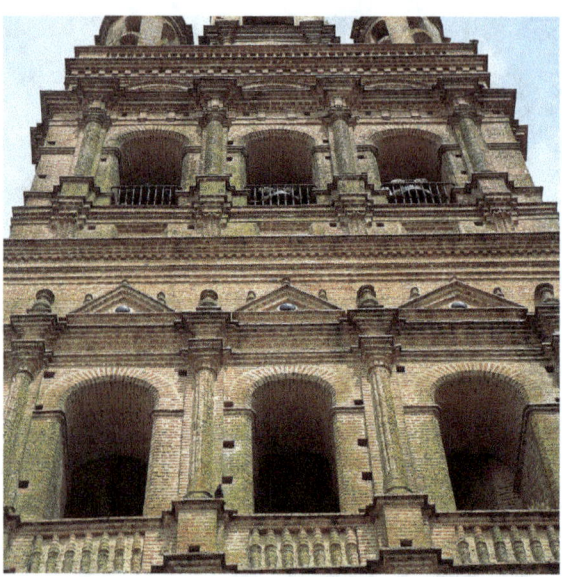

Tour de l'église paroissiale de la Granada, détail de la tour, Llerena.

L'église paroissiale a occupé le centre du village fortifié, la grand place rayonnant tout autour. Dans la documentation, elle figure sous le vocable de Nuestra Señora jusqu'au début du XVIe siècle, pour finir par s'appeler Nuestra Señora de la Granada dans le courant du même siècle.

D'après certaines informations, le temple fut fondé au cours du dernier tiers du XIVe siècle par don García Fernández Mexía y Guzmán, alors grand maître de l'ordre de Saint-Jacques. Grâce aux renseignements fournis par les livres de visite de l'ordre de Saint-Jacques, nous savons qu'à la fin du XVe siècle le temple était doté de trois nefs séparées par des arcs et couvertes de toitures de bois, la toiture centrale étant décorée d'entrelacs. Il s'agit très probablement d'un édifice mudéjar dont seule la partie inférieure de la tour paroissiale nous est parvenue.

C'est la plus ancienne tour-façade conservée en Estrémadure. Il s'agit d'une construction en pierre de taille, dont les deux structures inférieures ont survécu. Le clocher reprend ponctuellement la typologie des minarets almohades, avec des rampes d'accès entourant un corps dans lequel se succèdent plusieurs pièces, comme dans le minaret de la Giralda de Séville; mais la décoration et la composition des baies, deux portes et une fenêtre géminée indiquent qu'il s'agit en fait d'une réalisation chrétienne. Le front occidental de la tour s'élève en formant la façade inférieure du temple. En bas se situait la porte d'entrée, surbaissée avec un arc brisé; l'ornementation des dernières archivoltes fait appel à des thèmes végétaux, héraldiques, et aux pointes de diamant. La séparation des deux structures se réalise par le biais d'une rangée de petits corbeaux d'inspiration islamique, au-dessus de laquelle devait se détacher un avant-toit à pointes de diamant. Dans la seconde structure se remarque une fenêtre géminée, avec

l'ordre de Saint-Jacques, dont dépendaient une cinquantaine de villages. En 1478 les Rois Catholiques ont installé à Llerena le tribunal de l'Inquisition, qui y gérait une vaste juridiction. Tout ceci a contribué à faire de Llerena, au XVIe siècle, une ville active et prospère, avec une économie et une démographie en forte croissance. Le fait d'être un des plus importants centres de la région a généré une architecture variée et la dynamique activité de construction qui va de pair.

X.2.a Tour de l'église paroissiale de Nuestra Señora de la Granada

Sur la plaza Mayor. On peut visiter l'intérieur de la tour.
Horaires: de 10:00 à 12:00 et de 19:00 à 21:00 du lundi au vendredi; le samedi de 19:00 à 21:00 et le dimanche de 12:00 à 14:00

CIRCUIT X *Mécénat nobiliaire et monastique*

Llerena

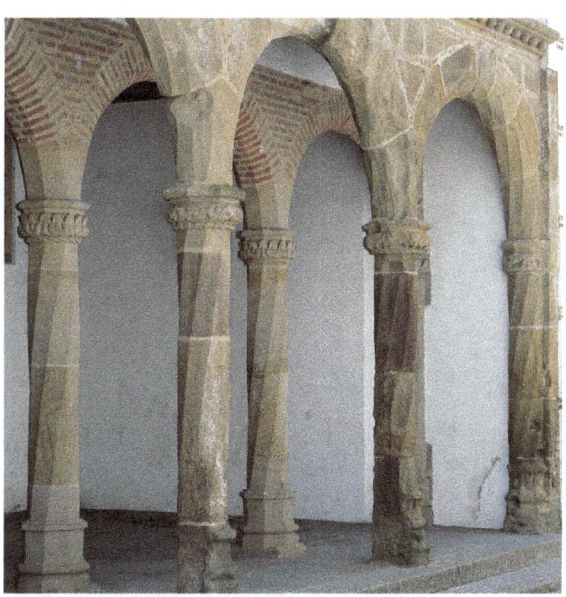

Maison Zapata, arcades de la façade principale, Llerena.

Maison Zapata, patio, Llerena.

des arcs lobés sur meneau de marbre, intégrée dans un arc brisé au profil contrelobé qui diffuse la lumière à l'intérieur de la tour. C'est au cours de la se-conde moitié du XVIe siècle qu'ont dû être ajoutées les structures supérieures.

X.2.b Maison Zapata

Par la rue Corredera. Actuel siège du palais de Justice.
Horaires: de 9:00 à 14:00. Fermée le dimanche.

Ce qui est aujourd'hui le Palais de Justice de la ville fut autrefois la résidence de l'avocat Luis Zapata, natif de Llerena, et du Conseil des Rois Catholiques. Zapata était un homme très actif, qui exerça d'importantes responsabilités dans la politique du royaume.
Le palais, réalisé au cours du premier tiers du XVIe siècle, a servi de siège au Saint Office, qui commença par le louer en 1570 et finit par l'acquérir, vingt-huit ans plus tard, tout en menant à bien une série de travaux d'aménagement.
Il reste peu de chose de la construction du XVIe siècle, qu'on a pu qualifier de "la plus belle maison de chevaliers... et meilleure que celle des plus grands". Elle avait deux portes d'entrée, une sur le côté oriental, aujourd'hui murée et dont seuls nous sont parvenus quelques témoignages de son caractère gothique hispano-flamand, ainsi que la porte septentrionale, qui sert aujourd'hui d'accès depuis la rue de la Corredera. Cette façade présente deux rangées d'arcs en plein cintre s'élevant sur des colonnes torses et une corniche à boules.
Les livres de visite de l'ordre nous apprennent qu'au XVIe siècle le palais avait trois patios, deux d'entre eux étant dotés d'une galerie, une cour et deux tours de trente-quatre pièces chacune. La salle principale du

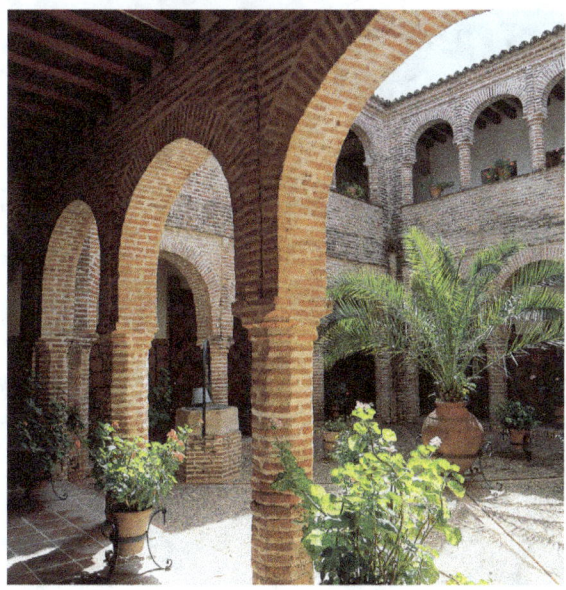

Llerena

palais de Luis Zapata, appelée "Sala Dorada" dans les textes, était au deuxième étage et disposait d'un oratoire; elle était assez probablement couverte d'un plafond mudéjar. De tout cela, seul nous est parvenu un cloître carré de deux étages avec des arcades de brique. Les galeries du premier niveau sont formées de trois arcs surhaussés encadrés d'*alfices* sur piliers octogonaux, et celles du deuxième niveau de quatre arcs en plein cintre surbaissés, également encadrés d'*alfices*.

X.2.c Maison prieurale

Depuis la place d'Espagne par la rue Zapatería. Horaires: de 10:00 à 14:00 et de 17:00 à 20:00 du lundi au vendredi.

Le bâtiment a été construit en deux étapes. La première grande intervention eut lieu à la fin du XVe siècle dans le prieuré de García Ramírez, parce que les maisons du prieuré étaient en mauvais état et peu appropriées à leurs fonctions. C'est de cette époque que date la façade, légèrement en retrait par rapport à la rue, avec une porte en arc à linteau surmontée du blason du prieuré San Marcos à León.

Cette porte livre accès à un passage qui communique avec la zone principale du palais, organisé autour d'un patio qui ne comptait initialement qu'une galerie d'arcs sur sa face orientale. Cette galerie est une œuvre mudéjare formée par deux étages d'arcades, suivant une combinaison qui sera reprise ultérieurement dans l'agrandissement du milieu du XVIe siècle. Au début du XVIe siècle, le palais du Prieuré est devenu le premier siège du Saint Office de Llerena, qui l'utilisa jusqu'au milieu du siècle; le palais redevint alors la résidence du prieur. C'est de cette époque que date une série de travaux qui donneront sa forme définitive à l'édifice. L'élément le plus remarquable de ces ouvrages est l'achèvement du patio principal, auquel on ajouta deux côtés de galeries, ce qui le configura finalement comme un plan carré rythmé par deux corps de galeries sur trois de ses faces. Les arcs du niveau inférieur sont en plein cintre surhaussé, tandis que ceux de l'étage sont surbaissés; tous sont encadrés d'*alfices* et reposent sur des piliers octogonaux avec base et chapiteau. Le patio était chaulé et les galeries couvertes d'un toit de bois. Autour du patio, une trentaine de pièces; derrière, un jardin potager équipé d'une noria.

X.2.d Habitations dans le centre ancien

Flâner dans le centre ancien (rues Bodegones, Cristóbal Colón, Rodrigo de Osuna, San José,

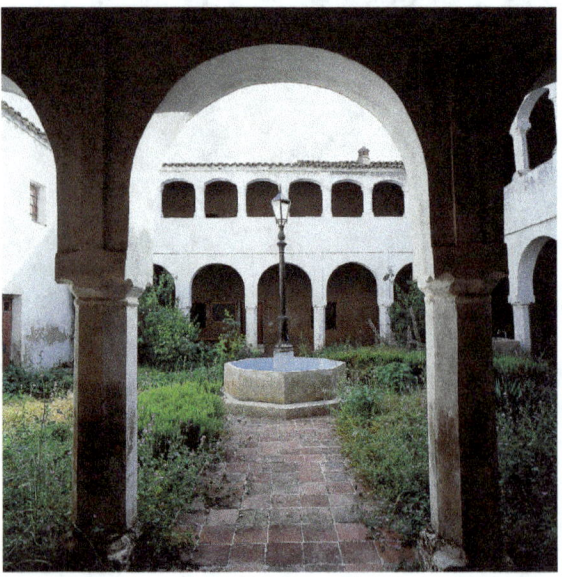

Maison prieurale, patio, Llerena.

Cristo de Palma, Sánchez Prieto, plazuela de la Fuente...). Actuellement la municipalité met en œuvre un plan de restauration des façades mudéjares.

Llerena conserve d'intéressants vestiges de ce que fut l'habitation domestique mudéjare, ce qui en fait l'un des plus beaux ensembles de ce genre en Estrémadure, malgré les nombreuses réparations qui ont été faites dans les maisons au cours des siècles. En flânant dans les rues du centre médiéval, on rencontre des façades blanches et bien équilibrées, à deux étages, percées de fenêtres géminées dans la partie supérieure. Ces fenêtres sont formées par des arcs en fer à cheval lobés ou en arc brisé outrepassé, encadrés d'*alfices*. Le rectangle de la façade est délimité par des lignes d'imposte, tandis que, sur le sommet, des modillons islamiques, lobés ou profilés en nacelle, supportent l'avant-toit. Les maisons étaient également animées par des sgraffites et des peintures murales dont on peut –difficilement– déceler encore quelques traces.

On peut observer certains de ces témoignages en se promenant dans les rues Cristóbal Colón, Rodrigo de Osuna, San José, Cristo de Palma, Bodegones, ou sur la petite place de la Fontaine. Il est recommandé de s'arrêter sur la Grand Place, rythmée par des galeries mudéjares documentées tout au long du XVIe siècle.

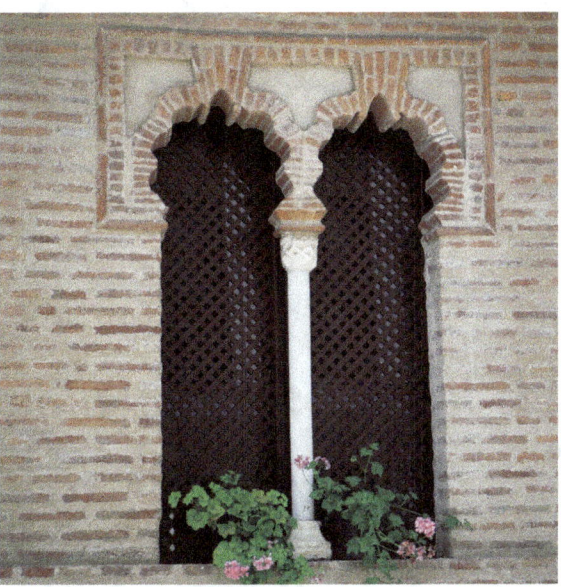

Habitations dans le centre ancien, fenêtre géminée au n.º 10 de la rue Corredera, Llerena.

Le pâturage en Estrémadure
Le pâturage est une forme d'exploitation agropastorale sur latifundios, propice à la biodiversité et à la qualité de l'environnement. Les sols de la région, trop pauvres pour l'agriculture, servent de pâturage à l'élevage extensif. Les chênes verts ou chênes-lièges –qui sont suffisamment espacés, comme pour atteindre les dimensions idéales– procurent l'ombre qui permet la conservation des pâtis pendant l'été, et les glands dont se nourrissent les troupeaux. On parvient ainsi à un équilibre productif plus respectueux du milieu ambiant, qui génère un type de paysage emblématique de la contrée.

CIRCUIT X

Mécénat nobiliaire et monastique

María Pilar Mogollón Cano-Cortés

Deuxième jour

X.3 ZAFRA
    X.3.a Alcazar
    X.3.b Couvent Santa Clara
    X.3.c Couvent Santa Catalina
    X.3.d Plaza Chica
    X.3.e Hôpital San Miguel (option)

X.4 CALERA DE LEÓN
    X.4.a Monastère Santa María de Tentudía

Ordres militaires

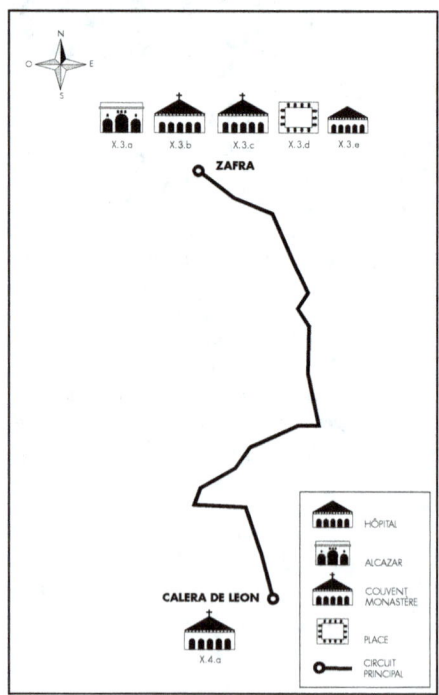

X.3 **ZAFRA**

Situé dans une large vallée au sud de la province de Badajoz, Zafra conserve d'intéressantes traces du mécénat de la maison de Feria; c'est à ce titre que le village a été déclaré ensemble d'intérêt historico-artistique en 1965.

Zafra semble avoir été initialement une fondation islamique, qui jouissait d'une situation stratégique au carrefour de trois anciens chemins, et qui fut définitivement reconquise par Ferdinand III en 1241, date à partir de laquelle le village connut un grand développement commercial et artisanal. Elle fut propriété de plusieurs familles nobiliaires jusqu'en 1394, date à laquelle elle fut cédée, avec d'autres villages dépendant de la juridiction de Beja (actuel Portugal), à don Lorenzo Suárez de Figueroa, qui y établit sa résidence quelques années plus tard. La famille Suárez de Figueroa prit en main le destin de la capitale, d'abord comme partie de son fief, ensuite comme possession du comté et du duché de Feria. Étant devenu centre d'une grande seigneurie, Zafra se vit favorisée par la construction d'édifices considérables comme l'alcazar, la muraille, plusieurs couvents, des hôpitaux et autres ouvrages publics, une grande partie de ces bâtiments étant des réalisations mudéjares. Au XVIIe siècle, le duché de Feria s'allia au marquisat de Priego, et au duché de Medinaceli au XVIIIe siècle.

X.3.a **Alcazar**

Parador national. Pour la visite, contacter l'Office du tourisme, tél.: 924 551036.
L'accès à la chapelle, actuelle salle de réunion, comme à la salle Dorée, qui est maintenant une chambre, n'est possible que si elles ne sont pas occupées. Le donjon, récemment restauré, peut se visiter; le bar du parador possède un intéressant plafond à caissons.

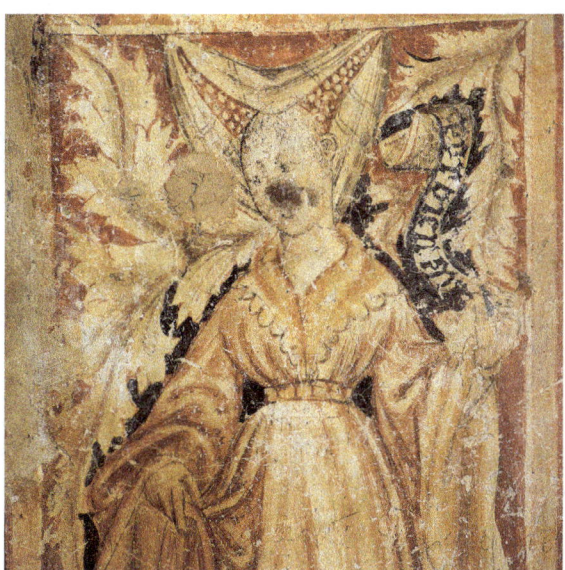

Alcazar, peintures murales sur la tour d'hommage, Zafra.

À l'extrême sud-est de l'ancien espace urbain intra-muros s'élève l'alcazar qui servit de résidence aux seigneurs de Feria. Deux inscriptions nous apprennent que l'alcazar, qui répond à une construction militaire, fut réalisé à l'époque de don Lorenzo Suárez de Figueroa, conseiller du roi et majordome principal de la reine. L'inscription qui surmonte la porte d'entrée de l'alcazar indique la date du début des travaux, 1437, et celle qui est située sur la tour d'hommage indique la date de leur achèvement, 1443.

Au XVIe siècle, l'édifice subit d'importantes réformes, notamment la réalisation d'un patio de marbre blanc aux lignes classiques; certaines pièces de l'œuvre antérieure

Zafra

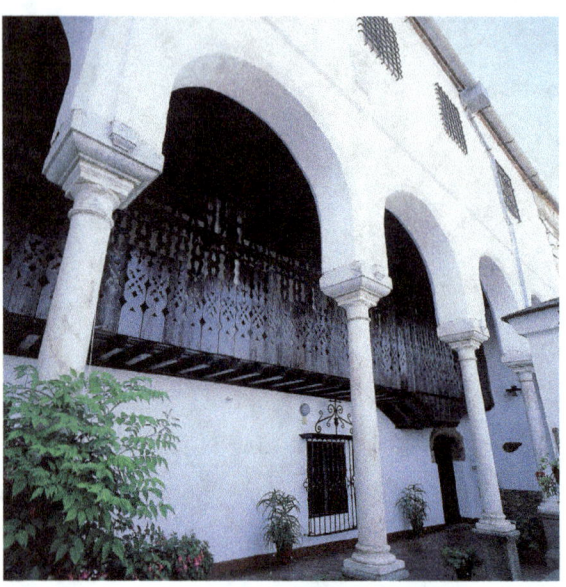

Couvent Nuestra Señora del Valle, galerie et ajimez dans le patio de la conciergerie, Zafra.

Couvent de Nuestra Señora del Valle, détail de la galerie et ajimez dans le patio de la conciergerie, Zafra.

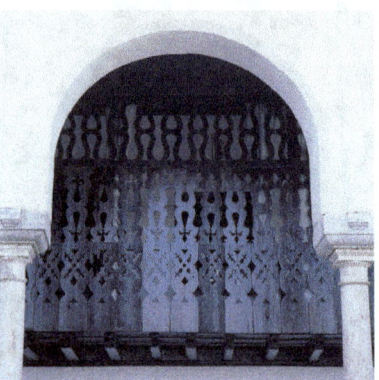

diques et géométriques, aux entrelacs variés qui renvoient aux *azulejos* mudéjars.
La chapelle est recouverte d'une intéressante réalisation où domine une décoration de style gothique flamboyant et une structure de tradition islamique. Il s'agit d'une coupole de bois surmontant une base octogonale formée de huit pans brisés au milieu et couronnés d'une pomme de pin en *muqarnas*. L'ensemble de la composition est recouvert d'un délicat ouvrage doré à motifs végétaux qui contraste avec le fond bleu, à l'instar d'une resplendissante voûte céleste. Ce qu'on appelle la salle Dorée est une autre pièce qui conserve son plafond de bois mudéjar. Il s'agit d'un *artesonado* où domine la composition géométrique à base d'étoiles à huit branches entre lesquelles demeurent des lambris aux riches fleurons dorés. Le décor richement polychromé privilégie les thèmes végétaux et les blasons héraldiques qui font allusion à la maison Feria.

X.3.b Couvent Santa Clara

De la place Corazón de María à la rue Sevilla. Couvent de clôture de l'ordre de Sainte-Claire, ancien monastère Santa María del Valle. On peut visiter l'église.
Horaires du culte: de 17:00 à 19:00 et en été de 18:00 à 20:00.

Le temple du monastère Santa Clara a été conçu comme le panthéon funéraire de la famille Feria. Dans le sanctuaire furent conservées jusqu'au XVIIIe siècle les urnes de marbre des premiers seigneurs de Feria, don Gómez Suárez de Figueroa et doña Elvira Laso de Mendoza, aujourd'hui transférées dans un latéral; dans le chœur des religieuses reposent d'autres membres de la famille, comme don García Laso, tombé au combat à Baza au milieu du XVe

furent malgré tout respectées, comme le sanctuaire de la chapelle au niveau supérieur et les peintures murales qui décorent la tour d'hommage cylindrique.
L'intérieur de cette même tour conserve un soubassement polychrome réalisé à fresque, orné de thèmes figuratifs, végétaux, héral-

siècle. Une inscription située au-dessus de la porte de clôture nous apprend que les travaux commencèrent en 1423 et que l'archevêque de Badajoz prit possession du monastère deux années plus tard, sans attendre qu'il fût terminé.

De nombreuses réformes ont modifié l'ouvrage initial; il a été plus particulièrement affecté par les modifications réalisées au XVII siècle. Cependant on peut encore contempler le sanctuaire original du temple, une construction mudéjare qui s'inspire des *qubbas* islamiques qui connurent un grand retentissement dans les chapelles funéraires mudéjares. Le chevet est un cube surmonté d'une coupole de seize pans qui s'élèvent sur deux lignes de *trompes*, l'inférieure à arêtes, la supérieure à trompillons triangulaires.

D'autres espaces monacaux conservent des réalisations mudéjares; c'est le cas du premier patio de clôture, derrière la conciergerie, qui présente dans un latéral une élégante galerie formée de cinq arcs en plein cintre surhaussés et encadrés d'*alfices* qui s'élèvent sur des colonnes classicisantes en marbre d'une époque relativement tardive (dernières années du XVI siècle). Cette galerie couvre l'unique *ajimez* conservé en Estrémadure.

X.3.c Couvent Santa Catalina

Par la rue Sevilla, tourner à gauche par la rue Fuente Grande qui débouche sur la rue Santa Catalina. Couvent de dominicaines, actuellement inoccupé. Pour la visite, contacter l'Office du tourisme.

Il semble que cette modeste bâtisse soit une fondation due à doña Inés de Santa Paula en 1500.

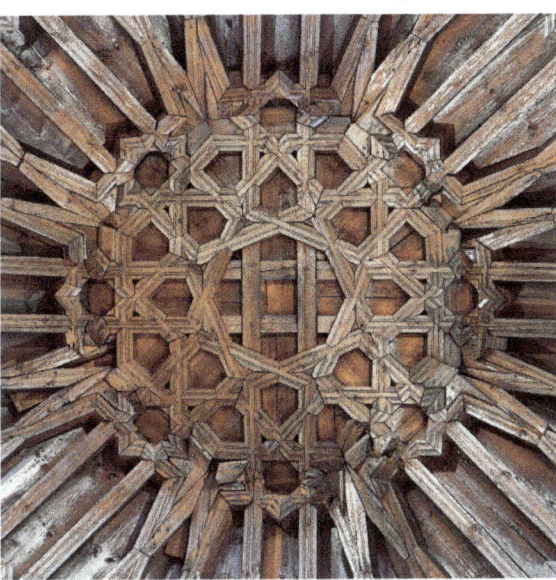

La sobre beauté de la façade surmontée d'un campanile du XVII siècle introduit à la rigueur du temple conventuel, une nef unique délimitée par une sévère cage de murs couverte d'une charpente de bois à *par y nudillo* équipée de tirants doubles rassemblés par des entrelacs. La plus grande richesse se rencontre dans le plafond du sanctuaire, de forme octogonale composé de pans unis par des arêtes simples que parcourent deux bandeaux de bordure formant des étoiles de huit et des croix en forme de X. L'*almizate* présente un système d'entrelacs assez complexe à base d'une double maille quadrangulaire superposée à un entrelacs de huit; le bois conserve sa teinte naturelle.

Couvent de Santa Catalina, détail de la charpente octogonale de la chapelle du presbyterium, Zafra.

X.3.d Plaza Chica

Monter par la rue Santa Catalina jusqu'à la Plaza Grande, puis à gauche.

CIRCUIT X   *Mécénat nobiliaire et monastique*

Zafra

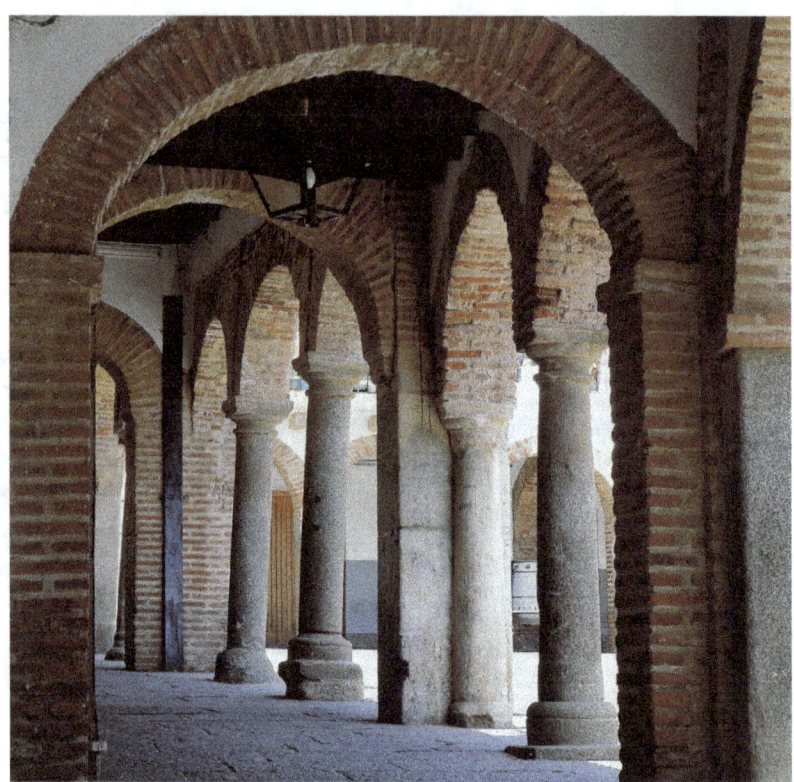

Plaza Chica, arcades, Zafra.

Depuis l'époque arabe, la ville a toujours fait preuve d'un remarquable dynamisme commercial, et ses activités se sont surtout développées autour de la Plaza Chica. On peut en voir un témoignage centenaire dans l'aune gravée sur le petit Arquillo del Pan.

La place fut le centre de la ville, et la Maison Consistoriale s'y est installée en 1430. Elle est entourée de galeries composées d'arcs en plein cintre surbaissés en brique s'élevant sur des piliers ou colonnes de granit surmontés de divers chapiteaux. Dans quelques travées des galeries, les baies sont encadrées d'*alfices* ou de rectangles creux, une persistance de l'esthétique musulmane. D'après José Ramón Mélida, les façades à un ou deux niveaux qui surplombent les galeries furent ornées d'*azulejos* semblables à ceux qui décorent une fenêtre de la toute proche rue Pedro de Valencia. Cependant, seules quelques façades conservent des éléments de tradition islamique.

Sur la place convergent les principales rues qui partaient des huit portes ouvertes dans la muraille tandis que, à travers l'"Arquillo del Pan y de la Esperanza", on arrivait à l'espace occupé par l'église paroissiale de la Candelaria. Celle-ci fut démolie au XVIe siècle car elle était en trop mauvais état; sur son emplacement fut créée la "Plaza Grande" qui, bien que plus tardive, en appelle encore aux éléments composites mudéjars de la Plaza Chica.

X.3.e Hôpital San Miguel (option)

Derrière la mairie, à l'angle des rues San José et Ronda de la Maestranza, se trouve l'hôpital San Miguel, aujourd'hui désaffecté, que l'on peut visiter grâce à une initiative de la municipalité et du Plan de dynamisation de Zafra. Pour la visite, consulter l'Office du tourisme.

D'après son testament daté de 1480, l'hôpital San Miguel fut fondé par doña Constancia Osorio. Bien que l'édifice soit assez délabré depuis le début du siècle, on peut tout de même observer comment la chapelle dédiée à Marie-Madeleine s'inspire de la typologie des *qubbas* islamiques telle qu'on l'a décrite pour le couvent de Santa María del Valle, et remarquer les arcades de brique de facture mudéjare dans la chapelle et la salle des malades.

X.4 CALERA DE LEÓN

Située au sud de la province de Badajoz, en limite de la province de Huelva, la commune se découvre dans une zone de paysages montagneux d'une grande beauté où prédomine la forêt méditerranéenne avec des chênes en abondance. À quelques kilomètres, dans la Sierra Morena d'Estrémadure et couronnant le point culminant de la province de Badajoz sur le mont Tentudía (1 104 m), le monastère Santa María vénère la sainte patronne de la localité.

X.4.a Monastère Santa María de Tentudía

Par la N 630 en direction de Séville; il est recommandé de prendre la déviation au km 716. Cette route de terre traverse de très jolis pâturages. À 9 km du village, depuis le plus haut sommet, le paysage est spectaculaire.
Horaires: de 10:15 à 17:15, et un dimanche sur deux. Si le monastère est fermé, s'adresser à la mairie, tél.: 924 584101.

L'origine du nom et de la fondation remonterait, d'après les chroniques, à un miracle survenu au milieu du XIIIe siècle,

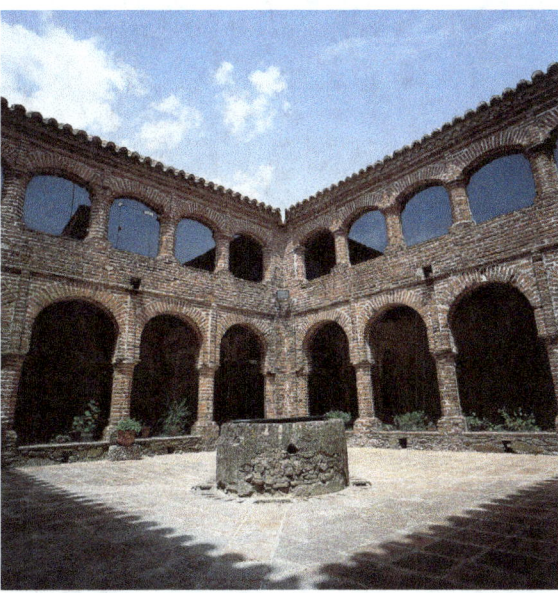

Monastère Santa María de Tentudía, cloître, Calera de León.

Calera de León

à une époque où la région était le théâtre de conflits entre musulmans et chrétiens. La tradition veut que le grand maître de l'ordre de Saint-Jacques, Pelay Pérez Correa, ait remporté une victoire déterminante sur les troupes islamiques grâce à l'intervention de la Vierge: alors que les chrétiens étaient sur le point d'arracher la victoire, la Vierge arrêta la course du soleil pour prolonger la bataille et ôter toute chance aux musulmans de trouver leur salut dans l'arrivée de la nuit. Pour commémorer ce succès, le grand maître fit édifier un ermitage dédié à la Vierge.

Le monastère Santa María de Tentudía, ou de Tudía, déclaré Monument national, fut vicariat de l'ordre militaire de Saint-Jacques qui relevait du vicariat général de Llerena.

Il s'agit d'un ensemble d'une grande sobriété, doté d'ouvertures peu nombreuses et très simples, de murs de maçonnerie, d'assises horizontales de briques par endroits et de pierres d'une taille irrégulière de granit dans les angles. Le flanc oriental présente l'aspect d'une forteresse avec son couronnement de créneaux qui dut être réalisé au même moment que les chapelles latérales. Ces églises-forteresses sont relativement fréquentes dans la province de Badajoz, et assez courantes sur les territoires de l'ordre de Saint-Jacques.

L'ensemble est une réalisation mudéjare composée d'une église dotée de deux chapelles funéraires flanquant le sanctuaire, d'un cloître avec puits sur le côté méridional du temple et, dans la partie orientale, de quelques logements avec corridor et entrée indépendante.

Le temple est la partie la plus ancienne, même s'il a subi quelques modifications au XVIIe siècle. La structure des murs correspond à une construction antérieure du XIVe siècle qui fut remplacée au début du XVIe siècle; la nef a été restructurée au siècle suivant. À l'origine, le temple comportait trois nefs séparées par des arcs de brique et couvertes d'un plafond de bois, avant qu'une réforme baroque ne vînt réunir les trois nefs en une seule.

L'intérieur du sanctuaire est octogonal, et surélevé d'une voûte d'ogives étoilée. Il abrite une sépulture très simple dans laquelle reposent les restes du grand maître Pelay Pérez Correa, une des personnalités les plus marquantes de l'ordre —et de la Reconquête— dans la région. La sépulture se résume à une urne élevée, adossée au mur et couverte d'*azulejos* sévillans. La pièce la plus intéressante du temple est le retable céramique commandé à Francisco Nicoluso Pisano en 1518.

La chapelle principale est flanquée des deux chapelles funéraires carrées, couvertes d'intéressantes coupoles dans la plus pure tradition islamique. Ce sont des voûtes à seize pans qui s'élèvent au-dessus des lignes de *trompes* à arêtes, réalisées à la fin du XIVe siècle ou dans les premières années du XVe. Les retables, gradins et tables d'autel des chapelles latérales sont recouverts d'*azulejos* peints de la seconde moitié du XVIe siècle et attribués par Hernández Díaz au maître Alonso García.

Dans la Capilla de los Maestres sont conservées les sépultures des grands maîtres de l'ordre du XVIe siècle, Gonzalo Mexías et Fernando Ozores, et celle du valet de chambre de Enrique II, García Hernández. Au centre de la voûte, une grande croix de l'ordre reste le seul témoignage des peintures à fresque qui avaient orné la chapelle.

La chapelle de Juan Zapata, commandeur de Medina de la Torre, conserve une com-

CIRCUIT X *Mécénat nobiliaire et monastique*
Calera de León

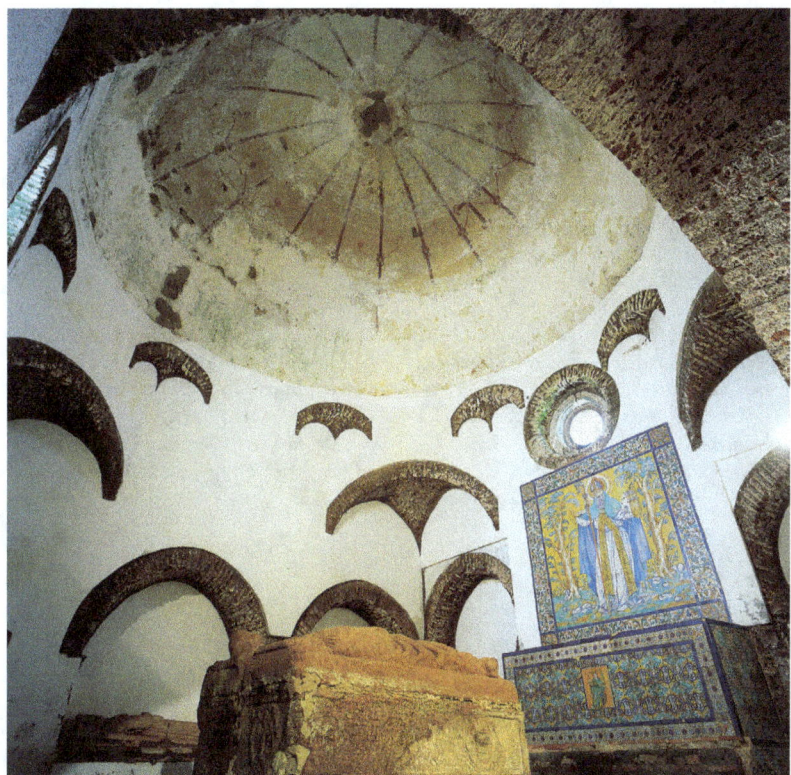

Monastère de Santa María de Tentudía, chapelle de los Maestres, Calera de León.

position d'entrelacs mudéjare apparentée aux toitures de bois.
Sur le côté méridional du temple se trouve un cloître mudéjar de la première décennie du XVIe siècle. Il s'agit d'une œuvre d'une grande simplicité, de plan carré et de modestes dimensions. Le cloître est composé, sur chacune des quatre faces, de deux corps de galeries couverts d'un modeste *alfarje* de bois. Les arcs du corps inférieur sont en plein cintre surhaussé sur piliers octogonaux; ceux du corps supérieur sont des arcs sur- baissés sur même type de support; tous sont encadrés d'*alfices*. Le modèle est commun à d'autres patios de Basse Estrémadure de la fin du XVe et du XVIe siècle, et révèle l'influence andalouse. Autour se déploient diverses dépendances comme la cuisine, les dortoirs et le réfectoire.
En 1511, au côté oriental du cloître fut adossé une hôtellerie comportant quelques logements pour les chevaliers de l'ordre qui allaient faire dévotion à la Vierge et une galerie semblable à celles du cloître.

Calera de León

Parc naturel de la Sierra de Aracena et des pics d'Aroche
Sur la N 630 en direction de Séville se trouve le Parc naturel de la Sierra de Aracena et des pics d'Aroche, qui couvre une superficie de 184 000 ha. Il fait partie de la zone occidentale de la Sierra Morena.
L'effet orographique produit par la disposition du relief favorise les précipitations —des conditions climatiques idéales pour les communautés d'espèces frondescentes, et plus particulièrement le châtaignier, avec plus de 4 000 ha. La végétation est essentiellement composée de plusieurs variétés de chênes, de saules alisiers et de frênes dans les zones les plus humides.
Malgré l'intervention humaine dans la sierra, la biodiversité du parc est extraordinaire.

On peut même y observer le lynx ibérique, le sanglier, la genette, la fouine et le cerf. L'avifaune se signale par la présence de la cigogne, de l'aigle royal et du vautour noir.
L'économie de la région est basée sur l'élevage et l'agriculture. Les activités les plus importantes sont l'exploitation du liège et la fabrication d'un jambon de très grande qualité.

Depuis l'Estrémadure, on peut enchaîner avec l'exposition MSF portugaise **Dans les terres de la Maure enchantée. L'art islamique au Portugal** *ou continuer vers le sud à travers la Sierra Morena et enchaîner ainsi avec les deux circuits sévillans.*

LES ORDRES MILITAIRES

María Pilar Mogollón Cano-Cortés

Les ordres militaires ont fait leur apparition dans l'Europe médiévale à l'occasion des croisades en Terre Sainte. Ils avaient mission de protéger les Lieux Saints et d'y assurer l'arrivée des pèlerins. C'est ainsi que naquirent au XIIe siècle les ordres du Temple et des Hospitaliers ou Chevaliers de Saint-Jean de Jérusalem. En 1123, le concile de Latran déclara la Péninsule terre de croisade; de nouveaux ordres militaires s'instaurèrent, qui apportèrent leur concours aux souverains chrétiens pour la reconquête, la défense et le repeuplement des territoires récemment repris aux musulmans. Parmi les différents ordres créés dans la Péninsule se détachent ceux de Calatrava, de Santiago (Saint-Jacques) et d'Alcántara. Les deux derniers sont nés en Estrémadure au XIIe siècle.

Les ordres militaires étaient des ordres religieux dont les membres faisaient vœu de pauvreté, de chasteté et d'obéissance; ils étaient soumis à une règle monastique. Ils étaient dirigés par un grand maître, personnage d'une envergure sociale et économique éminente, élu au cours du chapitre général de l'ordre. Leurs territoires d'influence étaient divisés en commanderies, chacune ayant la haute main sur ses propres forteresse, villages et hameaux. À la tête des commanderies étaient les commandeurs, obligés de passer un certain temps dans leurs possessions, ce dont ils tiraient quantité de bénéfices.

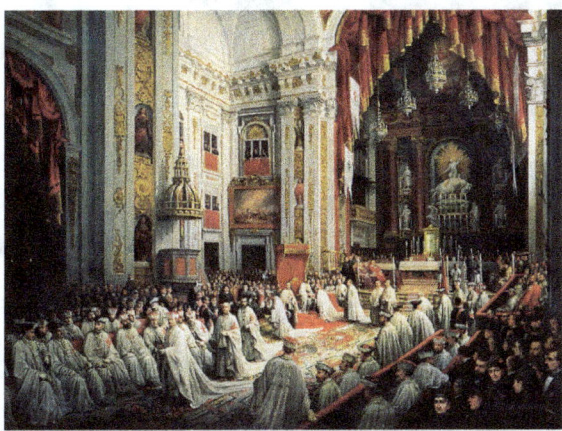

Réunion des Ordres militaires, tableau de J. Sigüenza et Chavarrieta (Propriété: Patrimoine historico-artistique du Sénat).

Au plan ecclésiastique, le prieur de l'ordre était au sommet de la hiérarchie; il avait le statut d'abbé du monastère de la maison mère —un prieuré— et de prélat d'un diocèse autonome. En 1873, Pie IX supprima la juridiction ecclésiastique des ordres militaires, qui passa sous la dépendance des différents diocèses.

Leur principale mission était de guerroyer afin d'apporter la stabilité aux territoires chrétiens. Cette activité militaire fut récompensée par les monarques, qui leur cédèrent de vastes territoires, des châteaux, des bourgs et des villages. Grâce à cet immense patrimoine, les ordres ne tardèrent pas à devenir une puissance économique de premier ordre. Après la conquête de Grenade, les Rois Catholiques incorporèrent les divers magistères à la couronne.

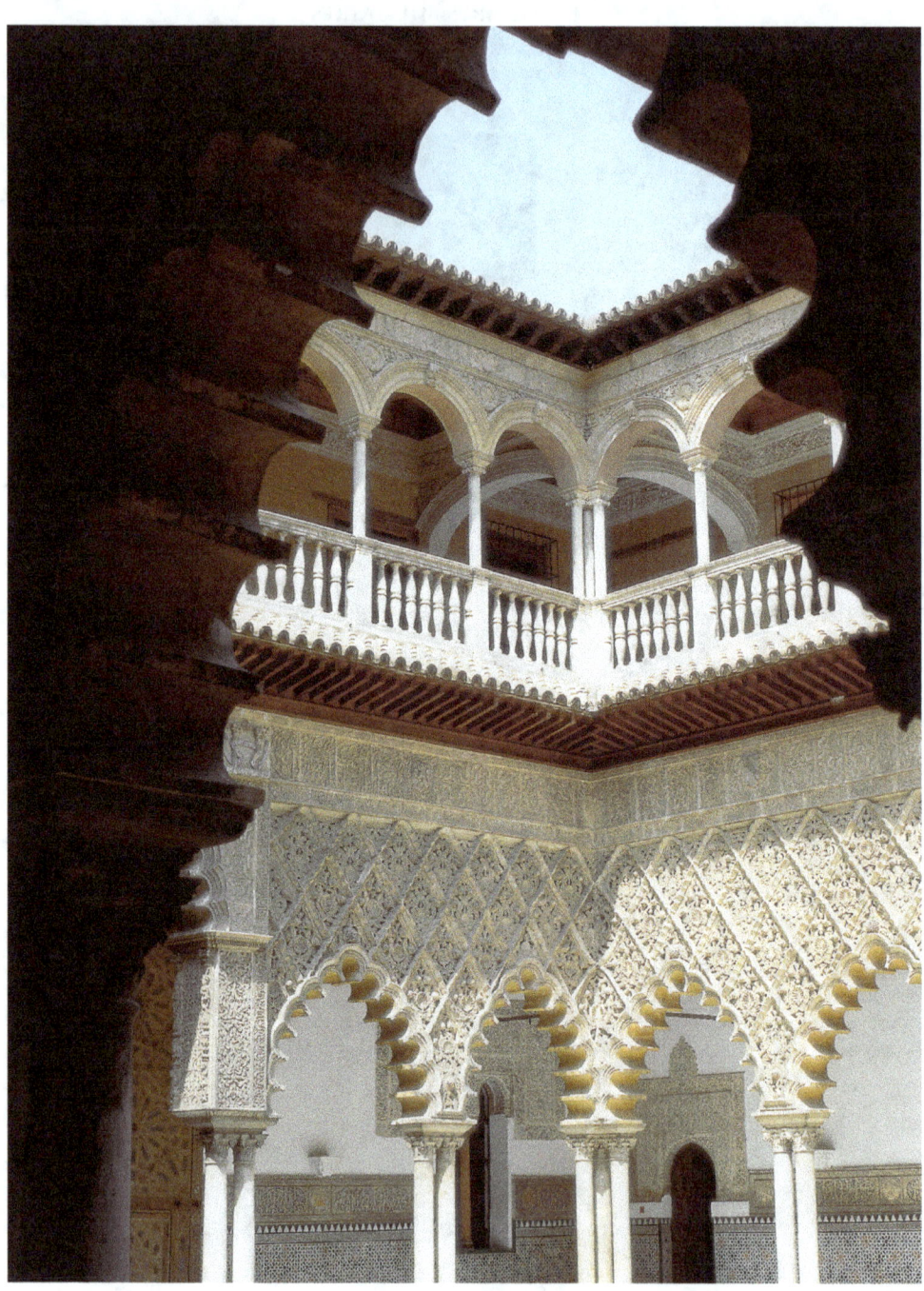

CIRCUIT XI

Temples et palais sévillans

Alfredo J. Morales, Alfonso Pleguezuelo

Ce circuit fait partie du programme **"Une entrée en Méditerranée"** confinancé par l'Union Européenne dans le cadre de l'Action Pilote Espagne-Portugal-Maroc. Art. 10 FEDER.

XI.1 SÉVILLE

      XI.1.a Église Santa Marina
      XI.1.b Église Omnium Sanctorum
      XI.1.c Église San Marcos
      XI.1.d Église Santa Catalina
      XI.1.e Casa de Pilatos
      XI.1.f Palais des comtes de Altamira
      XI.1.g Alcazar royal

Nature et architecture

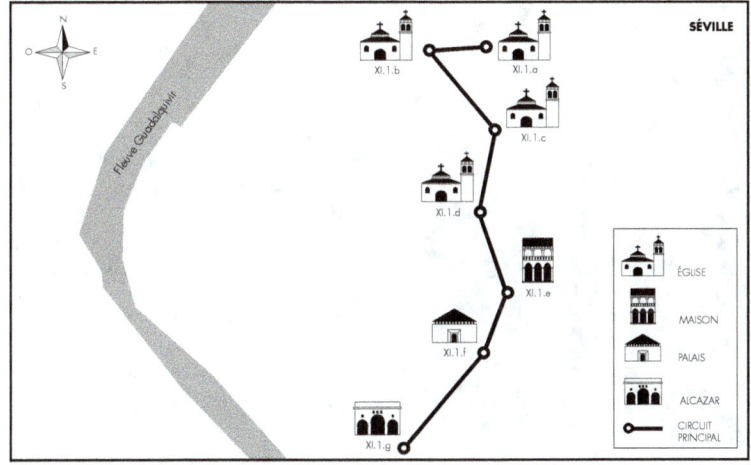

Alcazar royal, vue générale des arcades du patio des Demoiselles, Séville.

Église Omnium Sanctorum, façade et tour, Séville.

Casa de Pilatos, vue du patio, Séville.

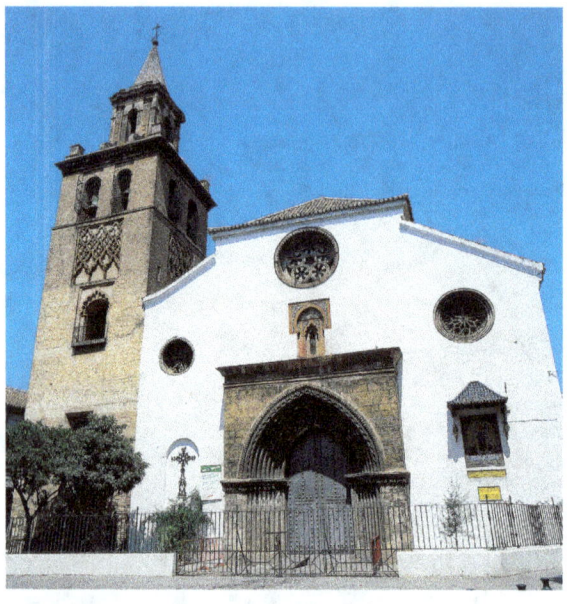

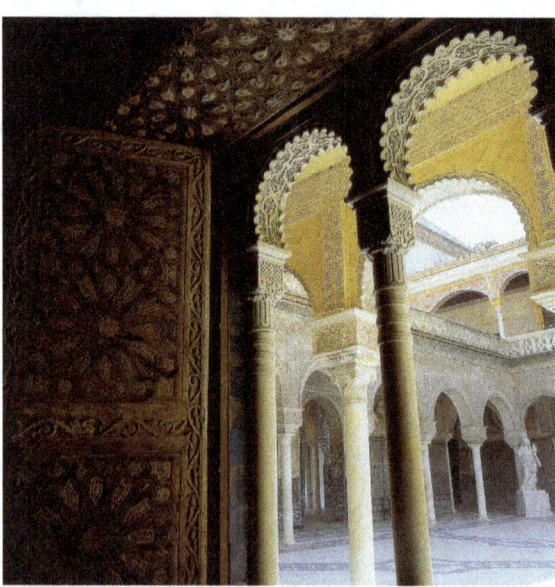

Immédiatement après la conquête de Séville en 1248, les mosquées commencèrent à être transformées en églises chrétiennes. De nombreux monuments musulmans, réparés et actualisés sur le plan esthétique à diverses époques, subsistèrent jusqu'à des dates très tardives. Tandis qu'on réutilisait les édifices musulmans, on entreprit pratiquement au même moment la construction de nouvelles églises, qui affichent de claires parentés avec le style gothique courtisan, mais qui ne parviennent pas à occulter la persistance de techniques constructives et de formules composites d'inspiration nettement islamique.

Partant de ces expériences, et sous l'influence chaque fois plus prégnante de l'art hispano-musulman, le prototype de l'église mudéjare sévillane fit son apparition au XVIe siècle. Dans le type paroissien sévillan se mêlent harmonieusement, en se compensant réciproquement, l'héritage musulman almohade et les postulats gothiques. Cette synthèse pleine d'équilibre connut un succès considérable, et qui ne devait pas se démentir sur la longue durée. Le modèle ne se répandit pas seulement sur les territoires de l'archevêché de Séville, et plus généralement sur toute la Basse Andalousie: il servit également d'inspiration aux églises paroissiales mudéjares de Malaga et passa même, au prix d'une légère évolution, aux îles Canaries et dans le Nouveau Monde.

Les palais musulmans eux aussi furent transformés en maisons seigneuriales et en monastères. Cette discrète appropriation fut favorisée par la faiblesse numérique des nouveaux habitants et par la nécessité de concentrer les efforts sur des tâches moins impératives que la rénovation superflue de quelques résidences qui étaient probablement déjà au-dessus des standards habituels de la classe guerrière castillane. Ceci impliquait une forte familiarité avec l'architecture musulmane, qui se traduisit par l'adoption de nombreuses formes de vie et de culture du peuple politiquement vaincu.

XI.1 SÉVILLE

XI.1.a Église Santa Marina

Santa Marina, 3. Il est recommandé de faire le circuit à pied. Pénétrer par l'arc de la Macarena, ouvert dans la muraille musulmane, et par la rue San Luis.
Horaires: de 11:00 à 13:00 et de 18:00 à 20:00; le samedi de 11:00 à 13:00.

L'église Santa Marina, de plan rectangulaire, comporte trois nefs séparées par huit piliers qui supportent des arcs brisés, une abside polygonale divisée en trois travées inégales et des contreforts extérieurs. Les nefs sont couvertes de structures modernes en bois. L'abside présente des voûtes nervurées. Trois fenêtres géminées gothiques éclairent cet espace. De l'extérieur, le chevet présente des contreforts de brique et une corniche étayée par des modillons à coupeaux.
La tour, carrée, est construite en brique et présente à la base des renforts angulaires de pierre. L'escalier se développe autour d'un gros pilier central carré et se couvre de voûtes de types divers. Un chemin de ronde, crénelé en gradins, ajouté à la restauration de 1885, couronne le clocher.
Sur le pignon de l'église s'ouvrent trois oculus de pierre qui éclairent les nefs intérieures. Cependant, l'élément le plus mar-

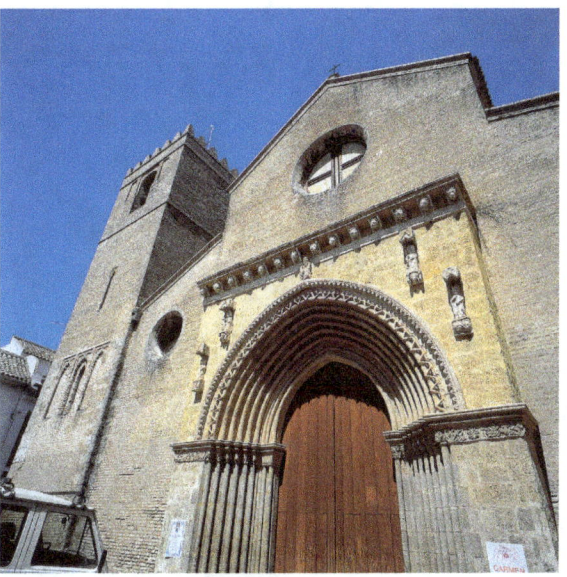

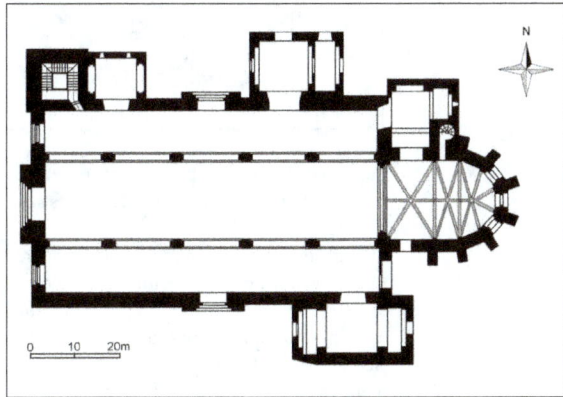

Église Santa Marina, façade et tour, Séville. *Église Santa Marina, plan, Séville.*

Sevilla

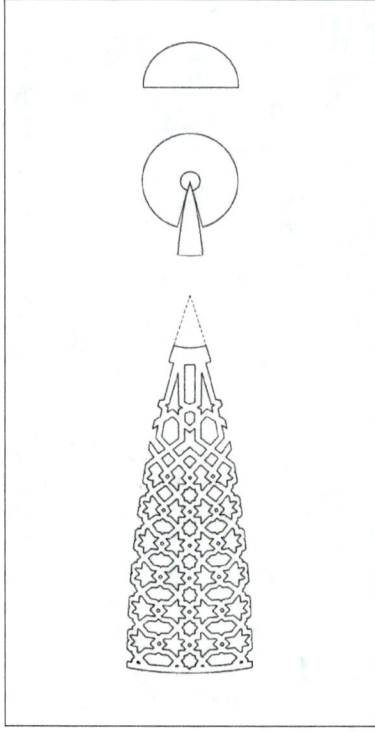

Église Santa Marina, coupole de la chapelle de la Piedad, dessin d'entrelacs, Séville.

quant sur le mur du ponant est le portail, construit en pierre de taille. Les piles sont surmontées de chapiteaux décoratifs ornés de motifs végétaux, animaliers et humains. À la hauteur des chapiteaux se développe une frise en relief à thèmes géométriques et végétaux, qui comporte en outre deux scènes figuratives dans lesquelles on a voulu voir des épisodes de la vie de Santa Marina, Santa Margarita, Santa Catalina et Santa Bárbara, dont les images apparaissent sous les dais autour des archivoltes de la porte. La corniche repose sur une série de têtes de lion entre lesquelles se distribuent des arcs en fer à cheval. Tous les motifs en relief sont très grossiers et schématisés.

L'église possède un autre portail sur la façade nord; celui-ci, en brique, fait saillie sur la ligne de murs et présente trois archivoltes brisées sur des impostes de pierre. L'ornementation consiste en une bordure de pointes de diamant. Le portail est décoré d'une rosace dont la rondelle de pierre est elle-même décorée du même motif. L'ornementation de facture très moderniste correspond à l'une des restaurations effectuées dans le temple. La porte ouverte dans le mur méridional est semblable à celle qu'on vient de décrire, mais elle est dépourvue de toute décoration. Sa rosace a conservé son dessin d'origine.

L'intérieur accuse fortement la séparation entre le presbyterium et le corps de nefs. Celles-ci sont séparées par des piliers rectangulaires en brique, qui soutiennent des arcs brisés et doublés s'élevant sur des impostes de pierre.

Les éléments fondamentaux dans la configuration spatiale du temple sont les chapelles ouvertes sur les nefs latérales. Toutes obéissent au modèle des *qubbas* musulmanes. La plus simple est celle qu'occupa à partir de 1704 la statue de la Divina Pastora. Elle s'ouvre sur la nef de l'évangile et présente un plan carré et un arcosolium au chevet, l'espace central étant couronné d'une voûte de seize pans sur trompes. Un schéma similaire, bien que de proportions plus réduites, est adopté dans la Chapelle Sacramentelle qui communique avec le sanctuaire. Son accès est couvert de voûtes en miroir dans la tradition almohade, solution reprise dans l'arcosolium qui tient lieu de chevet. L'espace central, de forme carrée, offre une voûte godronnée sur trompes prenant appui sur des arcs en plein cintre. L'arc d'entrée et celui de l'arcosolium reposent tous deux sur des abaques de pierre et des chapiteaux tardo-romains ou wisigothiques disposés sur des colonnes de marbre blanc. Au cours de la restauration effectuée dans l'église en 1964, on a localisé dans le sous-sol de cette chapelle une triple tombe recouverte d'une application de céramique émaillée dans les tons de vert, blanc et manganèse. Les pièces correspondent à des croix en forme de X et à des étoiles à huit branches, et à des *azulejos* en relief à caractère héraldique qui inclinent à penser que cette enceinte était initialement la chapelle funéraire de la famille Hinestrosa. Aujourd'hui, ces pièces de céramique, datées de la seconde moitié du XIIIe siècle, constituent le devant de l'autel situé dans la chapelle.

La chapelle de la Piété, qui ouvre sur la nef de l'épître, est de forme rectangulaire et dotée de voûtes en miroir dans les arcosoliums des petits côtés; l'espace central est couvert d'une voûte à seize pans sur un double système de trompes. À la naissance de celles-ci sont disposés des ouvrages de stuc dus à la reconstruction de 1885 et qui sont une partie d'un fragment qui avait été conservé. L'intrados de la voûte est couvert d'un épais travail d'entrelacs en brique, dans lequel sont incrustés des morceaux de céramique émaillée. Des stucs ouvragés et des *muqarnas* occupent les départs de voûtes des arcosoliums. Les travaux entrepris l'année précédente avaient permis de localiser des fragments d'un pavement et d'un soubassement de mosaïques formant des motifs d'entrelacs, de même que de petits *azulejos* avec des aigles et des châteaux correspondant aux armes de l'infant don Felipe, qui fut archevêque de Séville de 1249 à 1258. Cette découverte a permis de dater la chapelle du milieu du XIIIe siècle; elle a toutefois été redécorée vers 1415, lorsqu'elle fut réservée à la sépulture de l'armateur Juan Martínez.

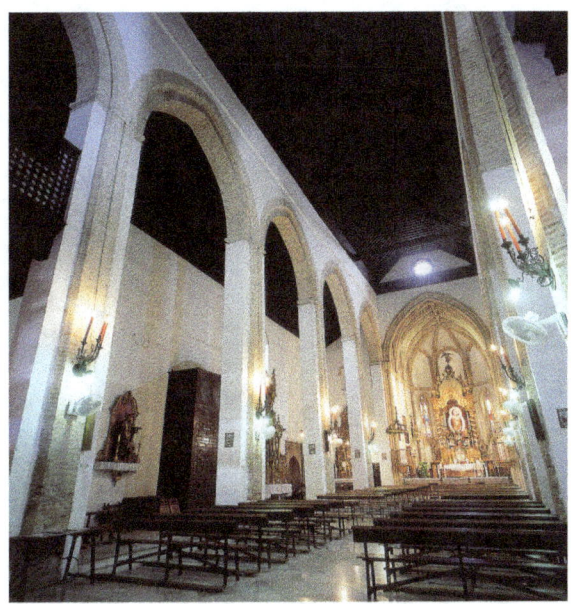

Église Omnium Sanctorum, nef centrale, Séville.

XI.1.b Église Omnium Sanctorum

Peris Mecheta, 2. Au sortir de l'église Santa Marina prendre, en face, la ruelle de l'Arrayán. Horaires: de 10:30 à 12:30 et de 19:00 à 20:00; le dimanche de 10:30 à 12:00.

Le temple présente tellement de traits et de détails communs à ceux de San Andrés et San Esteban qu'on en est venu à tous les attribuer à un même maître d'œuvre. L'hypothèse est difficile à prouver, puisqu'il existe tout de même certains éléments et certaines circonstances pour les différencier. D'autre part, les relations et dépendances par rapport à l'église Santa Marina sont si évidentes qu'on a pu inter-

CIRCUIT XI   Temples et palais sévillans

Sevilla

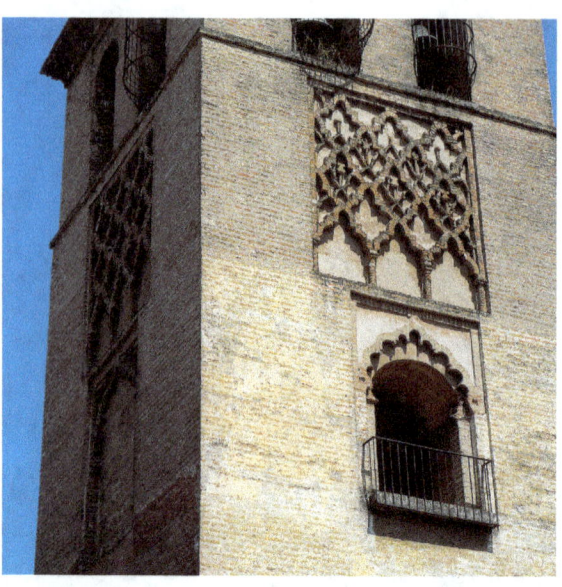

Église Omnium Sanctorum, fenêtre et panneau à décor de chebka sur la tour-clocher, Séville.

prêter l'église paroissiale Omnium Sanctorum comme une conséquence directe de la première. Sur le processus constructif est documentée une importante contribution remise par l'infant de Portugal don Dionís pendant son séjour à Séville dans les années soixante du XIIIe siècle. On sait également qu'elle a subi d'importants travaux de rénovation un siècle plus tard sous le règne de Pierre Ier de Castille.

L'église, à plan rectangulaire, est dotée de trois nefs à cinq travées séparées par huit piliers qui supportent des arcs brisés, et d'un profond chevet polygonal. L'abside est surélevée de voûtes à nervures enlacées au moyen de la nervure de la clé. À l'extérieur, le chevet présente des contreforts de brique et une corniche prenant appui sur des petits corbeaux et couronnée de créneaux en gradins. La couverture de la grande chapelle est accessible par un escalier logé dans une tourelle carrée adossée au mur septentrional de l'abside. Trois fenêtres à embrasures brisées et meneau central éclairent cette zone. Les nefs sont couvertes de structures de bois posées pendant la restauration de 1936.

La tour, carrée, est en brique. On y accède par un escalier en colimaçon adossé latéralement à la face orientale, puisque le corps inférieur de la tour est occupé par une chapelle. À l'extérieur, les ouvertures du premier niveau sont en plein cintre et encadrées d'un arc inscrit dans un *alfiz*: quelques écoinçons gardent des traces de leur décoration d'*ataurique*. Au-dessus de ces fenêtres est disposé un vaste panneau repris sur toutes les faces de la tour, sur lequel se développe un travail de *chebka* enrichie d'*atauriques* de tradition almohade nettement inspirés de la Giralda. Une moulure en listel marque la transition avec le clocher doté de deux ouvertures par côté. Quelques consoles stylisées étayent la corniche, surplombée depuis la fin du XVIIIe siècle d'un couronnement pyramidal orné d'*azulejos*.

Sur la façade occidentale s'ouvre le portail principal du temple, un ouvrage en pierre de taille en légère saillie sur la ligne de murs. Les jambages sont constitués de pilastres rudentés couronnés par des chapiteaux décoratifs. Ses archivoltes brisées présentent une décoration en dents de scie. Sur l'entrée se trouve une fenêtre en brique, finement taillée, rehaussée de lambris d'*azulejos*. Les autres ouvertures sont trois oculus de pierre: ceux qui correspondent aux nefs latérales conservent leur décoration d'origine.

Sur les murs nord et sud s'ouvrent deux portails qui reprennent à peu près l'organisation de l'accès principal, bien que celle du flanc sud offre quelques niches

CIRCUIT XI   *Temples et palais sévillans*

Sevilla

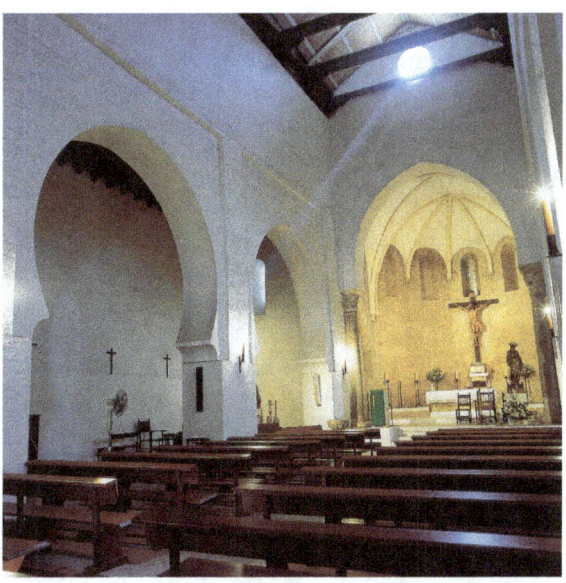

Église San Marcos, nef centrale, Séville.

Église San Marcos, détail d'un arc, Séville.

qui durent abriter des sculptures aujourd'hui disparues. Sont conservés les consoles de soutien, constituées par des paires de lions, et les élégants dais. De même subsistent les têtes de lion et les motifs végétaux sculptés sur les chapiteaux. De l'ensemble des ouvertures qui éclairaient initialement le corps de nefs se détache celle du mur méridional, près du chevet, configurée par un arc outrepassé à écoinçons décorés *d'atauriques*.

À l'intérieur du temple se détache la chapelle qui occupe le corps inférieur de la tour. Elle répond au schéma de la *qubba* musulmane à plan carré et voûte octogonale sur *trompes*. Elle a été attribuée en 1416 à Gonzalo Gómez de Cervantes pour sa sépulture et celles de ses descendants.

L'incendie que subit l'église en 1936 a laissé au jour, dans d'anciens arcosoliums, des fragments de stucs ouvragés à motifs *d'ataurique* et d'entrelacs, d'esthétique mudéjare, qui ont été datés vers 1400.

XI.1.c Église San Marcos

Place de San Marcos. Prendre la rue Feria jusqu'à la rue Castelar sur la gauche.
Horaires: de 17:00 à 20:00. Si l'église est fermée, demander la visite au 954 211421.

La synthèse originale entre l'héritage almohade et les postulats gothiques qui caractérisent le style mudéjar sévillan de la deuxième moitié du XIVe siècle trouve une de ses expressions les plus achevées dans ce temple. Bien que l'organisation générale ne soit pas fondamentalement différente du schéma des autres temples mudéjars, San Marcos présente une série de particularités qui en font un cas tout à fait unique dans la ville. En fait, le degré

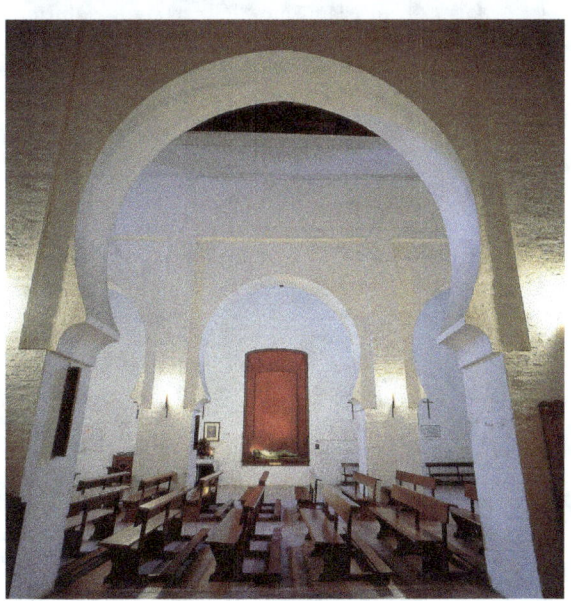

245

CIRCUIT XI   *Temples et palais sévillans*
Sevilla

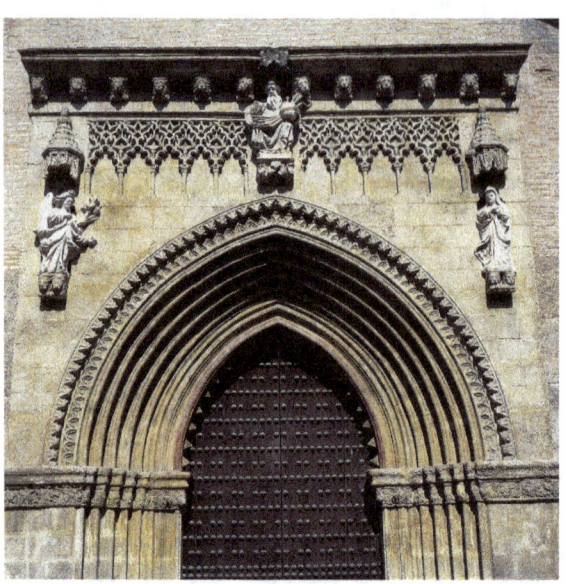

Église San Marcos, détail du portail, Séville.

d'islamisme de certaines solutions constructives a conduit à le classer, de façon tout à fait erronée, comme ancienne mosquée.

L'église est pourvue de trois nefs –la nef centrale étant la plus élevée et la plus spacieuse– séparées par des piliers rectangulaires supportant des arcs en fer à cheval encadrés d'*alfices* de physionomie almohade. Des structures simples, de construction moderne, recouvrent les nefs. Le chevet, bien moins élevé que le corps de l'église, est doté de deux travées, l'une rectangulaire et l'autre polygonale, toutes deux surmontées de voûtes à nervures. L'arc de triomphe brisé, d'esthétique gothique, repose sur des colonnes et des chapiteaux romains de remploi.

À l'extérieur, la façade révèle la structure basilicale des nefs. On peut admirer au centre un remarquable portail surbaissé faisant saillie sur le mur et surmonté d'un petit oculus pour l'éclairage intérieur. Construit en pierres de taille, ce portail est orné de pointes de diamant et de reliefs figuratifs. Une frise d'arcs polylobés sur colonnettes et un ouvrage de *chebka* couronnent l'ensemble; au-dessus, une rangée de corbeaux en forme de têtes de lion servent de support à la corniche. Sur le portail, les trois niches ornées de dais et de piédestaux en forme de têtes de lion abritent les statues de pierre du XVIIIe siècle qui ont remplacé les statues antérieures, qui étaient détériorées.

L'élément le plus singulier du temple est la tour en brique, dont les façades méridionale et orientale sont si bien finies qu'on en est venu à penser qu'elle avait été conçue comme un édifice isolé. Un escalier intérieur s'adosse aux murs périphériques: différents types de voûtes surmontent les travées. La configuration des ouvertures étonne avec leurs arcs polylobés à lambrequins encadrés d'*alfiz* et décorés d'*atauriques*. Les quatre façades sont couronnées d'une frise présentant un ouvrage de *chebka* qui part des arcs polylobés s'élevant sur des colonnettes, l'ensemble étant clairement inspiré de la Giralda. La tour mudéjare s'achève par un avant-toit qui prend appui sur des consoles, nombre d'entre elles étant en forme de têtes de lion, et sur lequel s'élève un garde-fou. Un clocher du XVIIIe siècle couronne la structure de la tour.

XI.1.d **Église Santa Catalina**

Almirante Apodaca s/n. Prendre la rue Bustos Travera.
Horaires des messes: 12:30 et 19:00; le dimanche à 10:30, 12:00, 13:00, 19:00.

Cette église a dû être érigée au milieu du XIVe siècle sur les fondations d'une ancienne mosquée, puisque le départ de la tour actuelle correspond à une œuvre islamique datable des IXe et Xe siècles. Il s'agit d'un bâtiment en pierres de taille de parement ou de boutisse, de forme carrée à l'extérieur tandis qu'à l'intérieur se développe un escalier en colimaçon autour d'un gros pilier cylindrique. Elle correspond au schéma des minarets sévillans de l'époque de l'émirat.

Le nouveau temple mudéjar obéit au modèle habituel de ces bâtiments: trois nefs séparées par quatre piliers à section cruciforme et un profond chevet de trois travées. Celui-ci est couvert de voûtes à nervures tandis que la nef centrale est couverte de structures de bois en forme de *armadura* à *par y nudillo* et que les nefs latérales sont couvertes de clés pendantes. L'*armadura* enrichit son *almizate* d'une décoration d'entrelacs et de pommes de pins en *muqarnas*.

Le temple comporte trois entrées. La principale, au bout de l'église, est en brique et s'organise en arcs polylobés entrelacés et encadrés d'*alfices*. Une telle solution est tout à fait exceptionnelle dans les temples mudéjars sévillans, puisqu'elle découle de schémas clairement almohades, également adoptés, à la même époque, par d'autres temples de la région de l'Aljarafe. La porte ouverte dans le mur septentrional a dû suivre une formule similaire, si l'on en juge par les éléments encore visibles autour de l'ouverture en linteau aujourd'hui en place. La porte correspondant à la nef méridionale est composée d'un simple arc brisé en brique.

Actuellement, sur les trois entrées d'origine, seule reste visible de l'extérieur la dernière que nous ayons commentée, puisque les autres sont cachées par un bâtiment qui s'y est adossé au cours du temps. Le portail principal a été dissimulé quand on a placé par devant une nouvelle façade, sur laquelle on a posé en 1930 le portail provenant de l'église désaffectée de Santa Lucía. Cette nouvelle façade a également occulté quelques fausses baies en brique composées d'arcs polylobés encadrés d'*alfices* que l'on ne peut voir aujourd'hui que depuis la tribune du chœur. Le nouveau portail est en pierre de taille; sa composition et ses motifs sculpturaux révèlent des liens si profonds avec ceux du portail de l'église Santa Marina qu'on en est arrivé à les attribuer au même atelier. De chaque côté, quelques petites statues de pierre sont disposées sous des dais, et sur la clé est représentée la figure du Père Éternel. Le portail est surmonté de corbeaux en forme de modillons à coupeaux à bande centrale.

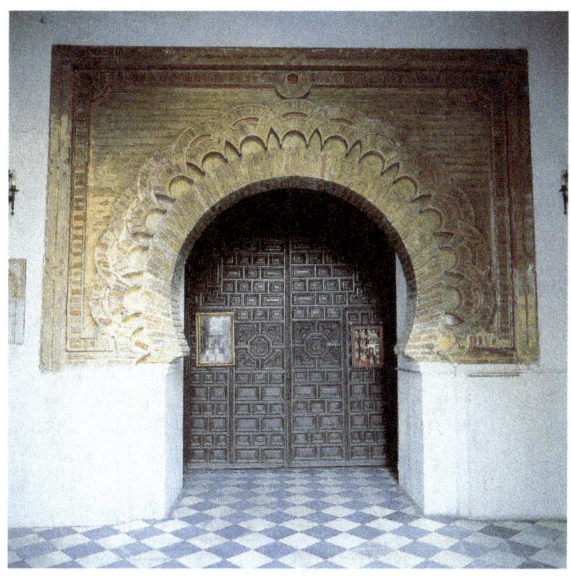

Église Santa Catalina, portail intérieur, Séville.

Sevilla

La tour mudéjare fut édifiée sur les vestiges du minaret primitif. Extérieurement, elle présente des arcs aveugles polylobés inscrits dans des *alfices* et des panneaux creux qui durent être occupés initialement par des motifs de *chebka* partiellement disparus au cours de la restauration achevée en 1881. Le clocher présente sur chaque face une ouverture encadrée par un *alfiz*; il est couronné par un chemin de ronde terminé par des merlons en gradins.

On trouve des arcs semblables aux arcs polylobés de la tour sur la façade où, avec leur forme d'absides semi-circulaires, ils correspondent à une dépendance adossée au mur septentrional. Seule la première structure appartient au bâtiment d'origine; la seconde est du début du XXe siècle. Un important élément mudéjar de cette église est la chapelle qui fut adossée vers 1400 au mur méridional et qu'occupe actuellement la Fraternité de l'Exaltation. Sur le modèle de la *qubba* musulmane, elle est à plan carré et dotée de voûtes sur trompes; elle est décorée de motifs d'entrelacs dans lesquels sont incrustés des morceaux de céramique émaillée.

XI.1.e Casa de Pilatos

Place de Pilatos, 1. Prendre la rue Alhóndiga jusqu'à la place de San Leandro puis la rue Caballerizas. Entrée payante (excepté le mardi de 13:00 à 17:00)
Horaires: au rez-de-chaussée de 9:00 à 19:00; visite guidée du premier étage de 10:00 à 14:00 et de 15:00 à 19:00.

La Casa de Pilatos est un ensemble architectural complexe commencé à la fin du XVe siècle sur l'initiative de don Pedro Enríquez, grand amiral d'Andalousie, et continué par sa veuve doña Catalina de Ribera et par leur fils le marquis de Tarifa, complété enfin au début du XVIIe siècle par le duc de Alcalá.

L'organisation de la Casa de Pilatos peut laisser au visiteur une première impression de désordre, mais permet a contrario de profiter de la séduction d'un circuit qui réserve de continuelles surprises et de délicieuses sensations de lumière, de couleurs, d'odeurs et de vues inespérées. Architecture et nature se mêlent intimement ici pour former un ensemble très proche, sur le fond, d'autres résidences médiévales, même si certaines formes d'ornementation lui confèrent un air "romain" qui, par beaucoup d'aspects, rappelle davantage les demeures impériales de la ville voisine de Itálica que les

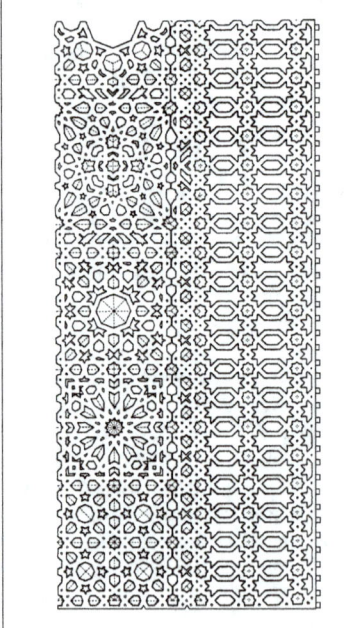

Église Santa Catalina, croquis de l'armadura de la nef centrale, Séville.

CIRCUIT XI   *Temples et palais sévillans*
Sevilla

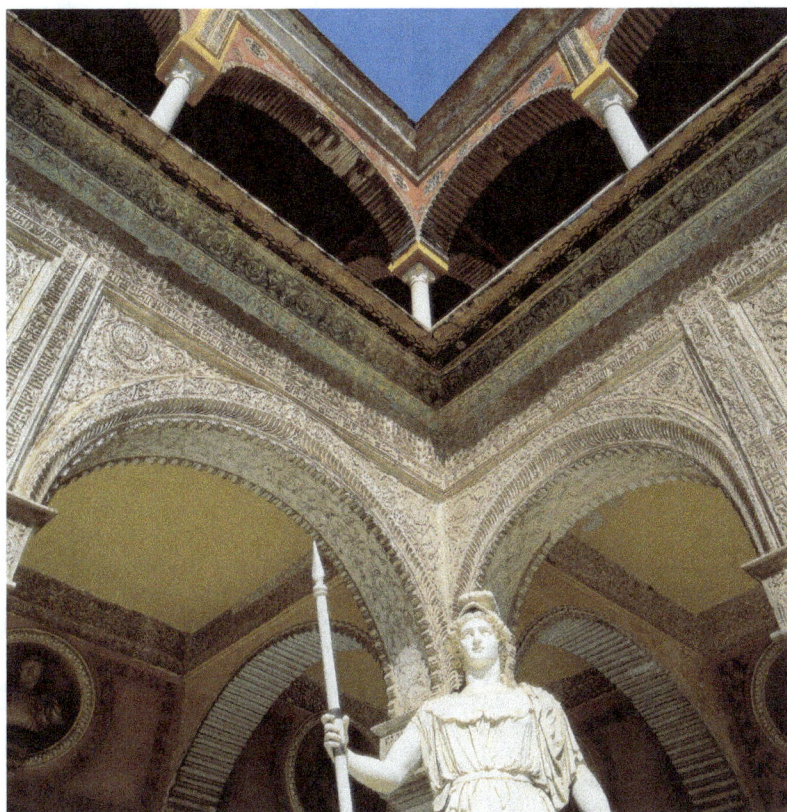

Casa de Pilatos, détail du patio, Séville.

supposés modèles renaissants italiens parfois évoqués comme source d'inspiration. La fontaine centrale assure l'axe vertical de tout l'espace du patio qui précédemment, dans des versions plus médiévales, tendait à établir des compositions d'axes longitudinaux et horizontaux. Les sculptures de marbre rapportées d'Italie par le marquis, les colonnes commandées à Gênes, les peintures murales du premier étage et d'autres menus détails nous renseignent sur l'introduction à Séville de formes importées de Rome, mais la physionomie générale de l'édifice exhale un parfum oriental qui n'échappera à personne et que nous pourrions résumer en quelques caractères formels. Le premier est l'indifférence de l'architecte à l'aspect extérieur de l'ensemble, qui fut hermétiquement clos jusqu'au XVIIe siècle, date à laquelle on ouvrit des balcons sur la rue Caballerizas. Un autre trait oriental est le tracé labyrinthique et, à l'intérieur, la succession de patios de différentes tailles agrémentés de fontaines et de jardins. Une troisième caractéristique islamisan-

249

Sevilla

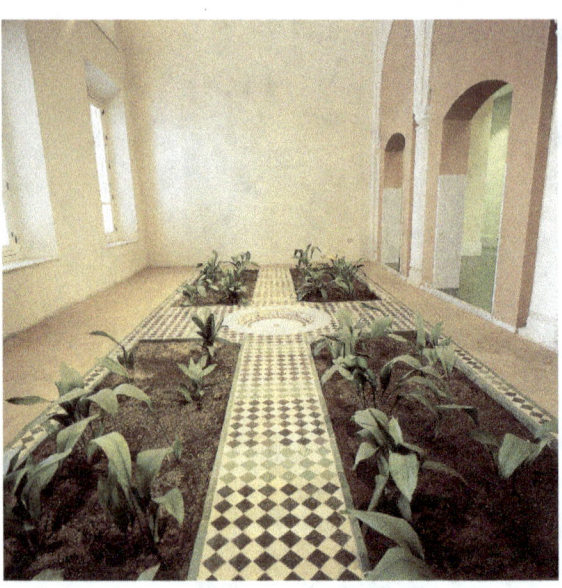

Palais des comtes d'Altamira, jardin de crucero à l'intérieur, Séville.

te peut se voir dans les délicats ouvrages de stucs ciselés, sur lesquels on peut lire des textes en calligraphie arabe à côté de motifs nasrides et de quelques motifs gothiques. Enfin et surtout, les revêtements céramiques d'*azulejos* qui, réalisés par Diego et Juan Polido dans les années 1530, parachèvent l'image d'un palais qui fut rénové sans cesser de s'inspirer de modèles esthétiques orientaux.

XI.1.f Palais des comtes d'Altamira

Place de Santa María la Blanca, 1. Se diriger vers l'église San Esteban, elle aussi mudéjare, et prendre la Rue Vidrio qui, à travers l'ancienne juiverie, conduit à Santa María la Blanca. À côté se trouve le palais, siège actuel de la Consejería de Cultura de la Junta de Andalucía.
Pour la visite, contacter le bureau MSF.

Propriété de la famille Zúñiga, ducs de Béjar puis comtes d'Altamira, ce palais constitue sans aucun doute l'exemple le plus remarquable d'architecture domestique mudéjare depuis l'alcazar royal.
Rien ne laisse imaginer, à l'approche de cet édifice, que l'intérieur va nous dévoiler la structure d'une habitation médiévale. Ce que nous voyons de l'extérieur est une façade monumentale d'un auteur anonyme du XVIIe siècle. La porte et le vaste vestibule une fois franchis, nous pénétrons dans un intérieur aux saveurs médiévales, bien remis en valeur aujourd'hui par une réhabilitation destinée à le transformer en l'un des sièges de la Consejería de Cultura de la Junta de Andalucía.
L'ensemble intérieur est un palais édifié par Diego López de Stúñiga sur l'emplacement de sept ou huit parcelles avec lesquelles il a composé ses "maisons principales", à une échelle surprenante pour l'époque pour un bâtiment qui n'est pas un palais royal. Toutes ces maisons faisaient partie de la juiverie; celles des juifs Yusaf Pichon et Samuel Abrabaniel se remarquent plus particulièrement. Le premier d'entre eux fut comptable en chef et homme de confiance de Enrique III, le second occupa la même charge à la cour de Juan II; il se convertit au christianisme avant le pogrome de 1391 et la destruction de la juiverie dans laquelle se trouvait le palais.
Un des aspects les plus intéressants de ces maisons médiévales sous-jacentes au palais actuel est la très riche collection de dallages de céramique découverts au cours des fouilles préalables aux travaux de réhabilitation de 1998, qui hélas ont dû être récemment recouverts et se trouvent maintenant à plus d'un mètre au-dessous du niveau de l'étage de service. Des carreaux de terre jaune et rouge en alternance, combinant les formes géométriques les plus

variées mêlées à de petits *aliceres* vernissés dans les tons de noir, blanc, vert ou miel, forment ce que l'on peut considérer aujourd'hui comme la meilleure collection de carreaux de faïence mudéjars d'Espagne. Bien que les exemples conservés soient rares, les ordonnances médiévales permettent de nous faire une idée de la richesse des dallages mudéjars de Séville. La densité décorative se concentre dans les seuils de communication d'un appartement à l'autre et sur les tapis d'entrée aux pièces, appelés *almatrallas* en langue mudéjare ou "tables d'*azulejos*" par les chrétiens. Le reste de ce qu'on peut encore voir se trouve dans une petite salle au centre de laquelle on a installé la fontaine d'origine, surélevée de son niveau primitif et entourée d'une copie du dallage qui est resté enterré.

Le palais du XVe siècle s'ordonne autour d'un vaste patio à colonnes qui a subi une réforme à la fin du XVIIe siècle, mais dans lequel on peut encore identifier la structure générale mudéjare et quelques éléments persistants du même style. La galerie, orientée à l'est, est dotée de divers chapiteaux almohades posés sur des colonnes romanes de remploi qui mettent en évidence la construction médiévale de la galerie. L'espace ouvert du patio se concentre autour d'un bassin allongé appelé *alberca perlongada* dans les ordonnances médiévales des *alarifes* sévillans et qui rappelle celui du patio des Arrayanes à l'Alhambra de Grenade, un modèle dont nous ne connaissons pas d'autre exemple à Séville. Le bassin se termine par deux jets d'eau ou vasques au ras du dallage. L'extrémité sud du jardin est occupée par une solennelle salle rectangulaire dotée de deux alcôves extrêmes séparées par des arcs de stuc ouvragé du XVe siècle, et par les restes des anciennes *armaduras* des toits exposés sur les murs.

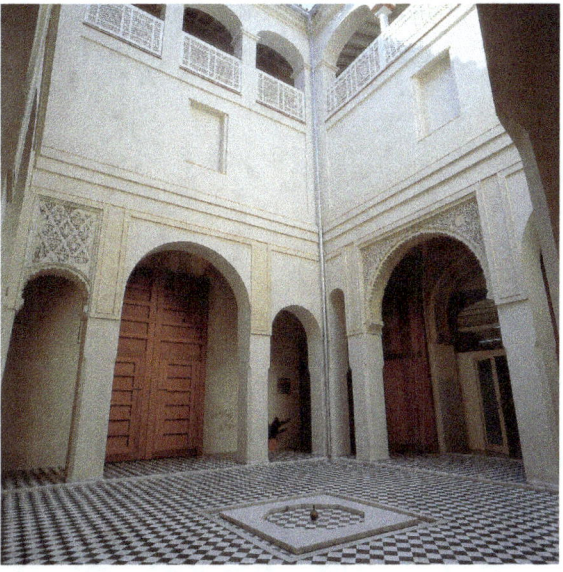

Palais des comtes d'Altamira, Patio des Azulejos, Séville.

Dans la galerie orientée à l'ouest subsiste la grande *qubba* ou salle de réception, avec son typique plan carré, qui a malheureusement perdu sa couverture primitive, et qui dut être semblable aux *qubbas* d'autres palais seigneuriaux sévillans.
Les revêtements verticaux aussi devaient être remarquables, bien qu'il n'en reste pas grand-chose. Le meilleur témoignage est le jambage gauche de l'entrée de la *qubba* royale, avec un lambris d'*azulejos* de type grenadin de dimensions très réduites qui, bien que d'une exécution moins soignée, rappelle ceux du mirador de Daraja à l'Alhambra.
De dimensions plus modestes, avec des arcs reposant sur des piliers et un plan carré, l'autre patio du palais médiéval a été identifié comme étant celui que les documents appellent le "patio des *azulejos*". Ce nom fait très certainement allusion aux revêtements céramiques d'origine dont on a eu connaissance grâce aux fouilles. Les

Sevilla

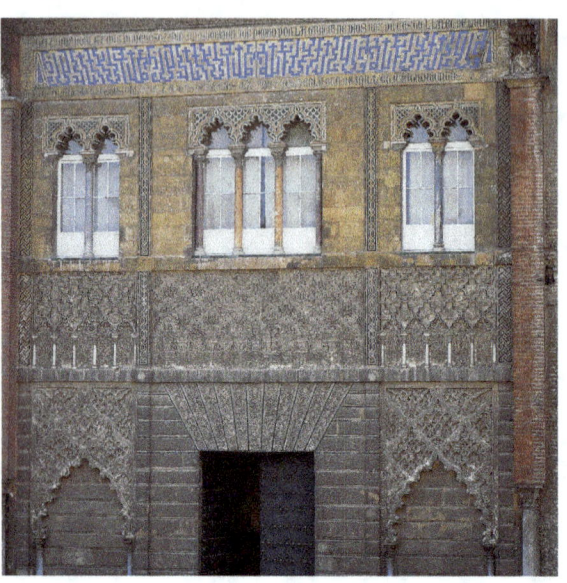

Alcazar royal, détail du portail du palais de Pierre Ier, Séville.

XI.1.g Alcazar royal

Place del Triunfo, entrée par la porte des Lions. Prendre la rue Fabiola et descendre par Mateos Gago jusqu'à la cathédrale. Entrée payante. Horaires: en été de 9:30 à 19:00, de 9:30 à 13:00 les dimanches et jours fériés. En hiver de 9:30 à 17:00, de 9:30 à 13:00 les dimanches et jours fériés.

Nous nous trouvons peut-être ici devant le plus ancien palais royal encore en fonction de toute l'Europe. L'édifice a toujours fasciné tous les visiteurs qui y sont passés, et cette fascination en a fait un des modèles constants pour d'autres palais et résidences royales et seigneuriales à Séville et en Castille.

L'alcazar royal a été le théâtre d'événements historiques et culturels majeurs avant et depuis la période mudéjare. C'est là que sont nés un certain nombre d'infants, c'est là qu'ont été célébrées les noces de l'empereur Charles Quint. L'ensemble de l'alcazar royal réunit les meilleurs exemples de notre architecture mudéjare palatine, puisque ses édifices entremêlent de façon organique les vestiges de palais d'époques califale, des Taifas, almohade, gothique et mudéjare, sans que les continuelles interventions ultérieures aient le moins du monde altéré l'apparence des vestiges antérieurs.

L'alcazar est un palais formé de nombreux palais, parmi lesquels nous pourrions détacher quatre ensembles particulièrement significatifs de l'art mudéjar: le Cuarto del Caracol (appartements de l'Escargot), la salle de la Justice, le palais du roi don Pedro et le Cenador de la Alcoba (tonnelle de l'Alcôve).

Pour simplifier, on pourrait dire que le Cuarto del Caracol —avec son jardin en croix— construit sous le règne d'Alphon-

dalles de marbre blanc et noir que nous foulons au pied aujourd'hui remplacent les *azulejos* blanc et vert alternés de l'époque médiévale. Il s'agit sans doute d'un petit patio à caractère domestique, contrepoint du plus grand patio à usage plus public. Cette organisation du palais autour d'un grand patio et d'un autre plus petit correspond à un schéma qui se voit déjà dans l'alcazar de don Pedro (Doncellas-Muñecas) et qui s'est maintenu dans les palais marocains où ils ont respectivement reçu les noms de "wast ad dar" et de "dwira".

Situé aujourd'hui dans le corridor de façade, est apparu, après avoir été excavé, un précieux petit "jardín de *crucero*", un jardin quadripartite qui est l'un des exemples les plus parfaits qui nous soient parvenus de ce type de jardin domestique, avec en contrebas quatre parterres divisés par deux chemins se croisant au centre où apparaît un jet d'eau.

se X le Sage dans la deuxième moitié du XIIIe siècle, est un palais almohade traduit en langage gothique. C'est dans ce mariage artistique que réside sa dimension mudéjare, et non dans son style. Des travaux de consolidation du XVIIIe siècle ont lamentablement perverti son aspect primitif. Nous ne savons pas ce qui a créé cet extraordinaire et fascinant ensemble, s'il a profité de structures préexistantes du XIIe siècle ou s'il a, plus simplement, bénéficié de la participation d'*alarifes* musulmans. Ses formes témoignent de la sobriété gothique des palais de Burgos, tandis que l'esprit et la planimétrie de l'ensemble sont clairement musulmans. On ne trouve pas, dans toute la Péninsule, un seul palais gothique similaire, ni un seul palais almohade semblable à celui-ci. Aussi bien la structure en U des solennelles salles voûtées —certaines disposées en parallèle, d'autres, les latérales, disposées en angle droit— que le jardin sur lequel ouvrent toutes les pièces témoignent de cette heureuse symbiose entre les deux cultures dans l'Espagne médiévale.

D'après les chroniques de l'époque du roi don Pedro, le Palacio du Caracol constituait l'appartement de la reine du vivant de cette souveraine, tandis que le roi habitait le palais almohade apelé Cuarto del Yeso où se trouvait la fameuse "pièce aux *azulejos*" qui est peut-être celle, revêtue d'*azulejos* rénovés au XVIe siècle, que nous appelons aujourd'hui la Salle de la Justice. La Salle de la Justice est un pavillon carré annexé au bâtiment d'origine de l'ancien Cuarto del Yeso, à côté du Corral de las Piedras. Elle fut aussi connue autrefois sous le nom de salle des Conseils, et l'on suppose que c'est là que le souverain réunissait ses mandataires et prenait les décisions de gouvernement. C'est en somme l'espace connu sous le nom de *mechouar* dans les palais musulmans, et il est donc logique qu'il soit situé près des appartements du roi et relativement loin des zones plus privées.

Il n'est pas impossible que cette *qubba* royale ait été édifiée sur des structures almohades. Carriazó a spéculé sur la possibilité que cette salle ait été construite par Alphonse XI, mais pour Gómez, il n'y a pas de faits historiques ou de traits stylistiques permettant de l'assigner aux programmes de constructions de Pierre Ier, dont les revêtements stuqués des parois signent le style.

L'ensemble réellement extraordinaire parmi l'alcazar royal est le palais déjà cité du roi don Pedro, l'ancien "al-Qsar al-Moubarak" (Palais de la Bénédiction), de l'époque des Taifas. Depuis le patio de la Montería (de la Chasse à courre) s'impose déjà la majestueuse façade, sans doute la plus belle du mudéjar espagnol, et qui

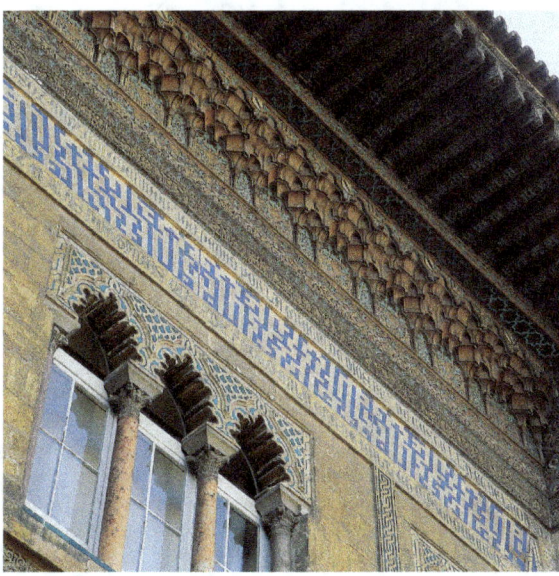

Alcazar royal, détail du portail du palais de Pierre Ier, Séville.

résume à elle seule le meilleur de l'art de cette époque. En elle fusionnent des éléments d'origine sévillane (la structure tripartite d'inspiration almohade, le soubassement en pierre, les arcs aveugles de chaque côté de l'entrée, les ouvertures lobées), tolédane (le linteau de la porte) et grenadine (la frise d'arcs aveugles et la grande frise supérieure dont le décor épigraphique coufique comporte la devise de la dynastie nasride). À côté de cette inscription musulmane apparaît une autre inscription, en lettres gothiques, qui proclame louange au roi et livre la date d'achèvement des travaux (1364).

Les répercussions ultérieures de cette façade seront innombrables non seulement dans l'art sévillan, mais dans les autres royaumes chrétiens et musulmans de la Péninsule. Pour certains auteurs, elle aurait servi de modèle à celle du palais de Tordesillas (Valladolid) et aurait même pu exercer une certaine influence sur ce que fit construire Mohamed V, après sa visite à Séville, pour son palais de Comares à Grenade —et aussi dans la décoration intérieure de la synagogue du Transit à Tolède, construction promue par Juan Sánchez de Séville, trésorier de Pierre Ier.

Passé la porte et le couloir d'accès coudé, on accède à ce qu'on appelle le Patio des Demoiselles. Ce que nous y voyons est le résultat de multiples réformes, parmi lesquelles les plus importantes furent la rénovation du pavement original et le remplacement des premières colonnes de marbre, au motif qu'elles étaient très inégales entre elles, par des colonnes italiennes d'ordre corinthien, plus homogènes, exécutées par l'atelier génois des Aprile au milieu du XVIe siècle. La galerie supérieure date également de la même époque; elle a été modifiée au siècle passé et à nouveau réformée il y a quelques années dans le but de lui restituer son aspect primitif en utilisant les stucs ouvragés plateresques partiellement conservés.

Les splendides soubassements revêtus de faïence ont toujours attiré l'attention. Bien qu'ils aient subi quelques rénovations partielles à différentes époques, ceux de la galerie du patio datent du milieu du XIVe siècle et constituent, après l'ensemble de l'Alhambra, le plus important de notre architecture médiévale et le modèle d'autres socles exécutés dans des palais ultérieurs.

Autour du patio sont distribués différents espaces. Le plus ancien de tous, le Salon des Ambassadeurs, semble un reste de l'ancienne *qubba* royale du palais de al-Mutamid. Également appelé Salon des Pléiades, il est aujourd'hui intégré au palais du roi Don Pedro, qui commanda les portes de bois (1363) à des ébénistes tolédans, les soubassements et probablement les dallages d'*azulejos*, aujourd'hui disparus, à des ateliers grenadins, et le reste de la décoration murale à des stucateurs qui mêlent des traits nasrides et des caractéristiques chrétiennes. De belles inscriptions poétiques faisant référence au palais, à ses mécènes et à Allah, se mêlent aux médaillons ornés de scènes de la *Chronique Troyenne* et du *Livre de la Chasse à Courre*, deux ouvrages qui figuraient parmi les livres de la bibliothèque du roi Don Pedro et qui, avec leurs allusions à deux facettes essentielles de la vie de tout prince —la guerre et la chasse—, durent influer sur sa formation.

Parmi les éléments les plus spectaculaires du palais se détache la grande coupole hémisphérique construite par Diego Ruiz en 1427 en remplacement de la coupole primitive; certains voient dans sa décoration à base d'étoiles d'entrelacs une métaphore de la voûte céleste. En dessous, une frise ornée de portraits des Rois fait allusion au rôle que la salle dut aussi jouer en tant que Salle des Lignées. De triples arcs en fer à cheval font communiquer les salles latérales avec la salle du trône où étaient reçus les émissaires royaux.

Les deux autres galeries du patio donnent accès à deux salles rectangulaires agrémentées d'alcôves aux extrémités. Il s'agit de la salle du Toit de Charles Quint et du dortoir des Rois maures. Toutes deux sont l'œuvre du roi Don Pedro; les toits et quelques soubassements ont été complétés et rafraîchis à l'époque des Rois Catholiques et de l'Empereur.

À côté du grand appartement du roi Don Pedro, la zone publique du palais, se trouve le Patio de las Muñecas (le patio des Poupées), aux dimensions plus domestiques. On y admire les galeries sur colonnes de marbre et quelques chapiteaux d'époque califale, les stucs ouvragés d'inspiration grenadine et les lambris d'*azulejos* datant des Rois Catholiques.

Loin du centre palatin –jadis entouré de vergers d'orangers, aujourd'hui de jardins maniéristes– se trouve le Pavillon de Charles Quint, autrefois appelé Cenador de la Alcoba (tonnelle de l'Alcôve) puisque telle était sa fonction et que le verger dans lequel il se situait s'appelait ainsi. Sa forme carrée, l'espace cubique rehaussé par une voûte de bois, la galerie périphérique et le haut soubassement d'*azulejos* polychromes, le jet d'eau au centre du délicieux dallage d'*azulejos* et la fluidité de la relation intérieur-extérieur en font la version la plus tardive et la plus originale d'une *qubba* ou pavillon de jardin dans laquelle fusionnent de façon inextricable les traits musulmans et les traits renaissants pour générer une des expressions les plus raffinées de l'ultime art mudéjar espagnol.

NATURE ET ARCHITECTURE

Alfredo J. Morales

D'après Norbert Shultz, "l'architecture est la concrétisation de l'espace existentiel de l'homme". De la même façon, la maison pourrait être considérée comme un degré supplémentaire sur le chemin de la matérialisation du lieu que l'homme se réserve à l'intérieur du cosmos et depuis lequel il contemple d'autres sphères de la nature: celle qui lui assigne sa position sur terre et qui affecte sa condition humaine. L'architecture mudéjare traduit de manière particulièrement significative ces trois niveaux de la nature.

Le premier est celui qui met en relation l'architecture et la sphère cosmique. La forme architecturale qui matérialise le plus fidèlement l'idée de l'univers est la salle cubique ou *al-qubba* mise au point par l'art islamique et adoptée par l'art mudéjar. Le cube ici représente la terre, et la demi-sphère qui le couronne correspond à la voûte céleste qui la protège et la domine. Les étoiles qui parsèment l'intérieur de ces dômes sont une claire allusion aux astres du firmament. Dans le mudéjar sévillan, le meilleur exemple de cette métaphore architecturale est le salon des ambassadeurs de l'alcazar royal. Les douze étoiles qui tournent autour du centre de la voûte représentent les douze constellations du zodiaque. Dessous se déroule la galerie de portraits royaux, un élément qui confère à cet espace une dimension d'origine chrétienne et qui transforme cette salle du trône en salon des lignages. Les effigies des rois occupent ici, physiquement et symboliquement, une position intermédiaire entre le domaine céleste et le domaine terrestre, légitimant ainsi le pouvoir de celui qui occupe le trône royal. Ces *qubbas* ont atteint une telle perfection que chaque palais royal s'est doté d'une structure de ce type, qu'on a parfois désignée comme Sala de los Retratos (Salle des Portraits), parfois comme Sala de la Media Naranja (Salle de la Moitié d'Orange) pour la distinguer, par la forme de sa toiture, du reste de l'habitation.

Le deuxième niveau met en relation l'architecture et la nature terrestre. Pour l'homme médiéval, la nature sauvage est une conséquence de l'expulsion du Paradis, et ses éléments témoignent de leur hostilité à l'égard de l'homme. En revanche, dans le Jardin d'Eden, tout semble mis au service de l'homme qui peut en user et en jouir sans effort ni fatigue. Préfiguration de ce paradis perdu dont l'homme s'efforcera de restaurer l'harmonie: les jardins, à l'intérieur ou à côté de l'espace humanisé de la grande ville et de sa périphérie. Dans les vergers des faubourgs ou dans les grands jardins qui entourent les demeures mudéjares, le pavillon, ou la tonnelle, est un élément inéluctable, la plus petite unité architecturale insérée dans ce morceau de nature domestiquée. Ici le jardin s'entend non au sens laïque et moderne, mais dans l'acception médiévale sacrée de verger clos dans lequel, d'une manière encore plus fidèle à la tradition édénique, se matérialise l'illusion d'un espace où règne l'harmonie. En plus du pavillon considéré comme la plus petite unité architecturale insérée dans le grand jardin, un autre petit fragment de nature s'insère dans le strict domaine de la maison: le "jardin de *crucero*", le jardin en croix. Le monde musulman a hérité de l'ancienne tradition du Proche Orient, et l'a transmise à l'Occident, cette idée du jardin domestique structuré comme un rectangle, divisé en quatre parties par deux passages se croisant au centre. À partir du jet central, l'eau est distribuée par des rigoles qui la conduisent jusqu'aux quatre parterres. Séville compte de nombreux exemples de ces jardins qui témoignent de leur passé musulman et de leurs versions chrétiennes ultérieures.

Au troisième niveau, la maison elle-même et les espaces qui la composent mettent en

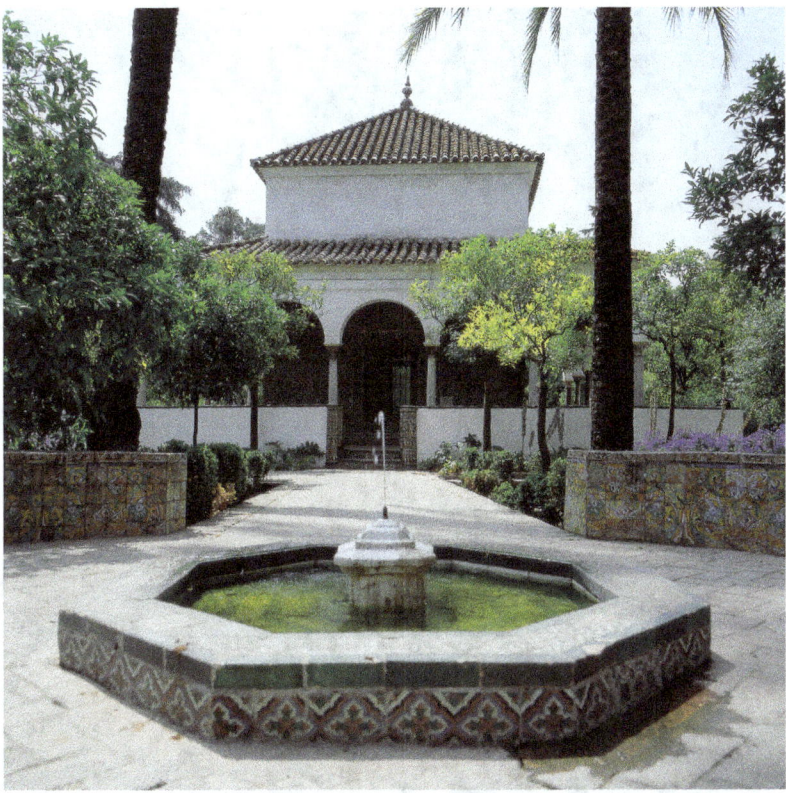

Alcazar royal, vue du Cenador de la Alcoba, Séville.

relation l'architecture et la nature humaine, l'architecture assumant ainsi une dernière valeur métaphorique. Dans le monde musulman, et par dérivation dans le monde mudéjar, la maison est le domaine de la femme, tandis que la rue est le territoire de l'homme. Dans l'univers islamique, le sens mystérieux et insondable de la divinité est essentiellement lié à la sphère de l'âme, celle-ci s'incarnant à son tour dans la nature féminine considérée comme fluide, diffuse et réceptive. Ce qui explique que la maison, entendue comme réceptacle sacré, doive être, comme la femme, voilée, cachée, non visible. L'âme, la maison et la femme sont une intériorité pure et illimitée, et par conséquent les paradigmes d'une culture qui cherche la perfection jusqu'au plus intime. Le laconisme extérieur de la maison mudéjare, qui voile la splendeur de ses joyaux intérieurs, évoque l'épouse qui se cache derrière son voile pour sortir dans la rue et dont les grâces ne peuvent se dévoiler qu'aux yeux de l'époux. L'extrême obsession de l'honneur comme suprême valeur du gentilhomme chrétien et de sa famille est peut-être le meilleur témoignage de l'hybridation culturelle de l'Espagne mudéjare.

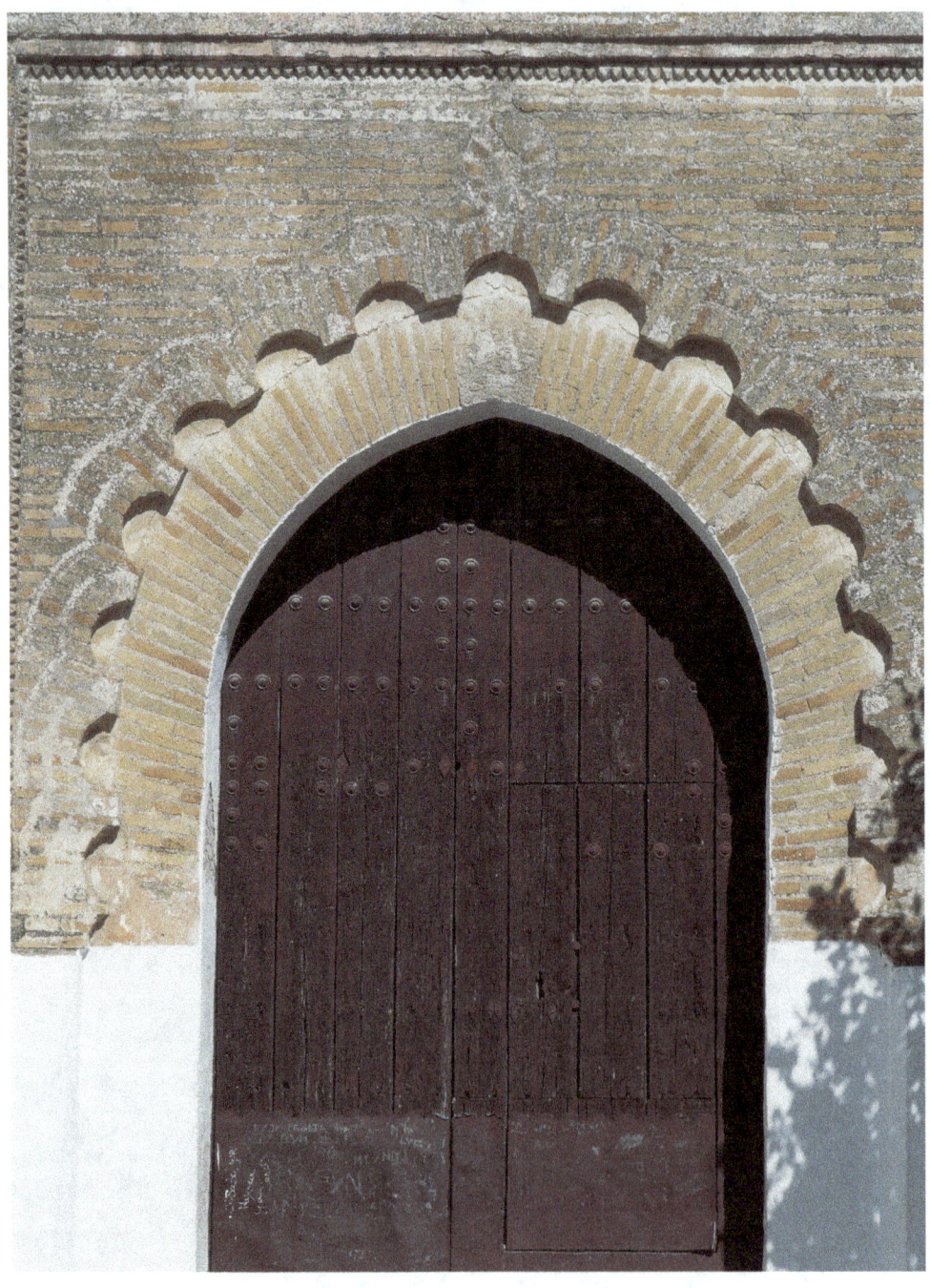

CIRCUIT XII

L'Aljarafe sévillan

Alfredo J. Morales

Ce circuit fait partie du programme **"Une entrée en Méditerranée"** confinancé par l'Union Européenne dans le cadre de l'Action Pilote Espagne-Portugal-Maroc. Art. 10 FEDER.

XII.1 GERENA
    XII.1.a Église de l'Immaculée Conception

XII.2 AZNALCÓLLAR
    XII.2.a Chapelle du cimetière

XII.3 SANLÚCAR LA MAYOR
    XII.3.a Église Santa María
    XII.3.b Église San Eustaquio
    XII.3.c Église San Pedro

XII.4 BENACAZÓN
    XII.4.a Église Santa María de las Nieves

XII.5 ERMITAGE DE CASTILLEJA DE TALHARA

XII.6 AZNALCÁZAR
    XII.6.a Église San Pablo

XII.7 ERMITAGE DE GELO (option)

Chapelles funéraires et presbyteriums de tradition musulmane

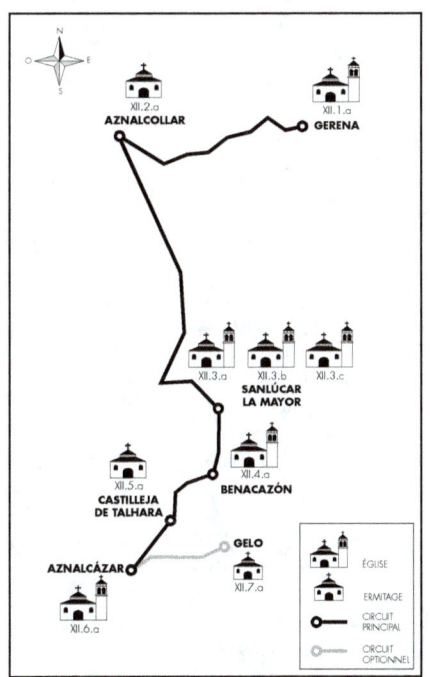

Église San Eustaquio, portail latéral, Sanlúcar la Mayor.

Gerena

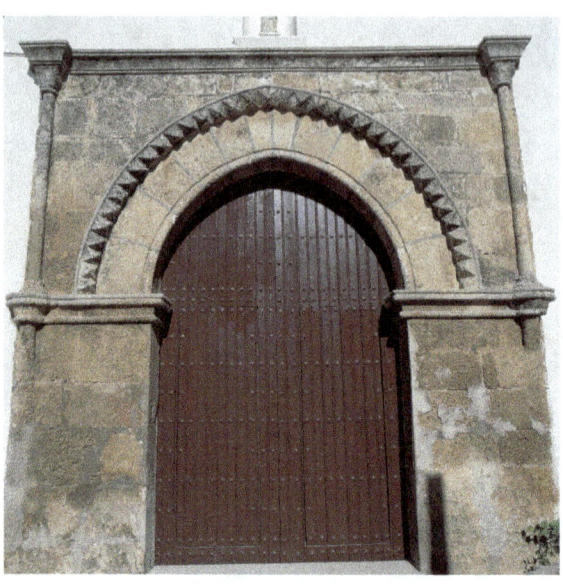

Église de l'Immaculée Conception, portail latéral, Gerena.

L'une de régions les plus remarquables du territoire sévillan, et celle qui a depuis toujours entretenu le plus de liens avec la métropole, est l'Aljarafe. Le nom vient du vocable arabe *al-saraf*, qui peut se traduire par "altitude" ou "petite élévation de terrain". De fait, la zone se présente comme une sentinelle dominant la ville de Séville et un vaste secteur des rives du Guadalquivir. Depuis l'époque musulmane, les chroniques évoquent ses vastes et denses oliveraies, ce qui est à l'origine de l'assimilation progressive du terme *aljarafe* à celui de "champ d'oliviers", et qui a gravement induit en erreur lorsqu'il s'est agi d'établir les limites géographiques de la zone. Cependant, on admet généralement que l'Aljarafe coïncide avec les élévations de terrain qui se trouvent entre les berges des fleuves Guadalquivir et Guadiamar.

Sur ce territoire, situé à l'ouest de la ville de Séville, ont existé depuis de Moyen Âge de nombreuses enclaves seigneuriales appartenant aux ordres militaires, à l'église et à la noblesse. Sa population a radicalement changé au début de la conquête de Séville en 1248 quand un important contingent de chrétiens s'est joint aux nombreux groupes de musulmans qui avaient décidé de rester dans la région. La situation changea après la révolte de 1264-1266 lorsque fut décidée l'expulsion des musulmans et la destruction de leurs établissements. L'échec du repeuplement eut pour conséquence un grave fléchissement de la population dans la zone, qui vit le regroupement des habitants dans quelques lieux comptés et la disparition de nombreux hameaux. Jusqu'au milieu du XVe siècle, la population ne connut pas de croissance significative, ce qui accentua encore la concentration dans des centres plus peuplés et l'abandon des petites unités d'habitation. Tous ces facteurs ont considérablement joué sur la chronologie et sur le caractère des œuvres mudéjares du secteur.

XII.1 GERENA

Bien que les limites de la commune soient baignées par le Guadiamar, Gerena est une localité qui fait partie de la Sierra Norte. Il est cependant préférable de la visiter comme point culminant du circuit à travers l'Aljarafe, puisque l'exceptionnelle solution du chevet de son église peut être mise en relation avec quelques modèles mudéjars de la région de l'Aljarafe.

XII.1.a Église de l'Immaculée Conception

Horaires: de 6:30 à 21:00 tous les jours; le dimanche de 9:30 à 12:30. Si l'église est fermée, contacter la paroisse, tél.: 955 782023.

L'église de l'Immaculée Conception est une construction mudéjare que l'on peut dater du XIVe siècle. L'édifice à plan rectangulaire présente une structure de trois nefs séparées par six piliers cruciformes qui soutiennent des arcs brisés, et un chevet à façade plane, qui contient les trois chapelles absidales de chacune des nefs.

Celle qui correspond à la nef centrale est de forme carrée et est surmontée d'une grande voûte à pans reposant sur des trompes d'angle. Dans les chapelles latérales l'espace, extrêmement étroit et profond, est divisé en deux travées carrées, la première couverte d'un plafond, la seconde reprenant la solution de la voûte à pans. Ainsi, c'est la solution la plus complexe possible qui a été retenue pour la configuration du chevet de l'église, la solution qui consistait à adopter le modèle de la *qubba* musulmane.

L'église, dont les nefs sont surmontées de structures modernes qui se veulent proches des structures mudéjares primitives en bois, fut agrandie d'une travée pendant la seconde moitié du XVIe siècle. Ceci explique la plus grande amplitude des arcs au voisinage du mur du bout, dont le système d'appareil diffère également du système employé dans le reste de l'édifice. Cet agrandissement a été réalisé par l'architecte Hernán Ruiz le Jeune.
À l'extérieur, l'église présente trois portails. Les portails latéraux sont en pierre et obéissent à l'esthétique gothique. Le portail du mur méridional présente une archivolte décorée de pointes de diamants. Quelques colonnettes et la corniche organisent un *alfiz*.
Le portail du bas est de style renaissant, il est daté de 1569 et correspond à l'agrandissement de Hernán Ruiz. Il est en brique bichrome, une caractéristique que l'on peut interpréter comme une survivance technique et esthétique des formules mudéjares.

La tour s'élève sur la voûte octogonale du chevet de la nef méridionale. Elle comporte une structure unique, plus le clocher surmonté de la flèche de finition. Quelques fenêtres, vraies ou aveuglées, sont d'un grand intérêt car elles présentent des arcs polylobés entrecroisés semblables à ceux utilisés dans différentes églises de la région de l'Aljarafe.

XII.2 AZNALCÓLLAR

XII.2.a Chapelle du cimetière

À 12 km par la A 477. Dans la zone la plus haute du village se trouve ce qu'on appelle familièrement la "zawira". Le gardien du cimetière a la clé de la chapelle.
Horaires: en été de 8:00 à 12:00 et de 17:00 à 20:00, et en hiver de 10:00 à 13:00 et de 15:00 à 18:00.

À l'intérieur de ce qui fut l'enceinte fortifiée de la cité musulmane se trouve la chapelle du cimetière, qui correspond à un édifice mudéjar développé selon un processus contraire à ceux déjà commentés de Gelo, Benacazón et Castilleja de Talhara, commencés par une grande chapelle en forme de *qubba* et complétés par l'adjonction d'un corps de nefs.
Aujourd'hui la chapelle, construite en brique et pisé, est de forme carrée; elle est surmontée d'une voûte à huit pans sur *trompes*. Les faces septentrionale et orientale se signalent par des vestiges d'em-

CIRCUIT XII *L'Aljarafe sévillan*

Sanlúcar la Mayor

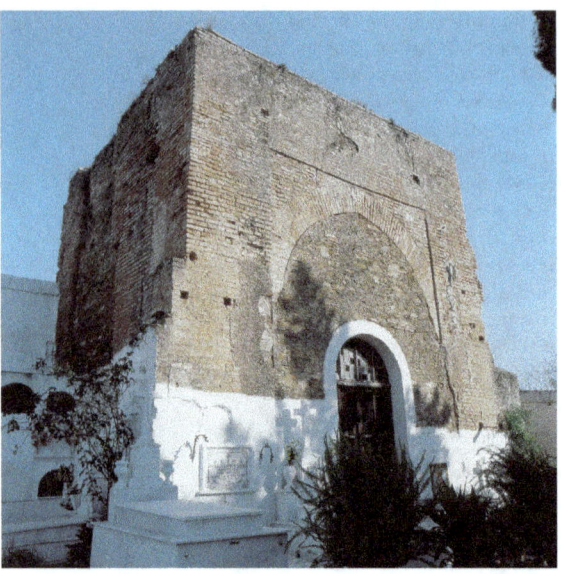

Chapelle du Cimetière, ensemble, Aznalcóllar.

brasures, celle du flanc méridional restant intacte. Il s'agit d'un arc brisé en fer à cheval inscrit dans un *alfiz* carré.

Sur le même flanc est adossé le volume rectangulaire qui loge l'escalier d'accès à la plate-forme de couverture. Le développement intérieur de l'escalier adopte une forme polygonale et est éclairé par une fenêtre semblable à celle décrite précédemment.

Sur la face occidentale, qui sert aujourd'hui de façade, était adossé à l'origine un corps de nefs. On peut encore voir les lignes de la toiture à deux pentes de la nef principale et le départ des murs périphériques. Lorsque les nefs furent démolies, la baie en plein cintre encadrée d'un *alfiz* qui servait d'arc de triomphe à l'église dut être partiellement aveuglée, et les dimensions de l'accès qui jusque-là communiquait avec le chevet s'en trouvèrent réduites. Cette opération restitua à cet espace, tel qu'il se présente aujourd'hui, la forme typologique de la *qubba* qui était sienne à l'origine.

Au plan stylistique, l'église peut être datée de la fin du XVe siècle. Son édification peut être mise en relation avec la forte croissance démographique que connut Aznalcóllar dans les dernières années du XVe siècle. C'est vraisemblablement à la fin du XVIIIe siècle, à l'occasion de l'inauguration d'une nouvelle paroisse dans le village, que le temple mudéjar fut abandonné et qu'on démolit les éléments en ruine, comme le corps de nefs. Cependant, les peintures qui décorent la voûte de l'ancien sanctuaire permettent d'envisager une intervention au cours du XIXe siècle, intervention à laquelle on pourrait attribuer l'abandon définitif de la chapelle majeure.

XII.3 SANLÚCAR LA MAYOR

Le village voisin de Sanlúcar la Mayor est situé à l'endroit précis où commence la rapide descente du Guadiamar, un lieu d'une haute valeur stratégique qui contrôlait le chemin de Séville à Niebla. Sanlúcar la Mayor possède trois importantes églises mudéjares: Santa María, San Eustaquio et San Pedro. Ces édifices recèlent des solutions architecturales composites, des ressources plastiques et un répertoire formel dont l'origine est à chercher dans l'art hispano-musulman de l'époque almohade. D'importantes créations architecturales du même style ont dû exister à Sanlúcar la Mayor, même si les imposants vestiges de l'enceinte fortifiée sont les seuls témoignages qui nous soient parvenus.

XII.3.a Église Santa María

À 19 km par l'A 477. Au centre du village. Contacter le prêtre séculier responsable de la visite, tél.: 955 700107.
Horaires: en été de 10:00 à 12:00 et de 19:00 à 21:00; en hiver de 10:00 à 12:00 et de 19:00 à 20:30.

L'église Santa María correspond à ce qu'on appelle couramment le type paroissial sévillan, même si elle présente quelques singularités particulièrement intéressantes. Conforme à ce type, le chevet polygonal à deux travées surmontées de voûtes nervurées. L'arc de triomphe qui enlace le chevet et le corps de nefs est un arc brisé au sommet qui prend appui sur de classiques fûts superposés surmontés de chapiteaux tenus pour wisigothiques.
À l'origine, les trois nefs étaient séparées par dix piliers, mais une réforme du début du XVIIe siècle en a remplacé quelques-uns par des paires de colonnes de marbre. Les arcs, d'inspiration nettement almohade, étaient brisés outrepassés et encadrés d'*alfices*, mais au cours d'une intervention qu'il faut vraisemblablement situer à l'époque du remplacement des piliers, ils furent coupés à la base et transformés en arcs surhaussés.
Les nefs sont couvertes de structures de bois. On remarquera la toiture qui correspond à la nef centrale, résolument conforme au modèle des *armaduras* mudéjares à *par y nudillo*, bien qu'il s'agisse d'une œuvre datée de 1773 agrémentée de motifs ornementaux baroques.
La nef septentrionale abrite une petite chapelle carrée surmontée d'une voûte à pans sur *trompes* qui obéit aux canons de la *qubba* musulmane.
Parmi les trois portails que compte le temple, celui du ponant a perdu son aspect

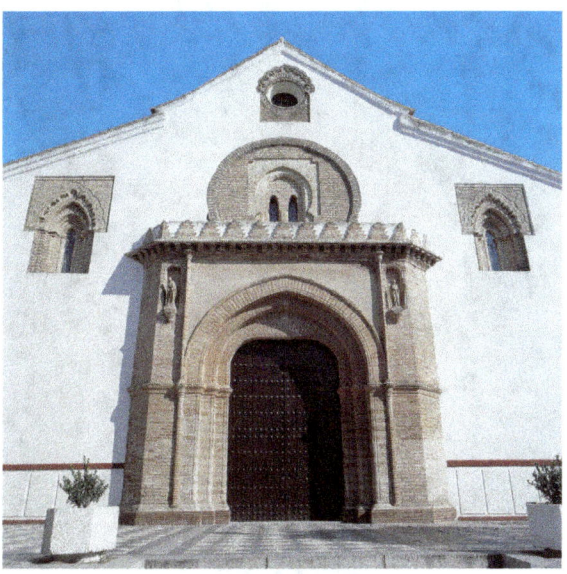

Église Santa María, façade, Sanlúcar la Mayor.

d'origine au cours d'une réforme, peut-être du XVIe siècle. Cependant, la même façade conserve les deux oculus et la grande baie à arc polylobé qui éclaire l'intérieur des nefs. Le portail de la paroi méridionale est particulièrement intéressant avec son bâti de briques et ses deux arcs polylobés inscrits dans un *alfiz*, une formule composite d'origine almohade.

XII.3.b Église San Eustaquio

Si l'église est fermée, contacter la paroisse.
Horaires: dimanche de 11:00 à 13:30.

L'église San Eustaquio correspond elle aussi au type paroissial sévillan. Elle se compose d'un chevet polygonal et de trois nefs. À l'extérieur, le chevet possède des contreforts, un chemin de ronde crénelé et des fenêtres avec arcs lobés.

Sanlúcar la Mayor

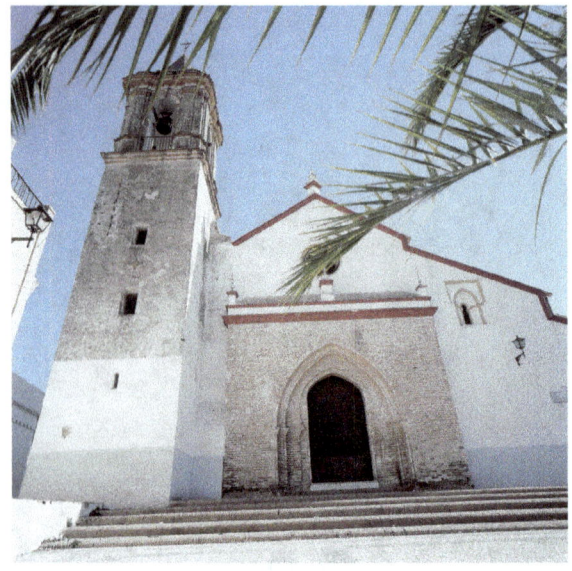

Église Santa María, façade et tour, Sanlúcar la Mayor.

L'intérieur présente des voûtes à nervures et un arc triomphal brisé, s'élevant sur des piliers avec des chapiteaux gothiques. Les trois nefs sont séparées par huit piliers qui servent d'appui aux arcs brisés, elles sont couvertes par des structures en bois: *armadura* à *par y nudillo* pour la principale, et en appentis pour les latérales.

Des trois portails du temple, les deux situés dans les murs latéraux sont construits en brique et sont très semblables quant à leur composition. Ils présentent un arc brisé encadré par un arc double polylobé et un ample *alfiz*, composition similaire à celles des portails latéraux des églises Santa María et Castilleja de Talhara. Au-dessus de chacune de ces entrées se situe un oculus.

Le portail qui s'ouvre dans la façade principale est constitué par quatre arcs superposés, deux brisés et un outrepassé également brisé. La forme de l'arc qui sert d'accès a dû être modifiée, il s'agissait sans doute à l'origine d'un arc brisé outrepassé.

XII.3.c Église San Pedro

Pour la visite, contacter la paroisse.

L'église San Pedro a été considérée comme la plus ancienne du village et a même pu être mise en relation avec une mosquée primitive. Bien que cette identification manque de preuves scientifiques, il est évident que sa structure singulière, sa tour isolée et sa situation à l'intérieur de l'*alcazar* almohade d'origine, dont les murailles s'élèvent à proximité, ont conduit à envisager cette hypothèse. Il s'agit pourtant d'un temple mudéjar du type paroissial sévillan, dont il se distingue par un chœur des religieux très élevé, sous lequel la rue communiquait avec l'ancien cimetière situé sur le flanc gauche et fermé par un mur.

L'église comporte un chevet divisé en deux travées, l'une rectangulaire, l'autre polygonale, toutes deux couvertes de voûtes nervurées, plus trois nefs séparées par quatre minces piliers sur lesquels reposent des arcs brisés et qui présentent dans les écoinçons quelques fenêtres aveugles formées d'arcs brisés outrepassés. La communication entre le corps de nefs et le sanctuaire est assurée au moyen d'un arc brisé qui repose sur des colonnes à chapiteaux gothiques décorées de motifs végétaux.

Les couvertures des nefs sont en bois et adoptent, pour la nef centrale, la forme de l'*armadura* à *par y nudillo*, tandis que les nefs latérales sont à couverture suspendue. Sur la nef du flanc nord s'ouvrent deux chapelles, dont l'une adopte le schéma de la *qubba* à plan carré et voûte à pans sur *trompes* d'angle.

Le sanctuaire conserve les vestiges d'un travail de stuc qui devait initialement enrichir tout le chevet, et quelques pièces de céramique émaillée qui ornaient vraisemblablement un soubassement. Outre ces revêtements muraux, il faut considérer qu'une bonne partie de l'intérieur du temple dut être décorée de peintures figuratives dont on peut encore découvrir quelques fragments après avoir partiellement dégagé les couches de chaux appliquées ultérieurement. Cette image riche et colorée dut être celle qu'offraient de nombreux temples mudéjars avant d'être modifiés à l'époque moderne et de faire l'objet de malheureuses restaurations à l'époque contemporaine.

Des trois portails du temple, celui du mur sud et celui ouvert dans la façade du bas sont les plus intéressants. Ils montrent clairement comment le mudéjar est le résultat de l'assimilation et de la synthèse d'éléments provenant de l'art hispano-musulman, de l'art roman et de l'art gothique.

Le premier portail, le plus moderne, fait saillie sur la ligne de murs; de forme surbaissée et doté d'archivoltes prenant appui sur des pilastres rudentés, il est à l'évidence d'inspiration chrétienne. Il est orné d'une énorme rosace qui répond aussi aux modèles gothiques.

Le deuxième portail est d'inspiration almohade. Il présente un double arc polylobé encadré d'un *alfiz* et est rehaussé au sommet de céramique émaillée. Une réforme ultérieure a altéré l'ouverture d'accès. Des trois fenêtres qui s'ouvrent dans cette façade, la principale suit au plus près les modèles gothiques, tandis que les fenêtres latérales offrent des arcs brisés outrepassés encadrés d'*alfices*, tout à fait dans le goût musulman.

Le troisième portail applique le schéma du précédent puisqu'il conserve la forme brisée de l'ouverture d'accès. Juste au-dessus de la corniche est disposé un oculus destiné à l'éclairage. Par sa simplicité, ce portail semble le premier à avoir été construit.

Comme on l'a déjà dit, la tour semble isolée. Elle est de forme carrée et présente plusieurs entrées, parmi lesquelles deux sont alignées et ménagent la communication entre les faces. Les baies sont dotées d'arcades brisées outrepassées, un

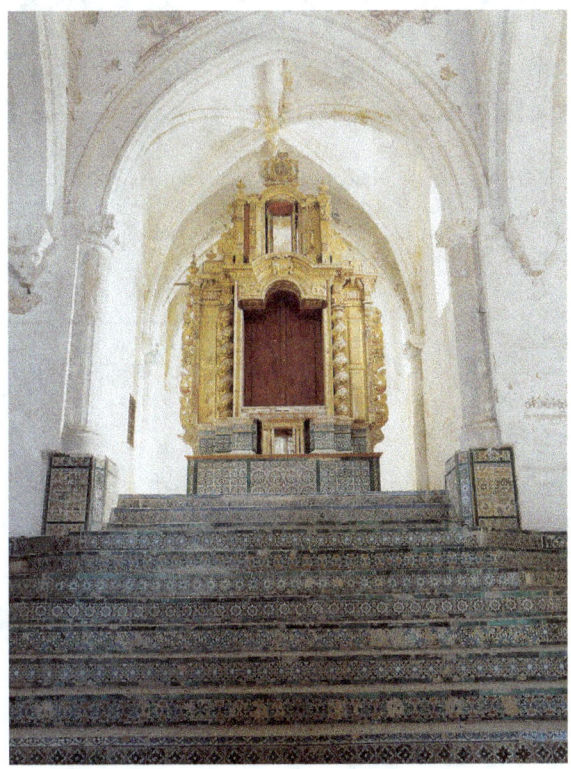

Église San Pedro, presbyterium, Sanlúcar la Mayor.

Benacazón

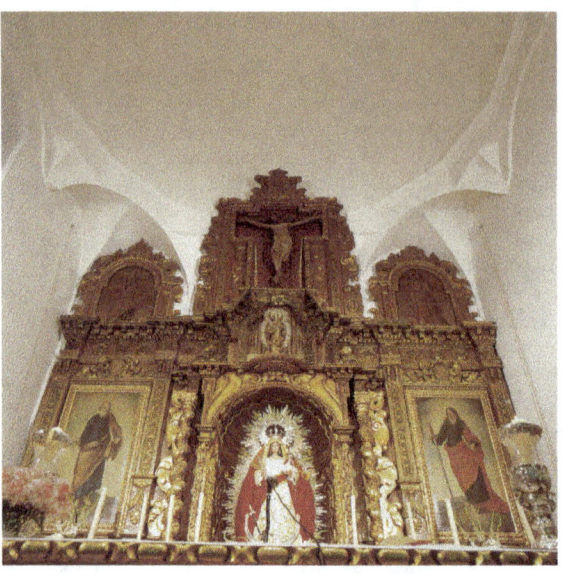

Église Santa María de las Nieves, voûte du presbyterium, Benacazón.

schéma que l'on retrouve dans quelques-unes des fenêtres réparties sur la structure. D'autres ouvertures sont de simples meurtrières.

XII.4 **BENACAZÓN**

XII.4.a Église Santa María de las Nieves

À 15 km par l'A 477.
Horaires: en été de 19:00 à 21:00; le reste de l'année de 18:30 à 20:00; le dimanche de 10:00 à 12:00. Fermée de jeudi.

L'église paroissiale de Santa María de las Nieves à Benacazón était à l'origine un temple mudéjar. L'édifice a été profondément transformé au cours des XVIIe et XVIIIe siècles et présente actuellement un chevet carré et deux nefs.

Le chevet est surmonté d'une voûte à pans reposant sur un double système de *trompes*. Le mur oriental et le mur méridional logent un escalier raide qui, couvert de travées en berceau d'arête, permet de monter à la terrasse de couverture dotée d'un garde-fou à créneaux à degrés. Les nefs sont surmontées de structures de bois en forme carénée pour la principale, suspendue pour la nef latérale.

Le presbyterium répond au modèle de la *qubba* musulmane. Il fut érigé avec un caractère monumental et une considérable élévation de manière à pouvoir servir de vigie. À l'origine, une nef était adossée à cette structure carrée; elle était plus courte que les nefs actuelles, et la liaison visuelle avec le chœur ne devait pas être facile, car entravée par les dimensions réduites de l'arc de triomphe qui séparaient les deux zones.

La construction de l'église doit pouvoir être datée de la fin du XVe siècle. De la nef primitive, pratiquement rien ne semble conservé dans ce qui est actuellement la nef principale du temple, qui a dû être érigée dans la première moitié du XVIIe siècle en même temps que la nef latérale.

Les structures de bois qui couvrent les deux nefs obéissent aux critères de la menuiserie mudéjare. La construction de la nouvelle nef principale, plus haute que la nef primitive, et le remaniement de l'arc de triomphe dans le but de rendre le chœur plus visible ont contraint à recouper les *trompes* qui soutiennent la voûte. Dans leur nouvelle configuration, ces éléments présentent l'apparence de ces pointes de diamants qui furent employées à profusion dans les décorations de stuc de la première moitié du XVIIe siècle.

XII.5 ERMITA DE CASTILLEJA DE TALHARA

Sur l' A 477, à 4 km se trouve une déviation à droite par un chemin de terre. Fait partie du territoire communal de Benacazón. L'ermitage est entouré d'oliveraies et d'orangeraies, et des jardins de la chapelle qui viennent d'être restaurés.
Pour la visite, contacter la mairie, tél.: 955 705173.

Ce fief fondé en 1371 est devenu majorat en 1477 lorsqu'il fut acheté par Fernando Ortiz et Leonor Fernández de Fuentes. L'ermitage de Castilleja de Talhara, aujourd'hui incomplet et partiellement en ruine, est bâti en brique et pisé et doté d'un chevet carré et d'un corps de même forme distribué en trois nefs. Le chevet était surmonté d'une voûte à pans sur trompes et les nefs – dont toutefois il ne reste rien – de structures de bois. Les nefs sont séparées par des piliers cruciformes qui supportent des arcs brisés.
Le temple est doté de deux portails, l'un sur la façade du bas, l'autre sur la nef de gauche. Le premier est l'un des plus séduisants de l'art mudéjar sévillan avec ses archivoltes brisées et un arc brisé polylobé encadré d'un *alfiz*. Il combine habilement des éléments réalisés en fine brique naturelle et d'autres qui pourraient avoir été été repeints de manière à simuler un appareil bichrome. Son schéma composite rappelle les entrées des églises du proche village de Sanlúcar la Mayor, même s'il est enrichi par une savante combinaison de matériaux et par les jeux de couleurs qui en découlent. Ce portail doit être considéré comme un maillon supplémentaire dans la chaîne évolutive de ces portails de brique naturelle à décor d'entrelacs marquetés ou en relief qui furent construits dans toute la région de Séville. Le portail latéral est plus simple, avec un arc à double rangée de claveaux, des jambages droits et un *alfiz*. Parmi les diffé-

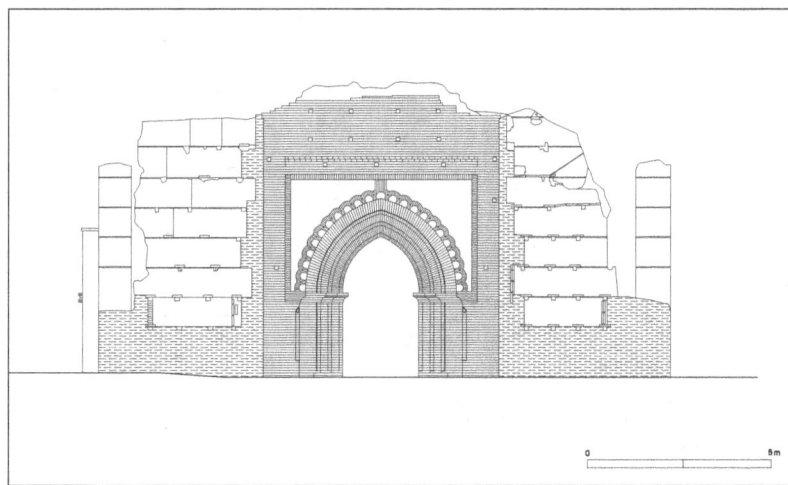

Ermitage de Castilleja de Talhara, élévation, Benacazón.

Aznalcázar

Ermitage de Castilleja de Talhara, ensemble, Benacazón.

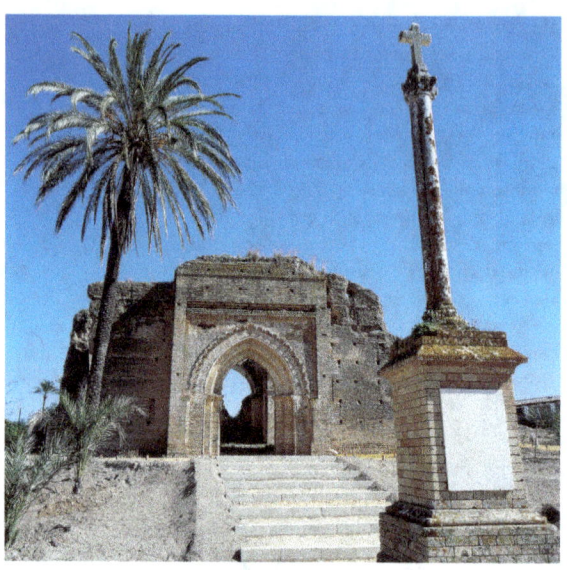

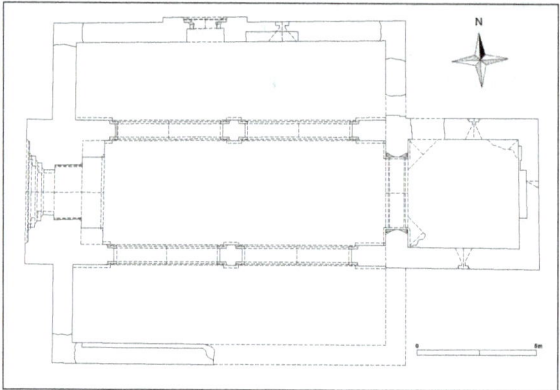

Église San Pablo, plan, Aznalcázar.

alfiz qui couvre une baie de forme brisée réalisée en brique taillée et enrichie de pièces de céramique émaillée en vert et bleu cobalt.

La construction du temple a dû se dérouler en deux phases différentes. Le secteur le plus ancien de l'ensemble est le chevet, une structure en forme de *qubba* qui a pu être isolée ou reliée à une nef de faible hauteur. La connexion entre le chevet et la nef devait s'effectuer au moyen d'un petit baie outrepassée; ainsi était préservée l'autonomie de fonctionnement spatial du presbyterium, typique de la *qubba*.

L'édifice peut être daté de 1371, date à laquelle fut institué le fief de Castilleja de Talhara par Alfonso Fernández de Fuentes.

L'ensemble a été profondément remodelé un siècle plus tard. Les travaux ont probablement été motivés par l'accroissement de la population, et servirent aussi à manifester l'autorité de ceux qui, déjà, étaient les seuls maîtres du lieu, les Ortiz, qui avaient fondé un majorat en 1477. C'est vraisemblablement à ce moment qu'on a procédé à la construction de la structure actuelle de l'église à trois nefs, ouvrage qui ne semble pas uni au chevet et qui obligea à remodeler l'arc de triomphe dont on augmenta la hauteur et qu'on épaula de nouveaux supports — autant de travaux qui devaient établir une connexion spatiale et visuelle plus fluide entre le chevet et la nef.

rentes fenêtres qui éclairaient le temple de l'intérieur, il faut surtout noter celle qui perce le mur nord de la grande chapelle, dont le schéma composite peut avoir été repris par les ouvertures des autres faces du presbyterium. Il s'agit d'un arc brisé outrepassé encadré d'un

XII.6 AZNALCÁZAR

XII.6.a Église San Pablo
À 4 km par l'A 447.

CIRCUIT XII *L'Aljarafe sévillan*

Aznalcázar

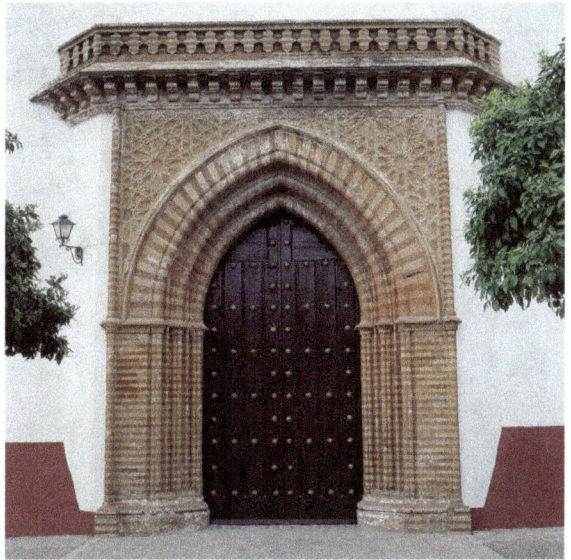

Église paroissiale San Pablo, portail latéral, Aznalcázar.

Horaires des messes: le samedi à 19:30 (20:30 en été) et le dimanche à 10:00 et à 12:00. Pour les autres jours, contacter le prêtre, tél.: 955 750635.

L'église paroissiale San Pablo a été considérée comme l'une des œuvres majeures de l'architecture mudéjare sévillane. Sa grande chapelle est à deux travées, l'une rectangulaire et l'autre polygonale, toutes deux couvertes de voûtes nervurées. Le corps de l'église comporte trois nefs séparées par de minces piliers soutenant des arcs brisés sur lesquels reposent de modernes charpentes de bois inspirées des modèles mudéjars.

Le portail occidental est réalisé en brique et encadré de cannelures rudentées; il est doté d'archivoltes brisées surmontées par un auvent à consoles et des créneaux en gradins. L'entrée du mur méridional est en fines briques taillées présentant une alternance d'ocre et de rougeâtre. Elle montre des archivoltes brisées rehaussées de rudentures; un splendide travail d'entrelacs ornemental occupe les écoinçons. Un avant-toit à consoles et frise de cartouches surmonte le portail.

La tour, dans la zone du chevet de l'église, est désaffectée. L'escalier intérieur, qui se déroule autour d'un pivot carré, est couvert de voûtes d'arête et en berceau brisé. Le clocher date du XVIIIe siècle et coïncide avec les travaux de réforme qui ont été conduits dans tout l'édifice.

Cette église présente d'étroites relations avec d'autres temples sévillans supposés dater de c.1356, comme Omnium Sanctorum, San Andrés et San Esteban. On peut toutefois la penser postérieure à celles-ci. Le chevet de l'église date du début du XVe siècle, tandis que le corps de la nef semble légèrement postérieur. Les derniers éléments à avoir été construits furent vraisemblablement les portails, vers 1500.

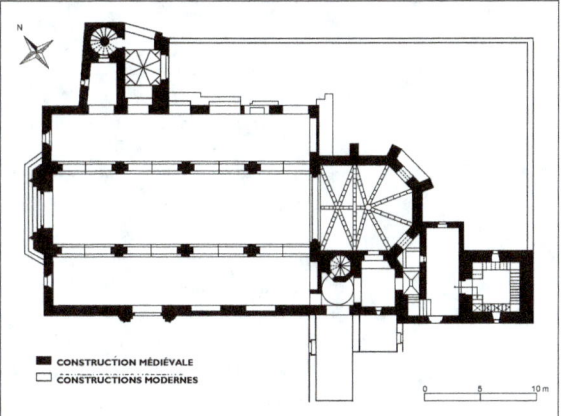

Église San Pablo, plan, Aznalcázar.

CIRCUIT XII *L'Aljarafe sévillan*

Ermita de Gelo

Doñana
Le Parc national de Doñana est important à plus d'un titre, mais il vaut surtout pour sa richesse faunistique et écologique. Du point de vue de la faune, Doñana est un lieu primordial d'hivernage, de passage et de ravitaillement pour de nombreuses espèces d'oiseaux. Le paysage se répartit en trois catégories de milieu —la plage-dune, les réserves et les marais— qui lui confèrent une diversité et une richesse uniques.
Il est recommandé, depuis Aznalcázar, de visiter le Centre d'interprétation José Antonio Valverde. On peut y accéder, à partir du village, par une piste signalisée. On peut aussi visiter le parc en véhicule tout-terrain (depuis El Rocío, tél.: 959 430432), ou en bateau à bord du Buque Real San Fernando le long du Guadalquivir (depuis Sanlúcar de Barrameda, tél.: 956 363813).

Centre d'interprétation du Corridor Vert
À la fin des années 90 s'est produite une rupture sur une barge d'accumulation de résidus miniers proches des marais de Doñana. L'énorme quantité de déchets hautement toxiques s'est déplacée le long de la vallée du Guadiamar et a atteint différentes parties du Parc national, qui en subit encore les dommages malgré d'incessantes opérations de récupération des boues.
Aujourd'hui, la Communauté autonome d'Andalousie développe, avec des fonds de l'Union Européenne, l'un des programmes de restauration du paysage les plus ambitieux et les plus complets qui aient été conduits en Europe. Des spécialistes de tous les domaines du milieu naturel réalisent quantité d'analyses et avancent des propositions qui devraient permettre au fleuve Guadiamar de retrouver ses eaux claires et de récupérer sa flore et sa faune d'origine. Toute l'opération restera exposée dans un Centre d'interprétation que l'on pourra visiter à Aznalcázar.

XII.7 **ERMITA DE GELO** (option)

À 4 km par l'A 474. Appartient à la municipalité de Benacazón. Pour la visite, contacter la mairie de Benacazón.

Ce remarquable exemplaire d'architecture religieuse mudéjare est pratiquement le seul vestige d'un foyer de peuplement qui fut la propriété du chapitre de la cathédrale de Séville jusqu'au milieu du XVe siècle, époque à laquelle il fut vendu au chevalier sévillan don Gonzalo de Saavedra et à son épouse doña Inés de Ribera.
Le petit temple, récemment restauré, est construit sur un plan carré à trois nefs séparées par des piliers rectangulaires; sur un côté de la grande chapelle carrée sont adossées la sacristie et une habitation. De modernes structures de bois inspirées des anciennes formes mudéjares couvrent les trois nefs, tandis que la grande chapelle est coiffée d'une voûte à huit pans sur trompes. Parmi les éléments remarquables de l'édifice, il faut noter le portail du mur occidental, en brique, doté d'archivoltes brisées et surmonté d'une corniche de créneaux en gradins. On prêtera aussi attention à la fenêtre aveuglée de la façade, constituée d'un arc brisé polylobé reposant sur des rudentures et encadré d'un *alfiz* décoré de motifs d'entrelacs.
Le bâtiment actuel est le résultat d'un long processus historique que l'on peut résumer en quatre étapes. La phase initiale correspond à un temple à nef unique surmontée d'une structure de bois, plus une Capilla Mayor carrée sur le modèle de la *qubba* musulmane. La voûte de cette

Ermita de Gelo

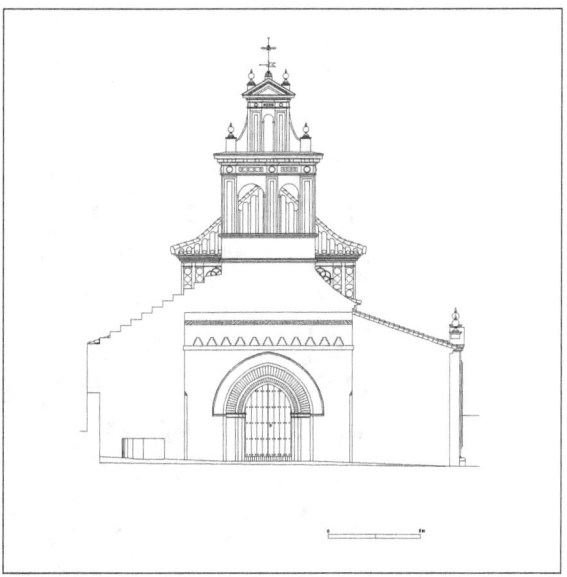

Ermitage de Gelo, élévation, Benacazón. *Ermitage de Gelo, plan, Benacazón.*

enceinte devait émerger au-dessus d'une terrasse. L'entrée devait s'effectuer par le portail occidental qui, avec la fenêtre de la façade, permet de situer la première phase de la construction à un stade avancé du XVe siècle.

Au cours de la deuxième étape, le temple a été doté de trois nefs, et l'arc de triomphe a été agrandi pour faciliter la connexion entre le chevet et le corps de nefs. La hauteur de la nef centrale obligea à agrandir les murs du chevet et à remplacer la terrasse d'origine par un toit à quatre pentes. Un campanile fut élevé au-dessus du portail occidental, et une autre entrée fut percée dans le flanc méridional du temple. Toutes ces transformations ont vraisemblablement été exécutées au cours du premier tiers du XVIIe siècle.

Une nouvelle phase de l'histoire de l'édifice se situe au XIXe siècle, lorsqu'on procéda à l'assainissement général des structures et au remodelage du campanile et du portail latéral.

Mais ce sont les interventions du XXe siècle, qui correspondent à la quatrième phase de l'histoire du bâtiment, qui ont été les plus déterminantes. Celle des années quarante s'inscrit dans une démarche historiciste, qui affecta fondamentalement les couvrements de bois et les pavements. L'ultime restauration de l'ermitage, achevée en 1998, fut décidée en raison de l'état d'abandon et de quasi-ruine dans lequel était tombé l'édifice. Cette restauration intégrale a permis de récupérer les structures et les éléments anciens tout en maintenant les apports des différentes étapes de restauration.

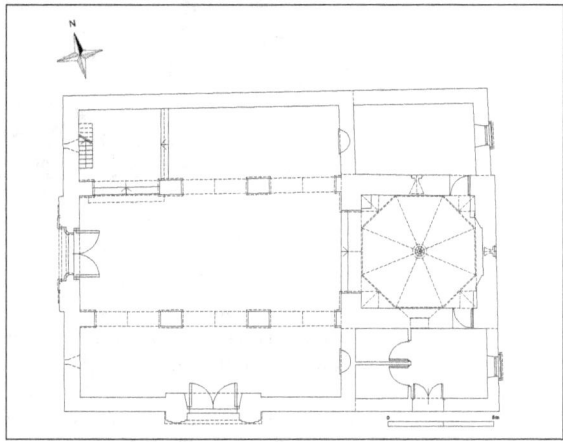

Il est recommandé de retourner à Séville par l'autoroute Séville-Huelva.

*À partir de Séville, on peut enchaîner avec l'exposition MSF marocaine **Le Maroc andalou. À la découverte d'un art de vivre** ou continuer jusqu'à Grenade.*

CHAPELLES FUNÉRAIRES ET PRESBYTERIUMS DE TRADITION MUSULMANE

Alfredo J. Morales

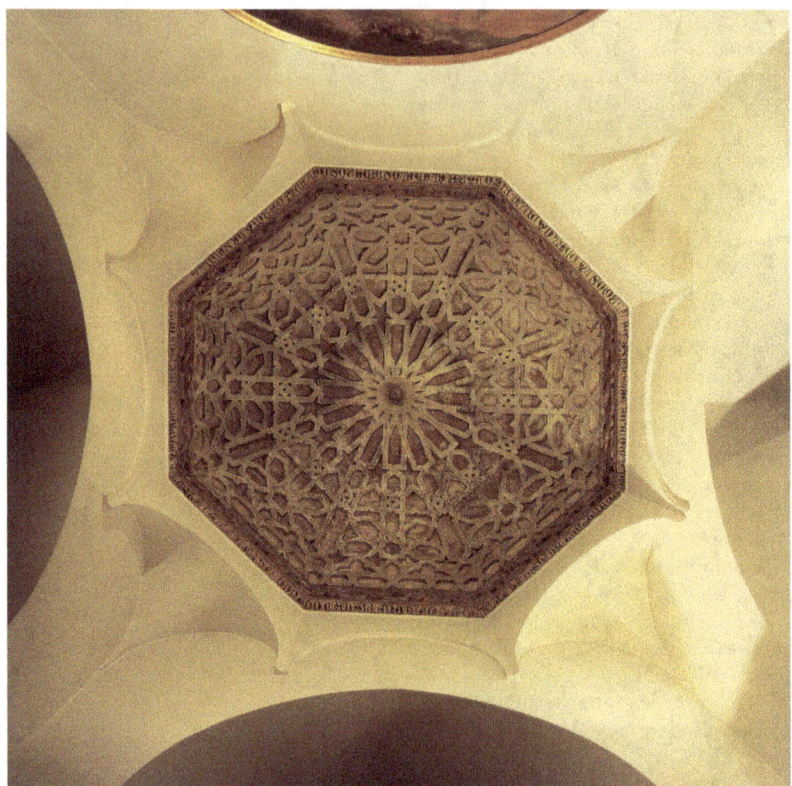

Église de la Magdalena, voûte de la Capilla de la Quinta Angustia, Séville.

Quelques nobles sévillans, pour ériger leurs chapelles funéraires dans les temples paroissiaux, s'inspirèrent de la formule de la *qubba* musulmane, un volume en forme de coupole à caractère polyvalent qui sert souvent de sépulture, et adoptèrent la configuration à plan carré surélevé d'une couverture voûtée sur trompes. Ce type de construction a commencé à se généraliser au début du XVe siècle et s'est diffusé non seulement dans les villages de l'archevêché de Séville, mais aussi en Castille. Ouvertes sur les nefs latérales des églises, les chapelles fonctionnent comme des entités autonomes et contribuent à dilater transversalement l'espace intérieur tout en valorisant la volumétrie du profil extérieur des églises.

Dans leur version la plus simple, ces chapelles présentent généralement un plan carré; le couvrement se réalise par l'intermédiaire de voûtes à pans reposant sur des *trompes* d'angle. Ce schéma s'enrichit progressivement par la fragmentation ou le doublement du système de *trompes* et la multiplication des nervures qui se croisent sur l'intrados, jusqu'à arriver à de complexes compositions dominées par les ouvrages d'entrelacs. Les extrados de la voûte sont habituellement visibles sur l'extérieur, tandis que les murs se terminent par un chemin à merlons en gradins. Les rares fenêtres d'éclairage se résument généralement à des meurtrières déclinant les différents types d'arcatures inscrites dans leurs encadrements d'*alfices*.

On considère à l'heure actuelle que la plus ancienne chapelle funéraire de ce type qui nous soit parvenue est celle de l'église sévillane de San Pedro, qu'une inscription datait de 1379. Il est possible cependant que lui soit antérieure la chapelle de la Quinta Angustia de l'ancien couvent San Pablo, aujourd'hui paroisse de la Magdalena, puisqu'on sait qu'elle fut construite après l'incendie qui détruisit l'église conventuelle en 1353. Mais la plus remarquable, et qui relativise la question de l'ancienneté, est la chapelle de la Piété de l'église Santa Marina, datée autour de 1415.

Sans atteindre la richesse décorative de cette dernière, d'autres exemples se rencontrent dans de nombreuses églises de l'archevêché sévillan comme San Pedro à Sanlúcar la Mayor, San Pablo à Aznalcázar, San Jorge à Palos de la Frontera et San Marcos à Jerez de la Frontera.

La diffusion de ces chapelles funéraires s'étend jusqu'à Cordoue, ce dont témoignent les chapelles existantes des églises San Miguel, San Pablo et Santa Marina. En atteignant les terres castillanes, le modèle retrouve la complexité et la richesse ornementale des meilleures créations sévillanes, comme le prouvent la chapelle San Jerónimo du couvent de la Concepción Francisca à Tolède, la Mejorada à Olmedo et la Chapelle Dorée du couvent Santa Clara à Tordesillas.

Plus tard, et après avoir perdu leur caractère funéraire, ces structures en forme de *qubba* inspirèrent la configuration du chœur de quelques églises mudéjares sévillanes, tout spécialement dans la région de l'Aljarafe. Les solutions les plus complètes et les plus originales se découvrent dans les églises de Hinojos et de Gerena.

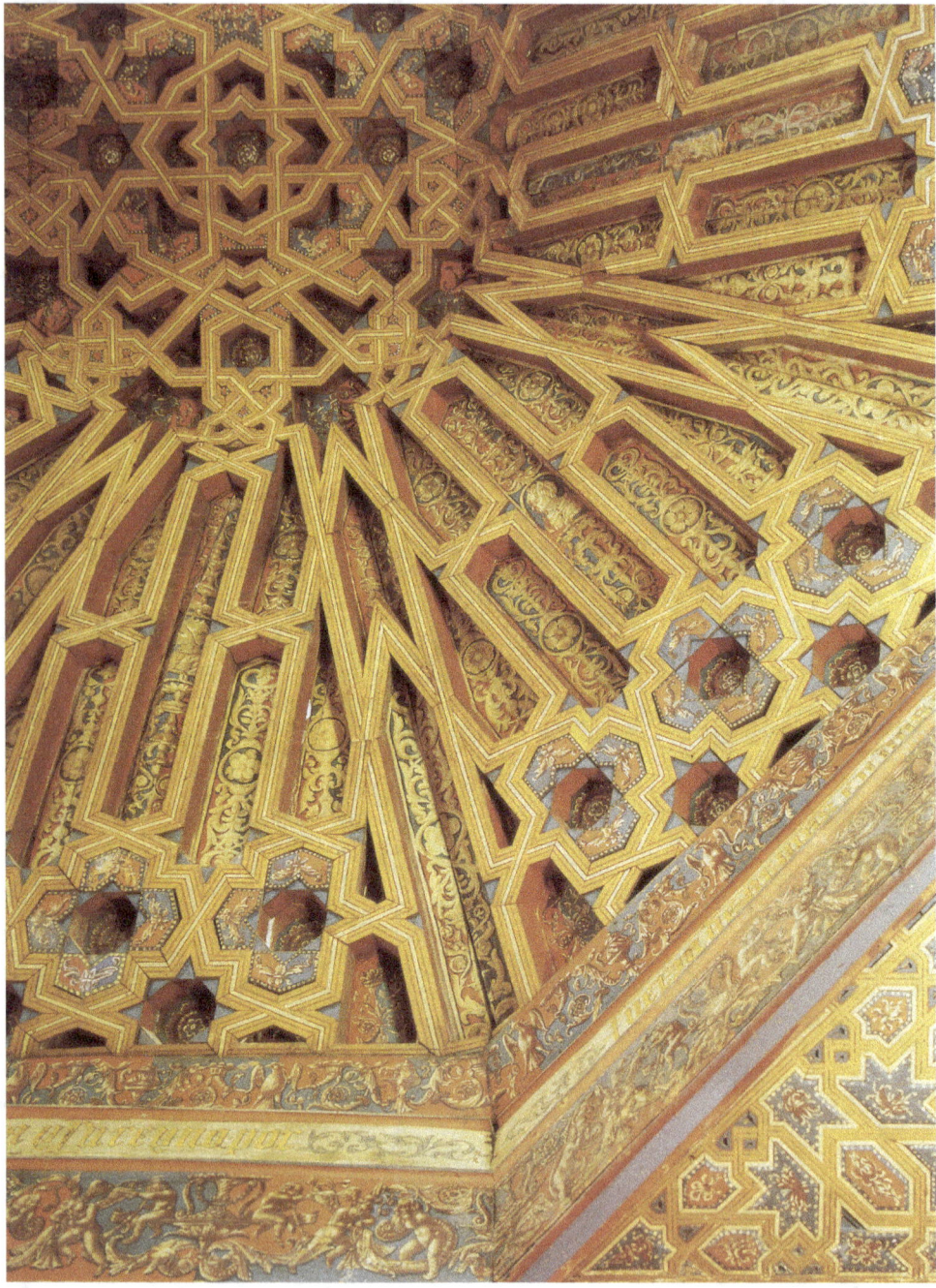

CIRCUIT XIII

Rodrigo de Mendoza, marquis de Zenete: du château de La Calahorra à l'Albaicin

Rafael López Guzmán, Miguel Ángel Sorroche Cuerva

Ce circuit fait partie du programme **"Une entrée en Méditerranée"** confinancé par l'Union Européenne dans le cadre de l'Action Pilote Espagne-Portugal-Maroc. Art. 10 FEDER.

Premier jour

XIII.1 LA CALAHORRA
    XIII.1.a   Château-palais
    XIII.1.b   Église de La Calahorra

XIII.2 LANTEIRA
    XIII.2.a   Église de Lanteira

XIII.3 JEREZ DEL MARQUESADO
    XIII.3.a   Église de Jérez del Marquesado

XIII.4 GUADIX
    XIII.4.a   Église Santa Ana
    XIII.4.b   Église Santiago
    XIII.4.c   Église San Miguel
    XIII.4.d   Église San Francisco (option)

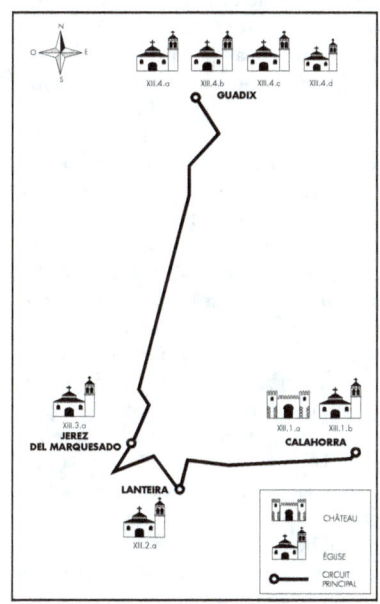

Palais de la Madrasa, Salle des Caballeros Veinticuatro, détail du plafond à caissons, Grenade.

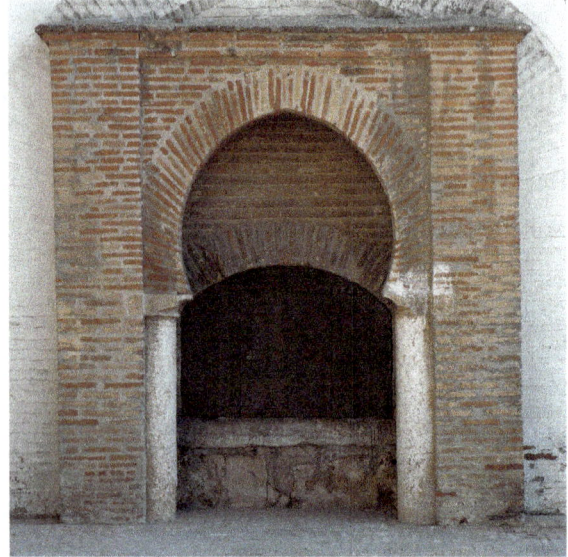

San Miguel Bajo, embouchure du puits, Grenade.

Hôpital royal, détail du plafond à caissons de l'escalier du Patio de los Mármoles, Grenade.

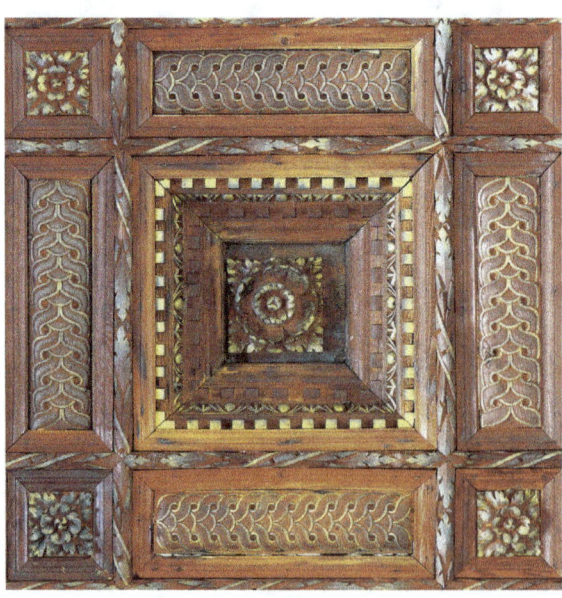

Ce circuit de deux journées recrée dans une certaine mesure une trajectoire historique entre la région du marquisat de Zenete et la ville de Grenade. Ce trajet reliait la retraite de Rodrigo de Mendoza dans son château-palais de La Calahorra aux deux domaines qu'il commença à construire à Grenade: une résidence dans les environs de la ville, sur un verger musulman, et un palais de style mudéjar au centre même de l'Albaicín.

Nous visiterons un ensemble d'édifices à caractère civil et religieux qui montrent bien comment le mudéjar s'est intégré dans le processus de soumission et de contrôle d'un territoire déterminé, et comment ce système de travail offrait des solutions rapides, peu onéreuses et sûres pour la réappropriation des espaces médiévaux. Ce système était organisé selon une structure artisanale et utilisait une terminologie très précise. Fonctionnant sur des associations de type compagnonnage et basé sur l'apprentissage "sur le tas", ce système répondait parfaitement à la complexité et à la spécificité du riche patrimoine mudéjar que nous allons visiter.

Le flanc nord de la Sierra Nevada était devenu un point d'attraction pour les musulmans espagnols depuis la fin du XVe siècle jusqu'à l'expulsion des Morisques au XVIIe siècle. Le cardinal Mendoza avait en effet édicté, en 1490, un sauf-conduit qui invitait tout musulman fuyant la frontière castillane à s'installer dans cette région de la province de Grenade. La promulgation de ladite charte entraîna, outre un motif de conflit avec la Couronne pour la politique de tolérance qu'elle impliquait, la persistance de l'art mudéjar. Les systèmes mudéjars de construction, caractérisés par une forme particulière de travail du bois dans les toitures et les panneaux, se reflétaient dans la physionomie

La Calahorra

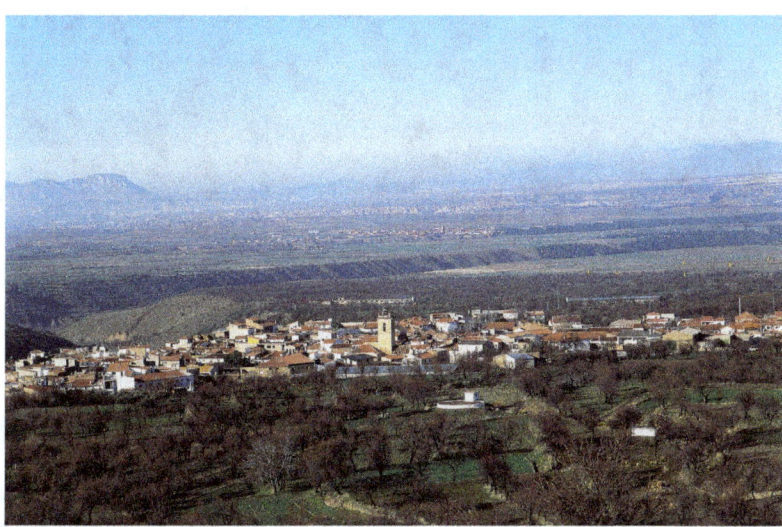

Paysage de Lanteira.

urbaine et dans les constructions de toute une série de localités grenadines, et témoignaient d'un passé caractérisé par la symbiose culturelle. Le fils du cardinal primat, Don Rodrigo de Mendoza, éprouvant une grande prédilection pour cette contrée, la reçut en héritage, en même temps que le titre de marquis, en 1491. Don Rodrigo fut l'un des personnages les plus notables du royaume de Grenade pendant la période de transition entre le Moyen Âge et l'époque moderne. Il fut le protagoniste de toute une série d'événements qu'il affronta avec une attitude apparemment contradictoire. D'un côté, il se battit contre le pouvoir royal pour maintenir les structures féodales du Moyen Âge; d'un autre côté, il s'efforça de devenir l'un des grands mécènes et promoteurs de l'art de la Renaissance à travers les œuvres qu'il fit réaliser dans son château-palais de La Calahorra.
C'est là, au centre du marquisat de Zenete, qu'il fit édifier une des constructions les plus singulières de l'époque moderne espagnole. Érigé sur une ancienne forteresse musulmane, le château-palais de La Calahorra devait permettre le contrôle du transit qui, depuis la proche Alpujarra et la ville d'Almería, circulait dans la région. Un panneau situé sur le portail du château précisait: "Pour la défense des chevaliers que leurs rois veulent offenser." Ces mots indignèrent le roi Ferdinand le Catholique, qui fit envoyer une armée sous le commandement du comte de Tendilla, un cousin du marquis. La rencontre entre les deux cousins se solda par l'élimination du texte offensant et par une grande fête familiale.

XIII.1 LA CALAHORRA

XIII.1.a Château-palais

Le château réserve une impressionnante vue panoramique sur une campagne couverte

CIRCUIT XIII *Rodrigo de Mendoza, marquis de Zenete: du château de La Calahorra à l'Albaicin*

La Calahorra

Château-palais de La Calahorra, vue générale.

Église de La Calahorra, intérieur.

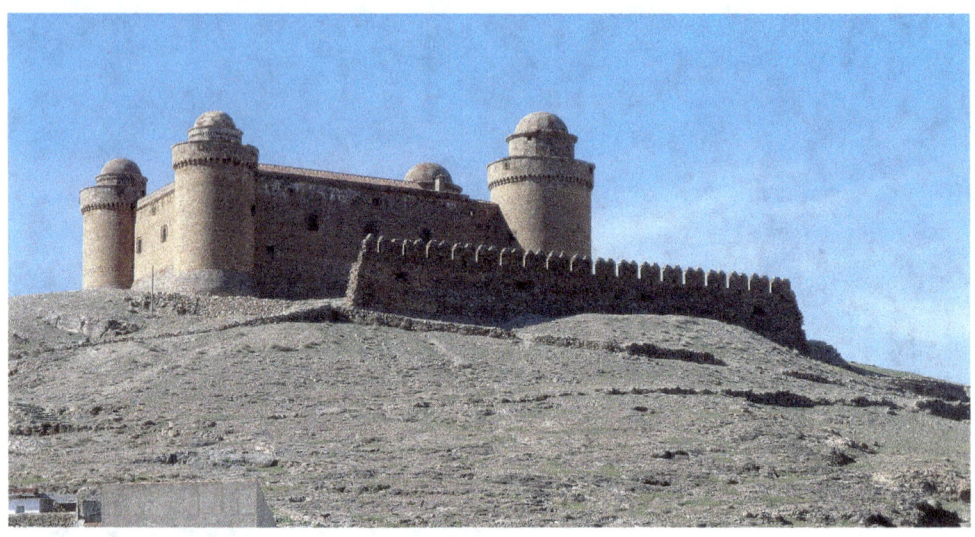

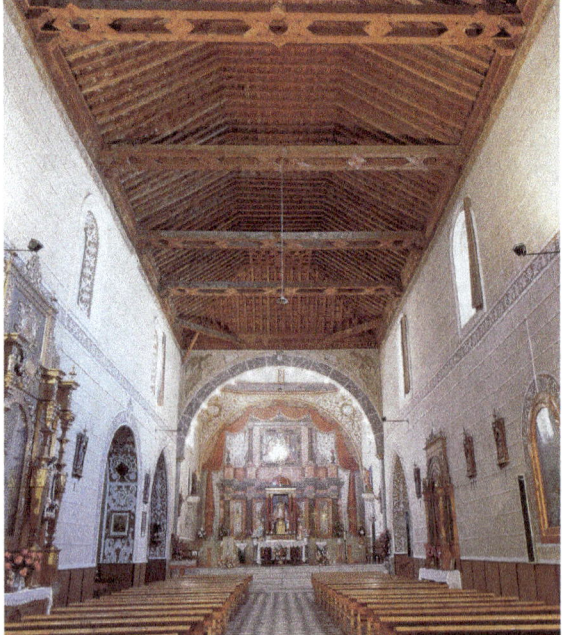

d'amandiers et, en toile de fond, sur la Sierra Nevada.
Horaires: le mercredi de 10:00 à 13:00 et de 14:00 à 18:00.

Commandé par Rodrigo de Mendoza en 1509 et terminé en 1512, le château est devenu l'un des plus remarquables exemples de l'architecture renaissante du XVIe siècle espagnol. Sa construction allait à l'encontre de la tendance imposée à l'époque par le pouvoir royal, qui exigeait qu'on détruisît les forteresses existantes pour consolider son pouvoir sur tous ses sujets, y compris la vieille noblesse féodale. En ce sens, le projet de Don Rodrigo était un anachronisme que seuls les intérêts politiques et stratégiques de la couronne, qui croyait avoir encore besoin de la vieille caste féodale et militaire, peuvent expliquer.
L'extérieur du château, d'aspect fermé et militaire, fait contraste avec le style courtisan d'un intérieur raffiné, tout imprégné des idéaux humanistes italiens. L'esprit

Renaissance se manifeste dans le patio où se développent deux hauteurs de galeries composées de cinq arcs s'élevant sur cinq colonnes corinthiennes à chaque niveau. Les colonnes supérieures reposent sur des piédestaux, et les galeries se ferment par une balustrade de marbre. L'escalier monumental qui occupe le centre du collatéral ouest conditionne par son ampleur le reste des volumes, selon un schéma qui fut suivi par une grande partie des constructions renaissantes espagnoles. L'aspect décoratif se signale par les portails, les fenêtres et les frises, sur lesquelles se développe un riche programme sculptural. Les inscriptions latines qui font référence au mécène et à son épouse alternent avec des sculptures qui puisent leur inspiration dans la mythologie gréco-romaine, obligeant à une lecture à clé réservée aux humanistes. Les plafonds de bois des différentes pièces annoncent les ouvrages d'ébénisterie que nous allons désormais rencontrer dans notre parcours. L'édifice a connu l'intervention de nombreux artistes espagnols et italiens. Parmi eux émerge la figure de Michele Carlone, qui dirigea les travaux d'abord depuis Gênes, puis directement sur place. À Gênes, Carlone supervisa la coupe et la taille des marbres de Carrare, qui étaient ensuite expédiés par bateau jusqu'au port d'Alméria. Une fois à La Calahorra, l'architecte italien veilla à ce que la plastique des matériaux utilisés, pour locaux qu'ils fussent, reste en rapport avec le monde de l'Antiquité classique que la Renaissance essayait de raviver.

XIII.1.b Église de La Calahorra

Horaires: lundi, mardi et samedi de 19:30 à 21:00, vendredi de 17:00 à 21:00, dimanche de 11:00 à 13:00. Si l'église est fermée, contacter la paroisse, tél.: 958 677126.

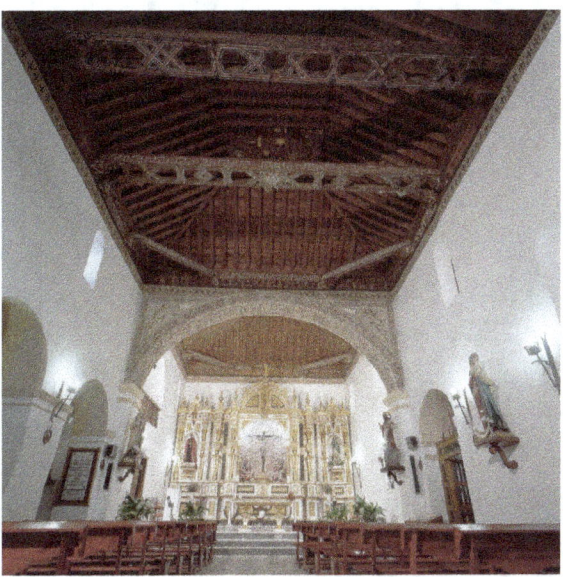

Église de Lanteira intérieur, La Calahorra.

Au milieu du petit village surgit l'église construite en 1550 sur le plan et les indications données par Francisco de Antero en 1546. La tour de brique est l'un des meilleurs exemples que nous puissions rencontrer dans la région. Une fois devant elle, nous constaterons que l'église est à nef unique et dotée d'un chœur au bout du temple. La charpente est l'une des plus savantes versions de l'*armadura* mudéjare: faîtières doubles à aisseliers simples et cinq paires de tirants *apeinazados* sur corbeaux. On accède à l'intérieur par deux portails de brique, l'un au bout de l'église, l'autre dans le collatéral qui donne sur la place. La chapelle majeure, séparée du reste de l'édifice par un arc doubleau, a été profondément modifiée au XVIIIe siècle.

Lanteira

Schémas d'une armadura de lima borbón.

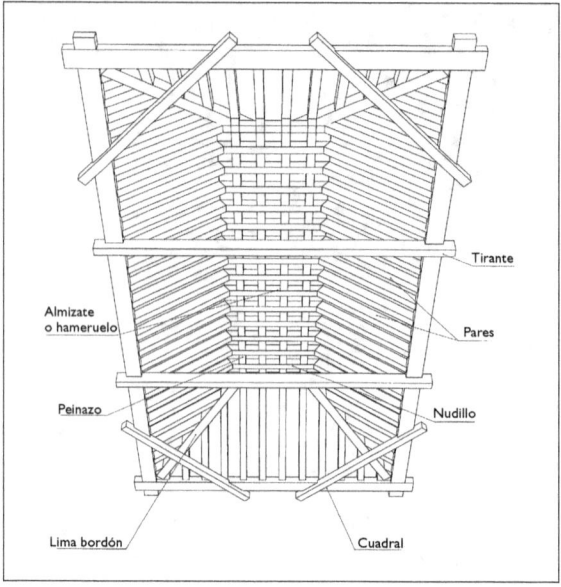

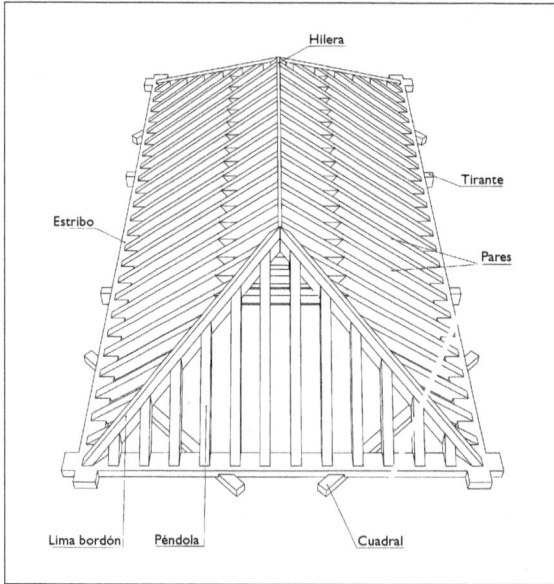

XIII.2 LANTEIRA

XIII.2.a Église de Lanteira

À 7 km par la SE 19. Horaires: mardi, mercredi, jeudi et samedi de 17:30 à 18:00 30, dimanche de 11:00 à 12:30. Si l'église est fermée, demander Mme Angelina, tél.: 958 673699.

Postérieure à 1626, année où elle était déjà en ruine, l'église possède l'une des meilleures toitures mudéjares de la région. Son existence atteste l'emploi de ces techniques avant l'expulsion des Morisques (1610) et en fait un clair héritage de la culture islamique. Sa structure est à faîtières simples à aisseliers et quatre paires de tirants *apeinazados* avec un entrelacs de huit sur corbeaux. L'*arrocabe* présente encore des restes de la polychromie d'origine; la complexité des formes géométriques et des arabesques propose une éloquente illustration de la richesse des techniques artistiques d'origine arabe. La chapelle majeure, séparée de la nef par un arc doubleau surbaissé, est couronnée d'une *armadura* à *limas bordones* équipée d'aisseliers reposant sur des corbeaux maniéristes renversés; le centre de l'*almizate* est orné d'une pomme de pin de *muqarnas*. Elle se termine par un chœur et un balcon à côté du presbyterium, réservé à la participation aux offices des familles les plus prestigieuses de la population. À l'extérieur, remarquer les deux portails d'entrée: l'un en bout et l'autre dans le collatéral de la place. Ornés de moulures d'une grande simplicité, ils s'accordent harmonieusement à la sobriété du village.

XIII.3 JEREZ DEL MARQUESADO

XIII.3.a Église de Jerez del Marquesado

À 6 km, par la SE-19. Pour la visite contacter la paroisse, tél.: 958 672110.

On accède à l'église, une des plus importantes œuvres mudéjares de la province avec l'église de Llantera, par deux portails. Celui du bas est en brique, tandis que le portail latéral, de style renaissant, présente un arc en plein cintre avec colonnes corinthiennes, entablement et niches. Ses écoinçons, décorés de blasons épiscopaux, la décrivent comme le véritable centre institutionnel et religieux de la contrée. Sa situation géographique centrale et le nombre de Morisques qui composaient sa population ne sont sans doute pas étrangers à cet état de choses.

L'intérieur comporte trois nefs, séparées par des piliers de brique avec des demi-colonnes adossées. Cette multiplicité d'espaces conduit à une vision fragmentaire du temple, qui ne peut se contempler en totalité qu'à la fin de la visite. Les différentes chapelles et les retables sont décorés avec une richesse non pas excessive, mais vraiment suggestive, reflet d'une autre dévotion populaire. Les monumentales toitures de bois sont encore magnifiées par un programme pictural aujourd'hui relativement obscurci par la fumée des cierges et par les outrages du temps. Des grotesques renaissants apparaissent sur des schémas mudéjars d'entrelacs et de motifs géométriques, conjuguant dans les techniques d'ébénisterie les traditions italiennes introduites par le marquis de Zenete et l'héritage musulman.

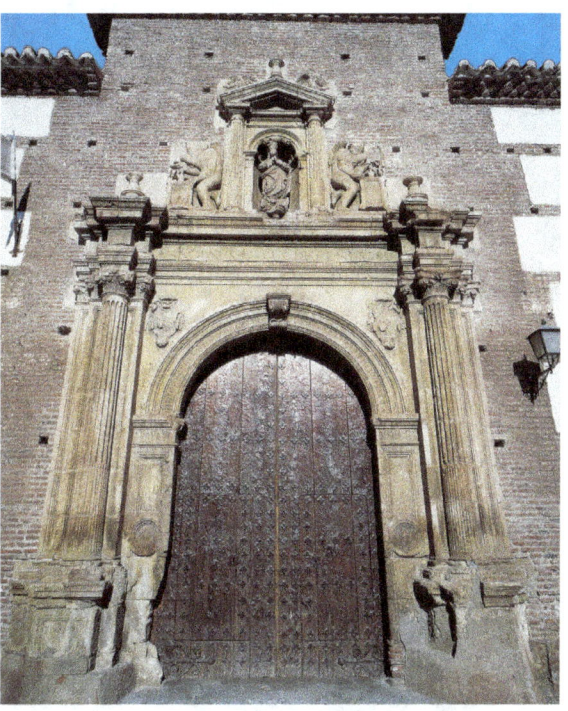

Église de Jerez del Marquesado, portail latéral.

Parc national Sierra Nevada
L'imposante élévation de la Sierra Nevada atteint les 3 481 m au sommet du Mulhacén, et plus de vingt pics dépassent les 3 000 m d'altitude. Le parc s'étend sur presque 170 000 ha et inclut plus de soixante communes.

La forte altitude de la sierra a favorisé le développement de formations glaciaires pendant le Pléistocène, et c'est ainsi que nous nous trouvons devant le réduit le plus méridional de la glaciation ibérique. L'action du gel a modelé d'intéressantes formes, sculpté des arêtes, des vallées encaissées, des cirques, des dépôts morainiques et différents ensembles de lacs résiduels propres aux paysages alpins.

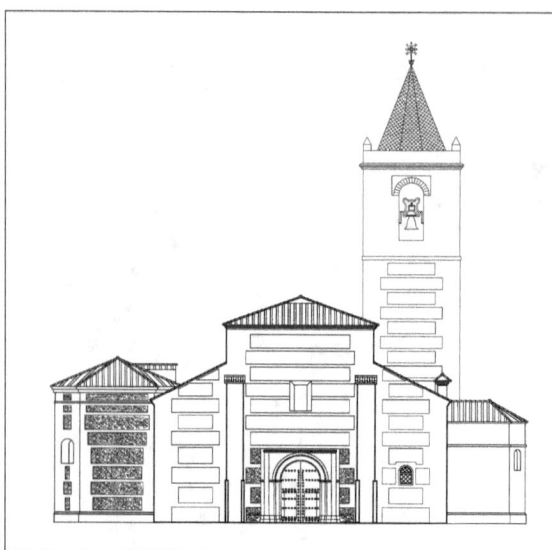

XIII.4 **GUADIX**

Pendant la période islamique, Guadix fut une importante enclave urbaine. Elle joua même un rôle de capitale aux quelques occasions où le royaume se trouva morcelé par les guerres civiles, comme lorsqu'elle fut le siège du pouvoir de Zagal face à Boabdil au XVe siècle. La conquête eut lieu en 1489, après quoi les Rois Catholiques se trouvèrent avec une ville parfaitement islamisée. Tout le réseau urbain, qui comprenait une casbah, une *medina* avec sa grande mosquée et différents faubourgs, était entouré d'une puissante muraille.

XIII.4.a **Église Santa Ana**

À 11 km par la SE 19. Située rue Santa Anna.
Horaires: lundi de 18:00 à 20:00, mardi de 18:00 à 21:00, mercredi de 16:30 à 20:00, jeudi de 17:00 à 20:00, vendredi de 16:00 à 20:00, samedi de 16:30 à 20:00 et dimanche de 8:30 à 13:30.

Une des portes de cette muraille musulmane, aujourd'hui appelée Arco de la Imagen, donne accès à l'endroit occupé par l'église Santa Ana. Elle fut construite sur les fondations d'une ancienne mosquée qui, une fois consacrée, subsista comme église paroissiale jusqu'en 1500. Sur un plan basilical divisé en trois nefs, elle est fermée par un chœur et un presbyterium octogonal. Les formerets et les arcs qui ouvrent les chapelles, de même que les supports, sont de style gothique. À l'intérieur se remarquent les charpentes mudéjares avec leurs *armaduras* de poutres qui conservent la couleur naturelle du bois,

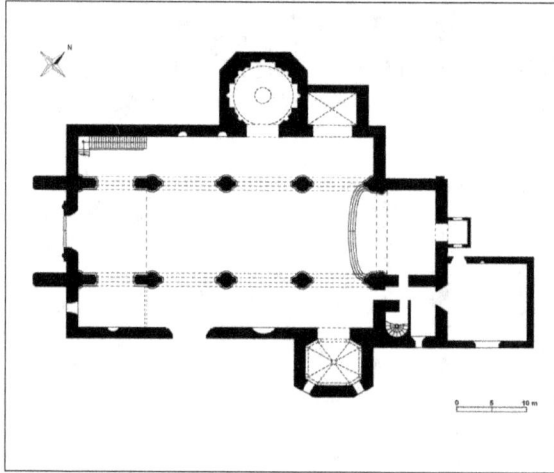

Église Jerez del Marquesado, élévation.

Église de Jerez del Marquesado, plan.

Guadix

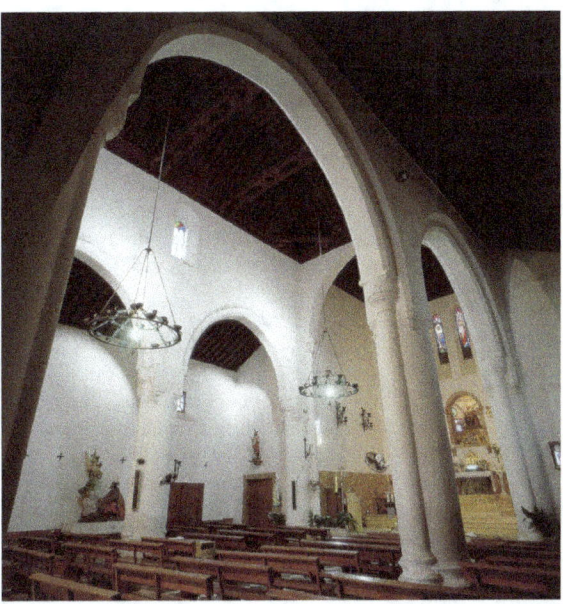

Église Santa Ana, intérieur, Guadix.

Église Santiago, portail et tour, Guadix.

en un contraste accusé avec le blanc de la chaux qui inonde parements, supports et chapelles. La sobriété des éléments et le contraste chromatique font de cette église un lieu de quiétude avant de descendre au centre de la ville, où se trouvaient les souks musulmans, et de retrouver le tumulte d'une capitale provinciale.

XIII.4.b Église Santiago

Située sur la Place de Santiago.
Horaires: de 17:30 à 20:00. Si l'église est fermée, contacter la paroisse, tél.: 958 661097.

Édifiée à côté du lieu sur lequel s'élevait Bab Rambla (Porte de la Rambla), l'église Santiago est construite au-dessus d'une ancienne mosquée dont il reste une partie des bains, qui ont été intégrés au bâtiment actuel. Le plan général de l'église est celui des constructions de Guadix, avec trois nefs et des chapelles latérales séparées par des arcs et des supports gothiques de brique blanchie à la chaux. Les couvrements des nefs latérales présentent des structures en auvent, avec des poutres décorées d'une bordure noir et blanc, qui se cintrent, tout comme la nef, vers la chapelle majeure pour favoriser une dilatation visuelle de l'espace. Les chapelles sont surmontées, comme les nefs latérales –à l'exception des deux plus proches de la chapelle majeure–, d'*armaduras* à arêtes simples à trois pans seulement et *apeinazadas* avec un entrelacs de huit.
La toiture du presbyterium –une voûte en demi-berceau en bois formée de lambris en forme d'étoile– rappelle celle de Santa Isabel la Real à Grenade. Elle se ferme sur une structure d'ébénisterie en forme de coquille avec des caissons décorés de rosaces. Le programme décoratif s'étend aussi

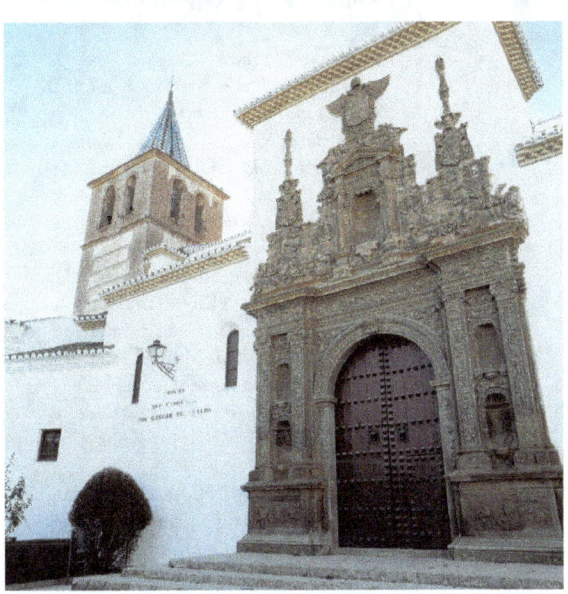

au portail principal, sur le côté de l'évangile. Attribué à Diego de Siloé, qui a sans doute fourni le dessin, et exécuté par Rodrigo de Gibaja, il est composé de deux corps, dont le plus haut s'élève au-dessus de l'arc plein cintre entre des doubles paires de pilastres corinthiens sur piédestaux. Au centre, sous le blason de l'empereur Charles Quint, une niche régit un ensemble décoratif franchement renaissant.

L'édifice fut financé par l'évêque Don Gaspar de Ávalos qui souhaitait y abriter son panthéon personnel et familial. Le prélat fut un des grands constructeurs du diocèse, auteur du schéma Renaissance de la cathédrale. Ses intérêts artistiques se révèlent dans cette église Santiago, dont les tendances italianisantes se plient aux potentialités mudéjares.

XIII.4.c Église San Miguel

Située dans la rue San Miguel.
Horaires: mardi et mercredi de 17:00 à 20:30, jeudi, vendredi, samedi de 16:00 à 20:30, dimanche de 9:00 à 12:00. Si l'église est fermée, contacter la paroisse, tél.: 958 660151.

Dans la rue Real de Santo Domingo, occupant l'édifice du couvent et temple Santo Domingo, qui fut déplacé dans les environs de la ville, dans une zone à population islamique qu'il fallait endoctriner, l'église San Miguel s'est installée sur son emplacement actuel en 1958, après la reconstruction menée par la Direction générale des régions dévastées en 1955.

Fondation des Rois Catholiques à la fin du XVe siècle, l'ouvrage primitif est antérieur à d'autres églises de la cité, comme Santiago ou Santa Ana. En 1560 fut édifié le nouveau temple, qui était encore en cours de construction en 1589, à l'époque où le maître d'œuvre Juan Huete y travaillait. Le temple, auquel on accède par une façade simple ornée d'un arc en plein cintre à pilastres doriques et dont l'entablement est orné des symboles de l'Ordre de Prédicateurs (des chiens et des anges), s'organise en trois nefs avec des arcs brisés sur piliers, un chœur en bout et la chapelle majeure avec un arc de triomphe brisé. Les nefs latérales s'articulent en trois espaces individualisés couronnés de voûtes en plein cintre, perpendiculaires à l'axe de l'église. On remarquera particulièrement les plafonds mudéjars octogonaux de la nef principale, le presbyterium et l'ancienne chapelle de la Vierge du Rosaire située sur le côté de l'évangile à côté de la chapelle majeure, à la façon des églises mudéjares de la ville de Guadix. Le premier plafond est un magnifique exemple d'*armadura* rectangulaire octogonale polychrome à arêtes simples, *almizate apeinazado* dont les extrémités sont ornées du blason de l'ordre de Saint-Dominique, et quatre paires de tirants *apeinazados* sur corbeaux.

L'*armadura* qui domine le chœur, dont le bois conserve sa couleur naturelle, est également octogonale à arêtes simples sur plan carré, totalement *apeinazada* et décorée d'une pomme de pin de *muqarnas* dans l'*almizate*.

L'*armadura* de l'ancienne chapelle de la Vierge du Rosaire, de nouveau octogonale mais tendant vers la coupole, est montée avec un entrelacs de dix et présente au centre une pomme de pin en *muqarnas*. L'ensemble intérieur se clôt sur la chapelle baroque de la Vierge du Rosaire, une adjonction de l'évêque Fray Clemente Álvarez en 1690. Le plan polygonal s'inspire de la chapelle San Torcuato de la cathédrale de Guadix et présente deux corps en hauteur simulés au moyen d'entablements ioniques.

L'église, très simplement décorée, a subi récemment diverses restaurations qui ont surtout concerné les parements intérieurs et qui ont mis en valeur les magnifiques exemples de toitures qu'elle renferme à l'intérieur.

XIII.4.d **Église San Francisco** (option)

Située sur la place San Francisco. En cours de restauration.
Horaires: le dimanche de 10:00 à 12:00.

L'église San Francisco, l'un des exemples les plus éclairants du mudéjar de Guadix, obéit à un plan conventuel de haute tradition avec une nef rectangulaire centrale dont le chevet abrite un presbyterium octogonal. À l'extrémité opposée se trouve le chœur élevé, auquel on accède depuis le couvent. Plusieurs chapelles ouvertes sur les collatéraux sont surélevées de différents systèmes de voûtement. Cet édifice a occupé l'espace central du quartier le plus aristocratique de Guadix. Les chapelles qui s'ouvrent à l'intérieur répondaient au désir des membres de la noblesse de perpétuer leur mémoire par une décoration architecturale qui mettait toujours l'héraldique familiale en valeur. Lorsque, à la fin du XVIIIe siècle, les tombeaux furent interdits à l'intérieur des églises et que l'on commença à construire des cimetières municipaux conformément aux ordonnances royales relatives à l'hygiène publique, les aristocrates de Guadix se mirent à enterrer leurs proches au petit matin dans le périmètre sacré situé à l'extérieur de la ville avant de les transporter nuitamment, à la lumière des torches, dans les chapelles déjà centenaires de San Francisco.

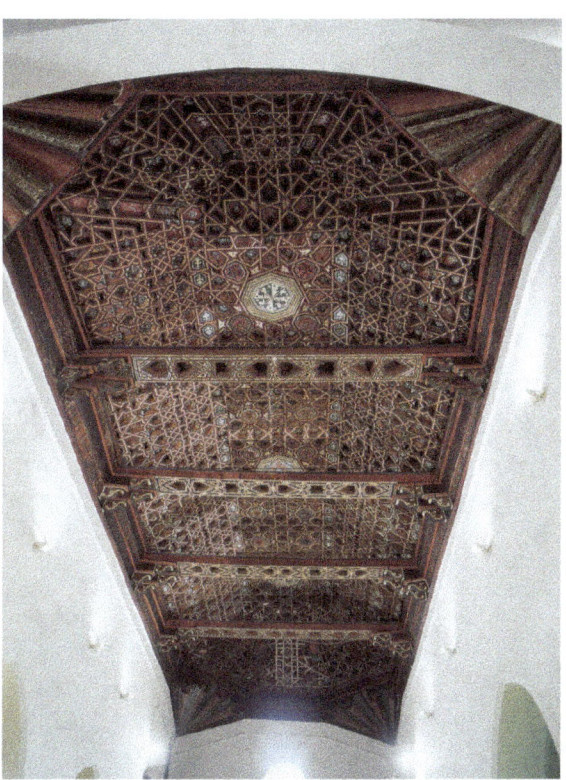

Église San Miguel, plafond, Guadix.

Cette protection constante de la part des plus grandes familles de la ville explique que l'église ait pu conserver quelques-unes des *armaduras* les plus riches au plan décoratif —et les plus complexes au plan constructif— de la province de Grenade. Les entrelacs en étoiles de huit et les pommes de pins de *muqarnas* occupent tout l'espace, une manière de réplique du grand ciel étoilé dont ce splendide plafond magnifie encore l'église et dont les couleurs sont un prodige de virtuosité dans les tons de bleu, blanc, rouge et or.

Guadix

Au sortir de Guadix en direction de Grenade, nous traversons les quartiers de grottes de San Miguel et de la Magdalena puis, arrivant sur un terrain désertique, nous passons par des localités où se rencontrent des églises mudéjares magnifiques, reflet de la politique d'occupation du territoire menée par la couronne de Castille. C'est le cas de Purullena, Cortes de Guadix, Graena ou La Peza, dont les églises sont couvertes de splendides charpentes de bois.

Les grottes de Guadix
Voici un habitat des plus intéressants à découvrir, tant d'un point de vue social que géographique. Le quartier des grottes occupe une superficie d'environ 200 hectares. Il s'agit d'un terrain où domine l'argile tendre, imperméable, mais qui durcit sous l'action de l'air. Ce matériau est parfait pour creuser des grottes habitables, dans lesquelles l'humidité ne pénètre pas. L'intérieur est d'une température constante de 18° toute la journée et en toute saison. L'intérieur est chaulé, ce qui augmente la luminosité et agit comme désinfectant. On ne sait pas précisément à quelle date les grottes ont commencé à être habitées, mais actuellement la population avoisine les 2 000 habitants, ce qui en fait la plus grande zone connue de troglodytes.

CIRCUIT XIII

Rodrigo de Mendoza, marquis de Zenete: du château de La Calahorra à l'Albaicin

Rafael López Guzmán, Miguel Ángel Sorroche Cuerva

Deuxième jour

XIII.5 GRENADE
        XIII.5.a Hôpital royal
        XIII.5.b Palais de la Madrasa
        XIII.5.c Casa de los Tiros
        XIII.5.d Église Santa Ana y San Gil
        XIII.5.e Église San Pedro y San Pablo
        XIII.5.f Casa de Castril-Musée archéologique et ethnologique provincial
        XIII.5.g Maison de la rue Lavadero de Santa Inés
        XIII.5.h Église San José
        XIII.5.i Église San Miguel Bajo
        XIII.5.j Église du monastère Santa Isabel la Real
        XIII.5.k Palais du marquis de Zenete

Enseignement et connaissance scientifique

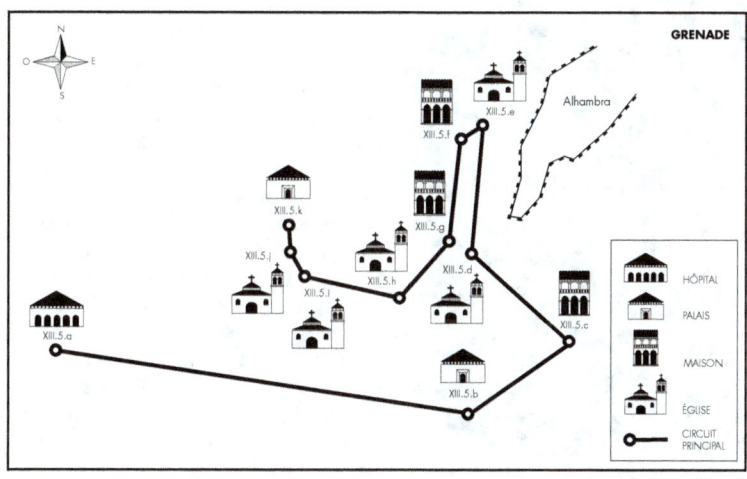

Grenade

XIII.5 GRENADE

Une fois dans la ville de l'Alhambra, le circuit, exclusivement urbain, nous conduira de l'extérieur de la Grenade islamique jusqu'à la medina. À travers les ruelles intriquées de l'Albaicín, nous monterons jusqu'au palais que le marquis de Zenete se fit construire au cœur de la ville morisque.

XIII.5.a Hôpital royal

À 54 km par l'A 92. Situé Cuesta del Hospicio s/n. Entrer dans Grenade par le chemin de San Antonio jusqu'à la rue Real de la Cartuja. Siège actuel du rectorat de l'université de Grenade.
Horaires: de 9:00 à 21:00, le samedi de 9:00 à 12:00. Fermé le dimanche.

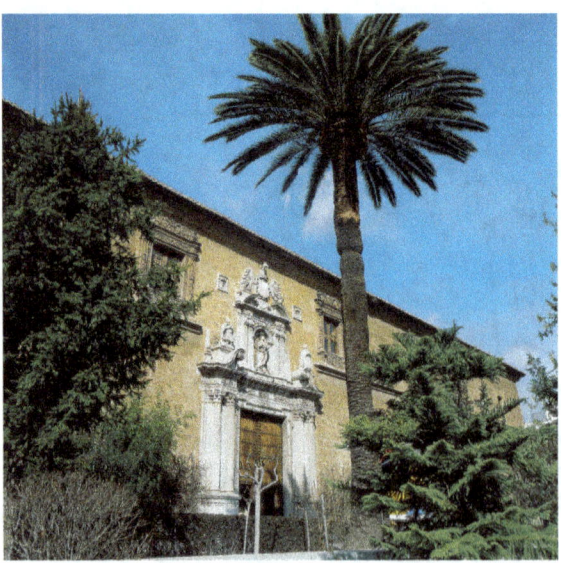

Hôpital royal, vue générale, Grenade.

L'Hôpital royal fut fondé par les Rois Catholiques pour que l'État prenne en charge les problèmes d'hygiène et de santé publique. L'Hôpital fut construit en dehors de la ville islamique, sur un ancien cimetière musulman. Son modèle architectural est à chercher au-delà de la péninsule ibérique, dans les hôpitaux Renaissance de Milan et de Florence. Le plan est un grand carré divisé par une croix centrale qui définit quatre patios intérieurs. Le transept servait certainement de salle des malades, et le carré extérieur devait être réservé aux consultations médicales, à la pharmacie, aux magasins, aux cuisines, etc.

L'intérieur présente des éléments de tradition gothique, comme le *cimborrio* ou la voûte à nervures du transept inférieur, en même temps que des formes renaissantes sur les fenêtres de la façade principale et dans les patios du Marbre et de la Chapelle. Le style mudéjar se manifeste dans les charpentes de bois qui couvrent de vastes espaces, soit avec des *alfarjes* plats au rez-de-chaussée, soit avec des *armaduras* à deux pentes au niveau supérieur.

Les cages d'escaliers situées dans le patio du Marbre et dans le patio des Archives étonnent par leur richesse décorative. Elles sont dues à des artistes de l'envergure d'un Juan de Plasencia et d'un Melchor de Arroyo. Le premier a conçu des solutions faisant clairement appel à des formules islamiques, le second a proposé des modèles décoratifs venus d'Italie. Nous retrouverons cette ambivalence de langage dans le transept du niveau supérieur, actuelle bibliothèque centrale de l'université de Grenade, où l'ébéniste Melchor de Arroyo a exploré la possibilité de placer en perspective des lambris géométriques dont le mouvement finit par dessiner la demi-sphère qui conforme intérieurement le grand *cimborrio* grâce auquel l'Hôpital royal surplombe l'ensemble urbain. En 1552, la solution imaginée par Melchor de Arroyo pour le plafond fut approuvée par Diego de Siloé, architecte de la cathédrale de Grenade et artiste reconnu dans l'Espagne et l'Italie de l'époque.

XIII.5.b Palais de la Madrasa

Rue Oficios s/n. Par Gran Vía de Colon, en face de la cathédrale. Siège de l'Université. Horaires: de 9:00 à 22:00, samedi de 10:00 à 14:30. Fermé le dimanche.

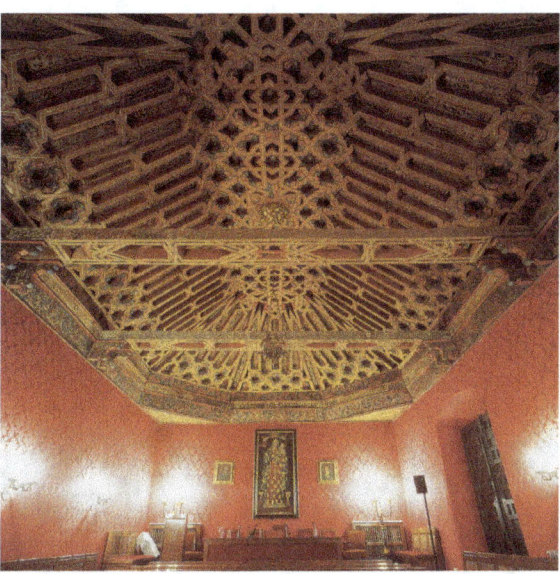

Palais de la Madrasa, plafond de la salle des Veinticuatro Caballeros, Grenade.

Le parcours nous conduit maintenant à la Madrasa (université islamique). Fondée par le sultan Yusuf Ier (1333-1354), elle fut la première institution de ce type à fonctionner en al-Andalus, et reste la seule à avoir conservé quelques intéressants vestiges architecturaux. On y enseignait la médecine, le calcul, l'astronomie, la géométrie, la mécanique, la littérature, la philologie, et sans doute différentes disciplines de type juridico-religieux.
L'édifice donnait sur la place de la Grande Mosquée, dont on reconnaît aujourd'hui une partie entre la Lonja et la Chapelle royale. À l'intérieur subsiste l'espace qui correspondait à la salle de prière, avec son *mihrab* et une splendide décoration de stucs ouvragés. La toiture en bois a brûlé au XIXe siècle, et a été refaite en 1893 par l'architecte Mariano Contreras. L'une des transformations les plus remarquables, réalisées à l'intérieur pour l'adapter à sa nouvelle fonction de mairie, est bien la salle des Veinticuatro Caballeros au niveau supérieur. Le nom vient des vingt-quatre membres du conseil municipal qui avaient coutume d'y tenir leurs réunions. L'espace révèle l'une des *armaduras* mudéjares les plus importantes de la ville. Aux compétences techniques de l'ébéniste qui en est l'auteur s'ajoute la magistrale facture du peintre Francisco Fernández qui en acheva la décoration en 1513. Il s'agit d'un plafond rectangulaire à arêtes simples ou doubles, entièrement couvert d'entrelacs à motifs géométriques complétés d'une décoration renaissante peinte de grotesques et de "candelieri", sans oublier l'inscription, en lettres gothiques, dédiée à la gloire des Rois Catholiques, dont les portraits président la salle: "Les très grands, magnifiques et très puissants seigneurs don Fernando et doña Isabel, roi et reine, nos seigneurs, ont gagné cette très noble et très grande ville de Grenade et son royaume à la force de leurs armes, en deux jours du mois de janvier, en l'an mil quatre cent

Grenade

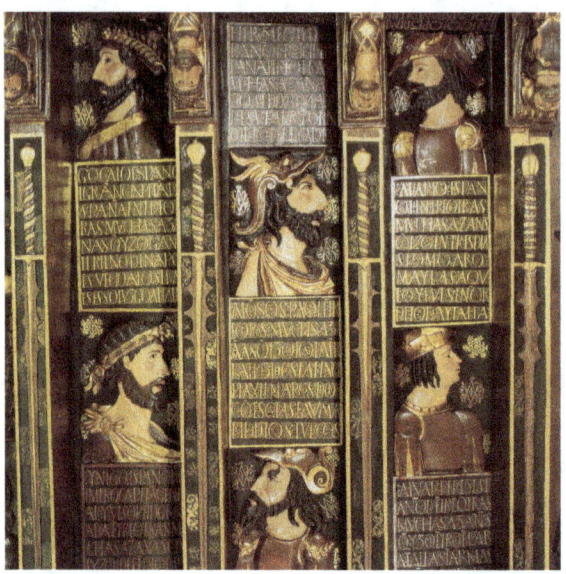

Casa de los Tiros, plafond de la Cuadra Dorada, Grenade.

quatre-vingt-douze de la naissance de Notre Seigneur Jésus-Christ".

XIII.5.c Casa de los Tiros

Place del Padre Suarez. Depuis la place Isabel la Católica par la rue Pavaneras. Transformée en musée, elle accueille des expositions temporaires.
Horaires: du lundi au vendredi de 14:30 à 20:00.

La Casa de los Tiros est située à l'emplacement de l'ancienne juiverie de Grenade. Après l'expulsion des juifs en 1492, la noblesse castillane s'était partagé la ville. Cette redéfinition sociale de l'espace urbain a entraîné la construction de nombreux palais comme celui qui nous occupe dans la zone que nous analysons. Dans sa matérialité, l'édifice répond à l'union de deux lignages, castillan et musulman, qui sont tout un symbole de la symbiose culturelle qui s'est produite à Grenade. C'est à la fille du commandeur Gil Vásquez Rengifo et au neveu de Sidi Yahya, unis par le mariage, qu'il revint de personnifier le processus. À l'extérieur, une tour fut ajoutée à l'habitation musulmane, qui fut peu à peu rénovée jusqu'à donner la structure actuelle. Bien qu'à l'intérieur subsistent encore quelques vestiges de l'édifice nasride, la façade présente un intéressant programme de figures mythologiques (Jason, Hercule, Hector et Mercure) qui, mêlés à l'emblème de la maison qui figure sur le portail –"Le cœur commande"– suggère une restauration des idéaux chevaleresques du Moyen Âge.

Le vestibule présente un *alfarje* à grandes poutres qui reposent sur des corbeaux en forme de quille. Sur cette couverture simple se détache un groupe pictural de bêtes sauvages et de monstres fantastiques affrontés. Une autre série de toitures plus petites dans les pièces du rez-de-chaussée et un splendide patio donnent accès à l'étage supérieur, où se trouve la principale salle du palais, la "Cuadra Dorada". On peut y apprécier l'un des projets iconographiques les plus complets qui aient été réalisés sur un *alfarje* mudéjar dans la Grenade renaissante. Les poutres reposent sur des corbeaux à décor anthropomorphe; dans la zone inférieure, elles exhibent des épées sculptées et la même devise familiale que sur la porte: "Le cœur commande".
Dans les séparations de l'*alfarje*, des espaces quadrangulaires exposent des bas-reliefs de bustes et des légendes explicatives sur les personnages représentés. S'inventant toute une généalogie, les commettants racontent ainsi les exploits de leurs ancêtres supposés, en remontant jusqu'au monde romain (Trajan) et médiéval (Récarède, Alaric,

Hermenegilde, Ferdinand III...), puis reviennent au présent où, à côté des personnages les plus illustres de l'époque (Gonzalo Fernández de Córdoba, Don Íñigo López de Mendoza, les Rois Catholiques, Charles Quint), ils font figurer leurs prédécesseurs immédiats (Juan Vásquez Rengifo et Alonso de Grenade).

Le développement de ce programme historique et mythologique sur un *alfarje* dévoile clairement les intérêts idéologiques véhiculés par ce couple mixte d'origines totalement opposées: relier un présent chrétien à un passé tout aussi chrétien, en faisant fi de la période islamique de la ville. Les nouveaux maîtres de Grenade se faisaient portraiturer à côté de rois et d'empereurs en passant sous silence des princes musulmans qui avaient pourtant gouverné la ville pendant huit siècles. Ce projet aristocratique et militaire prit un tour cultivé et dilettante au XVIᵉ siècle lorsque le palais commença à accueillir, à l'italienne, une académie dans laquelle les Granada Venegas réunissaient les personnalités les plus cultivées de la ville qui s'y adonnaient en grande pompe à des sessions et à des joutes poétiques.

XIII.5.d Église Santa Ana y San Gil

Reprendre l'avenida de los Reyes Católicos jusqu'au quartier de l'Albaicín. Située sur la Plaza Nueva au début de la carrera del Darro. Horaires du culte: à partir de 18:00.

Voici un exemple typique de la capacité de l'art mudéjar à créer des espaces grandioses à partir de la simple structure d'une nef unique. L'église Santa Ana fut construite sur l'emplacement d'une mosquée primitive et les travaux s'achevèrent vers 1548. L'intégration à l'environnement urbain se fit ultérieurement au moyen d'un porche Renaissance, une œuvre de Sebastián de Alcántara. Le porche fut flanqué de la magnifique tour construite entre 1561 et 1563, avec l'intervention fondamentale du maçon Juan de Castellar. L'ensemble est une magnifique leçon sur les potentialités de la brique lorsqu'elle se mêle à la polychromie des *azulejos* et aux tuiles vernissées. Dans l'espace intérieur du temple, réalisé avec l'approbation de Diego de Siloé, un arc doubleau sépare la chapelle majeure du reste de l'église. La grande nef est couverte d'une *armadura* signée des ébénistes Benito de Córdoba et Alonso Hernández Barea. De forme rectangulaire, elle présente des arêtes simples ou doubles et un grand *almizate* totalement *apeinazado* avec des entrelacs de huit et quatre pommes de pin de *muqarnas*. Les doubles tirants, également à entrelacs,

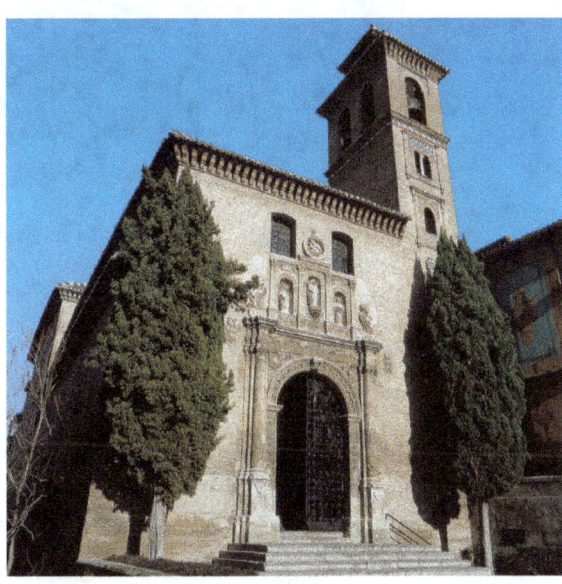

Église Santa Ana y San Gil, façade et tour, Grenade.

Grenade

Église San Pedro y San Pablo, vue générale avec l'Alhambra au fond, Grenade.

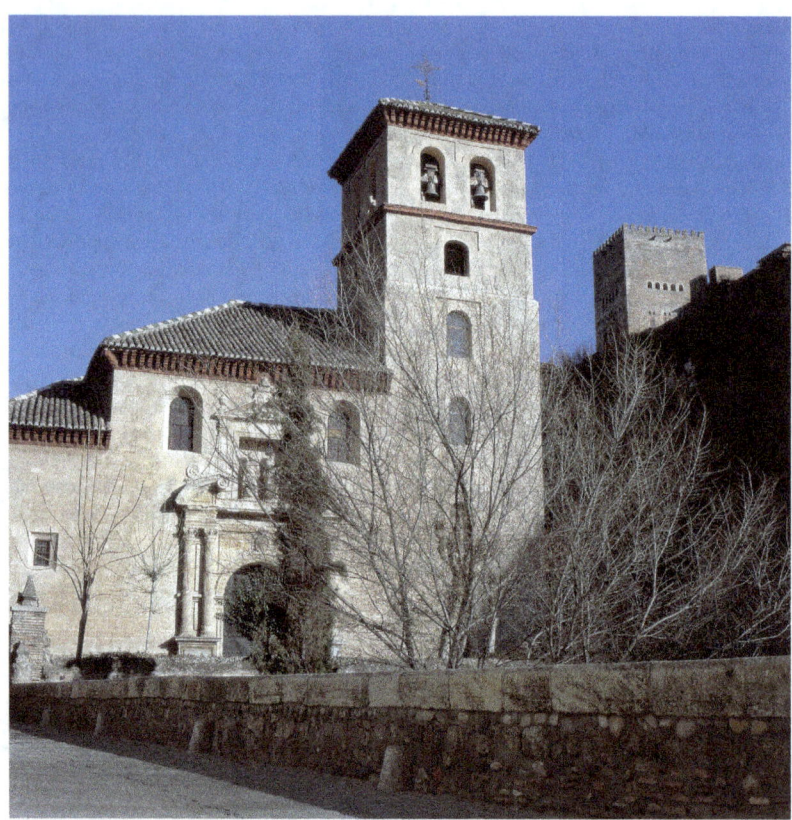

orientent vers le presbyterium surmonté d'un plafond octogonal dont les grands pendentifs se prolongent de formes triangulaires et d'entrelacs de dix. Tout l'ensemble est complété au moyen d'entrelacs à cinq et dix branches qui suggèrent l'image générale d'un grand ciel étoilé.

XIII.5.e Église San Pedro y San Pablo

Par la rue Carrera del Darro.
Horaires: de 17:30 à 18:30; samedi de 18:00 à 19:30; dimanche de 10:00 à 13:00.

L'église San Pedro y San Pablo que l'on peut voir au Darro, commencée dans la seconde moitié du XVIe siècle sur un plan de Juan de Maeda, montre bien comment les formes spatiales des églises mudéjares opposent une alternative majeure aux solutions classiques. Nous y rencontrons une nef de transept et des chapelles latérales ouvertes sur l'espace principal. Le plan épouse donc la forme d'un rectangle, tandis que l'élévation à plusieurs niveaux est percée de fenêtres qui assurent l'éclairage intérieur.

Tous les plafonds de bois sont dus à l'ébéniste Juan de Vílchez. Parmi ceux-ci, on remarquera particulièrement l'*armadura* de la grand nef, un grand rectangle à arêtes simples dont l'*almizate* est décoré de quatre grappes de *muqarnas*; celui du transept, à seize pans et appuyée sur quatre pendentifs à caissons; et le plafond de la chapelle majeure dont la forme, comme le précédent, tend vers la coupole, et qui présente des entrelacs de dix dans la décoration.

Les chapelles latérales abritent diverses sépultures des principales familles grenadines du XVIe siècle qui enrichissent le patrimoine artistique de l'ensemble, tout comme les palais des familles en question, comme on l'a déjà vu avec la Casa de Castril, enrichissent cette région du bas Albaicín.

XIII.5.f Casa de Castril - Musée archéologique et ethnologique provincial

En face de l'église, dans la rue Carrera del Darro, 43.
Horaires: le mardi de 13:00 à 20:00; du mercredi au samedi de 9:00 à 20:00; le dimanche de 9:00 à 14:00.

Propriété de la famille de Don Hernando de Zafra, secrétaire des Rois Catholiques, elle fut probablement construite par son neveu à partir de 1539. La façade en pierre de taille est en soi une véritable démonstration des possibilités du langage renaissant arrivé d'Italie. S'y mêlent en une sorte d'album des motifs de grotesques, des "candelieri", des thèmes héraldiques et des formes symboliques très révélatrices de la capacité des sculpteurs grenadins et de la culture des mécènes de l'édifice. À l'intérieur, un patio Renaissance sert à distribuer les espaces, qui sont pour la plupart recouverts d'*alfarjes* décorés de formes géométriques et qui s'approchent parfois des *artesonados* Renaissance.

À l'intérieur, l'élément le plus remarquable est le plafond de l'escalier, une magnifique *armadura* rectangulaire de cinq pans à arêtes simples. L'ensemble est entièrement *apeinazado* d'entrelacs de dix, l'*almizate* est décoré de trois pommes de pin en *muqarnas*. Les profils sont soulignés en blanc, rouge et noir, le centre des étoiles est doré. L'ornementation se complète d'un décor végétal très stylisé.

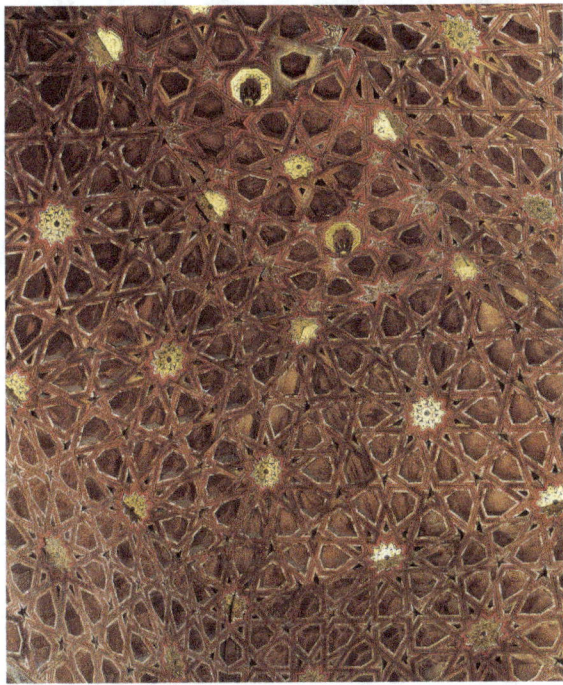

Casa de Castril, détail du plafond de l'escalier principal, Grenade.

Maison de la rue Lavadero de Santa Inés, plafond de la pièce principale, Grenade.

Église San José, tour-minaret, Grenade.

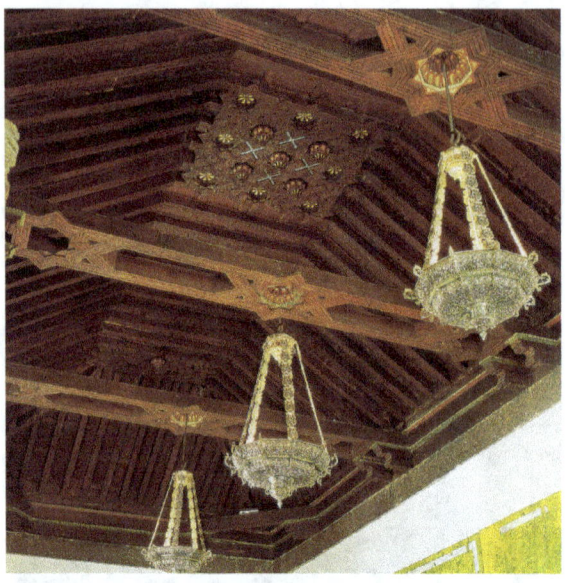

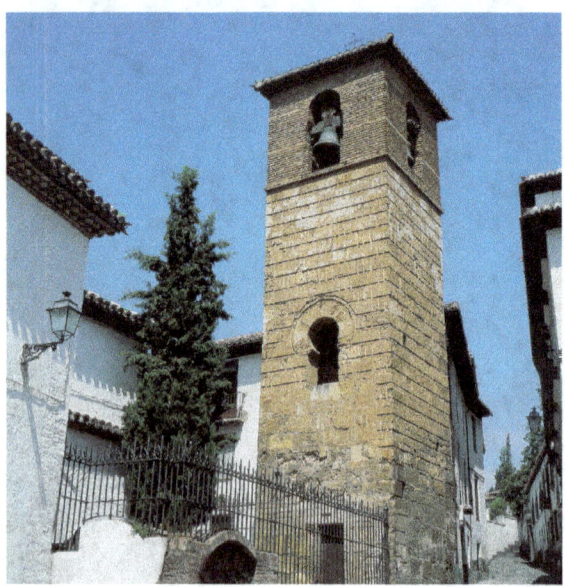

XIII.5.g Maison de la rue Lavadero de Santa Inés

Monter par la rue Zafra et, à gauche, par la rue Portería Concepción jusqu'à la Cuesta de Santa Inés, puis à droite jusqu'au numéro 9 de la rue Lavadero.
C'est actuellement l'hôtel-palace Santa Inés.
Horaires: de 12:00 à 19:00.

Le propriétaire de cet édifice du XVIe siècle devait être un personnage très cultivé, peut-être un médecin, comme inclinent à le croire les restes de peintures situés sur les parements des galeries du patio parmi lesquelles, bien que difficilement, on peut identifier les allégories de la Prudence et de la Sagesse, ainsi que Samson et Dalila. Outre les *alfarjes* simples des galeries et de quelques petites pièces de la demeure, on remarquera dans la salle principale du premier étage une *armadura* rectangulaire à arêtes simples et à trois tirants en paires. L'*almizate* est *apeinazado* aux extrémités et au centre avec des entrelacs de huit et des coupoles de *muqarnas*. À la décoration géométrique de la structure s'allie la polychromie qui différencie les éléments, sans oublier l'or aux endroits les plus emblématiques.
La transformation de l'édifice en hôtel et sa minutieuse restauration l'ont rendu au patrimoine grenadin, et portent enfin à l'admiration de tous un ensemble trop longtemps resté dans l'oubli.

XIII.5.h Église San José

Située dans la rue San José Alta. Retourner à la rue Cuesta de Santa Inés et monter par San Juan de los Reyes.
Horaires: de 19:00 à 21:00; les dimanches et jours fériés à partir de 10:30.

C'est dans cette partie basse de l'Albaicín que se sont installés les premiers administrateurs de la cité récemment conquise, qui ont donné leurs noms à certaines rues, telle la rue de los Oidores (des Auditeurs) dans laquelle se trouvait l'habitation des fonctionnaires de la chancellerie. De là nous longeons la rue San Juan de los Reyes, pour ensuite monter jusqu'à la Cuesta de San Gregorio et croiser l'église San José, érigée vers 1525 par l'architecte Rodrigo Hernández sur l'ancienne mosquée des al-Murabitin.

Du bâtiment islamique demeure encore le puits qui devait servir à alimenter en eau la fontaine d'ablutions et le minaret, transformé en clocher. À l'intérieur, l'église s'articule autour de quatre arcs brisés qui soutiennent une couverture dont les pans sont décorés d'éléments géométriques. La "capilla mayor", surmontée d'une magnifique *armadura* d'entrelacs réalisée par le charpentier Domingo de Frechilla, fut financée par doña Leonor Manrique, la veuve de Pedro Carrillo de Sotomayor, pour le dernier repos des membres de sa famille. La chapelle funéraire des Núñez de Salazar dispose, elle aussi, d'une remarquable *armadura* richement décorée d'entrelacs.

XIII.5.i Église San Miguel Bajo

Monter par la rue San José jusqu'à la Place San Miguel Bajo.
Horaires: les dimanches et jours fériés à partir de 12:30.

Cette église a été construite en deux étapes bien distinctes qui correspondent à des projets architecturaux différents, mais ne compromettant pas l'unité spatiale, et dont le résultat est tout un compendium de plafonds mudéjars.

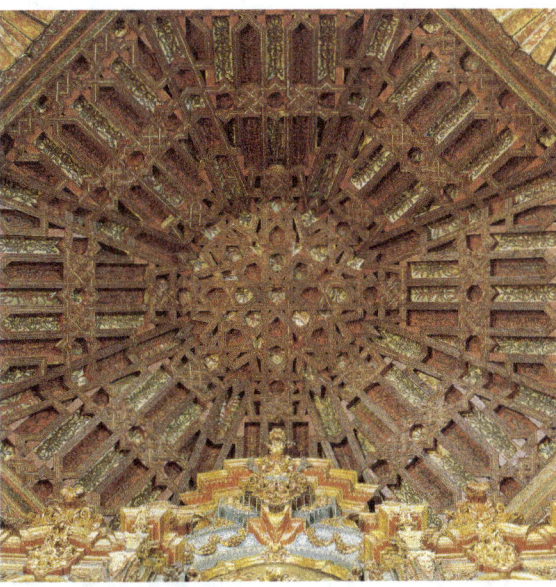

Église San Miguel Bajo, détail du plafond du presbyterium, Grenade.

La première étape, qui s'étend de 1528 à 1539, comprend la chapelle majeure, située sur un perron, et deux travées délimitées par des arcs diaphragmes semblables à ceux de l'église de San José, tandis que le bas de la nef, réalisé entre 1551 et 1557, se clôt sur une *armadura à limas* ornée d'entrelacs. L'agrandissement de l'espace destiné au culte peut sans doute s'expliquer par l'accroissement de la population du quartier, et les techniques constructives mudéjares ont rendu possibles les ajouts successifs sans que l'unité de l'ensemble s'en ressente.

L'extérieur est complété par deux portails en pierre de taille réalisés par Juan de Alcantará et Pedro de Asteasu sur des modèles de Diego de Siloé. Le plus remarquable est celui du bas, presque d'ordre corinthien, structuré par un arc en plein cintre au-dessus duquel une

Grenade

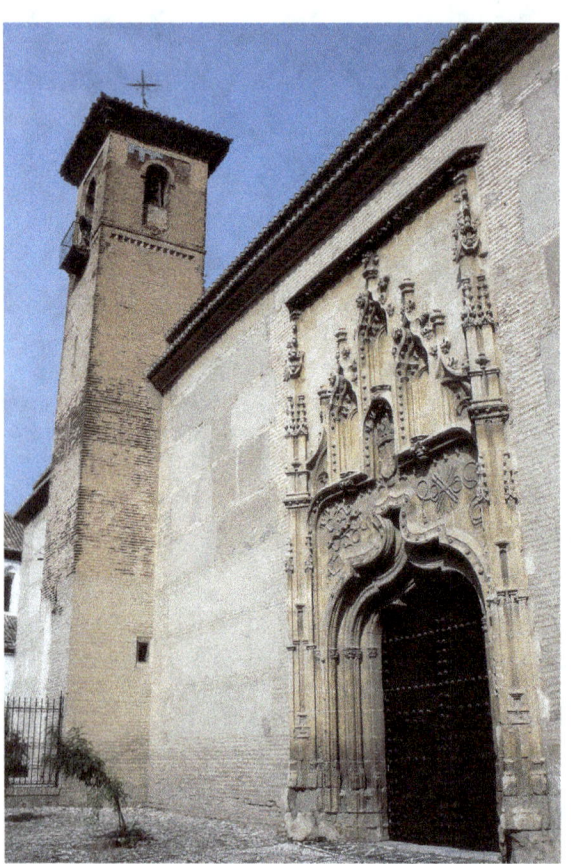

Église du monastère Santa Isabel la Real, façade et tour, Grenade.

XIII.5.j Église du monastère Santa Isabel la Real

*Dans la rue Santa Isabel la Real.
Pour la visite, contacter le bureau MSF.*

Cet ensemble conventuel est un bon exemple de ce que furent les fondations monastiques dans la Grenade du XVIe siècle. Sa construction s'inscrit dans la volonté de la couronne de compléter le domaine religieux jusque-là limité à la cathédrale et aux paroisses de la ville. C'est une fondation des Rois Catholiques, issue du regroupement d'un ensemble d'édifices préexistants.

À l'extérieur, l'église comporte un portail gothique attribué à Enrique Egas et une tour mudéjare qui s'approche du modèle de Santa Ana. À l'intérieur, la nef unique est surmontée d'une *armadura* de bois à arêtes simples, entièrement *apeinazada*, avec trois paires de tirants et des aisseliers dans les angles. La chapelle majeure, quant à elle, est coiffée d'une des plus intéressantes *armaduras* de l'ébénisterie gothique, qu'il faudrait mettre en relation avec les modèles castillans et même centre-européens.

niche abrite l'effigie de saint Michel. Des blasons dans les écoinçons, des grotesques et une feuille d'acanthe à la clé complètent l'ornementation du portail. Le puits de l'église, situé dans le latéral qui donne sur la place, date du XIIIe siècle; il s'ouvre par un arc brisé outrepassé dans un encadrement d'*alfices* et s'appuie sur des fûts de colonnes romaines, ce qui nous rappelle que cette structure avait été une mosquée pendant l'époque islamique.

XIII.5.k Palais du marquis de Zenete

En face, dans la rue Santa Isabel la Real, à l'angle de la rue de la Tiña. Actuellement siège de la fondation Nuestra Señora del Pilar.

Notre circuit s'achève avec cet édifice, qui fut la propriété de Rodrigo Díaz de Vivar, marquis de Zenete, et qui resta entre les mains de sa famille jusqu'en 1662, date à laquelle il fut transformé en hôpital pour teigneux. Il répond aux caractéristiques palatines propres à l'édifice islamique d'origine, transformé au

CIRCUIT XIII   *Rodrigo de Mendoza, marquis de Zenete: du château de La Calahorra à l'Albaicín*

Grenade

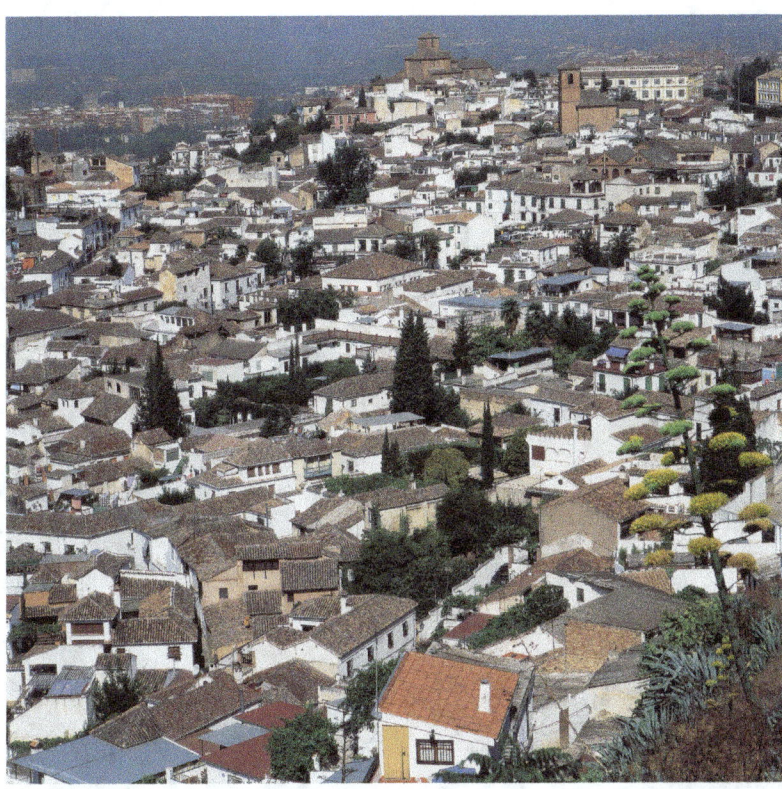

Vue générale de l'Albaicin depuis San Miguel, Grenade.

XVIᵉ siècle. Une avant-cour recouverte d'un simple *alfarje* nous conduit dans une cour de grandes dimensions dont le niveau inférieur se rythme de colonnes provenant de la construction nasride qui avait précédé l'édifice et sur lesquelles s'appuient des semelles maniéristes. Le niveau supérieur présente des balustrades et des piédroits torses à la façon des colonnes ioniques et des semelles qui reprennent, bien que plus grossièrement, le dessin de celles du rez-de-chaussée.

Des fouilles récentes livrent progressivement les différentes séquences historiques de l'édifice, dont il faut souhaiter que l'intérêt patrimonial puisse être rapidement reconnu à sa juste valeur.

C'est dans le palais nasride, qui appartenait à la dynastie régnante, que Boabdil fut proclamé roi pour la seconde fois en 1482, lorsqu'il se réfugia dans la casbah. Entre les mains du marquis de Zenete, le palais s'est transformé en nouvel exemple de symbiose entre art chrétien et art musulman. Son nouveau maître, comme tant d'autres à l'époque, vivait à cheval sur les deux cultures et c'est bien cela que, somme toute, nous connaissons sous le nom de mudéjar.

ENSEIGNEMENT ET CONNAISSANCE SCIENTIFIQUE

Rafael López Guzmán, Miguel Ángel Sorroche Cuerva

La Madrasa, oratoire, Grenade.

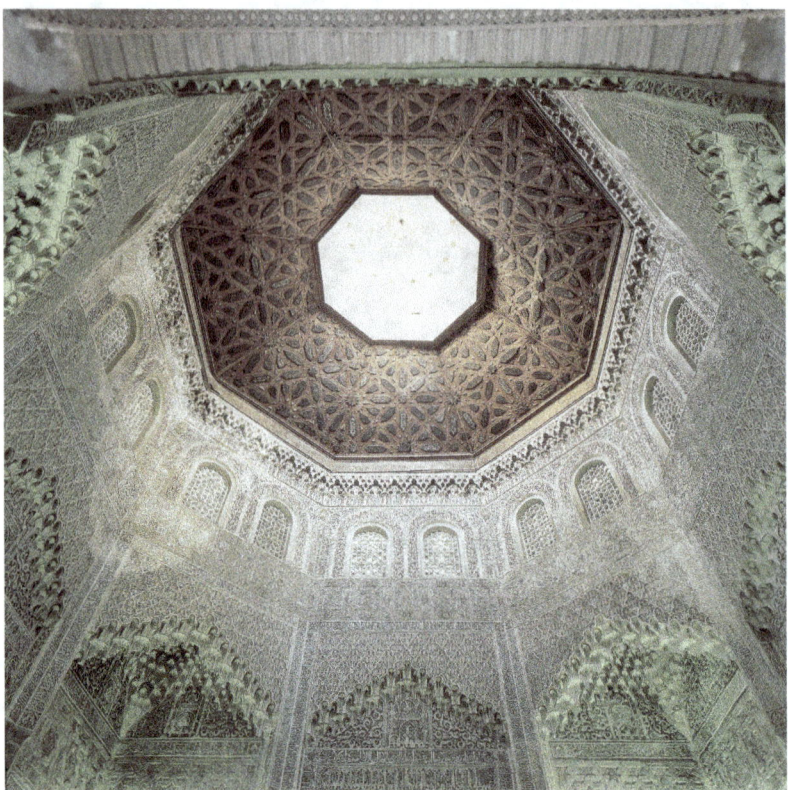

La Madrasa de Grenade fut vraisemblablement l'unique édifice de cette typologie qu'on ait construit en al-Andalus. La dotation du sultan Yusuf Ier —elle est citée dans les sources arabes sous le nom de Madrasa Yusuffiyya ou Madrasa Nasriyya (en référence à la dynastie nasride)— peut en être datée du milieu du XIVe siècle. Toutefois, si le sultan en fut bien le fondateur, c'est en réalité son Premier ministre Ridwan qui permit que le projet fût mené à bien. Son rôle, au même titre que l'importance de l'institution, est bien mis en valeur dans ce texte d'Ibn al-Jatib:

"Il a fondé la Madrasa, où il n'en existait pas, et l'a dotée de rentes; il y a établi des habitations permanentes [pour les étudiants] et personne ne fit plus que lui pour la soutenir; elle a fini par être unique par sa splendeur, son enchantement, son élégance et sa grandeur, et il y a amené l'eau du *habous* [legs pieux] pour qu'elle en soit constamment approvisionnée."

Les madrasas trouvent leur origine dans l'Orient islamique. La première madrasa, au sens institutionnel, fut fondée en 1067 par Nizam al-Mulk, vizir des sultans seljukides Alp Arslan et Malik Shah. Cette madrasa a directement adopté le modèle d'édifice turco-seljuquide d'origine, qui s'est ensuite progressivement diffusé en Arabie, en Syrie, en Palestine, en Anatolie, dans le nord de l'Afrique et enfin dans le royaume de Grenade.

Aux étudiants qui venaient d'autres villes, les madrasas offraient le logement, la nourriture et parfois un petit pécule. Outre les chambres d'étudiants, ses installations comprenaient des salles d'étude, une bibliothèque et une petite mosquée.

Le plus grand nombre d'informations dont nous disposons sur la madrasa de Grenade provient d'Ibn al-Jatib et de son époque. Nous savons que la plupart des professeurs étaient originaires de la cité elle-même ou d'autres villes du royaume de Grenade, bien que nombre d'érudits soient aussi venus d'autres régions musulmanes, notamment du Maghreb.

Nous ne disposons pas de document spécifiant précisément quelles étaient les disciplines enseignées à la madrasa. Pour tenter d'en établir la liste, nous devons faire appel aux biographies de ceux qui y ont dispensé leur enseignement. Les matières les plus courantes étaient celles à caractère philologico-littéraire et juridico-religieux. Les premières privilégiaient les canons du droit islamique, la jurisprudence, le droit successoral, les lectures coraniques, la théologie musulmane, les commentaires du Coran et le soufisme; les secondes mettaient l'accent sur la langue, la philologie, la métrique et la littérature arabe.

Des matières plus scientifiques étaient également enseignées, comme la médecine, le calcul, l'astronomie, la géométrie, la logique et même la mécanique.

Parmi les professeurs qui dirigeaient des classes à Grenade, citons par exemple Abu Zakariyya, natif de Archidona (Malaga), l'un des plus brillants savants de son temps, dont le savoir embrassait la médecine, la géométrie, l'astronomie, le calcul, le droit islamique et la littérature.

Un autre érudit, de Tlemcen (Algérie), fut Abu Ali Mansur al-Zawawi. Il fut engagé à la madrasa de Grenade en 1332 avec un salaire très confortable. Il eut de nombreux disciples, à qui il enseigna les différentes spécialités du droit et le *tafsir* (commentaire du Coran).

GLOSSAIRE

Ajimez	Auvent ou balcon en saillie fabriqué en bois et comportant des jalousies.
Alarife	Architecte ou maître d'œuvre.
Albanega	Écoinçon, espace de forme triangulaire situé entre l'arc et l'*alfiz* dans l'architecture musulmane.
Albarrana	Tour située en dehors de l'enceinte murée et reliée à la muraille par des ponts, des arcs ou des murs faciles à détruire si la tour risque de tomber entre des mains ennemies.
Alcabala	Ancien impôt sur les ventes.
Alfarje	Toiture plate aux boiseries ouvragées et artistiquement entrelacées, pouvant éventuellement être recouverte d'un plancher.
Alfiz	Encadrement de l'arc arabe, qui entoure les écoinçons et démarre soit depuis les impostes, soit depuis le sol.
Alicer	Bandeau ou frise de céramique de différents aspects, dans la partie inférieure des murs des appartements.
Almizate	Partie de la toiture à *par y nudillo* qui est parallèle au sol.
Apeinazado-a	Se dit d'un plafond ou d'une charpente de bois dans lesquels l'ornementation à base d'entrelacs est formée en assemblant les traverses sans les clouer.
Arc angrelado	Arc contrelobé, dont l'intrados est décoré de petits lobes qui se coupent en formant des pointes.
Arc cairelado	Arc dont l'intrados est décoré de petits arcs.
Arc mixtiligne	Arc formé par des lignes droites et des lignes courbes.
Arc túmido	Arc en fer à cheval ou outrepassé, plus grand que le demi-cercle ou plein cintre.
Armadura à limas ou de artesa	Charpente à section ou profil trapézoïdal, en forme d'auge retournée, dans laquelle les pans sont unis par une ou deux poutres situées à l'angle ou arête des pans de la toiture.
Armadura à par et nudillo	Charpente à *parhilera* dans laquelle, pour consolider le renfort et éviter que des chevrons ne se courbent, est installée une poutre horizontale, appelée *nudillo*, entre les chevrons correspondants. La succession des *nudillos* et de leurs boiseries intermédiaires génère une superficie plane, l'*almizate* ou *harneruelo*.
Armadura à parhilera ou mojinetes	Charpente à deux pentes, de profil triangulaire, formée par une série de paires de poutres appelées *pares* ou *alfardas* (chevrons); dans la partie supérieure, les chevrons reposent sur une poutre appelée *hilera* (panne faîtière); dans la partie inférieure, ils reposent sur l'*estribado* (panne sablière) placé au sommet des murs.
Armadura	Ensemble des pièces de bois utilisées pour la couverture d'un édifice. Peut adopter les variantes de base suivantes à *parhilera* ou *mojinetes*, à *par y nudillo* et à *limas* ou *de artesa*.

Glossaire

Arrocabe	Bandeau décoratif en bois ou en stuc qui couvre la partie supérieure du mur à la jonction de la toiture.
Artesonado	Toitures, voûtes ou systèmes de couverture formés de lambris ou de caissons.
Atalaya	Tour de vigie, couramment érigée sur un point élevé pour pouvoir surveiller la campagne ou la mer et rendre compte de ce qui s'y passe.
Ataurique	Ornementation végétale inspirée de la feuille d'acanthe classique, stylisée, elle est très largement utilisée dans l'art hispano-musulman; souvent désignée en français par le terme d'"arabesques" végétales.
Azulejo	Carreau de faïence émaillée orné de dessins.
Chebka	Motif ornemental popularisé par l'architecture almohade et qui présente un réseau de losanges aux tracés lobés ou mixtilignes.
Cimborrio	Construction élevée au-dessus du transept, habituellement en forme de tour carrée ou octogonale et surmontée d'un chapiteau.
Cuenca ou arista	Céramique présentant des dessins en creux obtenus par la pression d'un moule puis entièrement colorés grâce aux émaux déposés dans les cavités ou "creux" (*cuencas*) délimités par une "arête" (*arista*) ou chant vif.
Cuerda seca	Technique de céramique consistant à isoler les uns des autres les émaux de différentes couleurs au moyen d'un trait de matière grasse qui se consume à la cuisson.
Engobe	Mélange de terre non vitrifiable et de pâte liquide qui s'applique sur tout ou partie de la pâte crue pour masquer sa couleur et décorer ou pour tracer des dessins sur la pièce de céramique.
Estamento	Dans la couronne d'Aragon, chacun des états qui assistait à la cour; l'ecclésiastique, la noblesse, les chevaliers et les universités ou communes.
Estribo	Panne sablière, poutre que l'on place parfois horizontalement sur les tirants et sur laquelle s'enclavent ou s'appuient les chevrons d'une toiture.
Funduq	En Afrique du Nord, hôtellerie pour les marchands et leurs bêtes de somme, entrepôt pour les marchandises et centre de commerce équivalent au caravansérail ou au *han* de l'Orient islamique.
Guadamecí	Cuir décoré de reliefs et de peintures.

Ajimez	Auvent ou balcon en saillie fabriqué en bois et comportant des jalousies.
Alarife	Architecte ou maître d'œuvre.
Albanega	Écoinçon, espace de forme triangulaire situé entre l'arc et l'*alfiz* dans l'architecture musulmane.
Albarrana	Tour située en dehors de l'enceinte murée et reliée à la muraille par des ponts, des arcs ou des murs faciles à détruire si la tour risque de tomber entre des mains ennemies.
Alcabala	Ancien impôt sur les ventes.
Alfarje	Toiture plate aux boiseries ouvragées et artistiquement entrelacées, pouvant éventuellement être recouverte d'un plancher.
Alfiz	Encadrement de l'arc arabe, qui entoure les écoinçons et démarre soit depuis les impostes, soit depuis le sol.
Alicer	Bandeau ou frise de céramique de différents aspects, dans la partie inférieure des murs des appartements.
Almizate	Partie de la toiture à *par y nudillo* qui est parallèle au sol.
Apeinazado-a	Se dit d'un plafond ou d'une charpente de bois dans lesquels l'ornementation à base d'entrelacs est formée en assemblant les traverses sans les clouer.
Arc angrelado	Arc contrelobé, dont l'intrados est décoré de petits lobes qui se coupent en formant des pointes.
Arc cairelado	Arc dont l'intrados est décoré de petits arcs.
Arc mixtiligne	Arc formé par des lignes droites et des lignes courbes.
Arc túmido	Arc en fer à cheval ou outrepassé, plus grand que le demi-cercle ou plein cintre.
Armadura à limas ou de artesa	Charpente à section ou profil trapézoïdal, en forme d'auge retournée, dans laquelle les pans sont unis par une ou deux poutres situées à l'angle ou arête des pans de la toiture.
Armadura à par et nudillo	Charpente à *parhilera* dans laquelle, pour consolider le renfort et éviter que des chevrons ne se courbent, est installée une poutre horizontale, appelée *nudillo*, entre les chevrons correspondants. La succession des *nudillos* et de leurs boiseries intermédiaires génère une superficie plane, l'*almizate* ou *harneruelo*.
Armadura à parhilera ou mojinetes	Charpente à deux pentes, de profil triangulaire, formée par une série de paires de poutres appelées *pares* ou *alfardas* (chevrons); dans la partie supérieure, les chevrons reposent sur une poutre appelée *hilera* (panne faîtière); dans la partie inférieure, ils reposent sur l'*estribado* (panne sablière) placé au sommet des murs.
Armadura	Ensemble des pièces de bois utilisées pour la couverture d'un édifice. Peut adopter les variantes de base suivantes à *parhilera* ou *mojinetes*, à *par y nudillo* et à *limas* ou *de artesa*.

Glossaire

Muladi	Se dit du chrétien espagnol qui, pendant la domination musulmane en Espagne, embrassait la religion islamique et vivait parmi les musulmans.
Muqarnas	Décorations de prismes en forme de stalactites dont la surface inférieure est concave.
Olambrilla	*Azulejo* décoratif d'environ sept centimètres de côté que l'on associe à des carreaux rectangulaires, généralement rouges, pour former les pavements.
Par y nudillo	Cf. *armadura de par* et *nudillo*.
Parhilera ou mojinetes	Cf. *armadura de parhilera* ou *mojinetes*.
Peinazo	Planche insérée entre les poutres et à l'intérieur des ruelles d'une charpente de bois pour compléter l'ornementation d'entrelacs.
Qubba	Coupole. Par extension, monument élevé au-dessus de la tombe d'un marabout.
Ribat	Forteresse construite dans les zones de frontière, d'où les guerriers musulmans qui l'habitaient partaient pour la guerre sainte.
Taraceas	Décoration à base d'entailles dans le bois que l'on remplit ensuite de petits morceaux de différents matériaux s'ajustant parfaitement aux incisions, et qui créent un effet de polychromie. Les couleurs sont toujours les couleurs naturelles des fragments insérés ou appliqués.
Taujel	Toiture plate en bois, entièrement recouverte d'une décoration d'entrelacs et sur laquelle les solives sont complètement occultées. Elle se distingue de l'*alfarje*, le plafond à lambris, dont les poutres restent visibles.
Trompe	Voûte semi-conique dont le vertex se situe dans l'angle des murs et la partie large à l'extérieur, en saillie. Elle sert à passer de la forme carrée à la forme octogonale en ajoutant quatre côtés en chanfrein par l'intérieur de l'enceinte.
Turbé	Enceinte funéraire privée.
Zaquizamí	Toiture de bois.
Zawiya	Établissement religieux consacré à l'enseignement, sous l'autorité d'une confrérie.

Zellij   Petits morceaux de céramique émaillée qui, en combinant des formes géométriques et des entrelacs, sont utilisés dans la décoration extérieure ou intérieure des monuments. Certaines portent des noms spécifiques: *sino* ou étoile, *azafate*, amandon, lampe à huile...

PERSONNAGES HISTORIQUES

Alphonse VIII (1155-1214)
Il remporta sur les musulmans la décisive bataille de Las Navas de Tolosa (1212), qui conduisit à la chute de l'empire almohade et qui ouvrit la route du Guadalquivir aux chrétiens. Fondateur du monastère de Las Huelgas Reales à Burgos.

Alphonse X (1221-1284)
Son règne revêt une signification historique majeure dans des domaines aussi variés que la politique extérieure, la politique économique, les relations avec les différents *estamentos*, l'activité de conquête et de repeuplement, la mission législative et culturelle. Sur le plan culturel, il faut souligner l'intensification de l'activité de l'école de traducteurs de Tolède, de même que la production littéraire personnelle du roi, ses *Cantigas de Santa María*.

Benoît XIII (1328-1424)
Don Pedro Martínez de Luna, intronisé pape sous le nom de Benoît XIII et connu comme le pape Luna. Mécène des arts, il fit surélever les absides et refaire le *cimborrio* de la petite chapelle de la Seo. Ses œuvres servirent de modèle à d'autres mécénats ecclésiastiques. Il bâtit ses résidences principales à Daroca (1411), probablement sous la direction de Mahoma Rami.

Francisco Jiménez de Cisneros (1436-1517)
Cardinal dont l'activité culturelle trouve sa plus grande dimension avec la création de l'université de Alcalá en 1507, qui favorisa une orientation nouvelle face aux traditionnelles disciplines scolastique et juridique de Salamanque.

Pedro Tenorio (?-1399)
Archevêque de Tolède, partisan des Trastamare dans les rivalités entre Pierre Ier et Henri II. Il reconstruisit les murailles de la ville, et tout spécialement la porte du Soleil (Puerta del Sol), le pont San Martín (Puente de San Martín) et le château de San Servando.

María de Padilla (?-1361)
Elle vivait en concubinage avec Pierre Ier dans le palais d'Astudillo. La menace d'excommunication brandie par le pape à l'encontre de Pierre Ier fut à l'origine de la transformation du palais en couvent de clarisses.

Mahoma Rami
Maître d'œuvre et directeur de travaux au service de Benoît XIII. L'ampleur de son œuvre conduit à le considérer comme l'un des plus importants maîtres mudéjars de tous les temps.

Henri II (1333-1379)
Il prit la tête de la rébellion contre son frère Pierre Ier de Castille en 1366, avec le soutien de la France et de l'Aragon.

Ferdinand II d'Aragon (1452-1516)
Il épousa Isabelle de Castille (1474), et le règne des Rois Catholiques dura de 1479 à 1504. Du XIVe siècle jusqu'à la possession du royaume d'Aragon en 1479, le plateau castillan et la vallée de l'Èbre connurent une situation d'instabilité qui perdura jusqu'à l'union des couronnes de Castille et d'Aragon. On doit aux Rois Catholiques la transformation et l'agrandissement de la Aljafería et de l'alcazar royal de Séville.

Isabelle Ire de Castille (1451-1504)
(cf. Ferdinand II)

Muhammad V (1354-1391)
Roi nasride de Grenade. Son règne et celui de son père, Yusuf Ier, représentent l'apogée de la dynastie nasride, dont le témoignage de la splendeur est conservé à l'Alhambra: la cour des Lions et les salles adjacentes. Grand ami de Pierre Ier, qui le rétablit sur le trône et lui adressa des artisans pour les chantiers d'Astudillo (1356), Tordesillas (1363), Séville (1364-1366) et Tolède. Sans doute influencé par sa visite à l'alcazar royal de Séville, il fit construire son palais de Comares à Grenade.

Pedro Gumiel
Architecte des œuvres du cardinal Cisneros, il contrôla et supervisa la totalité des édifices en construction dans les premières décennies du XVIe siècle.

Pierre Ier de Castille (1334-1369)
Surnommé "le Cruel", il maintint une guerre frontalière pendant treize ans avec Pierre IV d'Aragon. Son œuvre culturelle la plus significative fut la construction du palais mudéjar de l'alcazar royal (1364-1366).

Pierre IV d'Aragon (1319-1387)
Surnommé "le Cérémonieux". Grand amoureux des lettres et mécène des artistes. Il fit construire le palais mudéjar de la Aljafería, ainsi que la chapelle San Martín et la chapelle San Jorge.

ORIENTATION BIBLIOGRAPHIQUE

ABAD CASTRO, M. C., *Arquitectura mudéjar religiosa en el arzobispado de Toledo,* Toledo, Obra Social Caja Toledo, 1991, 2 vols.

Actas de los Simposios Internacionales de Mudejarismo, que se celebran desde 1975 en la ciudad de Teruel, con periodicidad trienal desde 1981: I (1975); II (1981); III (1984); IV (1987); V (1990); VI (1993); VII (1996); VIII (1999). Instituto de Estudios Turolenses,

AGUILAR GARCÍA, M. D., *Málaga mudéjar. Arquitectura religiosa y civil,* Universidad de Málaga, 1979.

ANGULO ÍÑIGUEZ, D., *Arquitectura mudéjar sevillana de los siglos XIII, XIV y XV,* Sevilla, 1932. Reedición, Mairie de Séville, 1983.

BORRÁS GUALÍS, G. M., *Arte mudéjar aragonés,* 3 vols., Zaragosse, Cazar-coaata, 1985.

BORRÁS GUALÍS, G. M. (coordinador), *El arte mudéjar,* Zaragosse, Unesco-Ibercaja, 1996.

DELGADO VALERO, C. y PÉREZ HIGUERA, M. T., "El periodo islámico y mudéjar", en VV. AA., *Arquitecturas de Toledo,* Toledo, Servicio de Publicaciones de la Junta de Comunidades de Castilla-La Mancha, 1991, vol. I, pp. 59-405.

"Estudios Mudéjares y Moriscos", *Sharq al-Andalus,* n.° 12, 1995 (monográfico).

FRAGA GONZÁLEZ, C., *Arquitectura mudéjar en la Baja Andalucía,* Santa Cruz de Tenerife, 1977.

HENARES CUELLAR, I. y LÓPEZ GUZMÁN, R., *Arquitectura mudéjar granadina,* Caja General de Ahorros y Monte de Piedad de Granada, Grenade, 1989.

LAVADO PARADINAS, P., "Tipología y análisis de la arquitectura mudéjar en Tierra de Campos", *Al-Andalus,* XLIII, 1978, pp. 427-454.

LLEÓ CAÑAL, V., *La Casa de Pilatos,* Caja San Fernando de Sevilla y Jerez, Séville, 1996.

MARTÍNEZ CAVIRO, B., *Mudéjar toledano. Palacios y conventos,* Madrid, 1980.

MOGOLLÓN CANO-CORTÉS, P., *El mudéjar en Extremadura,* Universidad de Extremadura - Institución Cultural "El Brocense", 1987.

PALACIOS LOZANO, A. R., *Bibliografía de arquitectura y techumbres mudéjares, 1857-1991,* Serie Estudios Mudéjares, Teruel, Instituto de Estudios Turolenses, 1993.

PAVÓN MALDONADO, B., *Arte mudéjar en Castilla la Vieja y León.* Madrid, Asociación Española de Orientalistas, 1975.

PAVÓN MALDONADO, B., *Arte toledano islámico y mudéjar,* Madrid, Instituto Hispanoárabe de Cultura, 1973 (2.ª ed., 1988).

PÉREZ HIGUERA, M. T., *Arquitectura mudéjar en Castilla y León,* Junta de Castilla y León, Consejería de Cultura y Turismo, 1993.

TORRES BALBAS, L., *Arte almohade. Arte nazarí. Arte mudéjar*, Col. "Ars Hispaniae", vol. IV, Madrid, Plus Ultra, 1949.

VALDÉS FERNÁNDEZ, M., PÉREZ HIGUERA, M.T. y LAVADO PARADINAS, P., *Historia del Arte de Castilla y León,* "Arte mudéjar", tomo IV,. Valladolid, Ámbito Ediciones, S. A., 1994.

VALDÉS FERNÁNDEZ, M., *Arquitectura mudéjar en León y Castilla,* León, Colegio Universitario-Institución "Fray Bernardino de Sahagún", 1981 (2.ª ed., 1984).

AUTEURS

Gonzalo M. Borrás Gualís
Titulaire de la chaire d'Histoire de l'art, faculté de Philosophie et Lettres, et professeur d'Art mudéjar en classe de licence d'Histoire de l'art de l'université de Saragosse. Consacre l'essentiel de ses recherches à l'art mudéjar. Membre du comité scientifique du Centre d'études mudéjares et des symposiums internationaux de Mudéjarisme de Teruel. Coordinateur de programmes d'Art Mudéjar pour l'Unesco et Musée Sans Frontières.
Parmi ses publications, il faut souligner *El Arte Mudéjar*, Teruel, Instituto de Estudios Turolenses, 1990; *El Islam. De Córdoba al Mudéjar*, Madrid, Sílex, 1990; *El Arte Mudéjar*, Zaragoza, Ibercaja-Unesco, 1996, et *Arte Mudéjar Aragonés*, 3 vols., Saragosse, Cazar-Coaata, 1985.

Pedro Lavado Paradinas
Docteur en Histoire de l'art (faculté de Géographe et Histoire de l'Universidad Complutense de Madrid) en 1978 avec une thèse sur "L'art mudéjar en Castille et León" (Prix spécial). Entre autres fonctions: professeur d'Histoire de l'art espagnol et hispano-américain à l'université de Heidelberg (1979-1980); professeur d'Histoire de l'art à l'École des Arts appliqués et des métiers artistiques de Saint-Jacques de Compostelle, fonctionnaire au ministère de l'Éducation et de la Science depuis 1982; chef du département et de la section Éducation au Musée Archéologique National de Madrid (1986 et 1992). Actuellement professeur d'Histoire de l'art au Centre associé de l'U.N.E.D à Madrid depuis 1980 et chef du service des Œuvres d'art à l'Institut de Conservation et de Restauration des biens culturels de Madrid depuis 1992.
A publié plus d'une centaine de livres ou d'articles sur l'art mudéjar et hispano-musulman, l'archéologie médiévale, l'iconographie, l'ethnographie, l'éducation dans les musées, la didactique...

Rafael López Guzmán
Professeur titulaire d'Histoire de l'art, faculté de Philosophie et Lettres de l'université de Grenade où il enseigne en licence et doctorat les disciplines relatives à l'art islamique et hispano-américain. A été directeur de l'Extension culturelle de l'université de Grenade et coordinateur général du projet "L'Héritage andalou".
Parmi ses nombreuses publications, il faut noter *Tradición y Clasicismo en la Granada del siglo XVI: Arquitectura civil y Urbanismo* (Grenade, 1987); *Arquitectura Mudéjar Granadina* (Grenade, 1990) et *Arquitectura y Carpintería Mudéjar en Nueva España* (Mexico, 1992). Il a aussi contribué à des éditions collectives, dont "La Medina Musulmana", dans *Nuevos Paseos por Granada y sus Contornos* (Grenade, 1992); "Las primeras construcciones y la definición del Mudéjar en Nueva España", dans *El Mudéjar Iberoamericano. Del Islam al nuevo mundo* (Madrid, 1995), etc.

María Pilar Mogollón Cano-Cortés

Licenciée en Histoire de l'art en 1979, université d'Estrémadure, elle est lauréate du prix Fin de Carrera "Publio Hurtado" et rejoint comme professeur d'Histoire de l'art la faculté de Philosophie et Lettres. Docteur de la même université cinq ans plus tard, elle est, depuis 1988, professeur titulaire du département d'Histoire de l'art à la faculté de Philosophie et Lettres de l'université d'Estrémadure.

Sa bibliographie se signale entre autres par: *El Mudéjar en Extremadura* (1987), sujet de sa thèse de doctorat; *Cáceres: la búsqueda de una ciudad eterna* (1987); *La sillería de coro de la catedral de Plasencia* (1992); *Por tierras de Cáceres y castillos de Cáceres* (1992); *El Gótico en Extremadura* (1995) et *Monumentos artísticos de Extremadura* (1986).

Alfredo Morales Martínez

Professeur au département d'Histoire de l'art, faculté de Géographie et Histoire de l'université de Séville. Premier prix "Archivo Hispalense" de la Députation provinciale de Séville (1975). Assesseur technique du département du Patrimoine historico-artistique de l'archevêché de Séville. Membre de la Commission andalouse des Biens meubles. Membre du comité scientifique et exécutif de l'exposition "El Mudéjar Iberoamericano. Del Islam al Nuevo Mundo" (Malaga, 1995). Entre 1989 et 1991, il a occupé le poste de sous-directeur général des Biens meubles au ministère de la Culture.

María Teresa Pérez Higuera

Professeur d'Histoire de l'art médiéval, faculté de Géographie et Histoire de l'art I (Moyen Âge), Université Complutense de Madrid, où elle enseigne l'Art hispano-musulman et l'Art mudéjar.

Les nombreux travaux qu'elle a publiés privilégient les thèmes islamiques: *Objetos e Imágenes de al-Andalus* (1994); "Arte én época almorávide et almohade", dans *Historia de España* de Menéndez Pidal (1997); "Arte Mudéjar en Castilla y León" (1993) et "Arte Toledano", dans *Arquitecturas de Toledo* (1re éd. 1991, 2e éd. 1993), outre des contributions sur le même thème dans *Casas y palacios en al-Andalus* (1995), *El Mudéjar Iberoamericano* (1995), *Arte Mudéjar* (1996) et le chapitre traitant du "Mudéjar en la Corte" dans *Historia del Arte en Castilla y León* (1996).

Alfonso Pleguezuelo Hernández

A suivi ses études d'Histoire de l'art entre 1973 et 1978 à l'université de Séville où il a obtenu son doctorat pour son étude sur "Arquitectura Sevillana de principios del siglo XVII". Actuellement professeur titulaire d'Histoire de l'art à la faculté des Beaux-Arts de la même université. Outre ses recherches sur l'architecture proto-baroque, il se consacre essentiellement depuis près de vingt ans à des travaux liés à l'Histoire de la céramique espagnole, terrain qu'il a abordé sous différentes perspectives méthodologiques associées à l'archéologie historique, l'expression architectonique ou le registre plus strictement historico-artistique. Il a publié sur ces sujets quantité d'ouvrages, articles, catalogues d'expositions, et a été rapporteur de colloques nationaux et internationaux.

Miguel Angel Sorroche Cuerva
Licencié en Histoire de l'art de l'université de Grenade et docteur en 1997 pour sa thèse: "Urbanismo et Arquitectura popular en las altiplanicies de Granada". Il est actuellement professeur au département d'Histoire de l'art de la même université, et développe un programme de recherche centré sur l'étude et la valorisation du patrimoine traditionnel, dans ses expressions urbaines et architecturales. Ces travaux ont donné lieu à des publications et l'ont amené à effectuer des séjours auprès de centres internationaux comme le Centre de documentation d'architecture latino-américaine en Argentine, l'université C'a Foscari de Venise. Il a également conduit différentes interventions auprès de municipalités et organismes officiels d'Andalousie, d'Aragon et du Pays basque.

Les Itinéraires-Exposition et guides thématiques de *Museum With No Frontiers (MWNF)*
L'ART ISLAMIQUE EN MÉDITERRANÉE

Ce cycle international d'Expositions Musée Sans Frontières permet de découvrir les secrets de l'art islamique, son histoire, ses techniques de construction, son inspiration religieuse.

Portugal
PAR LES TERRES DE LA MAURE ENCHANTÉE.
L'art islamique au Portugal.   *200 pages*
Huit siècles après la «Reconquête», les villages de l'ancien *Gharb al-Andalus* perpétuent la légende d'une belle princesse mauresque dont l'enchantement était invariablement rompu par un prince chrétien : le souvenir artistique de la présence musulmane au Portugal s'exprime aussi par une subtile symbiose avec les techniques constructives et les programmes décoratifs de l'architecture populaire régionale. L'exposition fournit au visiteur une vision claire de cinq siècles de civilisation islamique (califale, mozarabe, almohade, mudéjare). De Coïmbra aux confins méridionaux de l'Algarve, palais, mosquées christianisées, fortifications et centres urbains témoignent de la splendeur d'un passé glorieux.

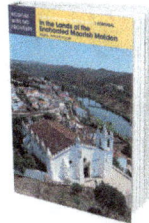

Turquie
GENÈSE DE L'ART OTTOMAN.
L'héritage des émirs.   *252 pages*
Cette exposition privilégie les œuvres et les monuments représentatifs d'une époque majeure de l'Anatolie occidentale, véritable pont culturel et artistique entre les civilisations européennes et asiatiques. Aux XIVe et XVe siècles, la transition vers une société turco-islamique conduit les artistes des émirats turcs à élaborer les prémisses d'une brillante synthèse qui culminera dans un art ottoman extraordinairement productif.

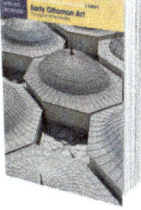

Maroc
LE MAROC ANDALOU.
À la découverte d'un art de vivre.   *264 pages*
Dès le début du VIIIe siècle, l'islam marocain porte ses regards au-delà des colonnes d'Hercule et s'installe sur la péninsule Ibérique. Les deux rives partagent dès lors leur destin. De l'incessant mouvement d'échanges culturels, humains et commerciaux qui animera ce Maghreb extrême pendant plus de sept siècles naîtra l'un des plus brillants foyers de la civilisation musulmane, et un art authentiquement hispano-maghrébin qui a laissé des traces dans une architecture monumentale flamboyante, mais aussi dans un urbanisme et des traditions d'un raffinement extrême. L'exposition reflète la richesse historique et sociale de la civilisation andalouse du Maroc.

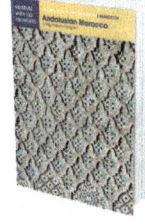

Tunisie
IFRIQIYA.
Treize siècles d'art et d'architecture en Tunisie.   *312 pages*
Dès le IXe siècle, sans aucune rupture avec les traditions héritées des Berbères, des Carthaginois, des Romains et des Byzantins, Ifriqiya a été en mesure d'assimiler et de réinterpréter les influences de la Mésopotamie —à travers la Syrie et l'Égypte— et de l'Andalousie : une forme unique de syncrétisme abouti dont les témoignages abondent dans l'actuelle Tunisie, de la majesté des résidences beylicales de la capitale à la rigueur architecturale de l'ibadisme jerbien. *Ribat,* mosquées, médinas, zaouïas, *ksour,* et *ghorfas* jalonnent une terre pétrie d'histoire.

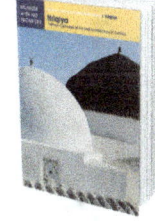

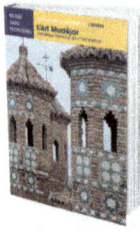

Espagne | Andalousie, Aragon, Castille La Manche, Castille et León, Extrémadure, Madrid
L'ART MUDÉJAR.
L'esthétique musulmane dans l'art chrétien. *318 pages*
L'art des Mudéjars (population musulmane restée en al-Andalus après la Reconquête) tient incontestablement une place singulière parmi toutes les expressions de l'art islamique : il est la manifestation visible d'une réelle cohabitation culturelle, d'une forme de compréhension entre deux civilisations qui, au-delà de leur antagonisme politique et religieux, vécurent une romance artistique féconde. Appliquant des schémas rigoureusement islamiques, les maîtres d'œuvre et artisans mudéjars, célèbres pour leur remarquable savoir-faire dans l'art de construction, ont bâti pour des nouveaux venus chrétiens d'innombrables palais, couvents et églises. Les œuvres sélectionnées, par leur variété et leur abondance, témoignent de l'exubérante vitalité de l'art mudéjar.

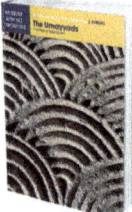

Jordanie
LES OMEYYADES.
Naissance de l'art islamique. *224 pages*
Après la conquête arabo-musulmane du Moyen-Orient, le siège de la dynastie omeyyade (661-750) fut transféré à Damas où la nouvelle capitale hérita d'une tradition culturelle et artistique remontant au moins aux périodes araméenne et hellénistique. La culture omeyyade a ainsi bénéficié du déplacement des frontières entre la Perse et la Mésopotamie, et entre les pays du monde méditerranéen : une situation propice à l'émergence d'un langage artistique novateur dans lequel le subtil métissage des influences hellénistiques, romaines, byzantines et persanes produit un ordre architectural et décoratif parfaitement original. À travers la diversité des oeuvres présentées, l'exposition fournit aussi l'occasion d'une intéressante réflexion sur l'iconoclasme.

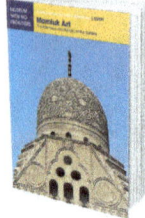

Égypte
L'ART MAMELOUK.
Splendeur et magie des sultans. *236 pages*
Sous la domination mamelouke (1249-1517), l'Égypte devient un opulent centre de passage et de routes commerciales. De grandes richesses arrivent au pays. Le Caire est l'une des villes les plus puissantes du bassin Méditerranéen, l'une des plus sûres et des plus stables. Des érudits du monde entier viennent s'y installer, attirant à leur suite disciples et étudiants. L'architecture et l'art décoratif mamelouks témoignent de la vitalité commerçante, intellectuelle, militaire et religieuse de la période. Caractérisées par une élégante et vigoureuse simplicité, dont la pureté des lignes approche les canons modernes, les œuvres sélectionnées entre le Caire, Rosette, Alexandrie et Foua représentent l'apogée de l'art mamelouk.

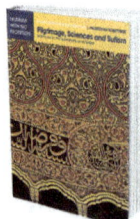

Autorité Palestinienne
PÈLERINAGE, SCIENCES ET SOUFISME.
L'art islamique en Cisjordanie et à Gaza. *254 pages*
Sous le règne des dynasties ayoubides, mamelouke et ottomane, d'innombrables pèlerins affluent en Palestine de tous les horizons du monde musulman, et ce fort courant de religiosité donne un essor décisif au développement de la pensée soufi à travers les *zawiyas* et les *ribats* qui se multiplient par tout le pays. Accueillant les plus grands érudits, de nombreux centres d'études jouissent d'un prestige considérable et favorisent l'épanouissement d'un art raffiné qui conserve encore aujourd'hui tout son pouvoir de fascination. Les monuments et l'architecture islamique proposés par l'exposition, reflètent clairement ces dimensions majeures de pèlerinage, de la science et du soufisme.

Italie Sicile
L'ART ARABO-NORMAND.

La culture islamique en Sicile médiévale. *328 pages*

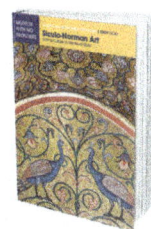

Au centre de la Méditerranée, la Sicile est une terre de rencontres où diverses cultures se sont rencontrées et modifiées avant d'atteindre une nouvelle harmonie. Uniques dans le panorama européen, les réalisations architecturales arabo-normandes sont aussi relativement différentes de celles rencontrées dans le monde islamique. L'exposition les présente sous l'angle de leur unicité, et propose des codes d'interprétation permettant de les identifier. Le visiteur attentif n'en apprécie que mieux l'admirable fusion d'éléments issus des sphères culturelles byzantines, arabe et normande en œuvre dans cet art, aussi spécifique que raffiné.

Algérie
UNE ARCHITECTURE DE LUMIÈRE.

Les arts de l'Islam de Algérie. *252 pages*

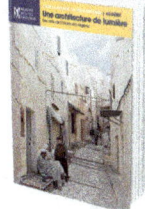

Le patrimoine artistique de l'Islam au Maghreb central est lié aux événements cruciaux qui ont marqué l'histoire de l'Algérie, depuis l'essor des mouvements religieux dissidents et le règne des grandes dynasties, en passant par le rôle des grands axes de commerce et de pèlerinage et jusqu'à la présence ottomane dans les cités du pourtour méditerranéen. La synthèse des influences arabe et berbère, africaine, andalouse et orientale a façonné des modèles artistiques et architecturaux qui s'expriment dans la pureté et l'harmonie de l'architecture ibadite, des mosquées almoravides et des palais ottomans sur la côte.

Syrie
THE AYYUBID ERA.

Art and Architecture in Medieval Syria. *288 pages*

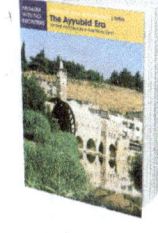

Ce nouveau guide de voyage MWNF a été conçu peu de temps avant le début du conflit. Par conséquent, tous les textes se réfèrent à la situation antérieure à la guerre ; ils n'en expriment que davantage notre espoir de voir la Syrie, une terre témoin de l'évolution de la civilisation depuis les débuts de l'histoire de l'humanité, redevenir rapidement un lieu de paix, et le fer de lance d'un renouveau véritablement pacifique pour toute la région. Au cours des XIIe et XIIIe siècles, Bilad al-Cham est le fruit d'un programme stratégique de reconstruction urbaine et de réunification parfaitement élaboré. Au milieu d'une période d'instabilité et de fragmentation, l'Atabeg Nour al-Din Zangi sut imposer un leadership visionnaire pour rétablir les villes syriennes dans leur rôle de maintien de l'ordre et de la sécurité. Après sa mort, son plus brillant général, le Kurde Salah al-Din (Saladin), assuma le pouvoir et mena à bien l'unification de l'Egypte et de Cham en une force unique capable de reprendre Jérusalem aux Croisés. L'empire ayyoubide, en plein essor, poursuivit la politique de mécénat. Bien que d'une durée très brève, cette période a marqué la région d'une empreinte durable. Son esthétique architecturale immédiatement reconnaissable – d'une robuste et austère perfection – a survécu jusqu'à aujourd'hui.

www.ingramcontent.com/pod-product-compliance
Lightning Source LLC
Chambersburg PA
CBHW050048230526
45470CB00004B/1449